湖北省学术著作出版专项资金资助项目

中国科举文化通志 主编 陈文新

钦定学政全书校注

【清】素尔讷 等 纂修

霍有明 郭海文 校注

武汉大学出版社
WUHAN UNIVERSITY PRESS

图书在版编目(CIP)数据

钦定学政全书校注/(清)素尔讷等纂修,霍有明,郭海文校注.—武汉:武汉大学出版社,2015.10
中国科举文化通志/陈文新主编
ISBN 978-7-307-16381-2

Ⅰ.钦… Ⅱ.①素… ②霍… ③郭… Ⅲ.考试制度—史料—中国—清前期 Ⅳ.D691.46

中国版本图书馆 CIP 数据核字(2015)第 163203 号

责任编辑:陈帆 陶佳珞 韦芳玉 责任校对:刘欣 版式设计:马佳

出版发行:**武汉大学出版社** (430072 武昌 珞珈山)
(电子邮件:cbs22@ whu.edu.cn 网址:www.wdp.com.cn)
印刷:武汉中远印务有限公司
开本:787×1092 1/16 印张:20.25 字数:439 千字 插页:4
版次:2015 年 10 月第 1 版 2015 年 10 月第 1 次印刷
ISBN 978-7-307-16381-2 定价:120.00 元

《中国科举文化通志》编纂委员会

《中国科举文化通志》 总序

陈文新

（一）

科举是中国古代最为健全的文官制度。它渊源于汉，始创于隋，确立于唐，完备于宋，兴盛于明、清两代。如果从隋大业元年（605）的进士科算起，到清光绪三十一年（1905）被废除，科举制度在中国有整整 1300 年的历史。科举制度还曾"出口"越南、朝鲜等国，扩大了汉文化的影响。始于 19 世纪的西方文官考试制度，其创立也与中国科举的启发相关。孙中山在《五权宪法》等演讲中反复强调：中国的科举制度是世界各国中所用以拔取真才之最古最好的制度。胡适也说："中国文官制度影响之大，及其价值之被人看重"，"是我们中国对世界文化贡献的一件可以自夸的事"。①

科举制度具有如此强大的生命力，其原因在于，它在保证"程序的公正"方面具有空前的优越性。官员选拔的理想境界是"实质的公正"，即将所有优秀的人才选拔到最合适的岗位上。但这个境界人类至今未达到过。不得已而求其次，"程序的公正"就成为优先选择。"中国古代独特的社会结构是家族宗法制，家长统治、任人唯亲、帮派活动、裙带关系皆为家族宗法制的派生物，在重人情与关系的社会文化背景下，若没有可以操作的客观标准，任何立意美妙的选举制度都会被异化为植党营私、任人唯亲的工具，汉代的察举推荐和魏晋南北朝的九品官人法走向求才的死胡同便是明证。""古往今来科举考试一再起死回生的历史说明：自古以来，中国就是一个人情社会，人情与关系在社会生活中起着重要的作用，为了防止人情的泛滥，使社会不至于陷入无序的状态，中国人发明了考试，以考试作为维护社会公平和社会秩序的调节阀。悠久的科举历史与普遍的考试现实一再雄辩地证明，考试选才具有恒久的价值。"② 从这一角度看，科举制度不但在诞生之初有着巨大的进步意义，而且在整个中国历史和世界历史上，都是一个了不起的创造。较之前代的选官制度，如汉代的察举、征辟制和魏文帝时开始推行的九品中正制等，科举制度都更加公正合理。

---

① 胡适：《考试与教育》，《胡适文集》第 12 册，北京大学出版社 1998 年版，第 508 页。
② 刘海峰：《科举学导论》，华中师范大学出版社 2005 年版，第 113、136 页。

作为一项从整体上影响国民生活的官员选拔制度，科举制度对于维护我们这个幅员辽阔的多民族国家的统一稳定，其作用是无论怎样估计也不会过高的。胡适这位新文化运动的领袖，虽然一再愤愤不平地说到中国文化的种种不是，但在《考试与教育》一文中，他也毫不含糊地指出：在古代那种交通极为不便的情形下，中央可以不用武力来维持国家的统一是由于考试制度的公开和公平。胡适所说的公平，包括三种含义：一是公开考选，标准客观。二是顾及各地的文化水准，录取的人员，并不偏于一方或一省，而是遍及全国。三是实行回避制度，"就是本省的人不能任本省的官吏，而必须派往其他省份服务。有时候江南的人，派到西北去，有时候西北的人派到东南来。这种公道的办法，大家没有理由可以反对抵制。所以政府不用靠兵力和其他工具来统治地方，这是考试制度影响的结果"①。这些话出于胡适之口，足以说明，即使是文化激进主义者，只要具有清明的理性，也不难看出科举制度的合理性。

　　作为一项从整体上影响国民生活的官员选拔制度，科举制度不仅具有历史研究的价值，而且有助于我们思考当今人事制度的改革问题。2005年，任继愈曾在《古代中国科举考试制度值得借鉴》一文中提出设立"国家博士"学位的设想。其立论前提是：我国目前由各高校授予的博士学位缺少权威性和公正性。之所以不够权威和公正，不外下述几个原因。其一，"各校有自己的土标准，执行起来宽严标准不一，取得学位后，它的头衔在社会上流通价值都是同等的"，这当然不公平。其二，研究生入学后，第一年大部分时间用在外语上，第二年大部分时间忙于在规定的某种等级的刊物上发论文，第三年忙于找工作，这样的情形，怎么可能培养出货真价实的博士？其三，几乎所有名牌大学都招收"在职博士生"，有的博士研究生派秘书代他上课，甚至不上课而拿文凭，这样的博士能说是名副其实的吗？只有设立"国家博士"学位，采用统一标准选拔人才，这样的"博士学位"才具有权威性和公正性。而国家在高级人才的选拔方面统一把关，不仅可以避免"跑"博士点和博士生扩招带来的许多弊病，有助于社会风气的改善，而且，由于只管考而不必太多地管教，还可以节省大量开支。就这一点而言，中国古代的科举制度的确是值得参考借鉴的。任继愈的这篇文章现已收入《皓首学术随笔·任继愈卷》（中华书局2006年版），有心的读者不妨一阅。

　　与任继愈的呼吁相得益彰，早在1951年，钱穆就发表了《中国历史上的考试制度》一文。针对民国年间（1911—1949）人事管理腐败混乱的状况，他痛心疾首地指出：科举制"因有种种缺点，种种流弊，自该随时变通，但清末人却一意想变法，把此制度也连根拔去。民国以来，政府用人，便全无标准，人事奔竞，派系倾轧，结党营私，偏枯偏荣，种种病象，指不胜屈。不可不说我们把历史看轻了，认为以前一切要不得，才聚九州铁铸成大错"②。钱穆的意思是明确的：参考借鉴科举制度，有助于人事管理的规范化和公正性。1955年，他在《中国历代政治得失》一书中进一步指出："无

---

　　①　胡适：《胡适文集》第12册，北京大学出版社1998年版，第506页。
　　②　钱穆：《国史新论》，东大图书公司1984年版，第114~115页。

论如何，考试制度，是中国政治制度中一项比较重要的制度，又且由唐迄清绵历了一千年以上的长时期。中间递有改革，递有演变，在历史进程中逐渐发展，这绝不是偶然的。直到晚清，西方人还知采用此制度来弥缝他们政党选举之偏陷，而我们却对以往考试制度在历史上有过上千年以上根柢的，一口气吐弃了，不再重视，抑且不再留丝毫顾惜之余地。那真是一件可诧怪的事。"① 现代中国的人事管理理应借鉴源远流长的科举制度，这是毫无疑问的。至于如何借鉴，则是我们需要认真思考的问题。

（二）

作为一项从整体上影响国民生活的官员选拔制度，科举制度以其"程序的公正"为国家选拔了大量行政官员，在提高全民族的文化水准和维护我们这个多民族国家的统一稳定方面，发挥了直接而巨大的作用，这是其显而易见的功能；它还有其他不那么显著却同样值得重视的功能，即意识形态功能和人文教育功能：科举制度以其对社会的整体影响力将儒家经典维持世道人心的作用发挥到极致。我们试就此略作讨论。

明清时代有一项重要规定：科举以《四书》《五经》为基本考试内容。这一规定是耐人寻味的。《论语》《孟子》等儒家经典是秦汉以来中国传统社会维系人心、培育道德感的主要读物。我们经常表彰"中国的脊梁"，一个毋庸置疑的事实是，秦汉以降，"中国的脊梁"大多是在儒家经典的教育下成长起来的。以文天祥为例，这位南宋末年的民族英雄，曾在《过零丁洋》诗中说："人生自古谁无死？留取丹心照汗青。""丹心"，就是蕴蓄着崇高的道德感的心灵。他还有一首《正气歌》，开头一段是："天地有正气，杂然赋流形。下则为河岳，上则为日星。于人曰浩然，沛乎塞苍冥。皇路当清夷，含和吐明庭。时穷节乃见，一一垂丹青。"身在治世，正气表现为安邦定国的情志；身在乱世，则表现为忠贞坚毅的气节。即文天祥所说："当其贯日月，生死安足论。"1282 年，他在元大都（今属北京）英勇就义，事前他在衣带中写下了这样的话："孔曰'成仁'，孟曰'取义'。惟其义尽，所以仁至。读圣贤书，所学何事？而今而后，庶几无愧。"《四书》《五经》的教诲，确乎是他的立身之本。

文天祥是宝祐四年（1256）状元。这是一个值得关注的事实。它表明：进士阶层在实践儒家的人格理想方面，其自觉性远远高于社会的平均水平。宋代如此，明代如此，甚至连元代也是如此。清代史学家赵翼曾论及"元末殉难者多进士"这一现象："元代不重儒术，延祐中始设科取士，顺帝时又停二科始复。其时所谓进士者，已属积轻之势矣，然末年仗节死义者，乃多在进士出身之人。"（赵翼《廿二史劄记》卷三十《元末殉难者多进士》）接下来，赵翼列举了余阙、泰不华、李齐、李黼、王士元、赵琏、周镗、聂炳元、刘耕孙、丑闾、彭庭坚、普颜不花、月鲁不花、迈里古思等死难进

---

① 钱穆：《中国历代政治得失》，三联书店 2001 年版，第 89 页。

士，最后归结说："诸人可谓不负科名者哉，而国家设科取士亦不徒矣。"① 在元末殉难的进士中，余阙（1303—1358）是最早战死的封疆大臣。他的朋友蒋良，一次和他谈起国难，余阙推心置腹地说："余荷国恩，以进士及第，历省居馆阁，每愧无报。今国家多难，授予兵戎重寄，岂余所堪。然古人有言：'为子死孝，为臣死忠。'万一不幸，吾知尽吾忠而已。"余阙殉难后，蒋良作《余忠宣公死节记》，开篇即强调说："有元设科取士，中外文武著功社稷之臣历历可纪。至正辛卯，兵起淮、颍，城邑尽废，江、汉之间能捍御大郡、全尽名节者，守豫帅余公廷心一人而已。"② 在余阙"擢高科"的履历与他忠勇殉节的人格境界之间，人们确认有其内在联系。无独有偶，《元史·泰不华传》在记叙元末另一著名的死节之臣泰不华（1305—1352）时，也着重指出：其人生信念的基本依据是他作为"书生"所受的儒家经典教育。在与方国珍决战前夕，泰不华曾对部从说过一番词气慷慨的话："吾以书生登显要，诚虑负所学。今守海隅，贼甫招徕，又复为变。君辈助我击之，其克则汝众功也，不克则我尽死以报国耳。""书生""所学"与捐躯"报国"之间关系如此密切，足见以《四书》《五经》作为基本考试教材的科举制度，它在维持世道人心方面的作用的确是巨大而深远的。

儒家经典维持世道人心的功能不仅泽及宋元，泽及明清，甚至泽及已经废除了科举制度的现代。其实这并不令人感到奇怪。原因在于，不少现代名流的少年时光是在科举时代度过的，他们系统地受过这种教育，耳濡目染，其人生观在早年即已确立并足以支配一生。儒家经典的生命力由此可见。科举制度的余泽亦由此可见。

这里我想特别提及五四新文化运动的领袖胡适，并有意多引他的言论。之所以关注他，是因为，世人眼中的胡适，只是一个文化激进主义者，以高倡"打倒孔家店"著称。人们很少注意到，胡适在表面上高呼"打倒孔家店"，但在内心里仍对孔子和儒家保留了足够的敬意，是儒家人生哲学的虔诚信奉者和实行者。唐德刚编译《胡适口述自传》，第二章有胡适的如下自白："有许多人认为我是反孔非儒的。在许多方面，我对那经过长期发展的儒教的批判是很严厉的。但是就全体来说，我在我的一切著述上，对孔子和早期的'仲尼之徒'如孟子，都是相当尊崇的。我对十二世纪'新儒学'（Neo-Confucianism）（'理学'）的开山宗师的朱熹，也是十分崇敬的。""在这场伟大的'新儒学'（理学）的运动里，对那（道德、知识；也就是《中庸》里面所说的'诚则明矣，明则诚矣'的）两股思潮，最好的表达，便是程颐所说的：'涵养须用敬，进学则在致知。'后世学者都认为'理学'的真谛，此一语足以道破。"同一章还有唐德刚的一段插话："'要提高你的道德标准，你一定要在"敬"字上下功夫；要学识上有长进，你一定要扩展你的知识到最大极限。'适之先生对这两句话最为服膺，他老人家不断向我传教的也是这两句。一次我替他照相，要他在录音机边作说话状，他说的便是这两句。所以胡适之先生骨子里实在是位理学家。他反对佛教、道教乃至基督教，都

————————

① 赵翼著，王树民校证：《廿二史劄记校证》，中华书局1984年版，第706页。

② 杨讷等编：《元代农民战争史料汇编》中编第一分册，中华书局1985年版，第268页。

是从'理学'这条道理上出发的。他开口闭口什么实验主义的，在笔者看来，都是些表面账。吾人如用胡先生自己的学术分期来说，则胡适之便是他自己所说的'现代期'的最后一人。"① 胡适是在少年时代接受儒家经典教育的，在经历了废止科举、"打倒孔家店"等种种变故后，儒家的人生哲学仍能贯彻其生命的始终，由此不难想见，在中国传统社会尤其是科举时代，儒家经典对社会精神风貌的塑造可以发挥多么强大的功能。虽然生活中确有教育目标与实际状况两歧的情形，但正面的成效仍是不容忽视的。

"精神文明"是中国人常用的一个概念。"精神文明"是相对物质文明而言的，就个人而言，需要长期的修养，就民族而言，需要长期的培育。中国古人对这一点体会很深，所以常常强调"潜移默化"，经由耳濡目染的长期熏陶，价值内化，成为一种道德规范。如果这种道德规范大体近于人情，既"止乎礼义"而又"发乎性情"，它对社会的稳定，对人类精神境界的提升，都将发挥重要作用。这就是文化的功能。目前教育界所说的"深厚的人文知识素养，有助于塑造高尚的精神世界，提高健康的审美能力"，与这个意思是相通的。《四书》《五经》作为科举时代的基本读物，人文教育功能是其不容抹杀的价值，并因制度的保障而得到了充分的发挥。

美国学者罗兹曼认为：科举制在中国传统社会结构中居于中心的地位，是维系儒家意识形态和儒家价值体系正统地位的根本手段。科举制在1905年被废止，从而使这一年成为新旧中国的分水岭：它标志着一个时代的结束和另一个时代的开始，其划时代的重要性甚至超过辛亥革命；就其现实和象征性的意义而言，科举革废代表着中国已与过去一刀两断，这种转折大致相当于1861年沙俄废奴和1868年的日本明治维新后不久的废藩。② 罗兹曼的意见也许是对的。而我想要补充的问题是：在科举制废止之后，如何保证《四书》《五经》的人文教育功能继续得到发挥？

（三）

科举制度曾经有过辉煌的历史，科举制度对现代中国的发展更有足资借鉴的意义。整理与研究历代科举文献，其意义也需要从历史与现实两个角度加以说明：一方面是传承文化，传承文明，让这份丰厚的遗产充分发挥塑造民族精神的作用，另一方面是去粗取精，古为今用，让它在现实的中国社会重放异彩，成为人事制度改革的重要智力资源。这是我们编纂出版《中国科举文化通志》的初衷，也是我们不辞劳苦从事这一学术工作的动力。

《中国科举文化通志》重点包括下述内容：

1. 整理、研究反映科举制度沿革、影响及历代登科情形的文献。

---

① 胡适：《胡适文集》第1册，北京大学出版社1998年版，第418、433页。

② ［美］吉尔伯特·罗曼兹主编，国家社会科学基金"比较现代化"课题组译：《中国的现代化》中译本，江苏人民出版社1988年版，第335、635页。

从《新唐书》开始，历代正史多有《选举志》。历代《会要》、《实录》、《纪事本末》等史传、政书之中，相当一部分是关于科举制度沿革的资料。还有黄佐《翰林记》、陆深《科场条贯》、张朝瑞《明贡举考》、冯梦祯《历代贡举志》、董其昌《学科考略》、陶福履《常谈》等一批专书。历代《登科录》和杂录类书籍，也保存了大量关于科举的材料。唐代登科记多已散失亡佚，有清代徐松的《登科记考》可供参考。宋元登科记保存稍多，明清有关文献尤为繁富。

2. 整理、研究与历代考试文体相关的教材、试卷、程文及论著等。

八股文是最引人注目的考试文体。八股文集有选本、稿本之分。重要的选本，明代有艾南英编《明文定》、《明文待》，杨廷枢编《同文录》，马世奇编《澹宁居文集》，黎淳编《国朝试录》等；清朝有纪昀《房行书精华》，王步青编《八法集》；还有《百二十名家集》，选文3000篇，以明代为主；《钦定四书文》，明文4集，选文480余篇，清文1集，选文290余篇。稿本为个人文集。明清著名的八股大家，如明代的王鏊、钱福、唐顺之、归有光、艾南英，清代的刘子壮、熊伯龙、李光地、方苞、王步青、袁枚、翁方纲等人，均有稿本传世。相关著述数量也不少。清梁章钜《制义丛话》等，是研究八股文的重要论著。其他考试文体，如试策、试律等，也在我们关注的范围之内。这些科举文献，一般读者不易见到，或只能零零星星地见到一些，或虽然见到了也难以读懂，亟待系统地整理出版，以供研究和阅读。

《中国科举文化通志》包括以下数种：《历代制举史料汇编》、《历代律赋校注》、《唐代试律试策校注》、《八股文总论八种》、《七史选举志校注》、《四书大全校注》、《游戏八股文集成》、《明代科举与文学编年》、《明代状元史料汇编》、《钦定四书文校注》、《翰林掌故五种》、《贡举志五种》、《〈游艺塾文规〉正续编》、《钦定学政全书校注》、《梁章钜科举文献二种校注》、《〈清实录〉科举史料汇编》、《二十世纪科举研究论文选编》、《明代科举与文学编年》、《〈礼部韵略〉与宋代科举》、《元明科举与文学考论》、《游戏八股文研究》、《明代八股文选家考论》、《唐代科举与试赋》、《〈儒林外史〉的现代误读》、《科举废止前后的晚清社会与文学》等。我们这套《中国科举文化通志》，以涵盖面广和分量厚重为显著特征，可以从多方面满足阅读和研究之需。而在整理、研究方面投入的心力之多，更是有目共睹。我们的目的是为推进学术作出力所能及的贡献。

《中国科举文化通志》是一项规模宏大、任务艰巨、意义深远的大型出版文化工程。编纂任务主要由武汉大学专家承担，并根据需要从中国人民大学、南京大学、中国艺术研究院、厦门大学、华中师范大学、陕西师范大学、扬州大学、中南民族大学、中南财经政法大学等高校或科研院所聘请了若干学者。南京大学卞孝萱先生、中华书局傅璇琮先生、中国社会科学院邓绍基先生等在学术上给我们提供了若干指导；参与这一工程的各位专家不辞辛苦，努力工作，保证了编纂进度和质量；武汉大学出版社鼎力支持《中国科举文化通志》的出版；所有这些，我们将永远铭记在心。

2015 年 4 月 13 日
于武汉大学

目　录

前　言

　　《钦定学政全书》一书，为清乾隆三十八年，理藩院尚书署礼部尚书素尔讷等奉旨纂修。乾隆三十九年纂成，钦定由武英殿刊印交礼部颁发直省。该书将原书门类详加分别、增改，凡积年谕旨及礼部议复臣工条奏中有关学校者，俱按门编入，共成八十卷。内容包括学宫事宜、学校条规、颁发书籍、崇尚实学、厘正文体、书坊禁例、学政事宜、考试场规、生童试卷、考试题目、阅卷关防、考核教官、优恤士子、整饬士习、清厘籍贯、帮补廪增、贡监事例、学额总例、各省事例、乡饮酒礼、承袭奉祀等各个方面，便于各省学政和各级学校遵照执行。该书对于我们今天了解清朝的科举制度和科举文化也颇有文献价值。

　　关于此书的版本，从现在所搜集到的信息来看，有两种影印本出版。一为上海古籍出版社《续修四库全书》第828册之影印版，据辽宁省图书馆藏清乾隆三十九年武英殿刻本影印原书；一为台北文海出版社沈云龙主编《近代中国史料丛刊》第三十辑第293种之影印版，据清乾隆三十九年武英殿刻本影印原书，未言出处。从原书的刊刻质量看，文海版较上古版更为精良，故本书的点校注释即以文海版为底本。

　　关于本书的领衔纂修者，台北文海出版社印行之《钦定学政全书》封面作素尔纳等纂修，上海古籍出版社印行之《钦定学政全书》则作素尔讷等撰。我们从文海本《全书》前所收录的清乾隆三十八年和三十九年礼部所上的两道请修《学政全书》奏折来看，该书系由当时的理藩院尚书署礼部尚书素尔讷领衔纂修。台北文海出版社印行之《钦定学政全书》封面作素尔纳，实误。按，《清史稿·艺文二》"政书类铨选科举之属"中载："《学政全书》八十卷。乾隆三十九年，素尔纳等奉敕撰。"或即为此误所本。据《清史稿·部院大臣年表四》载：乾隆三十六年至乾隆四十一年，迁素尔讷理藩院尚书。故本书的领衔纂修者应为素尔讷。

　　在本书的正文前，收录有两道清乾隆年间礼部请修《学政全书》的奏折，未曾圈点。该奏折系说明续修《全书》的原委及续修的具体方案，对了解《全书》的形成过程有一定的帮助。因此，我们也一仍其貌，并加以标点注释。为阅读方便起见，还加上"清礼部请修《学政全书》奏折一"、"清礼部请修《学政全书》奏折二"的标题，以便于读者查阅。

　　在本书的整理过程中，我们先对原文加以新式标点。按原书除弁首的两道礼部奏折外，正文之右侧已有前人圈识，但十分粗略，且舛误极多。书中许多谕旨及臣工条奏、礼部议复，内容颇长，未曾分段，也都据文意进行了适当分段，以利于读者阅读。此外，对原文排版中出现的一些错误，甚至是原文的一些疏漏，也都进行了悉心的校正，并加以注释说明。在此基础上，对本书中所涉及的典章制度、名物掌故等也都尽可能详尽地作了注释。具体分工如下：霍有明承担该书前半部分至第四十三卷的标点，郭海文承担后半部分第四十四卷至第八十卷的标点，全书校注和清样校对则由霍有明完成。

最后需要说明的是，在注释的过程中，我们曾参考了《康熙字典》及《辞海》、《辞源》、《汉语大辞典》、《现代汉语辞典》等多部工具书，特此声明，并谨致谢忱。因该书内容繁多，体制庞杂，囿于我们自身的学力和时间，本书的整理工作诚恐疏误难免，尚希专家、学者不吝赐教。

清礼部请修《学政全书》奏折一①

理藩院尚书②署礼部尚书③臣素尔讷④等谨奏：

为奏闻事：查乾隆三十二年臣部议复陕西学政⑤吴绶诏条奏部颁《学政全书》，所有钦奉谕旨及部议奏准各案，在乾隆二十一年四月以前者，俱已⑥续载书内；其二十一年四月以后者，未经载入，虽节经部札知照，但官吏更替，文卷参差，遇事检查，不无遗漏，请续增《全书》刊发等语。查臣部现在纂辑则例，俟告成后，将有关学校者续入《全书》，刊刻颁发等因。奉旨：依议。钦遵在案。

兹臣部则例已于本年四月内进呈，荷蒙钦定。应即遵照原议续增《学政全书》颁发。惟是臣等现在详加翻阅，查则例内学校、贡举等门，俱仿照各部体式，撮举现行事例，未及详叙案由。原以卷宗浩繁，遇有应办事件，臣部存贮册档可稽，毋庸烦复编载。至《学政全书》，关系各省事宜，凡新旧损益更改之处，必原委详明，始足以昭遵守。臣等公同酌议，应仍拣派司员，将乾隆二十一年以后钦奉谕旨暨内外臣工⑦条奏复准各原案，逐一检核，按门添辑，缮册进呈御览，伏候钦定颁行。

至所需供事，虽档案繁多，究系增辑，无须多人。臣等拟于经制书吏内择其勤慎者，酌选十名，足敷缮写供役。一切纸张、饭食，均自行备办，毋庸开销公项。臣等仍督同核校，以期迅速蒇事⑧。再臣等正在办理间，于六月初二日据湖南学政褚廷璋咨送原奏内称，校试之暇，将原颁《全书》应增条例，次第编入成书，恭呈御览。并声明档案不全，分别咨查汇纂等语。查各省学制、员额情形不同，无论湖南一省。档案不全，不足以该全书。即辗转于各学臣咨查，恐俱屡经官吏更替，文卷阙佚，仍多挂漏⑨。既不可以通行各省，并不足为该省信守，殊为无益。应请行令该学政停止，统俟臣部增辑告竣时，一体颁发。是否有当，伏祈训示遵行。

为此谨奏。

乾隆三十八年六月二十四日奏。 本日奉旨：依议。钦此。

清礼部请修《学政全书》奏折二

理藩院尚书署礼部尚书臣素尔讷等谨奏：

为奏闻请旨事：先经臣部议复陕西学政吴绥诏条奏续增《学政全书》颁行一折，查臣部现在纂辑则例，俟告成后，将有关学校事宜续入《全书》，刊刻颁发等因。嗣于乾隆三十八年四月内臣部则例告成，臣等遵照原议，正在筹酌妥办。间接据湖南学政褚廷璋咨送原奏，请于校试之暇，将原颁《全书》应增条例次第编入。并声明档案不全，分别咨查汇纂。当经臣部奏明各省学制、员额情形不同，若由该学政编纂，恐多挂漏，势难通行各省画一遵办。请仍由臣部拣派司员详加增辑，缮册进呈御览，恭候钦定。至所需供事，拟于经制书吏内酌选十名，敷缮写供役等因。荷蒙俞允⑩，钦遵办理在案。

伏查原颁《学政全书》，载至乾隆五年止。彼时因条例尚简，未经博分门类，其近似者多合载一处。嗣虽续有增入之案，亦系沿照旧本编纂。惟是条例日增而门类未能详细分晰。颁行外省，未免艰于翻阅。或事案参差，各学臣⑪因检查纷烦，往往于现行事例不能循照办理，经臣部指驳者不一而足。兹臣等督率提调、纂修各员，将原书门类详加分别、增改。所有积年钦奉谕旨及臣工条奏经部议复各案，凡有关于学校者，俱按门编入。共成八十卷，装为六函，进呈御览。伏候钦定，发下臣部另缮副本，移送武英殿⑫刊刻印刷，交部颁发直省，一体遵照。

其未经刊发以前，如有钦奉谕旨暨臣工条奏应行载入者，仍随时添辑所有。臣等及提调、纂修各员，均毋庸置议外，至在馆供事刘日照等十名，系由臣部书吏内拣选承充，所需纸张、笔墨及饭食等项，俱自行备办，并不开销公项。查吏部奏准议叙⑬供事役满五年者，注册候选。其未役满五年者，留办副本，俟扣足年限，再行铨选。今臣部遵修《学政全书》，该供事在馆效力，尚属奋勉，可否照例议叙之处，出自圣恩。如蒙俞允，臣部分别等第，咨送吏部办理。

为此谨奏请旨。

乾隆三十九年十二月二十日奏。二十二日奉旨：知道了，准其议叙。钦此。

礼部堂官
理藩院尚书署礼部尚书臣素尔讷
礼部尚书署户部尚书臣永贵

礼部尚书今任户部尚书臣王际华

礼部尚书臣蔡新

原任礼部左侍郎臣德福

内阁学士原署礼部左侍郎臣索琳

正蓝旗汉军都统仍兼吏部左侍郎兼署礼部左侍郎臣迈拉逊

原任礼部左侍郎臣金甡

礼部左侍郎臣李宗文

原署礼部左侍郎今任吏部右侍郎臣袁守侗

原署礼部左侍郎今任户部左侍郎臣梁国治

礼部右侍郎臣德明

礼部右侍郎河南学政臣庄存与

提调官

礼部仪制司郎中臣施朝干

原任礼部仪制司员外郎臣卢畊心

礼部仪制司员外郎工部宝源局监督臣郑源焘

礼部精膳司主事臣五英

纂修官

礼部祠祭司主事臣魏晋锡

礼部精膳司主事臣陆苍霖

礼部仪制司额外主事臣李翾

注释：

① 本奏折原无标题，此为标点校注者所加。奏折内分段亦由标点校注者所分。下奏折二同。

② 理藩院，据《清史稿·职官二》载，有"管理院务大臣，满洲一人"，"尚书，左、右侍郎，俱各满洲一人"。"尚书掌内外藩蒙古、回部及诸番部，制爵禄，定朝会，正刑罚，控驭抚绥，以固邦翰。"

③ 礼部，据《清史稿·职官一》载，有"尚书，左、右侍郎，俱满、汉一人"。"尚书掌五礼秩叙，典领学校贡举，以布邦教。"

④ 素尔讷，台湾文海出版社印行《钦定学政全书》封面作素尔纳，实误。按，《清史稿·艺文二》"政书类铨选科举之属"中载："《学政全书》八十卷。乾隆三十九年，素尔纳等奉敕撰。"或即为此误所本。据《清史稿·部院大臣年表四》载：乾隆三十六年至乾隆四十一年，迁素尔讷理藩院尚书。

⑤ 学政，学官名，"提督学政"之简称，又叫督学使者。据《清史稿·职官三》载："提督学政，省各一人。以侍郎、京堂、翰、詹、科、道、部属等官进士出身人员内简用。各带原衔品级。掌学校政令，岁、科两试。巡历所至，察师儒优劣，生员勤惰，升其贤者能者，斥其不帅教者。凡有兴革，会督、抚行之。"其每一任期为三年。

⑥ 原影印本为"巳",径行改出,下同。

⑦ 臣工,谓群臣百官。《诗·周颂·臣工》:"嗟嗟臣工。"毛传:"工,官也。"

⑧ 葳,音阑,完成。《左传·文公十七年》:"寡君又朝,以葳陈事。"寡君,指郑穆公。朝,指朝见晋国。陈,陈国。后称事情办妥为"葳事"。

⑨ 挂漏,挂一漏万之略语。

⑩ 俞允,允诺。本指帝王允可。语本《书·尧典》:"帝曰:'俞。'"俞,应诺之词。

⑪ 此处"学臣"中之"臣"字漫漶不清,据前奏折一内文意相同之处补出。

⑫ 武英殿,清宫殿名,原址在今北京故宫博物院内。清乾隆时,曾在此专事校刻。

⑬ 议叙,清制,朝廷在考核官吏后,对成绩优良者给以议叙,以示奖励。议叙之法有二:一为加级,二为纪录。又由保举而任用之官亦称议叙,如议叙知县等。

《钦定学政全书》正文（八十卷）

卷一 学宫①事宜

顺治元年定：每岁春、秋仲月上丁日，直省府、州、县各行释奠于先师之礼。以地方正印官主祭，陈设礼仪均与国子监丁祭同。

康熙二十五年议准：直省武官协领、副将以上遇文庙②祭祀，并令陪祀行礼。

康熙二十九年议准：学宫关系文教，凡官民等经过者皆下车马，并禁于学宫内放马污践。

康熙四十九年奉上谕：直省府、州、县致祭先师，凡同城大小武官均照例入庙行礼。

雍正二年议准：圣庙音乐佾③舞，大典攸关。圣祖仁皇帝④颁发中和韶乐，非常异数。今阙里⑤所奏，音节未谐。令衍圣公选择数人，给文赴太常寺⑥演习订正，俾得转相传授。

雍正三年奏准：将文庙祭器、乐器式样，刊刻颁行直隶、各省，画一制造。

雍正五年议准：致祭至圣先师孔子，大典攸关。今直省惟司、道、府、州、县官于丁日行礼，其督、抚、学臣，则先期一日于阶下行九叩礼，谓之祭丙，典制所无。且行礼前后仪节，涤器、视牲、晋爵、奠帛仪文隆备，但行九叩礼，亦未允协。嗣后省会之区，每遇春秋二季，于上丁日督、抚、学政率司、道、府、州、县等官，齐集致祭。如学政考试各府，即于考试处文庙内行礼。至各府、州、县守土正印官，率领各属员，亦于上丁日行礼，毋得简率从事，均照典制遵行。

雍正十一年议准：凡府、州、县文庙、学宫，有应行修理之处，该地方官据实确估，详明督、抚、学政，于学租银内动支修理，俟工竣日委员验明。责令该教官敬谨守护，遇有残缺，即会同地方官查验详明，酌量修补。地方官及教官，遇有升迁、事故，离任时，将文庙、学宫，照社稷各坛例造入交盘项内。接任官验明并无倾圮，出结接受。如有损坏失修之处，即行揭报参处。

雍正十二年议准：直省文庙祭器、乐器有未全备者，该地方官详明督、抚，照额设原数备齐。如有损坏，亦即详明修补。府、州、县官并教官离任时，俱各查明交代。如有损坏、遗失之处，或教官已经详报，而该地方官不行修整，责令该地方官赔修。如教官未经详报，即著落教官赔修。

乾隆元年议准：顺天府学为首善之区，领袖诸庠，所系綦重。应将文庙祭器、乐器，照额设原数确估，依式成造。准其于藩库存公耗羡⑦银内动支，报部核销。其教习乐舞之处，即交与该府丞，拣选通晓音律、娴于佾舞之人，会同该学教官，召募童生，专心演习，以备春秋丁祭。并通行直省，凡文庙祭器、乐器有未制备者，均动项成造，仍于完竣时报部核销。

乾隆六年议准：学宫从祀先贤、先儒神位次序，以京师太学成式通行直省府、州、县。遵照书题，按东西先后次序安设。

乾隆八年钦定：圣庙乐章，颁发曲阜及天下学宫，俾乐生肄习，虔肃将事。

乾隆九年议准：直省文武大员及各属正印官，于朔望文庙行香礼毕之后，应亲诣崇圣祠行礼。或有事不能亲诣，即委令教官敬谨行礼。

乾隆三十三年议复御史曹学闵奏请太学增建璧池一折：考古帝王立学之制不同，六经所载儒者之说亦复互异，王者惟当审其道之同，不必强合其制之异。按"辟廱"之名，始见于《灵台》⑧之诗。其指为天子之学，则始见于《王制》。先儒并以为周文王始作辟廱，原非三代所共之学。毛苌《诗传》曰："水旋丘如璧曰辟廱，以节观者。"郑元⑨《诗笺》曰："筑土雝水之外圆如璧，四方来观者均也。"据毛之说，则因自然之丘而引水环注。据郑之说，则因自然之水而外束以圆堤。然总为行礼之时，虑观者拥遝而设，与明伦设教之意本不相关。盖古者太学在郊，故孔颖达《正义》⑩曰："辟廱内有馆舍，外无墙院。"《后汉书》称环桥门而观听者盖亿万计，是由外无墙院，故得环门观之也。今太学在都城之内，立庙以奉至圣，分舍以馆诸生。堂宇深严，较之引水以遏人行更为周密，何必执泥古法，凿疏无用之沟渠。我皇上重道崇儒，尊饰圣庙，栋宇阶陛以至瓦屋，皆依王者之礼，已足惬四方观瞻之愿，励多士景仰之心。其引水旋丘，乃周人一朝之制，非千古必不可废之经。况胶庠⑪、瞽宗⑫，代各异名，何曾沿袭？帝王建学，自有教养之实政。拘泥形制，以复古为名，亦何裨于学校？应毋庸议！

乾隆三十七年议准：盛京⑬学宫，每岁春秋祭祀，沿用民间鼓乐，于文庙定制有违。令该府尹等将需用乐、舞等器，按照钦定皇朝礼器图如式制造。其额设乐舞生，照阙里之例，酌选稍通音律者，送太常寺肄业。俟熟谙时，咨回本学，令其转相传授。

注释：

① 学宫，旧指各府、县等孔庙，为儒学教官衙署所在。

② 文庙，唐玄宗开元二十七年封孔子为文宣王，因称孔庙为文宣王庙。明以后称"文庙"。

③ 佾，古时乐舞行列。《论语·八佾》："八佾舞于庭。"

④ 圣祖仁皇帝，即爱新觉罗玄烨，年号康熙。

⑤ 阙里，春秋时孔子住地，在今山东曲阜城内。因有两石阙，故名。孔子曾在此讲学。后建有孔庙，规模颇大。

⑥ 太常寺，据《清史稿·职官二》载，有"管理寺事大臣一人"，"卿，少卿，俱满、汉各一人。""卿掌典守坛墠庙社，以岁时序祭祀，诏礼节，供品物，辨器类。前期奉祝版，稽百官斋戒，祭日帅属以供事。少卿佐之。"

⑦ 耗羡，清赋税所征加耗在抵补实际损耗后之盈余。

⑧《灵台》，《诗·大雅》中篇名。其中有云："经始灵台，终之营之。庶民攻之，不日成之。""於论鼓钟。於乐辟廱。鼍鼓逢逢。矇瞍奏公。"

⑨ 郑元，即郑玄，因避爱新觉罗玄烨名讳所改。

⑩《正义》，即《毛诗正义》，唐代所颁官书《五经正义》之一。包括汉毛公为《诗经》所作之《传》，郑玄所作之《笺》，及唐孔颖达所作之《正义》，四十卷。

⑪ 胶庠，周代学校名。周时胶为大学，庠为小学。后世通称学校为"胶庠"。语本《礼记·王制》："周人养国老于东胶，养庶老于虞庠。"郑玄注："东胶亦大学，在国中王宫之东。"

⑫ 瞽宗，殷时乐人宗庙和学校。西周时大学则有"东序"、"瞽宗"、"成均"、"上庠"、"太学"之称。

⑬ 盛京，清留都。后金天命十年（1625年），其自东京辽阳迁都沈阳，天聪八年（1634年）尊为盛京。顺治入关定都京师顺天府（今北京市）后，以此为留都。

卷二 学校规条

顺治九年题准：刊立卧碑，置于明伦堂①之左，晓示生员②：

朝廷建立学校，选取生员，免其丁粮，厚以廪膳，设学院、学道、学官以教之，各衙门官以礼相待，全要养成贤才，以供朝廷之用。诸生皆当上报国恩，下立人品。所有教条，开列于后：

一、生员之家，父母贤智者，子当受教；父母愚鲁，或有非为者，子既读书明理，当再三恳告，使父母不陷于危亡。

一、生员立志，当学为忠臣、清官。书史所载忠、清事迹，务须互相讲究。凡利国爱民之事，更宜留心。

一、生员居心忠厚正直，读书方有实用，出仕必作良吏。若心术邪刻，读书必无成就，为官必取祸患。行害人之事者，往往自杀其身，常宜思省。

一、生员不可干求官长，交结势要，希图进身。若果心善德全，上天知之，必加以福。

一、生员当爱身忍性，凡有司官衙门，不可轻入。即有切己之事，止许家人代告，不许干与他人词讼。他人亦不许牵连生员作证。

一、为学当尊敬先生，若讲说，皆须诚心听受。如有未明，从容再问，毋妄行辨难。为师亦当尽心教训，勿致怠惰。

一、军民一切利病，不许生员上书陈言。如有一言建白，以违制论，黜革治罪。

一、生员不许纠党多人，立盟结社，把持官府，武断乡曲。所作文字，不许妄行刊刻，违者听提调官治罪。

康熙三十九年议准：直省奉有钦颁上谕十六条，每月朔望，地方官宣读讲说，化导百姓。今士子亦应训饬，恭请御制教条，发直省学宫，每月朔望令儒学教官传集该学生员，宣读训饬，务令遵守。如有不遵者，责令教官并地方官详革，从重治罪。

康熙四十一年御制《训饬士子文》，颁行直省各学：

国家建立学校，原以兴行教化，作育人才，典至渥也。朕临御以来，隆重师儒，加意庠序。近复慎简学使，厘剔弊端，务期风教修明，贤才蔚起。庶几械朴③作人之意。乃比年士习未端，儒效罕著。虽因内外臣工奉行未能尽善，亦由尔诸生积锢已久，猝难改易之故也。兹特亲制训言，再加警饬！尔诸生其敬听之：从来学者先立品行，次及文学、学术、事功，原委有叙。尔诸生幼闻庭训，长立宫墙，朝夕诵读，宁无究心？必也躬修实践，砥砺廉隅，敦孝顺以事亲，秉忠贞以立志。穷经考业，勿杂荒诞之谈；取友亲师，悉化骄盈之气。文章归于醇雅，毋事浮华；轨度式于规绳，最防荡轶。子衿④佻达，自昔所讥。苟行止有亏，虽读书何益！若夫宅心弗淑，行己多愆，或蜚语流言，挟制官长；或隐粮包讼，出入公门；或唆拨奸猾，欺孤凌弱；或招呼朋类，结社要盟。乃

8

如之人，名教不容，乡党勿齿。纵幸脱褫扑，滥窃章缝，返之于衷，宁无愧乎？况夫乡、会科名，乃抡才大典，关系尤巨。士子果有真才实学，何患困不逢年，顾乃标榜虚名，暗通声气，夤缘诡遇，罔顾身家。又或改窜乡贯，希图进取，嚣陵腾沸，网利营私。种种弊端，深可痛恨！且夫士子出身之始，尤贵以正。若兹厥初拜献，便已作奸犯科，则异时败检踰闲，何所不至。又安望其秉公持正，为国家宣猷树绩，膺后先疏附⑤之选哉！朕用嘉惠尔等，故不禁反复惓惓，颁兹训言。尔等务共体朕心，恪遵明训，一切痛加改省，争自濯磨，积行勤学，以图上进。国家三年登造，束帛⑥弓旌⑦，不特尔身有荣，即尔祖、父亦增光宠矣。逢时得志，宁俟他求哉。若仍视为具文⑧，玩愒勿儆，毁方跃冶，暴弃自甘，则是尔等冥顽无知，终不能率教也。既负栽培，复干⑨咎戾。王章具在，朕亦不能为尔等宽矣。自兹以往，内而国学，外而直省乡校，凡学臣师长，皆有司铎之责者。并宜传集诸生，多方董劝，以副朕怀。否则职业勿修，咎亦难逭。勿谓朕言之不预也。尔多士尚敬听之。

雍正三年议准：士子诵习，必早闻正论，俾德性坚定。将圣谕《广训万言谕》、御制《朋党论》颁发各省学政，刊刻印刷，赍送各学。令司铎之员，朔望宣诵。

御制《朋党论》

朕惟天尊地卑，而君臣之分定。为人臣者，义当惟知有君。惟知有君，则其情固结不可解，而能与君同好恶。夫是之谓一德一心而上下交。乃有心怀二三，不能与君同好恶，以至于上下之情睽，而尊卑之分逆。则皆朋党之习为之害也。夫人君之好恶，惟求其至公而已矣。凡用舍进退，孰不以其为贤而进之，以其为不贤而退之。惟或恐其所见之未尽当也，故虚其心以博稽众论。然必众论尽归于至正，而人君从之，方合于大公。若朋党之徒，挟偏私以惑主听，而人君或误用之，则是以至公之心，反成其为至私之事矣。孟子论国君之进贤退不肖，既合左右诸大夫国人之论，而必加察焉，以亲见其贤否之实。《洪范》⑩稽疑，以谋及乃心者，求卿士庶民之从。而皇极敷言，必戒其好恶偏党，以归于王道之荡平正直。若是乎人君之不自用，而必欲尽化天下之偏私，以成大同也。人臣乃敢溺私心，树朋党，各徇其好恶以为是非，至使人君惩偏听之生奸，谓反不如独见之公也。朋党之罪可胜诛乎！⑪

我圣祖仁皇帝御极六十年，用人行政，迈越千古帝王。而大小臣僚，未能尽矢公忠，往往要朋结党。圣祖戒饬再三，未能尽改。朕即位以来，屡加申饬，而此风尚存。彼不顾好恶之公，而徇其私暱，牢不可破。上用一人，则相与议之曰，是某所汲引者也。于是乎远之若浼，曰吾避嫌也，不附势也。争怀妒心，交腾谤口，以媒蘖之必欲去之而后快。上去一人，则相与议之曰，是某所中伤也，亲暱者为之惋惜，疏远者亦慰藉称屈。即素有嫌隙者，至此反致其殷勤，欲借以释憾而修好。求一人责其改过自新者无有也。于是乎其人亦不复自知其过恶，而愈以滋其怨上之心。是朝廷之赏罚黜陟，不足为重轻，而转以党人之咨嗟叹息为荣，以党人之指摘诋訾为辱。乱天下之公是、公非，作好恶以阴挠人主予夺⑫之柄。朋党之为害一至是哉。

且使人主之好恶，而果有未公，则何不面折廷争，而为是阳奉阴违，以遂其植党营私之计也？《书》曰："予违汝弼，汝无面从，退有后言。"当时君臣告语，望其匡弼，而以面从后言为戒，大是！故一堂之上，都俞吁咈⑬，用能赓歌拜扬，以成太和之运。朕无日不延见群臣，造膝陈词，何事不可尽达，顾乃默无献替，而狡狯叵测，蓄私见以肆为后言。事君之义，当如是乎？古纯臣之事君也，必期致吾君于尧舜，而人君亦当以尧舜自待其身。岂惟当以尧舜待其身，亦当以皋夔稷契待其臣。孟子曰：责难于君谓之恭，陈善闭邪谓之敬，吾君不能谓之贼。夫以吾君不能而谓之贼，则为君者以吾臣不能，亦当谓之忍。语云：取法乎上，仅得乎中。苟不以唐虞君臣相期待，而区区效法仅在汉唐以下，是乌能廓然尽去其私心，而悉合乎大公至正之则哉！

宋欧阳修《朋党论》创为异说曰，君子以同道为朋。夫罔上行私，安得为道？修之所谓道，亦小人之道耳。自有此论，而小人之为朋者皆得假同道之名，以济其同利之实。朕以为君子无朋，惟小人则有之！且如修之论，将使终其党者则为君子，解散而不终于党者反为小人乎？设修在今日而为此论，朕必饬之，以正其惑。大抵文人掉弄笔舌，但求骋其才辩，每至害理伤道而不恤。惟六经、《语》、《孟》及宋五子传注可奉为典要。《论语》谓君子不党。在《易·涣》之六四曰："涣其群。元吉。"⑭朱子谓上承九五，下无应与，为能散其朋党之象，大善而吉。然则君子之必无朋党，而朋党之必贵解散以求元吉。圣人之垂训亦既明且切矣。

夫朋友亦五伦之一，朋党不可有，而朋友之道不可无。然惟草茅伏处之时，恒资其讲习以相依助。今既登朝莅官，则君臣为公义，而朋友为私情。人臣当以公灭私，岂得稍顾私情而违公义。且即以君亲之并重，而出身事主，则以其身致之于君，而尚不能为父母有，况朋友乎？况可藉口于朋以怙其党乎？朕自四十五年来，一切情伪无不洞瞩。今临御之后，思移风易俗，跻斯世于熙皥之盛，故兼听并观，周谘博采，以详悉世务，且熟察风俗之变易与否。而无知小人，辄议朕为烦苛琐细，有云人君不当亲庶务者。信若斯言，则皋陶之陈谟，何以云一日二日万幾？⑮孔子之赞舜，何以云好问、好察？此皆朋党之锢习未去，畏人君之英察，而欲蒙蔽耳目，以自便其好恶之私焉耳。朕在藩邸时，坦易光明，不树私恩小惠，与满汉臣工素无交，与有欲往来门下者严加拒绝。圣祖见朕居心行事公正无私，故令缵承大统。今之好为朋党者，不过冀其攀援扶植，缓急可恃，而不知其无益也。徒自逆天悖义，以陷于诛绝之罪，亦甚可悯矣。朕愿满汉文武大小诸臣，合为一心，共竭忠悃。与君同其好恶之公，恪遵大《易》、《论语》之明训，而尽去其朋比党援之积习。庶肃然有以凛尊卑之分，欢然有以洽上下之情。虞廷赓歌扬拜、明良喜起之休风，岂不再见于今日哉！

雍正七年议准：直省各督、抚转饬地方官，将钦定卧碑御制《训饬士子文》，敬谨刊刻，装潢成帙，奉藏各学尊经阁内。遇督、抚等到任，及学臣到任按临，于祗谒⑯先师之日，该教官率生员、贡、监等，诣明伦堂，行三跪九叩礼毕，教官恭捧宣读令其拱听。如有无故规避者，行学戒饬。其有居址遥远者，令其轮班入城，恭听宣读。至生员、贡、监内，有唆讼抗粮缘事曾经戒饬者，令其皆下跪听，以示惩戒。倘该教官不实力奉行，或借端需索⑰，奉行不善者，许该管上司题参议处。

又议准：凡恭遇圣节、元旦、冬至、丁祭之期，其优等生员并贡、监等，皆令分班陪列行礼。居址稍远者，亦令轮班入城，学习行礼。如有高卧不赴，参错骄蹇者，行学戒饬。至遇督、抚等官到任及学臣按试，祗谒文庙，亦令一体遵行。并饬令各教官实力奉行，不得瞻徇情面，亦不得借端需索。

乾隆四年议准：直省儒学皆已刊立卧碑于明伦堂。而顺天府儒学地居首善，独未设立。应准其一例刊立卧碑于明伦堂，以垂永久，俾诸生咸知恪遵。

乾隆五年钦颁太学《训饬士子文》：

士为四民之首，而太学者教化所先，四方于是观型焉。比者聚生徒而教育之，董以师儒，举古人之成法规条，亦既详备矣。独是科名声利之习，深入人心，积重难返。士子所为汲汲皇皇者，惟是之求，而未尝有志于圣贤之道。不知国家以经义取士，使多士由圣贤之言，体圣贤之心，正欲使之为圣贤之徒，而岂沾沾焉文艺之末哉。朱子同安县谕学者云，学以为己今之世，父所以诏其子，兄所以勉其弟，师所以教其弟子，弟子之所以学，舍科举之业则无为也。使古人之学止于如此，则凡可以得志于科举斯已尔！所以孜孜焉爱日不倦，以至于死而后已者，果何为而然哉？今之士惟不知此，以为苟足以应有司之求矣，则无事于汲汲为也。是以至于惰游而不知反，终身不能有志于学。而君子以为非士之罪也，使教素明于上，而学素讲于下，则士子固将有以用其力，而岂有不勉之患哉！诸君苟能致思于科举之外，而知古人之所以为学，则将有欲罢不能者矣。观朱子此言，洵古今通患。夫为己二字，乃入圣之门。知为己，则所读之书，一一有益于身心。而日用事物之间，存养省察，暗然自修，世俗之纷华靡丽，无足动念，何患词章声誉之能夺志哉。⑱

况即为科举，亦无碍于圣贤之学。朱子云，非是科举累人，人累科举。若高见远识之士，读圣贤之书，据吾所见，为文以应之，得失置之度外，虽日日应举，亦不累也。居今之世，虽孔子复生，也不免应举。然岂能累孔子也。朱子此言，即是科举中为己之学。诚能为己，则四书五经，皆圣贤之精蕴。体而行之，为圣贤而有余。不能为己，则虽举经义治事而督课之，亦糟粕陈言，无裨实用，浮伪与时文等耳。故学者莫先于辨志。志于为己者，圣贤之徒也。志于科名者，世俗之陋也。国家养育人材，将用以致君泽民，治国平天下。而囿于积习，不能奋然求至于圣贤，岂不谬哉。朕膺君师之任，有厚望于诸生。适读朱子书，见其言切中士习流弊，故亲切为诸生言之，俾司教者知所以教，而学者知所以学。

乾隆十年议准：钦颁《训饬士子文》已勒石太学，其各省尚未颁发。应通行天下学官，同圣祖仁皇帝圣谕《广训》、世宗宪皇帝御制《朋党论》，令教官于朔望日一体宣讲，永远遵行。

注释：

① 明伦堂，《孟子·滕文公上》："夏曰校，殷曰序，周曰庠，学则三代共之，皆所以明人伦也。"旧时各地孔庙大殿称明伦堂，本此。

11

② 生员，唐国学及州、县学规定学生名额，因此称生员。明、清两代，凡经过本省各级考试取入府、州、县学者，通名生员。习惯上称为秀才。文章中则常称为诸生。

③ 棫朴，《诗·大雅》中篇名，《诗序》说其旨是歌颂周文王"能官人"。其诗内有云："芃芃棫朴，薪之槱之。"芃芃，木盛貌。棫、朴，皆木名。意谓统治者用人有方，人材众多。

④ 子衿，《诗·郑风》中篇名，《诗集传》以为是"淫奔之诗"。诗中有"青青子衿"、"青青子佩"之句。青衿、佩玉是士子服饰。

⑤ 疏附，《诗·大雅·绵》中有句云："虞芮质厥成，文王蹶厥生。予曰有疏附，予曰有先后。"毛传："率下亲上曰疏附。"意谓臣民依附君王，为其所用。

⑥ 束帛，帛五匹为一束。《易·贲》："束帛戋戋。"《仪礼·士昏礼》："纳征，玄纁 、束帛、俪皮，如纳吉礼。"

⑦ 弓旌，古以此代指招聘士大夫之礼。典出《左传·昭公二十年》："齐侯田于沛，招虞人以弓，不进。公使执之。辞曰：'昔我先君之田也，旌以招大夫，弓以招士，皮冠以招虞人，臣不见皮冠，故不敢进。'乃舍之。"

⑧ 具文，空文，有形而无实。《汉书·宣帝纪》："书计簿，具文而已。"

⑨ 干，取也。原文为"千"，据文意而校改。

⑩ 洪范，《尚书》中篇名。文中提出统治者治理天下之多种方法，分为九畴（九类）。

⑪ 原文未分段，此为标点校注者所分，下文同。

⑫ 予夺，原文为"子夺"，据文意径改。

⑬ 《书·益稷》："禹曰：'都！帝，慎乃在位。'帝曰：'俞！'"又《书·尧典》："帝曰：'吁！咈哉！'"都、俞、吁都是叹词。都表赞美；俞表同意；吁表否定。咈，反对。旧时因用"都俞吁咈"形容君臣间和洽地进行讨论。

⑭ 《易·涣卦》中六四爻辞云："涣其群。元吉。涣有丘，匪夷所思。"

⑮ 万幾，亦作"万机"。旧指统治者日常处理之纷繁事务。《书·皋陶谟》："兢兢业业，一日二日万幾。"孔颖达传："幾，微也。言当戒惧万事之微。"

⑯ 祗谒，恭敬拜谒。祗，恭敬。《书·大禹谟》："文命敷于四海，祗承于帝。"

⑰ 需索，敲诈勒索。《京本通俗小说·拗相公》："若或泄漏风声，必是汝等需索地方常例，诈害民财。"

⑱ 原文未分段，此为标点校注者所分。

卷三 采访遗书

康熙二十五年奉上谕：谕礼部翰林院：自古帝王致治隆文，典籍具备，犹必博采遗书，用充秘府，以广见闻，而资掌故，甚盛事也。朕留心艺文，晨夕披览，虽内府书籍，篇目粗陈，而裒集未备。因思通都大邑，应有藏编；野乘名山，岂无善本。宜广为访辑，凡经史子集，除寻常刻本，其有藏书秘录，作何给值采集，及借本抄写事宜，尔部、院会同详议具奏，务令搜罗罔佚，以副朕稽古崇文之至意。

乾隆六年奉上谕：从古右文①之治，务访遗编。目今内府藏书，已称大备。但近世以来，著述日繁。如元、明诸贤以及国朝儒学，研究六经、阐明性理、潜心正学、醇粹无疵者，当不乏人。虽业在名山，未登天府，著直省督、抚、学政留心采访，不拘刊本、抄本，随时进呈，以广石渠②、天禄③之储。

乾隆三十七年奉上谕：朕稽古右文，聿资治理。幾④余典学，日有孜孜。因思策府缥缃⑤，载籍极博。其巨者羽翼经训，垂范方来，固足称千秋法鉴。即在识小之徒，专门撰述，细及名物象数，兼综条贯，各自成家，亦莫不有所发明，可为游艺养心之一助。是以御极之初，即诏中外搜取遗书，并命儒臣校勘十三经、二十一史，遍布黉宫，嘉惠后学。复开馆纂修《纲目》三编、《通鉴辑览》及三通⑥诸书。凡艺林承学之士所当户诵家弦者，既已荟萃略备。第⑦念读书固在得其要领，而多识前言往行，以畜其德。惟蒐罗益广，则研讨愈精。如康熙年间，所修《图书集成》⑧全部，兼收并录，极方策之大观。引用诸编，率属因类取裁，势不能悉载全文，使阅者沿流溯源，一一征其来处。⑨

今内府藏书，插架不为不富，然古今来著作之手无虑千百家，或逸在名山，未登柱史。正宜及时采集，汇送京师，以彰千古同文之盛。其令直省督、抚会同学政等通饬所属，加意购访。除坊肆所售举业时文，及民间无用之族谱、尺牍、屏幛、寿言等类，又其人本无实学，不过嫁名驰骛，编刻酬唱诗文，琐碎无当者，均无庸采取外，其历代流传旧书内有阐明性学治法，关系世道人心者，自当首先购觅。至若发挥传注，考核典章，旁暨九流百家之言，有裨实用者，亦应备为甄择。又如历代名人，洎本朝士林宿望，向有诗文专集，及近时沉潜经史，原本风雅，如顾栋高、陈祖范、任启运、沈德潜辈，亦各著成编，并非勦说卮言可比，均应概行查明。在坊肆者，或量为给价；家藏者，或官为装印。其有未经刊刻，只⑩系钞本存留者，不妨缮录副本，仍将原书给还，并严饬所属，一切善为经理，毋使胥藉端滋扰。但各省蒐辑之书，卷帙必多，若不加之鉴别，悉令呈送，烦复皆所不免。著该督、抚等先将各书叙列目录，注系某朝某人所著，书中要指何在，简明开载，具折奏闻。候汇齐后，令廷臣检核。有堪备阅者，再开单行知取进。庶几副在石渠，用储乙览⑪。从此四库、七略，益昭美备，称朕意焉。

乾隆三十八年奉上谕：昨据军机大臣议复朱筠条奏校核《永乐大典》一折，已降旨派军机大臣为总裁，拣选翰林等官，详定规条，酌量办理。兹检阅原书卷首序文，其言采掇蒐罗，颇称浩博，谓足津逮四库。及核之书中别部区函，编韵分字，意在贪多务得，不出类书窠臼。是以踳驳乖离，于体例未能允协。即如所用韵次，不依唐宋旧部，惟以《洪武正韵》[12]为断，已觉凌杂不伦。况经训为群籍根源，乃因各韵轇轕[13]，于《易》先列《蒙》卦，于《诗》先列《大东》，于《周礼》先列《冬官》。且采用各字，不论《易》、《书》、《诗》、《礼》、《春秋》之序，前后错互。甚至载入六书篆隶真草字样，摭拾米芾、赵孟頫字格，描头画角，支离无谓。至儒书之外，阑入释典、道经，于古柱下史专掌藏书，守先待后之义，尤为凿枘不合。[14]

朕意从来四库书目，以经史子集为纲领，裒辑分储，实古今不易之法。是书既遗编渊海，若准此以采撷所登，用广石渠、金匮[15]之藏，较为有益。著再添王际华、裘曰修为总裁官，即会同遴简、分校各员，悉心酌定条例，将《永乐大典》分晰校核。除本系现在通行，及虽属古书而词义无关典要者，不必再行采录外，其有实在，流传已少，其书足资启牖后学，广益多闻者，即将书名摘出，撮取著书大指，叙列目录进呈，候朕裁定，寻付剞劂[16]。其中有书无可采，而其名未可尽没者，只须注出简明略节，以佐流传考订之用，不必将全部付梓。副朕裨补阙遗，嘉惠士林至意。再是书卷帙如此繁重，而明代蒇役，仅阅六年，今诸臣从事厘辑，更系弃多取少，自当刻期告竣，不得任意稽延，徒诮汗青无日。仍将应定条例，即行详议缮折具奏。

又奉上谕：前经降旨令各该督、抚等访求遗书，汇登册府。近允廷臣所议，以翰林院旧藏《永乐大典》，详加别择校勘。其世不经见之书，多至三四百种，将择其醇备者，付梓流传。余亦录存汇辑，与各省所采，及武英殿所有官刻诸书，统按经史子集，编定目录，命为《四库全书》。俾古今图籍，荟萃无遗，永昭艺林盛轨。乃各省奏到书单，寥寥无几。且不过近人解经论学、诗文私集数种，聊以塞白。其实系唐宋以来名家著作，或旧版仅存，或副稿略具，卓然可传者，竟不概见。当此文治光昭之日，名山藏弆[17]，何可使之隐而弗彰。此必督、抚等视为具文，地方官亦弟奉行故事。所谓上以实求，而下以名应，殊未体朕殷殷咨访之意。且此事并非难办，尚尔率略若此，其他尚可问乎？况初次降旨时，惟恐有司办理不善，藉端扰累，曾谕令凡民间所有藏书，无论刊本写本，皆官为借抄，仍将原本给还，揆之事理人情，并无阻碍。何观望不前一至于此！必系督、抚等因遗编著述，非出一人，疑其中或有违背忌讳字面，恐涉于碍[18]，预存宁略毋滥之见。藏书家因而窥其意指，一切秘而不宣，甚无谓也！文人著书立说，各抒所长。或传闻异辞，或纪载失实，固所不免。果其略有可观，原不妨兼收并蓄。即或字义触碍，如南、北史之互相诋毁，此乃前人偏见，与近时无涉。又何必过于畏首畏尾耶！[19]

朕办事光明正大，可以共信于天下。岂有下诏访求遗籍，顾于书中寻摘瑕疵，罪及收藏之人乎？若此番明切宣谕后，仍似从前疑畏，不肯将所藏书名开报，听地方官购借，将来或别有破露违碍之书，则是其人有意隐匿收存，其取戾转不小矣！且江浙诸大省，著名藏书之家，指不胜屈。即或其家散佚，仍不过转落人手，闻之苏湖间书贾书船，皆能知其底里，更无难于物色。督、抚等果实力访觅，何虑终湮。惟当严饬地方官，勿假手吏胥，藉名滋扰。众人自无不踊跃乐从。即有收藏吝惜之人，泥于借书一痴俗说，此友朋则然，今明旨征求，借后仍还故物，于彼毫无所损，又岂可独抱秘文，不欲公之同好乎。再各省聚书最富者，原不尽皆本地之人撰著，只谕其书有可采，更不必计及非其地产，则搜辑之途更宽，方不致多有遗逸。著再传谕各督、抚等，予以半年之限，即遵朕旨，实力速为妥办。俟得有若干部，即陆续奏报，不必先行检阅。若再似从前之因循搪塞，惟该督、抚是问。将此通谕，中外知之。

又奉上谕：朕幾余懋学，典册时披。念当文治修明之会，而古今载籍未能蒐罗大备，其何以裨艺林而光策府！爰命四方大吏，加意采访，汇上於朝。又以翰林院署旧藏明代《永乐大典》，其中墜简逸篇，往往而在，并敕开局编校，芟芜取腴，每多世不经见之本。而外省奏进书目，名山秘笈，亦颇哀括无遗。合之大内[20]所储，朝绅所献，计不下万余种。自昔图书之富，于斯为盛。特诏词臣，详为勘核，厘其应刊、应抄、应存者，系以《提要》，辑成《总目》。依经史子集，部分类聚，合为《四库全书》。简皇子、大臣为总裁以董之，间取各书缮阅，有可发挥者，亲为评咏，题识简端，以次付之剞劂。使远近流传，嘉惠来学。其应抄各种，则于云集京师士子中择其能书者，给札分抄，共成善本，以广兰台[21]、石渠之藏。

苐全书卷帙，浩如烟海，将来庋弄宫廷，不啻连楹充栋，检玩为难。惟摛藻堂向为宫中陈设书籍之所，牙签插架，原按四库编排，朕每憩此观书取携最便。著于全书中撷其菁华，缮为《荟要》[22]。其篇式一如《全书》之例。盖彼极其博，此取其精，不相妨而适相助。庶缥缃罗列，得以随时流览，更足资好古敏求之益。著总裁于敏中、王际华专司其事。书成，即以此旨冠于《荟要》首部，以代弁言。

又奉上谕：前经降旨博访遗编，汇为《四库全书》，用昭石渠美备，并以嘉惠艺林。旋据江浙督、抚及两淮监政等奏到，购求呈送之书已不下四五千种。并有称藏书家，愿将所有旧书呈献者。固属踊跃奉公，尚未能深喻朕意。方今文治光昭，典籍大备，恐名山、石室储蓄尚多，用是广为蒐罗，俾无遗佚，冀以阐微补阙。所有进到各书，并交总裁等，同《永乐大典》内现有各种，详加核勘，分别刊抄。择其中罕见之书，有益于世道人心者，寿之梨枣，以广流传。余则选派誊录，汇缮成编，陈之册府。其有俚浅讹谬者，止存书名，汇入《总目》，以彰右文之盛。此采辑《四库全书》本旨也。

今外省进到之书，大小短长，参差不一，既无当于编列缥缃，而业已或刊、或抄，其原书又何必复留内府。且伊等将珍藏善本，应诏汇交，深可嘉尚。若因此收存不发，转使钞书明经之人，不得保其世守，于理未为公允，朕岂肯为之。所有各家进到之书，俟校办完竣日，仍行给还原献之家。但现在各省所进书籍，已属不少，向后自必陆续加多。其如何分别标记，俾还本人，不致淆混遗失之处，著该总裁等妥议具奏。仍将此通谕知之。

乾隆三十九年奉上谕：国家当文治修明之会，所有古今载籍，宜及时蒐罗大备，以光策府而裨艺林。因降旨命各督、抚加意采访，汇上于朝。旋据各省陆续奏送，而江、浙两省藏书家呈献者种数尤多。廷臣中亦有纷纷奏进者。因命词臣分别校勘应刊、应录，以广流传。其进书百种以上者，并命择其中精醇之本，进呈乙览。朕几余亲为评咏，题识简端。复命将进到各书，于篇首用翰林院印，并加钤记，载明年月、姓名于面页，俟将来办竣后，仍给还本家自行收藏。其已经题咏诸本，并令书馆先行录副，将原书发还。俾收藏之人，益增荣幸。

今阅进到各家书目，其最多者，如浙江鲍士恭、范懋柱、汪启淑，两淮之马裕四家，为数至五六七百种。皆其累世弄藏，子孙克守其业，甚可嘉尚。因思内府所有《古今图书集成》，为书城巨观，人间罕觏。此等世守陈编之家，宜俾专藏勿失，以永留贻。鲍士恭、范懋柱、汪启淑、马裕四家，著赏《古今图书集成》各一部，以为好古之劝。又如进书百种以上之江苏周厚堉、蒋曾莹，浙江吴玉墀、孙仰曾、汪汝瑮，及朝绅中黄登贤、纪昀、励守谦、汪如藻等，亦俱藏书旧家，并著每人赏给内府初印之《佩文韵府》㉓各一部，俾亦珍为世宝，以示嘉奖。以上应赏之书，其外省各家，著该督、抚、盐政派员赴武英殿领回分给。其在京各员，即令其亲赴武英殿祗领。仍将此通谕知之。

又奉上谕：办理《四库全书》处进呈总目，于经史子集内分晰应刊、应抄及应存书名三项，各条下俱经撰有提要。将一书原委，撮举大凡，并详著书人世次、爵里，可以一览了然。较之《崇文总目》㉔，蒐罗既广，体例加详，自应如此办理。第此次各省搜访书籍，有多至百种以上，至六七百种者，如浙江范懋柱等家。其裒集收藏，深可嘉尚。已降旨分别颁赏《古今图书集成》及初印《佩文韵府》，并择其书尤雅者，制诗亲题卷端，俾其子孙世守，以为稽古藏书者劝。今进到之书，于纂辑后仍须发还本家。而所撰《总目》，若不载明系何人所藏，则阅者不能知其书所自来，亦无以彰各家珍弄资益之善。著通查各省进到之书，其一人而收藏百种以上者，可称为藏书之家，即应将其姓名附载于各书提要末；其在百种以下者，亦应将由某省督、抚某人采访所得附载于后。其官板刊刻，及各处陈设库贮者，俱载内府所藏，使其眉目分明，更为详备。至现办《四库全书总目提要》，多至万余种，卷帙甚繁。将来抄刻成书，翻阅已颇为不易。自应于《提要》之外，另刊《简明书目》一编，只载某书若干卷，注某朝某人撰，则篇目不烦，而检查较易。俾学者由《书目》而寻《提要》，由《提要》而得《全书》。嘉与海内之士考镜㉕源流，用彰我朝文治之盛。著《四库全书》总裁等遵照，悉心妥办。并著通谕知之。

注释：

① 右文，古时以右为尊，右文即重视文化学术，崇尚文治。欧阳修《谢赐〈汉书〉表》："窃以右文兴化，乃致治之所先。"
② 石渠，汉代皇室藏书阁名，在未央宫殿北。《三辅黄图·阁》内云："石渠阁，萧何造。""所藏入

关所得秦之图籍。至于成帝，又于此藏秘书焉。"

③ 天禄，汉代藏书阁名，汉高祖时所建，在未央宫内。《三辅黄图·未央宫》："天禄阁，藏典籍之所。"后亦通称皇家藏书之所。

④ 幾余，此指处理政务之余。幾，细微迹象。《易·系辞下》："君子见幾而作，不俟终日。"《书·皋陶谟》："一日二日万幾。"亦作"机"。"日理万机"成语本此。

⑤ 缥缃，缥，淡青色帛；缃，浅黄色帛。古时常用以作书囊或书衣。萧统《文选序》："词人才子，则名溢于缥囊；飞文染翰，则卷盈乎缃帙。"后因以"缥缃"为书卷代称。

⑥ 三通，旧以唐杜佑《通典》、宋郑樵《通志》及元马端临《文献通考》合称"三通"。

⑦ 弟，同"第"，但，又。

⑧ 《图书集成》，全称《古今图书集成》，大型类书名。清康熙中陈梦雷等原辑。清世宗命蒋廷锡等重辑，雍正四年以铜活字排印。

⑨ 原文未分段，此为标点校注者所分。

⑩ 只，原文为"祇"，实误。按，"只"字繁体为"祇"，径行改出，下同。

⑪ 乙览，犹御览，指皇帝过目。据苏鄂《杜阳杂编》载，唐文宗曾云："若不甲夜视事，乙夜观书，何以为人君耶？"其出处本此。

⑫ 《洪武正韵》，韵书，共十六卷，明洪武时乐韶凤、宋濂等奉诏撰。

⑬ 轇轕，亦作"轇輵"。同"胶葛"，交错纠缠貌。张衡《东京赋》："阊戟轇轕。"

⑭ 此处为标点校注者所分段。

⑮ 金匮，古时国家藏书之所。《史记·太史公自序》："迁为太史令，䌷石室、金匮之书。"司马贞索隐："石室、金匮，皆国家藏书之处。"

⑯ 刳劂，刻镂所用之刀、凿，此指刊刻印刷。

⑰ 弆，音举，收藏。《左传·昭公十九年》："纺焉以度而去之。"唐孔颖达疏："去，即藏也。字书'去'作'弆'，羌莒反。"

⑱ 原文作"恐涉於于碍"，衍一"于"字。

⑲ 此处为标点校注者所分段。以下本卷内"上谕"分段皆同此。

⑳ 大内，皇宫。《明史·舆服志四》："洪武八年改建大内宫殿，十年告成。"

㉑ 兰台，汉代宫内收藏典籍之处。《汉书·百官公卿表上》："御史大夫……有两丞，秩千石。一曰中丞，在殿中兰台，掌图籍秘书。"

㉒ 《荟要》，丛书名，全称《四库全书荟要》，收书四百六十四种。清乾隆三十八年（1773年）于敏中、王际华等奉敕编、缮。

㉓ 《佩文韵府》，分韵所编之辞书，清张玉书等奉敕编。正集四百四十四卷，拾遗一百十二卷。康熙时刊行。

㉔ 《崇文总目》，书目名，北宋仁宗景祐中王尧臣等编辑。崇文，指崇文院，为当时宫廷藏书处。原本已失传，清乾隆时有辑本。

㉕ 考镜，参证借鉴。明唐顺之《吏部郎中林东城墓志铭》："日以朱墨点记其向意，臧否醇杂，以自考镜。"

卷四 颁 发 书 籍

康熙四十五年奉上谕：朕制《古文渊鉴》、《资治通鉴纲目》等书，皆已刷印，颁赐大臣。此等书籍，特为士子学习有益而制，可速颁行直省。凡坊间书贾，有情愿刊刻售卖者，听其传布。

康熙五十二年，《御纂朱子全书》成，颁发两京及直省，刊版通行。

康熙五十四年，《御纂周易折中》成，颁发中外，听其重刊，以广诵习。

雍正元年奏准：圣祖仁皇帝《钦定孝经衍义》一书，颁发直省，刊版通行。

雍正八年奏准：圣祖仁皇帝《御纂性理精义》，《书》、《诗》、《春秋》三经《传说汇纂》，每省每书各发二部，一部令其重刊流布，一部以备校对。

乾隆元年议准：圣祖仁皇帝《律书渊源》，应颁发直省书院，及所属各学，以为士子观览学习之用。并招募坊贾人等，刷印鬻卖。有情愿刊刻者听。

又奉上谕：从来经学盛则人才多，人才多则俗化茂。稽诸史册，成效昭然。我皇祖圣祖仁皇帝《御纂周易折中》，《尚书》、《诗》、《春秋》三经《汇纂》诸书，直省虽已镂板，但士子赴司具呈俟批，已不免守候。又一人所请，止于一部，势难鸠工①刷印，是以得书者寥寥。著直省抚藩招募坊贾，自备纸墨刷印，通行售卖，严禁胥吏阻抑需索。但使坊贾皆乐于刷印，则士子自易于购买，庶几家传户诵，足以大广厥传。

又议准：各督、抚于省会书院，并有尊经阁之府、州、县，应将十三经、二十一史诸书购买颁发，交与各该学教官，接管收贮，令士子熟习讲贯。其动用存公银两，仍报部查核。

又议复佥都御史李徽条奏圣言称经，自《孝经》始，即诸经亦以此称经，请将《孝经》订入四子书②中一折：按经解名篇，著于《礼记》。离经辨志，载于《曲礼》。经之名，固已早见。至于《孝经》，称天之经，地之义。此即《中庸》之所谓九经，祭统之所谓礼有五经。皆举经常之道而言，安得遽指为定名之义。至称《古文孝经》，刘炫伪作，朱子亦未深考，吴澄据许慎《说文》，始为考证等语。按孔安国之《古文孝经》，献之秘府者，未及施行，并许慎亦未得见。至刘炫之伪作，详于《隋书》，辨于《唐会要》，见于陆德明《释文》，先儒早知其非，不待吴澄之辨而后知也。又称《孝经》以前六章为根柢，中三章为体要，后九章为会通；三者人数，六者地数，九者天数，合为十八章等语。按《孝经》第一章，乃全部之纲领。犹大学之有圣经也。自天子以至于庶人，皆以孝为本。此天之经，地之义，民之行也。次孝治次圣，治而归于纪孝行者，此齐、治、平之必由于修身也。反是则有五刑。推此则为至德要道。有经权常变，皆可通于神明。而复申言事君，结以丧亲，则孝道纯备，而宗义开明。盖俱从第一章脉络贯注。乃强分为天、地、人之数，割截牵缀，以为此书之精蕴，粗莽甚矣。③

至请以《孝经》同《学》、《庸》订为一册，一体命题等语。按四子之书，乃朱子所自订刊于临漳，宋理宗始颁行学宫。至元明以及我朝，遵行已久。且《大学》、《中庸》，本程子从《礼记》摘出，朱子订入四书者。《孝经》单行，篇章无多，如何可与四书并列？况朱子为《孝经》刊误，疑其非尽圣人之言，说得多不亲切。吴澄亦曰，观朱子所论，虽今文亦不无可疑。疑其所可疑，信其所可信，去其所可去，存其所可存，朱子意也。张恒曰，朱子识见高明。《孝经》出于汉初者，尚且致疑。则其出于《隋书》者，何足深辨！《刊误》一书，姑据温公所注之本，非以古文优于今文也。朱子于小学书所纂《孝经》之文，其择之也精矣，曷尝尽疑《孝经》之非哉！此张恒跋吴澄之言也。盖惟朱子考据精详，诸儒亦疑信参半。特以名为《孝经》，称述孝道，殊于治道有补。此制科取士，第一场首试四书文三篇，第二场首题用《孝经》论一篇，与性理参错互出，所以尊崇圣经，总期发明经义，文与论何择焉！应毋庸议。

乾隆二年奏准：圣祖仁皇帝御纂《日讲四书解义》，每省各颁一部。令该布政司④刊刻，招谕坊贾人等刷印鬻售，广为流布。

乾隆三年奉上谕：从前颁发圣祖仁皇帝御纂经史诸书，交直省布政使敬谨刊刻，准人刷印，并听坊间刷卖。原欲士子人人诵习，以广教泽。近闻书板收藏藩库，士子及坊间刷印者甚少。著各省抚藩，将书板重加修整，俾士民易于刷印。坊间有情愿翻刻者，听其自便，无庸禁止。如御纂诸书内，有为士子所宜诵习而未经颁发者，著该督、抚奏请颁发，刊版流布。至武英殿、翰林院、国子监皆有存贮书版，亦应听人刷印。从前内务府所藏各书，如满、汉官员有愿购觅诵览者，概准刷印。其如何办理之处，著礼部会同各该处定议。遵旨议准。内务府书版，俱藏贮武英殿。其武英殿所有⑤：

《御制人臣儆心录清汉书》⑥

《圣谕广训清汉书》

《圣祖仁皇帝诗集汉字书》

《圣祖仁皇帝文集汉字书》、《避暑山庄诗清汉书》、《千叟宴诗》

《万寿盛典》、《周易折中》、《周易义例启蒙附论》、《书经传说汇纂》、《诗经传说汇纂》、《春秋传说汇纂》

《日讲春秋解义》、《仿刻宋版四书》、《小学孝经清汉书》、《清字诗经》、《性理大全》、《古文渊鉴汉字书》、《分类字锦》、《骈字类编》、《音韵阐微》、《月令辑要》、《韵府拾遗》、《子史精华》、《文献通考纪要》、《对数广韵》、《大数表》、《小数表》、《道德宝章》、《资政要览》、《清文鉴》、《蒙古合刻清文鉴》、《蒙古字时宪法书》、《劝善要言清汉书》、《生戒⑦汇钞清汉书》、《性理精义清汉书》

《日知荟说》

《乐善堂全书》、《清字内则衍义》、《汉字内则衍义》

《御注孝经》、《翰林院所有清字通鉴》、《大学衍义》

《日讲书经》

《日讲易经》

《日讲四书》、《辽史》、《金史》、《元史》、《古文渊鉴》、《三国志》、《汉字四书解

义》、《佩文韵府》

《御选唐诗》、《绎史》、《易经解义》、《书经解义》、《周易本义》、《袖珍易经》、《袖珍四书》、《孝经衍义》、《广群芳谱》、《佩文诗韵》

国子监除所贮十三经、二十一史书版，业经奏请重新刊刻外所有：

《御纂周易折中》⑧

《钦定书经传说汇纂》

《钦定诗经传说汇纂》

《钦定春秋传说汇纂》

《御纂性理精义》

《御纂朱子全书》、《古文约选》、《大学衍义》、《国学礼乐录》、《近思录》

并礼部所有：

《大清会典》、《律书渊源》

俱于学术有裨，自宜广为传习。今将刷印各书所需纸墨工价银两，逐部核定。凡满汉官员，有情愿指俸若干，刷印书籍若干部者，由该旗该衙门查明，移咨武英殿等各衙门，照数刷给，行文户部扣俸还项。则大小官员，皆得易于购觅，以备诵览。至内廷书籍，外间士子无不群思观览。照从前颁发《御选语录》等书之例，将武英殿各种书籍，交与崇文门监督存贮书局，准令士子购觅，以广见闻。其书版中，倘有损坏模糊者，令各该衙门备细查明，奏请修补。再查武英殿有存贮书籍十九种，俱系从前臣工遵旨刊刻之书。其书版存贮各省臣工之家，亦应开单行文各省督、抚，转行各该处，听坊贾人等广为刷印。并准其翻刻，以广流传。

又奉上谕：士子书艺之外，当令究心经学，以为明道经世之本。我皇祖御纂经书多种，绍前圣之心法，集先儒之大成。已命各省布政使敬谨刊刻，听人刷印。亦准坊间翻刻广行。恐地方大吏，不能尽心经理，则士子购觅仍属艰难。著督、抚、藩司等善为筹画，将士子应读之书，多行印发，以为国家造士育材之助。

又议复广韶学政王丕烈条奏请将朱子《孝经刊误》一书，颁发学官，并乡、会试所出《孝经》题目，不得仍沿旧本一折：按《孝经》一书，经宋臣司马光校订，朱子虽据其所纂之本合经分传，厘定章次，并圈其疑义，以为刊误书要，亦阙疑示慎之意。而自宋以来，《孝经》之颁在学官者，悉照司马光旧本。其《刊误》一书，止存之以备参考。我世宗宪皇帝钦定《孝经集注》，仍用司马光旧本。今乡、会试二场命题，用《孝经》性理，参错互出，著为定制。士子诵读成书，遵行已久。毋庸更定章程。所奏应毋庸议。

乾隆六年议准：陕、甘二省，请将《渊鉴斋古文》及《唐宋文醇》每种各颁一部。令该抚藩照《御纂四经》之例，酌量刊刻。听人刷印，以广流传。

乾隆七年奏准：武英殿所贮书籍，凡各衙门官员欲买者，由本衙门给咨，赍⑨银到日，即行给发。其非现任之员，及军民人等愿买者，具呈翰林院给咨，赍银到日，一体给发。其乾隆三年原议内指俸购买之处，不但文移往返，归款迟滞，且恐有革职、住俸等情，势必勒追完缴，转滋扰累，应行停止。

乾隆八年议复国子监祭酒崔纪条奏嗣后刊刻朱子《周易本义》一书，《经》、《传》次第，当依《本义》原本，不得破析《本义》，以从程《传》。并乡、会两试，必于上、下《经》内出题一道，再于彖、象《传》内出题一道一折：按古《易》经二篇，传十篇，原各自为卷帙。自费直⑩用彖、象、系辞、文言参解上、下经，始附八卦中。王弼又以象本释经，宜相附近，分爻之象辞，各附当爻。故先儒谓变古《易》文者，始于费直，而成于王弼。则是彖、象之合于卦爻，其来已久，不自程传昉也。厥后吕祖谦采嵩山晁氏编古《周易》，定为十二篇。然祖谦亦谓费氏《易》最近古，其复定十二篇，特恐古本之失传，而非以费氏为陋学也。伊川程子于《易》理最得精实，而《传》、《序》独从王弼。夫岂不知古《易》十二篇，而漫为因仍乎？朱子《本义》之序，一以吕氏为断。而其论诸儒之说，则曰如王氏、程子与吾《本义》之云者，其亦可矣。然则朱子固不以王氏、程子之《易》为非也。有明取士，专用朱子《本义》，而不改程《传》之《序》，即淳于俊所云合传于经，使学者省寻、易了之意，非有悖于朱义也。

我圣祖仁皇帝《御纂周易折中》一书，博采群言，酌复古本，既已颁布学宫，复许坊贾人等刷印通行，广为敷布。俾天下穷经之士，考古而不忘其初。而究未尝以是悬为取士之令甲者，诚以古本、今本篇次虽殊，而义理则一。觇经学之浅深，原不系乎此也。未便以多士讲习有素之书，忽尽改其篇次，以致徒高复古之名，无裨穷经之要。至刊本既不准其纷更，闱题自应仍依旧制。所奏均毋庸议。

乾隆九年奏准：从前御纂诸书，虽经颁发，然士子众多，恐不足以资钞诵。令各省督、抚、藩司⑪，多行刷印。每学每种给发二部，以备士子钞诵。其《御纂三礼》，俟告成后，再行颁给。仍交与该教官接递收管，无得损失。

又议准：《三通》诸书，令各督、抚转饬布政使，及专司书院之道员，于公项内酌量置办，以资诸生诵读。

乾隆十四年议准：闽省生童，于《御纂四经》皆未经寓目。应令该布政使转饬州、县，照大、中、小学核定数目，详司刷印，颁发各该教官，听从士子照价购买。将所缴价值，解司归项。

乾隆十五年议准：《御纂三礼》，甫经告成。应俟刊刻成书，奉旨颁发时，令各省布政使照《御纂折中》、《传说》诸书之例，敬谨刊刻，准人刷印。并听坊间翻刻，以广诵习。

乾隆十六年奉上谕：经，史学之根柢也。会城书院聚黉序之秀而砥砺之，尤宜示之正学。朕时巡所至有若江宁之钟山书院、苏州之紫阳书院、杭州之敷文书院，各赐武英殿新刊十三经、二十二史一部，资髦士稽古之助。

乾隆二十七年奉上谕：闱中旧贮书籍，残缺不完。试官每移取坊间刻本，大半鲁鱼亥豕⑫。自命题发策，以及考信订伪，迄无裨益。应将乡、会两试需用各书，汇列清单，就武英殿请领内府官本，钤用该衙门印信，备贮应用。该管官前后检明，入册交代。

乾隆二十九年奉上谕：前辑《周易述义》、《诗义折中》、《春秋直解》告成。于从来传、注离合异同之处，参稽是正，允宜津逮士林。而校刊讫工，未经颁发。著将此三书每省各颁一部，依式镂版流传，俾直省士子咸资诵习。其原本即庋藏学官，以示嘉惠广励至意。

又议准：《礼记》一书，未经朱子裁定。学官所颁，仅有陈澔《集说》。其论议虽合乎儒先，而训释未能该洽。仰蒙皇上考《礼》正文，特命儒臣纂辑《礼记义疏》，与《周礼》、《仪礼》并垂彝序，洵足阐曲台之奥义矣。乃俗儒囿于方隅，惟揣应试命题，著有《心典》、《体注》、《省度》等书，坊刻流传，概从苟简，以便空疏不学之士，而全经竟束之高阁。殊于经学大有关系！嗣后，专习《礼记》生童，务须诵读全书，不得仍以删本自欺滋误。其现在坊间所刻删本《礼记》，饬令地方官出示销毁。已经刷印者，禁止贩卖。毋许存留，贻误后学。

乾隆三十年，颁发《御制诗》初集二集、《御制文》初集各一部，交直省布政使，照颁发经书之例一体刊行。

乾隆三十一年议准：浙江遂安县志，侈陈毛一鹭政绩；嘉兴府志，曲讳虞廷陛附党；又萧山县志，极诋嘉靖间学道陈大绶贪酷种种，而大绶督学以清节著闻。所载悉属颠倒。查毛一鹭、虞廷陛俱名丽⑬阉党，载在《钦定明史》，人所共知。陈大绶名不著于史传，考国子监题名碑，大绶系万历乙未科进士，江西浮梁县人。该县志所称嘉靖时事，显系诞妄无稽，自当改正删除，以期核实。再各省向例于学臣莅任时，原有呈送志书之事。应令学政不拘时日，悉心查核。遇有实在是非倒置者，即饬令地方官删改，仍咨明督、抚会同办理。其现在修辑之志书，亦令学政查核，再行刊刻。至修书原系地方公事，如或绅士自行经理，编纂付梓，亦所弗禁。但不得勒派劝捐，致滋扰累。倘有官吏藉端苛派，应令该管上司严查察究。

注释：

① 鸠工，聚集工匠。唐黄滔《泉州开元寺佛殿碑记》："乃割俸三千缗，鸠工度木。"
② 四子书，即四书，《大学》、《中庸》、《论语》、《孟子》之合称。宋代以《孟子》升经，又从《礼记》中抽出《大学》、《中庸》两篇，与《论语》、《孟子》相配合。朱熹撰《四书章句集注》，"四书"之名遂立。此后，其成为封建社会科举考试标准用书。
③ 原文未分段，此为标点校注者所分。本卷下同。
④ 布政司，即布政使司。明宣德后，全国设十三布政使司，每司设左、右布政使各一人，为一省最高行政长官。后因加强统治，专设总督、巡抚等官员，布政使权位遂渐轻。清始正式定为督、抚属官，专管一省财赋和人事，与专管刑名之按察使并称两司。康熙六年（1667年）后，每省设布政使一员，不分左右。俗称藩司、藩台。
⑤ 按，以下书籍排列版式悉依照原书。
⑥ 清书，指满文。清汉书，即用满文和汉文两种文字书写。清昭梿《啸亭续录·清字经馆》："乾隆壬辰，上以大藏佛经有天竺番字、汉文、蒙古诸翻译，然其禅悟深邃，故汉经中咒偈，惟代以翻切，并未译其秘指。清文句意明畅，反可得其三昧，故设清字经馆于西华门内。"

⑦ 原文为"牛戒"，当为"生戒"之误。

⑧ 《御纂周易折中》，原文为《御纂易易折中》，刊刻所误，径改。

⑨ 赀，通"资"，费用，钱财。《周礼·春官·巾车》："毁折，入赀于职币。"郑玄注："杜子春云：'赀，读为资。资谓财也。'"又《周礼·天官·掌皮》："岁终，则会其财赀。"

⑩ 费直，字长翁，东莱人，西汉古文易学"费氏学"开创者。治古文《易》，长于卦筮，无章句，专以《易传》解说经文。东汉时，郑众、马融、郑玄等并习其学。三国魏王弼注《易》，亦用其说。

⑪ 藩司，参上注④。

⑫ 鲁鱼亥豕，"鲁"和"鱼"、"亥"和"豕"篆文字形相似，容易写错。《抱朴子·遐览》："谚曰：'书三写，鱼成鲁，虚成虎。'"《吕氏春秋·察传》："有读史记者曰：'晋师三豕涉河。'子夏曰：'非也，是己亥也。夫己与三相似，豕与亥相似。'"后因谓书籍传写或刊印之误为"鲁鱼亥豕"。

⑬ 丽，附着。《易·离》："日月丽乎天，百谷草木丽乎土。"

卷五 崇尚实学

乾隆五年奉上谕：朕命翰林、科、道诸臣每日进呈经史讲义，原欲探圣贤之精蕴，为致治宁人之本。道统学术，无所不该，亦无往不贯。而两年来诸臣条举经史，各就所见为说，而未有将宋儒性理诸书切实敷陈，与先儒相表里者。盖近来留意词章之学者尚不乏人，而究心理学者盖鲜。即诸臣亦有于讲章中系以箴铭者。古人鉴盘几杖，有箴有铭。其文也，即其道也。今则以词藻相尚，不过为应制之具。是岐道与文而二之矣。总因居恒肄业，未曾于宋儒之书沉潜往复，体之身心，以求圣贤之道。故其见于议论，止于如此。夫治统原于道统，学不正则道不明。有宋周、程、张、朱诸子，于天人性命大本大原之所在，与夫用功节目之详，得孔孟之心传。而于理学公私义利之界，辨之至明。循之则为君子，悖之则为小人。为国家者，由之则治，失之则乱。实有裨于化民成俗修己①治人之要。所谓入圣之阶梯，求道之涂辙也。学者精察而力行之，则蕴之为德行，学皆实学；行之为事业，治皆实功。此宋儒之书所以有功后学，不可不讲明而切究之也！②

今之说经者，间或援引汉唐笺疏之说。夫典章制度，汉唐诸儒有所传述，考据固不可废。而经术之精微，必得宋儒参考而阐发之。然后圣人之微言大义，如揭日月而行也。惟是讲学之人，有诚有伪。诚者不可多得，而伪者托于道德性命之说，欺世盗名，渐启标榜门户之害。此朕所深知，亦朕所深恶。然不可以伪托者之获罪于名教，遂置理学于不事。此何异于因噎而废食乎？盖为己、为人之分，自孔子时早已明辨而切戒之。学者正当持择审处，存诚去伪，毋蹈骛名之陋习。崇正学则可以得醇儒、正人心、厚风俗，培养国家之元气。所系綦重，非徒口耳之勤，近功小补之术也。朕愿诸臣研精宋儒之书，以上溯六经之闳奥③，涵泳从容，优游渐渍。知为灼知，得为实得。明体达用，以为启沃之资；治心修身，以端教化之本。将国家收端人、正士之用，而先儒性命之旨，有功于世道人心者，显著于国家、天下。朕于诸臣有厚望焉！

乾隆十四年奉上谕：圣贤之学，行本也，文末也。而文之中，经术其根柢也，词章其枝叶也。翰林以文学侍从，近年来因朕每试诗赋，颇致力于词章。而求其沉酣六籍，含英咀华，究经训之闳奥者，不少概见④。岂笃志正学者鲜欤？抑或有其人而未之闻欤？夫穷经不如敦行，然知务本，则于躬行为近。崇尚经术，良有关于世道人心。若故侍郎蔡闻之、宗人府府丞任启运，研穷经术，敦朴可嘉。近者侍郎沈德潜，学有本原，虽未可遽目为巨儒，收明经致用之效，而视獭祭⑤为工、剪彩为丽者，迥不侔矣。今海宇升平，学士大夫举得精研本业。其穷年矻矻宗仰儒先者，当不乏人。奈何令终老牖下，而词苑中寡经术也。内大学士、九卿，外督、抚，其公举所知。不拘进士、举人、诸生，以及退休闲废人员，能潜心经学者，慎重遴访。务择老成、敦厚、纯朴、淹通之士以应。精选勿滥，称朕意焉。

乾隆十六年奉上谕：朕前降旨，令九卿、督、抚荐举潜心经学之士。虽据大学士等核复，调取来京候试，现在到部者尚属寥寥。但观此番内外诸臣保举，尚未能深悉朕意。盖经术为根柢之学，原非徒以涉猎记诵为能。朕所望于此选者，务得经明、行修、淹洽、醇正之士，非徒占其工射策、广记问，文藻词章，充翰林才华之选而已。亦非欲授以政事，责其当官之效。如从前各保一人故事。此朕下诏本意也。在湛深经术之儒，原不必拘拘考试。若如内外所举，既有四十余人即云经术昌明，安得如许积学未遇之宿儒！其间流品自不无混淆，岂可使国家求贤之盛典，转开倖进之捷径。势不得不慎重考校以甄别之。闻有素负通经之誉，恐一经就试，偶遇僻题，必致重损凤望，因而托辞不赴，以藏拙为完名者。苟如此用心，已不可为醇儒矣，安所取之。然此中亦实有年齿衰迈，不能跋涉赴考者。伏胜⑥年九十余，使孙女口授遗经于晁错。其年岂非笃老？何害其为通儒。此所举内，果有笃学硕彦，为众所真知灼见如伏生之流者，即无庸调试。朕亦何妨降旨问难经义，或加恩授以官阶，示之奖励乎？著大学士、九卿将现举人员，再行虚公核实，无拘人数，务取名实相孚者，确举以闻。如果众所共信，即可不必考试。若仍回护前举，彼此瞻狗⑦，则尤重负朕尚经学、求真才之意。独不畏天下读书人訾议，与后世公评耶！

注释：

① 修己，原文作"修巳"，刊刻所误，径改。

② 原文未分段，此为标点校注者所分。

③ 闳奥，亦作"闳隩"、"壶奥"。本指室内深处，后用以比喻学问、事理等精微深奥境界。《三国志·魏志·管宁传》："升堂入室，究其闳奥。"

④ 不少概见，言极少见。少，稍也，略也。《汉书·贾山传》："臣不敢以久远谕，愿借秦以为谕，唯陛下少加意焉。"概，要略，大概。《史记·伯夷列传》："其文辞不少概见。"司马贞索隐："概是梗概，谓略也。"

⑤ 獭祭，《礼记·月令》："（孟春之月）鱼上冰，獭祭鱼。"谓水獭贪食，捕鱼则摆列水边，如陈物而祭。后世因称多用典故、堆砌成诗文等为獭祭。

⑥ 伏胜，即伏生，西汉今文《尚书》最早传授者。济南人，曾任秦博士。汉文帝时，朝廷曾派晁错向他学《尚书》。西汉《尚书》学者皆出其门下。今本今文《尚书》二十八篇，赖其传授而存。

⑦ 瞻狗，亦作"瞻徇"，徇顾私情。清陈康祺《郎潜纪闻》卷一："（王鼎）弹劾大吏，不少瞻徇。"

卷六 厘正文体

顺治二年定：文有正体，凡篇内字句，务典雅纯粹，不许故摭一家言，饰为宏博。

顺治九年题准：说书以宋儒传注为宗，行文以典实纯正为尚。今后督学，将四书、五经、《性理大全》、《蒙引存疑》、《资治通鉴纲目》、《大学衍义》、《历代名臣奏议》、《文章正宗》等书，责成提调①、教官，课令生儒诵习讲解，务俾淹贯三场，通晓古今，适于世用。其有剽窃异端邪说、矜奇立异者，不得取录。

康熙九年议复：查乡、会墨卷，每一科出，坊贾预先召集多人，造成浮泛不堪文字，假称新科墨卷②、房行③，相沿成习，文体日坏。嗣后每年乡、会试卷，礼部选其文字中程者，刊刻成帙，颁行天下。一应坊间私刻，应严行禁止。钦奉谕旨：禁止滥刻选文、窗稿④，虽有定例，作何严禁，著再议具奏。随议准：坊贾预集多人造作文字，妄称新刻墨卷传卖，及直省生员滥刻选文、窗稿者，其假造之人，如系职官，罚俸三个月；举人，罚停会试一科；贡生，罚停廷试一次；监生，罚多坐监六个月；生员，降为青衣；儒童，行令该地方官责惩。如有冒名私刻，将假冒之人究治。

康熙十六年议准：应试诸生文字内，概不许作大结。⑤

康熙二十年议准：定例前场文章，字逾五百五十过冗长者，不誊。今若照定例，恐词意不尽。若不限字，又恐相沿冗长。嗣后前场文章限六百五十字。如违限例誊录取中，照例议处。

康熙三十一年议准：直省乡墨，刊刻四书文三篇进呈御览，颁发直省学宫。

康熙三十三年议准：会试墨卷，照各省乡墨例，刊刻四书文三篇进呈御览，颁发直省学宫。

雍正元年议准：嗣后每科乡、会墨卷，礼部会同翰林院秉公选录，恭呈钦定。直隶交与顺天府尹，江南交与江苏巡抚。发给情愿刻文之人，刊刻流布。其坊间私选，一概禁止。

雍正七年议准：嗣后士子作文，以明理为主，放诞狂妄之语，应行禁止。令该教官及地方官严切晓谕。如有妄肆讥讪，侮慢圣言，治以应得之罪。倘教官及地方官容隐不究，一并严加议处。

雍正十年奉上谕：制科以四书文取士，所以觇士子实学且和其声，以鸣国家之盛也。语云：言为心声。文章之道，与政治通，所关巨矣。韩愈论文云：惟陈言之务去。柳宗元云：文者所以明道，不徒务采色、夸声音而以为能也。况四书文号为经义，原以阐明圣贤之义蕴，而体裁、格律先正具在，典型可稽。虽风尚日新，华实并茂，而理法辞气，指归则一。近科以来，文风亦觉丕变，但士子逞其才气词华，不免有冗长浮靡之习。是以特颁此旨，晓谕考官。所拔之文务令清真雅正，理法兼备。虽尺幅不拘一律，而支蔓浮夸之言，所当屏去。秋闱⑥期近，该部可行文传谕知之。

雍正十三年奉上谕：文以载道，与政治相通。故二帝、三王之盛，在廷敷奏[7]，及宣谕众庶之言，皆为谟[8]、为诰，炳著六经。西汉治犹近古，人心淳朴。故见于文者，原本经术，指事类情，质实晓畅，犹有周人之遗。降及魏晋，以文灭质，渐就浮靡。六朝尤甚，姿态益工，意格益陋。文运所关，非浅鲜也。朕思学者修词立诚，言期有物。必理为布帛菽粟之理，文为布帛菽粟之文，而后可行远垂久。若夫雕文逞辞，以炫一时之耳目，譬犹抟[9]土揭木涂饰丹铅以为器物，外虽可睹，不移时而剥落，曷足贵耶！国家累洽重熙之日，绩学工文者正宜沐浴教化，争自濯磨，蕲进于大雅。勿尚浮华，勿取姿媚，斯于人心风俗有所裨益。至于古人，临文原无避讳，诚以言取足志。一存避讳之心，必辗转嗫嚅，词不达意。嗣后一切章疏，以及考试诗文，务期各展心思，独抒杼轴[10]。从前避忌之习，一概扫除。尤宜禁者，乡、会两试，考官每因避忌字样，必摘取经书中吉祥之语为题，遂使士子易为揣摩，倩人代作，临场抄写。以致薄植之少年，得以倖取科名；而积学之老生，无由展抒底蕴。嗣后凡考试命题，不得过于拘泥，俾士子殚思用意，各出手眼，以觇实学。

乾隆元年奉上谕：国家以经义取士，将使士子沉潜于四子、五经之书，含英咀华，发摅[11]文采。因以觇学力之浅深，与器识之淳薄。而风会所趋，即有关于气运。诚以人心士习之端倪呈露者甚微，而微应者甚巨也。顾时文之风尚，屡变不一。苟非明示以准的，使海内士子于从违去取之界，晓然知所别择，则大比之期，主司何以操绳尺以度群材，士子岂能合矩矱[12]以中程式。有明制举之业，体备各种。如王、唐、归、胡、金、陈、章、黄诸大家，卓然可传。本朝文运昌明，英才辈出。熊伯龙、刘子壮以后，作者接踵，莫不根柢经史，各抒杼轴。足为后学之津梁，制艺之科律。自坊选之禁，垂诸功令[13]，而大家名作，不得通行。士子无由睹斯文之炳蔚，率多因陋就简，剽窃陈言。间以此倖获科名，又转相仿效。驯至先正名家之风味，邈乎难寻。所系非浅鲜也。今朕特命词臣，裒集有明及本朝诸大家时艺，精选数百篇，颁示天下，以为举业指南。并将入选之文，批抉其精微奥窔之处，俾学者了然于心目间，用以拳服摩拟。再弛坊间刻文之禁，不拘乡、会墨卷房行试牍，准其照前选刻，但不得徇情滥筋，狂言横议，致酿恶俗。朕实嘉惠士子，望各精勤厥业，以底大成。尚敬体朕意，共相勖勉[14]。

又奏准：现在奉旨弛坊间刻文之禁，应听操选之士，将乡、会墨卷自行刊发。其向由礼部会同翰林院选订之例，应行停止。

乾隆三年奉上谕：士人以品行为先，学问以经义为重。故士之自立也，先道德而后文章。国家之取士也，黜浮华而崇实学。我朝养士百年，渐摩化导，培护甄陶，所以期望而优异之者无所不至。为士者当思国家待士之重，务为端人正士，以树齐民之坊表。至于学问，必有根柢，方为实学。治一经必深通一经之蕴，以此发为文辞，自然醇正典雅。若因陋就简，只记诵陈腐时文百余篇，为弋取科名之具，则士之学已荒，而士之品已卑矣。是在各省学臣，谆切提撕[15]，往复训勉。其有不率教者，即严加惩戒，不可宽贷。至于书艺之外，当令究心经学，以为明道经世之本。其如何因地制宜，试以经义，俾士子不徒视为具文者，在学政酌量行之。务期有益于胶庠，各省亦不必一辙。

又议准：文体所趋，关乎风气。必理醇词正，始足以征立言、立德之本。我世宗宪皇帝，特谕考官，令所拔之文，务期清真雅正，理法兼备。又奉我皇上谕旨，学者修词立诚，言期有物。必理为布帛菽粟之理，文为布帛菽粟之文，而后可行远垂久。诚以文风士习之端倪呈露者甚微，而微应者甚巨。若不按题义，掇拾子书中怪僻之语，以炫新奇，间或以此倖获科名，致薄植之人，私相仿效，而置实学根柢于不问，所系非浅鲜也！应再饬考试各官，凡岁、科两试以及乡、会衡文，务取雅正清真，法不诡于先型，辞不背于经义者，拔置前茅，以为多士程式。如仍有于题义毫无发明，但为险僻怪异不可解之语，妄希诡遇者，经磨勘官察出，即行据实参奏。并将所取之人，分别议处。其磨勘⑯各官，亦务严加校阅，毋得稍有瞻徇。

乾隆九年议复肇高学政金洪铨条奏章金牧文稿猖狂轻僻，请毁板严禁一折：查士子之趋向，视乎衡文者之好尚。诚使衡文者置怪僻于不录，则士子亦何所利而习之！我皇上慎重试差，应选诸臣，自能宗先正而裁伪体。如章金牧等稿，原不待禁止而自废。况前明天、崇间文稿，类于章金牧者不少，岂能尽毁。惟在衡文者示之正鹄耳。嗣后乡、会试及岁、科试，应遵钦定四书文为准。如有录取轻僻之作者，听磨勘官据实参奏。

又议复：兵部侍郎舒赫德奏称，科举之制，凭文而取，按格而官，已非良法。况积弊日深，侥倖日众。古人询事考言，其所言者，即其居官所当为之职事也。今之时文，徒空言而不适于用。此其不足以得人者一！墨卷、房行展转抄袭，肤辞诡说，蔓衍支离，以为苟可以取科第而止。其不足以得人者二！士子各占一经，每经拟题多者百余，少者不过数十。古人毕生治之而不足，今则数月为之而有余。其不足以得人者三！表判可以豫拟而得，答策随题敷衍，无所发明。其不足以得人者四！且人才之盛衰，由于心术之邪正。今之侥倖求售者，弊端百出。探本清源，应将考试条款，改移而更张之，别思所以遴援真才实学之道等语。⑰

谨按，取士之法，三代以上出于学，汉以后出于郡县吏，魏晋以后出于九品中正，隋唐至今出于科举。科举之法，每代不同。而自明至今，则皆出于时艺⑱。三代尚矣。汉法近古，而终不能复古。自汉以后，累代变法不一而足，其既也莫不有弊。九品中正之弊，毁誉出于一人之口，至于贤愚不辨，阀阅相高，刘毅所云下品无高门、上品无寒士者是也。科举之弊，诗赋则只尚浮华而全无实用，明经则专事记诵而文义不通，唐赵匡举所谓习非所用、用非所习、当官少称职吏者是也。时艺之弊，则今该侍郎所陈奏是也。圣人不能使立法之无弊，在乎因时而补救之。苏轼有言，得人之道在于知人，知人之道在于责实。盖能责实，则虽由今之道，而振作鼓舞，人才自可奋兴。若惟务徇名，则虽高言复古，而法立弊生，于造士终无所益。今谓时文经义以及表判策论皆为空言剿袭而无用者，此正不责实之过耳。夫凡宣之于口，笔之于书，皆空言也。何独今之时艺为然。且夫时艺取士，自明至今殆四百年，人知其弊而守之不变者，非不欲变，诚以变之而未有良法美意以善其后。且就此而责其实，则亦未尝不适用，而未可概訾毁也。何也？时艺所论，皆孔孟之绪余，精微之奥旨，未有不深明书理而得称为佳文者。今徒见世之腐烂抄袭，以为无用，不知明之大家，如王鏊、唐顺之、瞿景淳、薛应旂等，以及国初诸名人，皆寝食梦寐于经书之中，冥搜幽讨，殚智毕精，始于圣贤之义理心领神会，融液贯通。参之经史子集以发其光华，范之规矩准绳以密其法律，而后可称为文。虽曰小技，而文武干济、英伟特达之才，未尝不出乎其中。至于奸邪之人，迂懦之士，本于性成，虽不工文，亦不能免，未可以为时艺咎。若今之抄袭腐烂，乃是积久生弊，不思力挽末流之失，而转咎作法之凉⑲，不已过乎！

即经义表判策论等，苟求其实，亦岂易副⑳。经文虽与四书并重，而积习相沿，慢忽既久，士子不肯专心学习，诚有如该侍郎所云数月为之而有余者。今若著为令甲，非工不录，则服习讲求为益匪浅。表判策论，皆加复核，则必淹洽乎词章，而后可以为表。通晓乎律令，而后可以为判。必有论古之职，断制之才，而后可以为论。必通达古今，明习时务，而后可以为策。凡此诸科，内可以见其本原之学，外可以验其经济之才。何一不切于士人之实用，何一不可见之于施为乎？

必变今之法，行古之制，则将治宫室，养游士，百里之内，置官立师。狱讼听于是，军旅谋于是，又将简不率教者屏之远方，终身不齿。其毋乃徒为纷扰而不可行！又况人心不古，上以实求，下以名应。兴孝，则必有割股庐墓以邀名者矣；兴廉，则必有恶衣菲食敝车羸马以饰节者矣。相率为伪，其弊滋繁。甚至借此虚名，以干进取。及乎莅官之后，尽反所为，至庸人之不若。此尤近日所举孝廉方正中所可指数，又何益乎！若乃无大更改，而仍不过求之语言文字之间，则论策今所见行，表者赋颂之流，是诗赋亦未尝尽废。至于口问经义，背诵疏文，如古所谓帖括㉑者，则又仅可以资诵习，而于文义多致面墙。其余若三传科史科名法书学算学崇文宏文生等，或驳杂纷岐，或偏长曲技，尤不足以崇圣学而励真才矣，则莫若惩循名之失，求责实之效。由今之道，振作补救之为得也。我皇上洞见取士源流，所降谕旨，纤悉坐照。司文、衡职、课士者果能实心仰体，力除积习，杜绝侥倖，将见数年之后士皆束身诗礼之中，潜心体用之学。文风日盛，真才日出矣。然此亦特就文学而言，至于人之贤愚能否，有非文字所能决定者。故立法取士，不过如是；而治乱兴衰，初不由此。无俟更张定制为也。所奏应毋庸议。

乾隆十四年奉上谕：国家设科取士，首重者在四书文。盖以六经精微，尽于四子书。设非读书穷理，笃志潜心，而欲握管挥毫，发先圣之义蕴，不大相迳庭乎！我皇考有清真雅正之训。朕题贡院诗曰：言孔孟言大是难。乃古今之通论，非一人之臆说也。近今士子以科名难倖获，或故为坚深语，或矜为俳俪辞，争长角胜风簷锁院中。偶有得售，彼此仿效，为夺帜争标良技。不知文风日下，文品益卑。有关国家抡才巨典，非细故也。夫古人论文，以浑金璞玉不雕不琢为比，未有穿凿支离可以传世行远者。至于诗赋，揿藻敷华，虽不免组织渲染，然亦必有真气贯乎其中乃为佳作。今于四书文采掇词华以示淹博，不啻于孔孟立言本意相去万里矣。先正具在，罔识遵从。习俗难化，职此之故。自今其令各省督学诸臣时时训饬，乡、会考官加意区择，凡有乖于先辈大家理法者，摈弃勿录。则诡遇之习可除，士风还淳。朕有厚望焉！

乾隆十九年奉上谕：场屋制义，屡以清真雅正为训。前命方苞选录四书文颁行，皆取典重正大，足为时文程式，士子咸当知所崇尚矣。而浮浅之士，竞尚新奇。即如今科放榜前，传首题文有用九回肠之语，其出自《汉书》"肠一日而九回"，大率已莫能知，不过剿袭纤巧谓合时尚。岂所谓非法不道选言而出者乎？不惟文体卑靡，将使心术佻薄，所关于士习者甚大。朕曩云：言孔孟言大是难。职是故也。著将《钦定四书文》一部交礼部顺天府存贮内帘，令试官知衡文正鹄再策问时务，用觇士子学识。主考官不当以己见立说。上年顺天乡试，问黄河北行故道。今春会试，问黄河下流。皆孙嘉淦、陈世倌一己私见，究亦空言无补。若以此为去取，将启士子窥探迎合附和之弊，其渐尤不可长。即如宋元以来，辩析朱陆异同，初因讲学，而其后遂成门户。标榜攻击，甚为世道人心之害。嗣后有似此者，必治其罪。

乾隆二十三年议准：学宫颁行御纂四经、钦定三礼，博采先儒之说，折衷至当。嗣后考校经文，应遵奉圣制及用传注为合旨。其有私心自用，与泥俗下讲章，一无禀承者，概置不录。违者议处。

乾隆二十四年奉上谕：前因磨勘顺天等省乡试卷，见其中词句纰谬者不一而足。甚至不成文义，如饮君心于江海之语。于文风士习，深有关系。已降旨宣谕中外，俾衡文、作文者知所儆惕。第念别裁伪体，以端风尚，固在考官临时甄拔公明；而平时之造就渐摩，使士子皆知崇实黜浮，不堕揣摩挦扯②恶习，则学政责任尤重。乡、会两试，乃士子进身阶梯。而学臣于三年之前岁、科考校，评骘③甲乙者，此日之生童，即可为他日之举人、进士。所云正本清源，舍是无由也。为学政者，果能以清真雅正为宗，一切好尚奇诡之徒无从倖售，文章自归醇正。否则素日趋向纷歧，一当大比，为试官者锁闱校拔，不过就文论文，又何从激劝而惩创之。且学政按临，谒庙讲书，原与士子相见，非考官易书、糊名，暗中摸索者比。文字一道，人品心术即于此见端。自应随时训励整顿，务去佻巧僻涩之浇风，将能为清真雅正之文，而其人亦可望为醇茂端正之士。由此贤书释褐④，足备国家任使。斯士子无负科名，而学臣亦不负文衡之任。但不得因有是旨，徒以字句疵颣㉕易为磨勘指摘，遂专取貌似先正之文，于传注无所发明，至相率而归于空疏浅陋。此又所谓矫枉过正，救弊适以滋弊。不独舆论难诬，一经朕鉴察，亦惟于该学政是问。今岁正学政受代之始，诸臣皆朕特简，各宜勉副兴贤、育才至意。著将此旨录于学政公署，并各府、州、县学明伦堂，用资触目警心。而凡我多士，亦皆得审所就范。朕实有厚望焉。

注释：
① 提调，清代在非常设机构中负责处理内部事务者。
② 墨卷，科举制度中试卷名目之一。明清两代，乡、会试试卷，应试本人用墨笔缮写，称为墨卷。为防止考官辨认笔迹，徇私舞弊，将墨卷弥封糊名后，再由专门誊录人用朱笔誊写，然后送考官批阅，称为朱卷。
③ 房行，房稿与行书之简称。房稿，明清进士平日所作之八股文选集，又称房书。行书，则指举人所作之八股文选本。清严有禧《漱华随笔·夹带怀挟》："墨卷、房行，转相抄袭，肤词诡说，蔓衍支离，止图弋取科名。"
④ 窗稿，旧称私塾中学生之习作。清蒲松龄《聊斋志异·陆判》："朱献窗稿，陆辄红勒之，都言

不佳。"

⑤ 大结，八股文结束部分称"大结"。清顾炎武《日知录·试文格式》："篇末敷演圣人，言毕自摅所见，或数十字，或百余字，谓之大结。"

⑥ 秋闱，指科举考试。明凌濛初《初刻拍案惊奇》卷十："春秋两闱，联登甲第。"王古鲁注："秋闱，一名秋试，即乡试，明清例于八月中举行。春闱，一名春试，即会试，明清例于春间举行。"

⑦ 敷奏，陈奏。敷，陈述，铺张；奏，臣子向君主进言、上书。《书·尧典》："敷奏以言。"

⑧ 谟，计谋，谋略。《书·皋陶谟序》："皋陶矢厥谟。"

⑨ 抟，把散碎物捏聚成团。原文为"搏"，误。按，"抟"字繁体为"摶"，径改。

⑩ 杼轴，亦作杼柚，织布机主要部件。杼，梭子；轴，筘。《诗·小雅·大东》："杼柚其空。"朱熹集传："杼，持纬者也；柚，受经者也。"后用以比喻创作时之组织、思考。

⑪ 摅，发抒，舒展。傅毅《舞赋》："摅予意以弘观兮。"

⑫ 矩矱：犹规矩法度。《离骚》："曰勉升降以上下兮，求矩矱之所同。"

⑬ 功令，古代国家对学者考核和录用之法令或规程。《史记·儒林列传序》："余读功令，至于广厉学官之路，未尝不废书而叹也。"

⑭ 黾勉，勤勉，努力。《诗·小雅·十月之交》："黾勉从事，不敢告劳。"

⑮ 提撕，拉也。《诗·大雅·抑》："匪面命之，言提其耳。"郑玄笺："亲提撕其耳。"引申为提醒，成语"耳提面命"即本此。《朱子全书·存养》："只要常自提撕，分寸积累将去，久之自然接续，打成一片耳。"

⑯ 磨勘，旧制，科举考试中乡、会试考卷须进呈，派翰林院官员复核，称磨勘。陶福履《常谈》："康熙四十一年壬午科，始磨勘乡试朱、墨卷；乾隆元年，户部侍郎李绂奏请增派翰、詹、科、道官磨勘。"

⑰ 原文未分段，此为标点校注者所分。本卷下同。

⑱ 时艺，即时文，时下流行之文体。旧时对科举考试要求文体之通称，明清时特指八股文。该文体就四书取题，格式则为破题、承题、起讲、入手、起股、中股、后股、束股。自起股至束股，进入正式议论，这四段中，都有两股排比对偶文字，合计八股，故叫八股文。其内容，则须根据宋朱熹《四书集注》等书，"代圣人立说"，不允许作者自由发挥。

⑲ 作法之凉，凉，通"谅"，信也。《左传·昭公四年》："君子作法于凉，其弊犹贪。"朱骏声《说文通训定声·壮部》："按：信也。杜预注'薄也'，失之。"

⑳ 易副，副，"名副其实"之"副"。

㉑ 帖括，科举考试文体名。唐考试制度，明经科以"帖经"试士。马端临《文献通考·选举二》："凡举司课试之法，帖经者，以所习之经，掩其两端，中间惟开一行，裁纸为帖。"后考生因帖经难记，就总括经文编成歌诀，便于熟读，叫帖括。《新唐书·选举志下》："明经者但记帖括。"明清八股文有仿于唐之帖括者，亦称之。

㉒ 挦扯，挦，拔也；扯，拉也，撕也。刘攽《中山诗话》："祥符、天禧中，杨大年、钱文僖、晏元献、刘子仪以文章立朝，为诗皆崇尚李义山，号'西昆体'。后进多窃义山语句。赐宴，优人有为义山者，衣服败敝，告人曰：'我为诸馆职挦扯至此。'闻者欢笑。"后因以喻人创作一味抄袭、模仿，缺乏独创。

㉓ 评骘，评定。唐柳宗元《柳常侍行状》："敢用评骘旧行，敷赞遗风。"

㉔ 释褐，褐，古时贫贱人所穿之短衣，以兽毛或粗麻制成。释褐，即脱去平民衣服，喻始任官职。汉扬雄《解嘲》："夫上世之士，或解缚而相，或释褐而傅。"

㉕ 颣，音累，丝上之结。薛传均《说文答问疏证自序》："如玉之有瑕，如丝之有颣。"引申为毛病、缺点。

卷七 书坊禁例

顺治九年题准①：坊间书贾，止许刊行理学、政治有益文业诸书。其他琐语淫词，及一切滥刻窗艺、社稿②，通行严禁。违者从重究治。

康熙二年议准：嗣后如有私刻琐语淫词、有乖风化者，内而科、道③，外而督、抚，访实何书，系何人编造，指名题参④，交与该部议罪。

康熙二十六年议准：书肆淫词小说刊刻出卖共一百五十余种，其中有假僧、道为名，或刻语录方书，或称祖师降乩。此等邪教惑民，固应严行禁止。至私行撰著淫词等书，鄙俗浅陋，易坏人心，亦应一体查禁，毁其刻板。如违禁不遵，内而科、道、五城御史，外而督、抚，令府、州、县官严行稽察、题参，该部从重治罪。但除该管官员外，亦不许旁人讦告，以致奸徒扰害良民。

康熙五十三年奉上谕：朕惟治天下以人心风俗为本。而欲正人心，厚风俗，必崇尚经学，严绝非圣之书。近见坊肆间多卖小说淫词，鄙亵荒唐，渎乱伦理。不但诱惑愚民，即缙绅子弟，未免游目而蛊心。伤风败俗，所关非细。著该部通行中外，严禁所在书坊。仍卖小说淫词者，从重治罪。

乾隆三年议准：查定例，凡坊肆市卖一应淫词小说，在内交八旗都统、察院、顺天府，在外交督、抚等，转饬所属官，严行查禁。务将书板尽行销毁。有仍行造作刻印者，系官革职，军、民杖一百流三千里，市卖者杖一百徒⑤三年。该管官弁不行查出者，一次罚俸六个月，二次罚俸一年，三次降一级调用。盖淫词秽说，最为风俗人心之害。例禁綦严，但地方官奉行不力，致向存旧刻销毁不尽。甚至收买各种，叠架盈箱，列诸市肆，租赁与人观看。若不严行禁绝，不但旧板仍然刷印，且新板接踵刊行，实非拔本塞源之道。应再通行直省督、抚，转饬该地方官，凡民间一应淫词小说，除造作刻印定例已严，均照旧遵行外，其有收存旧本，限文到三月，悉令销毁。如过期不行销毁者，照买看例治罪。其有开铺租赁者，照市卖例治罪。该管官员任其收存、租赁，明知故纵者，照禁止邪教不能察缉例，降二级调用。

乾隆十九年议准：《水浒传》一书，应饬直省督、抚、学政，行令地方官，一体严禁。

注释：

① 题准，奏经皇帝批准。《清会典事例·吏部二五·满洲铨选》："康熙五十三年题准，由将军副都统选取本处应用之人，坐名补授，咨部注册。"

② 窗艺，即窗稿，旧称私塾中学生之诗文习作。社稿，古代生员研习之作，供"会课"所用。清顾炎武《日知录·十八房》："曰社稿，则诸生会课之作。"

③ 科、道，指科道官。明清时，六科给事中与都察院各道监察御史统称"科道官"。

④ 题参，上本参奏。《清会典事例·户部二二四·蠲恤》："该州、县官不严行查禁，由督、抚题参，

交部议处。"

⑤ 徒，即徒刑，古代五刑之一。《清史稿·刑法志二》："明律渊源唐代，以笞、杖、徒、流、死为五刑。"所谓徒刑，即将罪犯拘禁于一定场所，剥夺其自由，并强制劳动之刑罚。时间则依其罪行轻重而定。

卷八 学政事宜

直隶一员　江苏一员　安徽一员　浙江一员　江西一员　福建一员

河南一员　山东一员　山西一员　湖北一员　湖南一员　陕甘一员

四川一员　广东一员　广西一员　云南一员　贵州一员

奉天府府丞　　分巡台湾道

顺治八年题准：学臣岁、科两试俱周，礼部考核称职，御史咨都察院回道管事，道员咨吏部照常升转。其公明尤著者，特请优升京堂①。徇私溺职者参处。

又题准：学臣新旧相接，除御史报代，自有台规外，凡学道两考完日，先期报礼部，即咨吏部铨补新官，依限赴任，面相交代，以杜署道诸弊。其旧官听候考核，升转处分。

顺治九年题准：学臣岁、科两考，以三年内报满，方许升转。仍候新官面代，不许擅离地方。

顺治十五年题准：各提学有能将上官势要封函揭送者，于考核时并为叙录。

康熙元年题准：学道任满考核，改隶吏部。

康熙二年题准：直省现任提学，于乡试前接考小半及一半者，所属未考地方尚多，不便报满，应通行考试，以完下三年考试一周之数。其接考大半者，准其报满。

康熙十一年议准：新补学政，一经领敕，次日即行赴任。至各处旧任学臣，考试已竣，俱于十一月内报满到部。如违定限，即题参议处。

康熙十二年题准：学臣考试迟延，限内不能完结者，降一级调用。

康熙二十六年议准：学臣缺出，无有一定。嗣后除乡试后第一年接任者，两考无误，毋庸议外，其第二年接任者春夏受事，则令作速考完，如期报满。秋冬受事，亦令如期报满。如果未能考完，将未考地方多者，许展限五个月，少者展限三个月报满。如于第三年接任者，料理科场事务，应俟下次三年岁、科试完日报满。

康熙五十年议准：学臣遇有丁忧等事离任，将学政印务令该督、抚或藩臬署理者，定例不许考试。其遇乡试届期，但照科考正案送场。署印不准录送遗才②。

康熙五十三年议准：凡学臣更替，定于乡试年之秋列名恭候钦点，以武闱后十月底到任为限。旧学臣报满，即行起程。

又议准：学臣经文武两闱后，毫无所事，闲居候代，实为旷职。嗣后乡试年应更换学院道，礼部将更换之处开送吏部，开列具题。差定之后，新学臣速行赴任。旧学臣报满交代，即行起程。

康熙五十四年定：各省学道报满后，该督、抚于一月内考核具题。如逾一月者，将督、抚照违限例处分。

雍正二年定：湖广分设湖南学政一员，湖北学政一员。

雍正二年议准：江南幅员甚广，士子众多。学臣多以试期迫促，并日连场，未遑尽阅试卷。应照湖南、湖北之例，于安徽添设学臣，分上、下两江考试。

雍正四年定：各省学政，一体俱为学院。

又议准：部郎等官，各有本任职掌。奉差督学后，原缺若不铨补，恐部中办事乏人。嗣后奉差提督学政者，加以翰林院编修、检讨职衔。其部内原缺，另行铨补。三年任满，考察称职，仍俟伊本部员缺补用。

雍正五年奉上谕：台湾远隔重洋，向来督学官员，难以按临考试。是以将学政交与台湾道兼管。朕思道员管理地方之事，又兼学政，未免稍繁。每年既派御史二员，前往台湾巡察，应将学政交与汉御史管理，甚为妥协。现今③御史在彼，著即办理台湾学政。嗣后永著为例。

雍正七年议准：广东学政一员，改为广韶学政。将广、韶、南、惠、湖五府，并连州一州，及所属州、县共五十二学，分与广韶学政考试督察。添设学政一员为肇高学政，将肇、高、廉、雷、琼五府，并罗定一州，及所属州、县四十五学，分与肇高学政考试督察。

雍正十二年议准：学臣报满时，将岁、科报部文武生员等第、缘事④、开复⑤、游学、随任等项及各款项，并科册报部后之革顶、缘事、开复、补考、补廪等项，逐一备细造册钤印，交与新任学臣。其或新任学臣未到，而旧学臣已经离任，向例将学政印信交与巡抚代理。应令学臣于交印之时，将文武生员各项册籍一并交与抚臣。俟新任学臣到日，转行交明。

乾隆元年议准：各部郎中、员外、主事奉差学政者，照例加编修、检讨职衔。将本任之缺，另行铨补。至升转食俸之处，应仍就该员原官，与各部现任司员一体食俸。遇应升之时，吏部照例推升，具题请旨，以升衔注册，仍留学政之任。俟三年任满回京，各照升缺补用。再查郎中任满，例应升用道府。如遇升选之时，准其以即升注册。俟三年任满，考核称职，再行归于月分以应升之缺即用。

乾隆十六年议准：裁汰广东肇高学政，仍照雍正七年以前，统设一员巡历考试。

乾隆十七年议准：福建台湾府考校之事，向系台湾道管理。雍正五年，改归巡视台湾御史。今巡台御史，已定三年一次命往，事竣即回。其提督台湾学政关防，仍令台湾道兼管。

乾隆二十四年议准：嗣后学政遇丁忧事故离任，督、抚等署理印务。倘遇乡试之年，场期已近，新任学臣不能抵任录遗，准其录送遗才。武生亦照文生一体办理。

乾隆三十年议准：嗣后各省学政报满，必照例俟新任学臣到任交印，再行起程。其有对调及丁忧事故者，仍交督、抚署理。

乾隆三十四年遵旨议准：学政养廉⑥，各省所定原额多寡不等。查直隶、江苏、安徽、陕甘、山东、山西、福建、云南，原定四千两。湖南原定三千六百两。均毋庸另议增减。河南原定六千六百六十六两零，为数过多。广东原定四千五百两；浙江原定二千五百两，加以学租余剩银一千七百余两不等，共计银四千二百余两，亦属较多。应均以四千两为额。三省共计酌减银三千三百六十六两零。其江西原定二千四百两，酌增银一千一百两。广西原定二千两，四川原定三千两，贵州原定二千七百两，湖北原定三千两，俱酌增银至三千二百两。尚余银一百六十余两。查奉天府丞兼管学政，每年原定养廉四百两，应即以此项余剩银两赏给奉天府丞，以资办公。

注释：

① 京堂，清代对某些高级官员之称呼。如都察院、通政司、詹事府、国子监及大理、太常、太仆、光禄、鸿胪等寺长官，概称京堂。在官文书中称京卿，一般为三品、四品官。清中叶以后，成为一种虚衔。

② 遗才，秀才参加乡试，先要经过学道科考录送，临时添补核准者，称为"遗才"。

③ 现今，原稿"今"字部分残缺，疑为"今"字。

④ 缘事，犹公务。唐韩愈《赠张籍》诗："昨因有缘事，上马插手板。"

⑤ 开复，清代指官吏被降革后恢复其原官或原衔。《清会典事例·吏部五三·官员开复》："内外官员有因事故降级留任者，三年无过，方准开复。"

⑥ 养廉，即养廉银。清制，官吏于常俸之外，还有所谓恩俸，即规定按职务等级每年另给若干银钱，曰"养廉银"。文职始于雍正五年，武职始于乾隆四十年。

卷九 考试事例

顺治十五年题准：直省儒童，止许岁试①考取。其科试②时，停止考取。

康熙二年题准：直省各学臣，三年之内，止应考试童生③一次。乡试④后报满，凡前任学臣已经考过一次者，勿得再考。如有前任学臣考试未完，缘事离任者，许新学臣将未考州、县生童接考，以应乡试。如有违例重考者，听该督、抚题参。

康熙十二年议准：定例，三年之内，岁、科两考。前经科臣疏请并岁、科为一考。今三年内童子入学，府学止二十名，大学止十五名，中学止十二名，小学止七八名。而直省学臣所报文册，每学援纳事故黜革等项，约三四十名，至百余名不等。且三年为时甚久，仅行考试一次，储才不广，督责不勤。应仍照旧例，三年内岁、科两考。每学照现行额数考取。至满洲、蒙古、汉军，今既俱习汉文，应照汉人一例考试。

康熙二十七年定：各学武生即于考校文生后踵行考取。

康熙四十一年议准：乡试之年，遇新任学政于本年到任者，准将岁考一、二等生员，册送科举，以应本年乡试。仍于乡试后补行科考。其生员帮补廪、增，童生入学，均照定例。将试册速行送部。此后各省学政，因乡试期近，科考未遍，题请以岁作科者，均照此例。

康熙四十四年议准：武童先考策论，后较骑射。合式时，随即磨对笔迹。

康熙四十六年议准：湖广省，湖北已经岁试，湖南并未岁试。次年乡试期近，应令新任学臣将湖南岁试作速考完。一、二等生员，准其科举，以应乡试。试毕，仍将湖北、湖南未经科考之生，照例补行科考，将试册速行送部。

雍正十二年议准：定例，学臣考试，先生员，次文童，次武童。自雍正五年改为先考武童，次考文童，后考生员。但查文童之案未发，学臣固未便开门骑射。而按临下马之初，即行骑射，当文武生童齐集之时，尤易滋弊。且应考文生，倍于武生。文童又数十倍于武童。若定限先考武童，守候无期，更属未便。嗣后学臣下马考试，仍照例先文生，次文童。将文案发过，然后较试武场生童。先考骑射，次考策论。俾文武内外，场规肃清。

乾隆十七年议准：直省学政考试，除陕甘地方辽阔，其边远府分例准岁、科连考外，余俱俟岁考周遍，始行科考。惟从前特开恩科，间有题明岁、科连考者。今湖南学政，既称恩科乡试期迫，其未经岁试之辰州、常德、澧州、岳州四棚，应于乡闱事竣后补行岁试。每棚岁试毕，即兼行科考。但系添设恩科，暂为变通，不得援以为例。

乾隆二十四年议准：各省考试武童外场，照武闱乡试之例，分别合式、单好、双好三等，许入内场。其不入等者，毋得概令入试。

乾隆二十七年议复广西学政朱佩莲条奏生员科考三次不到，照岁考之例斥革一折：查生员三年岁考一次，其文字之妍媸⑤，品行之优劣，劝惩攸关，与官员考察大典相同。设有不到，即应斥革。至科考录送宾兴⑥，在学问素优者，自必奋勉应试。其文理平常，自揣考试不能前列，不应科试者，往往有之。伏读乾隆七年上谕：以学臣博宽大之名于科举之外，遗才大收，一概录送。致文理荒疏之人，皆滥冒入场。于宾兴大典，甚有关系。是科考但当严其别择，不必竣其规条。所奏应毋庸议。

　　乾隆三十五年议准：今岁举行恩科，湖南幅员辽阔，水陆程途动经旬日。所有常德、辰州、沅州、靖州四府，应照乾隆十七年之例，于每棚岁试后即兼行科试，一并造册报部。

注释：

① 岁试，亦称岁考，清代各省学政巡回所属举行之考试。依定例，每学政在其三年任期内，应在其所属举行岁考和科考各一次。凡府、州、县生员，均须应岁考。清初定为六等黜陟法，一二等与三等前者有赏，四等以下有罚或黜革。道光以后稍宽，仅列一二三等，列四等者甚少。

② 科试，亦称科考，清代每次乡试前，各省学政巡回所属举行之资格考试。科考合格，生员方能应本省乡试。

③ 童生，别称文童。明清科举制度，凡应考生员（秀才）之试者，不论年龄大小，皆称儒童，习惯上称为童生。

④ 乡试，明清两代每三年一次在各省省城（包括京城）举行之考试。凡本省生员与监生、荫生、官生、贡生，经科考、录科、录遗考试合格者，均可应考。逢子、卯、午、酉年为正科，逢庆典加科为恩科。考期在八月，分三场。考中者称为举人。

⑤ 妍媸，美丑，此处指文字之好坏。

⑥ 宾兴，科举时代，地方官设宴招待应举之士，亦指乡试。清戴名世《张验封传》："康熙己卯、壬午、乙酉，当宾兴之期，公皆为分校，所得士最盛。"

卷十　学政关防①

顺治九年题准：提学官②须正己洁操，矢公矢慎，务得真才，不许曲徇情面。生员有荒疏庸劣者，即行黜退，不许姑息。有捏造流言、思逞报复者，访实照例问遣。若乡宦势豪干托不遂，暗行中伤者，许径自奏参处治。

又题准：提学官巡试各府、州，务亲临遍莅，不许移文代委，及于隔别府分调取生儒，以致跋涉为害。亦不许令师生匍匐迎送。考毕，即于本地方发落，明示赏罚。不许携带文卷于别处发案，致令吏书乘间作弊，士子无所劝惩。违者题参。

又题准：提学官奉敕专督学校，督、抚、藩臬③不许侵其职掌。提学官巡历所属，除教官、生员干犯行止，合行严惩外，不许泛受民词，侵官喜事④。其生员犯罪，或事须对理者，听该管衙门提问，不许徇疵⑤，致令有所倚恃，抗拒公法。

康熙十一年议准：新补学政，一经领敕，次日即行赴任。如有逗遛⑥都中，赴席宴会者，许科、道官指名参处。

康熙十八年议准：向来岁、科两考，积弊有十：童生未经府考，册内无名，钻求学道，径取入学，巧图捷便，一弊也。考试各府、州、县、卫所⑦童生，额外滥取，拨发别学，明收冒籍，以占本学正额，二弊也。弥封编号印簿，及场内坐号红簿，不发该府、州、县封贮，私存道署，查对字号贿卖，三弊也。考完一府，不将红案速行发学，任意迟延，徇私通贿，更改等第，拨下作上，四弊也。每考一处，令书办、承差、快手人等出入过付，暗访生员稍有家资者，先开六等草单，吓诈保等银两，五弊也。文章人多额窄，武童人少额宽，或将文童充为武童，入学之后，夤缘改文，娼优奴隶滥行收取，真能骑射者摈而不录，六弊也。各府地方设有考棚，惮于亲临，将生童远调考取，各州、县告病生员扛抬验病，困苦难堪，七弊也。纵容无赖教官包揽生童，私通线索，效劳分润，名曰作兴⑧，大坏风教，八弊也。曲徇上司、同僚情面，并京官、乡宦私书，及亲戚朋友，随住地方，讨情抽丰⑨，孤寒之士弃而不录，九弊也。开报学册，将额外滥取入学童生，未经科、岁两考预附三等，其姓名不入新案，造入衣顶下，以赵甲顶钱乙，混作实在之数，朦溷礼部，十弊也。嗣后学道考核时，俱注"剔除十弊"。若不能剔除十弊，该督、抚指参。内有贪赃之弊，照例革职提问。如无贪赃等事，照才力不及例，降二级调用。其考核疏内不注"剔除十弊"字样，及未曾剔除而注"剔除"者，或吏部察出，或科、道纠参⑩，督、抚照不报劣员例，降三级调用。督、抚有需索陋规者，亦照贪赃例处分。至上司、同僚，京官、乡宦私书，及亲戚朋友，随住地方，讨情抽丰；暨州、县官传递私书，乡绅投刺请席者，系官革职，系常人交刑部从重治罪。至顺天学院任满时，亦开明"剔除十弊"，具题考核，方准回院。若不能剔除，或有贪赃等弊，亦照学道例处分。

康熙二十一年议准：嗣后学臣，凡到所考地方，量拨别县书吏供事，其掌案长接名色，严行禁革。属官一概不许迎接。执事员役，不许退堂传递关节⑪。如遇校阅之日，一概封筒，不许传入。间有公事，俟试竣之日，方许开缄投进。其生童试卷，除正卷外，不许多备一卷。如有此等情弊，听该督、抚据实指名题参，交部从重议处。如该督、抚徇情，被科、道官纠参，或旁人出首，将该督、抚一并议处。

又议准：向来考试地方，各州、县官指称供给名色，私派甚多。或按丁征收，或逐户科敛。每考一府，费民间数千余金。嗣后应严行禁革。如有私派照旧累民者，许该督、抚指参，交部从重议处。

康熙三十一年议准：学臣有将祀生赞礼滥行批设，考试生童徇私贿录，至于劣衿学霸包揽武断者，不行究斥；行谊修明者，不为表扬，统令该督、抚题参，交部从重议处。如督、抚徇私，事发一并议处。

康熙三十九年议准：学臣考试，督、抚、藩臬、各道勒索陋规，及学臣滥与者，俱革职提问。如有势宦⑫京官请托投札，及教官、巡捕、进士、举人说情，并书吏、皂快等讨赏等事，有官者革职，无官者从重治罪。若学臣徇情市恩者亦革职，一并提问。知府如有包揽入学，要挟掯勒，及将文理不通之童生送考者，或学臣申报，或督、抚查参，将知府革职提问。学臣与提调、知府扶同作弊者，一并革职提问。督、抚不行查参，学臣不行申报者，俱革职。

又议准：督、抚如有藉名开送童生者，照勒索棚规治罪。州、县官贿荐案首，及各官效劳分肥，提镇等官说情，并学臣扶同者，事发，俱照例治罪。学臣遇有挟制干请者，准径实封奏闻。若祖父兄弟为子孙营谋者，除本童责革外，祖父兄弟有官者革职，无官者从重治罪。

雍正五年议准：嗣后学院所带吏役，酌量足用，不许冗滥。至承差号吏，亦封在场内，不许容留一人在外。所有一应收发公文，催买供应等项，悉委提调料理。如有吏役在外招摇撞骗，许提调即行锁拿，从重治罪。

乾隆七年议准：各省学政，宜守一定之仪制，励师表之风裁。不得自损名节，取悦督、抚。亦不得因督、抚所取之生童，府、州、县录送之首名，不问优劣，瞻徇情面，概行拔取。至督、抚之于学政，无论由何项官员出差，但当以公正廉明相勖，不得以势位意气相凌。崇师儒而杜请托，有稽察而无挟制，庶体统得昭，官常可肃。

又奉上谕：各省学政考试生童，为士子进身之始，甚有关系。为学臣者，固当各矢公慎，严密关防。而在外棍徒撞骗之弊，地方官尤宜严行访查，以期肃清。近江西巡抚陈宏谋奏称，江省积棍，每年尾随学臣按试各郡，假冒学臣亲戚、内幕，哄诱士民营求入学，讲定谢仪若干两，一同包封，仍存士民之手。俟案出有名，方来取银。营求之人，见其不先取银，以为有益无损，遂将银两付伊包封画押。棍徒预用钱文假作银封，临时同伙设计，掩饰调换，携银潜逃，名曰掉包。迨至案出无名，士民启视银封，方知堕计，而棍徒早已远扬。在被骗者既不敢鸣官以取累，又不敢告人以贻羞。遂致此风各处多有，不能杜绝。朕思一省若是，他省亦相同。著各督、抚等，于学臣按试之前，将此等掉包⑬串骗之弊，详明晓谕。凡有指称营求考取，将银封贮，出案收取者，无论真假，立即严拿究处。并许被骗之人，报官查拿。则应考生童识破机关，自不致堕其术中。而棍徒知有法纪，亦不敢公行无忌。亦肃清学政之一端。该部即遵行。

乾隆十二年议准：学政按临地方时，原当谢绝本地绅士往来，以杜招摇撞骗之弊。但恐各省学政或因试事已毕，无复嫌疑，因而拜望乡绅，及同年故旧者，亦未可定。应通行严饬，务遵定例。凡按试各郡，考毕之后，将拜望乡绅亲故之习，概行禁止。

又议准：学政关防考试，如有暗通关节，弊生于内者，责之学政。招摇传递，弊生于外者，责之提调官。一经发觉，各照例处分。

乾隆十五年奉上谕：四川总督策楞查奏朱荃卖书渔利，勒索告病、告顶生员银两，并自奏平时未能觉察，请交部严加议处等语。朱荃蔑伦匿丧，据报失足落水，朕知其必有营私舞弊之处，严谕究查。策楞始将前后婪取赃款复究，但未究明贿卖生员实迹。据湖广总督永兴等审据，朱荃家人供卖生童九名，又收受李为栋银两、貂套等物，即将李姓童生二名并取入学。赃私累累，策楞何以全无知觉于事先？并未究出于事后！从前学政多篝篦不饬⑭，后经责成督、抚不时稽察，一经弹劾审实，即按律正法，其风始戢⑮。近来渐有顾惜情面之意，并不实在留心体访，以致学政等无所忌惮，故习复萌。竟敢公行贿卖，不法已极！此风渐不可长。策楞身在地方，朱荃所为狼藉如此，本候定案时严治策楞失察之咎。今既自行检举，若因此即稍为宽宥，益无以为督、抚查察不实之戒。除现令该部严察议奏外，所有朱荃之弟及伊家人，俱解交该督，并案内贿卖生童，及经手说合各犯，逐一秉公严审。嗣后督、抚，于地方学政如不时加确查，据实参奏，经朕访闻，或臣工奏劾，必将该督、抚严行议处，断不姑容。著通行各督、抚知之。

乾隆十七年奉上谕：国家设科取士，期得真才。士子诵法圣贤，当知以名节为重。始进不端，则为衣冠中败类。至于列抡选之任而怀穿窬⑯之心，则更衣冠中禽兽矣。玷儒林而坏士习，莫此为甚！是以禁令綦严。凡使人重怀刑，不犯有司，正以慎抡才大典耳。近科来特申怀挟之禁，勿使鱼目溷珠，意内帘⑰弊窦，久已肃清。不谓尚有潜通关节其人者。虽千百人中仅止一二人，然此一二人者，未尝非千百中之人。况此特其败露者耳。其默识心存，无能发摘者，谓再无其人，其孰信之！夫刑章国宪，持世之大防。从前学政贿卖生童，若俞鸿图、喀尔钦皆经正法。朱荃未及明正典刑，而赃私尽已发觉，案犯俱已治罪。虽功名之途，不无热中，而效尤颓风，将何底止⑱！吹嘘斡拂，流为植党营私。故钓名者甚于市利，法所不容。朕虽欲曲宥之，岂不计及世道人心乎。蔡时田、曹咏祖已照法司律拟即行斩决。至宦家子弟，乡科以官卷邀恩，及会试入闱，同年同官情面相关，嘱托响应，势尤易便。身居朝列，不以正率先，冒犯营私。此而不惩，更无以服寒畯而昭炯戒。曹秀先一并交部严加议处。科场有此，深为可愧。朕固不忍轻量天下士，而人心叵测，不能无于予改是之叹。倘尚有以身试法者，亦惟有按律从事，刑兹无赦而已。士子读书立品，安命待时；力田逢年，必有其候。考官虚公秉鉴，当念为国树人之义。何至苟且夤缘，甘蹈重辟。即倖逃法网，而踰墙之丑行，已为人伦所不齿。况当光天化日之下，作此如鬼如蜮伎俩，自作孽不可逭。天地鬼神，必不容欺。其可不知所戒哉。

又奉上谕：本日勾到情实官犯，内李为栋、王瑞霖二犯，因贿嘱朱荃，为伊子营求入学。本按以财营求，与受财人同科问拟绞候。已属该部轻为出脱。至策楞拟以缓决，更属沽名曲庇。著交部严察议奏。盖入学乃士子进身初步，原与科场一律。营求贿嘱之风，断不可不严为防范。在辇毂之下⑲，纠察严密，易于败露。至各省学政，出京赴任，途次接见官员，乘便密行贿托，其事甚易，孰从稽察？似此情罪昭著，犯证确凿之案，若不明正典刑，将来玩法之徒益无忌惮。且今岁科场搜出关节，既伏厥辜。至殿试策名大典，复有预拟策条怀挟应试者。条封策问，若仅完卷塞责，较之三场乃甚易之事，尚需宿构怀挟，则其乡、会中式时之舞弊不问可知。朕特未加深究耳。可见衣冠中不少败类，实出寻常意计之表。败类者如此，其徼倖入彀⑳者益难信其必无矣。比闻新进翰林辈，视交通关节，竟不以为恶习可耻，偷为一切，真才益沦。力挽颓风，朕不辞也。此而可宽，明刑弼教之意安在！李为栋、王瑞霖二犯已于秋决内予勾正法。并将此严切晓谕中外知之。

乾隆三十二年议准：学政衙门书吏，按照定额八名召募，充当应役。五年役满，另募接充。仍将现役姓名、年貌、籍贯三代，及著役日期，备造清册，取具该衙门并无违碍印结。于每年岁底，咨报吏部查核。

注释：

① 关防，此处指防范，即学政所应防备、当心之事。

② 提学官，即提督学政，简称学政。

③ 藩臬，藩司和臬司。明清两代布政使和按察使之并称。

④ 喜事，喜欢滋事、生事。

⑤ 徇疵，曲从过失。疵，缺点或过失。《易·系辞上》："悔吝者，言乎其小疵也。"

⑥ 逗遛，同逗留。《汉书·匈奴传上》："而祁连知虏在前，逗留不进。"祁连，即祁连将军御史大夫田广明。

⑦ 卫所，明初在京师和各地皆设卫所，数府划为一个防区设卫，下设千户所和万户所。大抵五千六百人称卫，一千一百二十人称千户所，一百十二人称百户所。

⑧ 作兴，指赚进、捞进。《醒世姻缘传》第十五回："不过是每人作兴了千把银子，扶持了个飞过海的前程。"

⑨ 抽丰，亦作秋风，意为分肥。旧指利用关系、借口向人索取财物。《通俗编·货财》："《野获编》载都城俗事对偶，以'打秋风'对'撞太岁'，盖俗以自远干求，曰'打秋风'；以依托官府，赚人财物，曰'撞太岁'也。……《七修类稿》米芾札中有'抽丰'二字，即世云秋风之义，盖彼处丰稔，往抽分之耳。"

⑩ 纠参，举发弹劾。清黄宗羲《论文管见》："抗疏纠参，几至不测。"

⑪ 关节，旧指暗中行贿、说人情为通关节。《宋史·包拯传》："关节不到，有阎罗包老。"

⑫ 势宦，有权势之官宦。原文为"势宦"，误，径改。宧，音谊，古时房屋东北角之称。《尔雅·释宫》："东北隅谓之宧。"

⑬ 掉包，原文"包"处空白，据上文补出。

⑭ 簠簋不饬，饬，亦作饰。《汉书·贾谊传》："古者大臣有坐不廉而废者，不谓不廉，曰'簠簋不

饰'。" 簠、簋，皆古代食器，也用以放祭品；不饰，不整饬。这本是一种婉词，后世弹劾贪吏，常用此语。

⑮ 载，收敛。《左传·襄公二十四年》："兵不载，必取其族。"

⑯ 穿窬，原指盗窃行为。《论语·阳货》："譬诸小人，其犹穿窬之盗也与！"朱熹注："穿，穿壁；窬，逾墙。"此则喻作弊。

⑰ 内帘，明清制度，乡、会试时有内帘、外帘之分。内帘在至公堂后，有门，加帘以隔之。内帘为主考或总裁及同考官所居，主要职务为阅卷，并有内提调、监试、收掌等官，以管理试卷等事。外帘为监临、外提调、监试、收掌、誊录等官所居，以管理考场事务。

⑱ 底止，终结。底，尽头。《诗·小雅·小旻》："我视谋犹，伊于胡底。"

⑲ 辇毂之下，指京都，犹言在皇帝车驾之下。司马迁《报任少卿书》："仆赖先人绪业，得待罪辇毂下，二十余年矣。"

⑳ 入彀，彀，张满弓弩。《孟子·告子上》："羿之教人射，必志于彀。"入彀，谓于弓箭射程之内。后用以喻受笼络，就范之意。典出王定保《唐摭言·述进士》："（唐太宗）私幸端门，见新进士缀行而出，喜曰：'天下英雄入吾彀中矣！'"此则指经科举考试被录取者。

卷十一　学政按临①

顺治九年题准：提学出巡半月前，行巡视学校牌。三日前，行起马牌。各提调教官，遇巡视牌到，将应考生童册籍，及应行事宜逐一备完。府提调官，遇起马牌到，将应考生童数目开揭送核，即就近调取生童可足两场者候考。其余俟下马日品搭定期，出示调取，免致官生久候。经临地方，巡捕官量率兵快于交界处防护敕印，其余夫马按临伺候。不得另批迎接，官吏师生不许出郭迎送。程途非六十里，不得备办中火，每饭荤素不得过五器。有驿州、县及非宿站，不必另送下程。吏书乘马自行上下，贴轿近行。马夫先送雨具，不许近前。兵快执"肃静"牌于执事前，"回避"牌于吏书前。如遇纡途曲巷，有潜行探听，乘机馈送吏书者，即行拿究。有容令跪道投书禀见者，巡捕员役重究。该州、县原系何官巡捕，不许代替，如违提究。按临下马，先将巡捕官及修理衙门委官职名、巡视人役姓名开揭送查。

一②驻劄③衙门。须宽大，可试千余人，高垣厚壁，环覆以棘，不许故留水道穴隙及假墙虚壁一切弊窦。吏书房不得近厨厕，不得近巷市。仍各总界一门，门各异钥，钥各异牌，总贮一匣，以时启闭。抄案门皂等房，不许与外房相接，须隔一墙，各备行灶净器。后堂正房，务整理洁净。一间安置床帐，一间置净几六张，石砚、笔墨、水注、镇纸、灯台、烛架俱全。堂上平铺地板，公座纱厨，架高三尺。稍前置小公座，以便接见。堂下置水缸二，长盘四，磁罐十，以便倒换。试场须高敞坚密，可蔽风雨，不留空隙，不缠柱结彩。堂外甬道东西，以千字文横列编号。每额悬粉牌一面，大书某字号，悬灯于上。考案前后左右相去各二尺，上置界尺一，下置净器一。案脚用长竹编结，以防移动。仍贴某字几号于案上。尽号止，即照案数置座号签，东西分为二筒，每一号为一束。又备造一册，务令册对签号，签对案号，于学政到日呈送，不许遗漏差错。堂左设案二，候放出题等书，及照出手牌三十面。旁设大云板一架。堂右置长凳四，围屏二架，以便官吏暂处。堂东西壁，各备出题长柄牌六面，提牌八面。小公座前，置长案一，铺毡于上。北首放移席、换卷、丢纸、说话、顾盼、搀越④、抗拒、犯规、吟哦、不完小印十个，总盛一匣，印色俱全。中放东西文场座号签筒，南首留与教官用印。两旁设受卷长案各一，分置各府、州、县学坐牌在上。每案各置界尺四，呈文纸五十张，笔墨砚各一，照进长柄粉牌二。月台设小云板一架，连槌，在饮茶桌前。饮茶桌一张，横放，置茶四大壶，姜汤二壶，上用纸贴，明开姜、茶字；茶钟六个。冬春备火盆木炭。相连又设桌一张，直放，上置饮茶小印一面，印色全；界尺四，以便放卷。相离五尺，甬道中又设木梆一架，连槌，在出恭桌前。出恭桌一张，横放，上置出恭小印一面，印色全；界尺四，以便放卷。文场四隅各置粗壮桌一张，铜锣四面，以备巡绰人役站立了望。左角门边，席围行灶，中备食盒水缸水桶及碗碟等物，合用水菜俱全。右角门边，置净桶四个，俱用芦席编棚，约高四尺，上不用盖，以便远观，不许附近外墙。

二门内，大门外，各设大鼓一面。前堂、后堂高灯八座，甬路挂灯八盏。二门、大门高灯各四座。二门内两边，暂用围屏遮蔽，设桌凳，以备官吏轮流憩息。事毕，照数给领其合用五经、四书、《性理通鉴纲目》及《小学》、《武经七书》⑤等书。教官先一日呈送，完日领回。

一宪纲册。凡不关学政者，不必概造。其式，首提调正官、次佐贰首领履历。教官备造履历，仍开习某经。各官下注"在任、公出"等字，以便接见。见时免用手本。次乡贤、名宦见在祀者，各爵里、姓名、行实，并奉到某督学明文。次旌奖过孝子、顺孙、义夫、节妇，各姓名、年岁、籍址、行实，系何人举报，并奉到某督学明文。次先圣、先贤祠墓。次乡士大夫，各开履历、爵里、名号，及现任、致仕、丁忧、养病等项；及举、贡、监生，举人仍注某科。次有无山林隐逸怀才抱德之士。次请举乡饮宾介⑥行实、姓名，及某人保举。次射圃、社学、乡约⑦址所，教读约正、副姓名。次学田地亩廛房租税数目。次本郡州、县山川图志、名贤著述、书籍碑刻、古迹。以上各为一款。

一格眼册。提调官督令该学查照旧式，将通学生员年貌、籍贯、三代、所习经书及某年月日入学，某年月日考取几等几名，中间补廪、补增、停降、发社、收复、科举及丁忧、缘事、改名、给假、患病等项，挨年月开明。内廪、增、附⑧、青、社⑨，各以资次为序。廪停未降者附廪末。降增、附⑩者列增、附前。增停未降者列增后。降附者列附前。缘事者要见曾否归结。患病给假者原限何时复学；丁忧者何时服阕；累次未经岁考者原系何因；改经改学改名者，原入何学，原习何经，原系何名；问革者奉何衙门批问，俱令各生亲笔填注，不许吏书代书，中有差错，各生任之。惟患病给假许吏书查实代书。候本生复学，用纸大如格眼，亲书缴送，以便更贴。其文、武生寄学者，亦照式填注册末。凡旧案有名，今中式、应贡、告老、病故、援例等项，未经除名者，俱明白开款附于册后。上用提调印，下用儒学印，候考校牌到，一月内差人解阅。如有错漏增减，及隐匿事情者，教官议处，吏坐赃究革。按临到后，有告改名、改经者，一切禁止，以省混扰。

一便览册。开造通学生员若干名，内廪、增、附、青、社等项各若干名，见在听考若干名，丁忧、患病等项若干名。必总撒相合。其前案几等生员若干名，赏格几何，行优、行劣几名，童生入学、儒士科举各若干名，送考遗才若干名，止具总数。并五科内乡试及十年内所出过题目，候出巡下马日送。

一按临下马。执事卷扛，暂止大门外。俟舆夫出，守门官吏暂闭大门。学政先入，安置印匣。巡捕官入后堂，周视各房墙垣封锁。书吏出堂。巡捕官同押扛官验交卷扛。次皂隶缴执事。次地方官送听事员役及柴烛等项，驿官送廪给铺陈。总具一册。巡捕官搜检毕，乃收入。学政更衣升堂，守门吏启门，各官吏、师生序进，逐起禀见⑪。各官、师生行两拜礼。旧规免拜者不禀拜。各官递一应文册。见毕，各回。不再见。巡捕官率兵快昼夜巡逻，但有沿墙窥窦，抛砖掷瓦，及行走踪迹可疑者，即拿送究。新到星相医卜面生之人，驱逐不容留住。如违，巡捕官责治，地方歇家邻右连坐。

一按临次日。祗⑫谒先师，官吏、师生、礼生⑬，止于棂星门伺候。一躬，不禀接。行礼毕，升明伦堂，官生以次揖见。应坐者照宪纲序坐。讲书生员总出班一揖，西向立。讲毕，以次下堂，东向立。俟行赏罚毕，官吏、师生先出，不赴谢。是日，学政衙门投文毕，放告。巡捕官役搜检明白，放入。事不关学校者，不准。与生员有隙故行牵扯者责究。

一驻劄处所。初到日，照常送米面一次。以后发簿照数办送。各该调考州、县，不许另送下程。如久住处所，柴炭油烛及门皂柴米俱酌定数目，五日一送。笔墨纸张，候票取方送。送进物件，巡捕官细搜。如遇考校日期，生儒供给俱先一日送进。每名大饼六枚，水果四枚，夏月加西瓜半个，即置考桌上。教官仍给饭一餐，务俱精洁堪用。有以恶滥冒破官钱，该吏坐赃问罪。各员役供给，亦先日预贮。各州、县同日考者，先期扣算，合用银若干，会同总办，以免偏累。事毕，通前公费，及一应修理衙门、置办器皿、给赏花红纸笔之费，一并造册。各具总撒数目若干，候起马日呈报，以凭察核。

一每日辰时投文，申时领文。守门吏领出印信号簿二，一登记发行公文，一遇各衙门递到公文，先检无磨洗、拆动、夹带私书等弊，方许登记，详验批文各几角几件，巡捕官印"验讫"二字，付原役投入。解审补考比销各随牌入。铺递公文，亦照前登记。每日门吏各注姓名，以备稽察。如员役刁难需索，许禀拿问。其考试阅卷之日，一应公文，俱巡捕官验送驻劄州、县，登簿收贮。每一日总为一束。候发落完，汇开手册送进。有批回⑭者，该衙门径注收、发批，候发落完日，汇送一应书札，径自阻回。有紧急事务，传鼓禀入。非紧急事不得传鼓。

雍正十年议准：查旧例，学政按临次日，祗⑮谒先圣毕，即诣明伦堂讲书。嗣因官吏、师生参谒，恐滋弊窦，改俟入场事竣，再行诣学讲书。但考试既毕，人数无多，听讲者寥寥。嗣后应仍照旧例，学政按临次日诣学行香，即行讲书。

乾隆十一年议准：学政按临初到之日，预计考期远近、日用薪蔬数目，约发价银，交提调官委人办送。事毕，造册核算，不得收取供应。至于沿途护送人夫、住宿处所以及考棚应用什物，学政概难自备，应仍令地方官遵照向例办理。

乾隆三十三年奉上谕：鄂宝查奏梅立本按试各属，较前任学政通计多用夫七百名。又粤西各属，每棚另有损项六十两，为书役饭食，现在筹酌开款，另行妥议等语。梅立本鄙琐不堪，任意滥取，擅作威福，逼死县令，已于另案治罪。至于学政按试衡文，原应轻骑减从，不可丝毫扰累地方。即例有按临夫马之说，只为护送敕印，及必应随带之文卷官物而设，为数亦属无多。且各省学政，厚与养廉，其随带之行李及携行之幕友、家人所用夫马，理应自备。岂可借卷箱之名，滥行需索。若一切应用夫马，仍取给有司，则各省督、抚等养廉甚厚，岂遇有公事巡行各属，亦概令属员供应夫马耶？梅立本在粤西如此，各省情形虽未必尽同，或亦有如梅立本之滥用夫马者。各督、抚未免存官官相护之见，不肯查办。纵容日久，遂致积习相沿，因有梅立本需索逼命之事。此风断不可长！著通谕各督、抚，查明各该学政按试时有无擅动驿马，多少若何，及似梅立本

46

之多用人夫者；或间有自行雇觅之处；并各学政养廉若干，现在情形若何，即行据实具奏到日，再降谕旨。至于学政书役，各有例给工食，其饭食岂可令地方官捐备，亦属非体。并令该督、抚一并查明复奏⑯。

遵旨议准：查学政赴任，兵部按照品级，给与勘合。沿途地方官，照数供应夫马。至学政在任，按临各棚考试，有护送敕印兵丁马匹，扛抬文册卷箱人夫，其余随带铺陈及家人、幕友一应夫马船只，例应自行发价雇觅，并无地方官供应之条。今据各督、抚遵旨复奏到，直隶等十四省，向系学政照例自备。惟广西、湖南、云南、贵州四省，官为供应。实属积习相沿，应严行禁止。一体责令自行发价雇用。至各省护送敕印、扛抬文卷官物夫马船只，向无一定数目，易启滥索滥应之弊。嗣后学政考竣一府，即将无关紧要文卷封交提调，径送学政衙门。其必应随带文卷册箱，用夫十二名。护送敕印，用马四匹。水路备船一只。如路径崎岖，应加夫四名。水路或遇滩险之处，加小船二只。以为定数，俱在驿站夫马船只内拨给报销。此外有滥索滥应，并短发价值，及给价之后州、县缴回，学政收受者，该督、抚察出，据实参奏。如督、抚徇情不举，别经发觉，一并严加议处。再各省考棚，一切应用官备之物，及学政衙门额设书役例给工食，原应酌动公项，报部核销。不得令地方官再行捐备。

注释：

① 按临，巡视。《元典章·礼部五·医学》："近者按临衡州，已督所属依科训诲。"

② 原文在此加"一"字，上空一字，以为分段标志。今一仍其貌，据以分段。下同。

③ 驻劄，同驻扎。宋岳飞《奏陈州颍昌捷状》："据踏白军统制董光、游奕军统制姚政等申统率军马在颍昌府驻劄。"

④ 搀越，抢先，不依顺序，做非分之事。《法律例·职制》："不依次序，搀越袭荫。"

⑤ 武经七书，又名《武学七书》或《七书》。宋神宗元丰年间，颁布《孙子》、《吴子》、《六韬》、《司马法》、《三略》、《尉缭子》、《李卫公问对》等七部书籍为武学必读之书，称《武经七书》。

⑥ 宾介，原文作賔介，賔同宾。宾，贤宾；介，贤宾之次。多偏指贤宾。《仪礼·乡饮酒礼》："主人就先生而谋賔介。"郑玄注："賔介，处士贤者……贤者为賔，其次为介，又其次为众賔。"

⑦ 乡约，明清时乡中小吏。由县官任命，负责传达政令，调解纠纷。

⑧ 廪、增、附，明清时学校生员名目简称。明清两代，由公家供给膳食之生员称廪生，又称廪膳生。明初生员有定额，皆食廪。其后名额增多，因谓初设食廪者为廪膳生员，省称"廪生"；增多者谓之"增广生员"，省称"增生"。两者并称，则曰廪增。又将额外增取者，附于诸生之末，谓之"附学生员"，省称"附生"。后凡初入学者皆谓之附生，其岁、科两试等第高者可补为增生、廪生。廪生中食廪年深者可充岁贡。清制略同。

⑨ 青、社，指青衣和社学。青衣，明清时生员名目之一。《明史·选举志一》："先以六等试诸生优劣，谓之岁考……一二等皆给赏，三等如常，四等挞责，五等则廪、增递降一等，附生降为青衣，六等黜革。"社学，元明清三代地方学校。清时，每乡置社学一所，社师择"文义通晓，行谊谨厚"者充补。《清史稿·选举志一》："社学，乡置一区，择文行优者充社师，免其差徭，量给廪饩。凡近乡子弟十二岁以上令入学。"

⑩ 降增、附，据《清史稿·选举志一》载，清学校设"六等黜陟法，视明为繁密"。"考列一等，增、附、青、社俱补廪。""五等，廪停作缺。原停廪者降增，增降附，附降青衣，青衣发社，原发社者黜为民。"

⑪ 禀见，谓晋谒在上者。禀，原文作廪，实误，径改。按，禀虽可通廪（廩），则音凛，给予粮食之义。

⑫ 衹，恭敬。原文为祇，误，径改。

⑬ 礼生，祭祀时赞礼司仪之执事。《梁书·刘毅传》："自国子礼生，射策高第，为宁海令。

⑭ 批回，粮物、人犯等送达上级官府时所给之批示回文。明沈德符《野获编补遗·户部·江南白粮》："各项料物，有索取银四百余两，乃得批回者矣。"

⑮ 参前注⑫。

⑯ 本处分段为标点校注者所分。

卷十二① 考 试 场 规

顺治九年题准：试日，用印卷、受卷、散签、给牌官东西各一人，以教官充。供给、巡绰官各一人，司仪门启闭官一人，以州县佐贰或府卫首领官充。书吏四名，管写题毕，以二名司茶，二名司恭。司茶者兼管受卷，司恭者兼管封卷。司照进、照出牌官二人，以巡检大使充。厨役二名。巡绰了望快手八名，分为二班。外用巡捕官二人，以佐贰首领官充。报名门吏二名。试日，二吏把门。搜检官二人，以卫所官充，带领民壮二十名，军牢二十名，分东西搜检。其写题、受卷、封卷，以受卷官督理。司恭、司茶、厨役，以供给官督理。巡绰了望，以巡绰官督理。前一日，皆开具姓名册呈验。仍于隔别州、县，分拨二班，以备临期调换。各员役，日午给饭一餐。候饭熟，供给官禀明，二门内击鼓三声，督率内班皂隶，用食盒散给。以上除职官原有职守，各吏役人等，须择忠实勤敏者送用。如有受贿传递等弊事发，并生童一体重究，提调官亦不得辞责。在内各员役，每名仍各与事例一本。俾将本等执事演习惯熟，无至临时诪张②差错。③

试日，漏下五鼓，外巡兵壮举放号炮，以便诸生齐集。执牌吏将生童照次排齐于大门外。候门启，提调官入，至仪门止。吏昇卷箱随入。巡捕官带民壮、军牢，立仪门外两旁。先将执事官禀④保内搜检员役点进。生童各持笔砚水注，随牌听点。州、县官于大门外照册唱名，随牌引至仪门外，鱼贯序立。搜检官连唱"仔细搜检"，两旁齐应，二人对搜一人。搜毕，提调官点名给卷。仍令同列辨认，互相觉察。如有怀挟片纸只字及金银等物，或冒籍顶名代考者，本生照律例问罪枷号。搜获员役重行奖赏。执照进牌官引二十人至公座前听点，用隔别州、县军壮复搜。若搜出情弊，内搜检员役破格奖赏，外搜检员役究赃重治。搜毕，印卷、散签教官在小公座前，夹直放长桌，东西相向，照点册唱名，本生高声答应。随以卷呈东立教官案上，用督学印一颗。西立教官信手掣签给本生。即令吏书坐号于卷面，书姓名于坐号册。东签者东下，西签者西下，各认号就坐。如已得签，往来行走，故不进号，及已就坐，东西观望者，扶出黜退。进毕，内搜检官役出，提调官、教官缴点名册。计入考若干名，有不到者，大书"不到"二字于本名卷上，以空箱及锁匙同缴。提调官领坐号册，率外搜检官役出。巡捕官禀领大门锁钥，检点大门内二门外并无一人，方从外封锁。次司仪门官将仪门封锁。锁毕，堂上击云板一声，堂上下皆肃静。吏执题目牌，于甬路⑤上下行走，俾其熟视。短视者，立禀教官将题高诵二三遍，不许往就。兵快轮班登案了望，凡遇各项犯规，认定行次面貌，鸣金一声，高禀某字第几号生童犯某事。本生自持卷赴堂印记。二人共犯，二卷同印。抗拒者重究。如犯规不举，及不犯妄禀者，官役重究。巳时，供给官禀明，二门上击鼓三声，方许饮茶出恭。饮茶者趋饮茶桌，自击小云板一声。东坐者放卷于桌之东，西坐者放卷于桌之西。司茶吏印"饮茶"二字。饮毕，领卷自击云板二声，复位。

出恭者趋出恭桌，自击木梆一声，亦各东西放卷，执出恭牌，于甬路中行。司恭吏印"出恭"二字。恭毕，领卷自击木梆二声，复位。二生不许并出。偶有并出，稍后者于甬道拱立，待先者复位始行。搅乱者，及不交卷、不击梆、领牌不由中行者，候恭、候茶时并立接谈者，俱印"犯规"二字。饮茶、出恭止许一次，重出者不准，卷面仍印"犯规"二字。但有一人交卷，即撤去饮茶、出恭桌。

是日，各执事员役须肃静，不许轻出一声，以乱文思。惟未时大门外击鼓三声，堂上巡绰官击云板三声，呼快誊真。申时，大门外重击鼓四声，堂上击云板四声，呼快交卷。申末，大门外重击鼓五声，堂上击云板五声，不论已未誊完，俱交卷。不交者收卷扶出，决不给烛。其原给号签，同卷交还。把大门官，务要依时击鼓，不许乱击，以混听闻。交卷时，司仪门官督率执事官二员候立仪门内，一收照出牌，一司启闭。受卷官东西各一员，督率受卷、封卷吏四名，分立桌傍，照各府、州、县坐牌交收。交卷时，本生即将浮票扯下带回。受卷官每收一卷，先捡阅卷面背，如不扯浮票，或书写姓名门第关节，及卷内夹带片纸者，不许给牌，即时禀究。篇数不完者，印"不完"二字。卷上有犯规等项印记者，不许给牌，将卷仍付本生执立堂下。候出尽，查系移席、换卷、丢纸者，生员黜退，童生责惩余弊。生员阅卷定夺，童生卷屏不阅。受卷官督各吏将所收卷，每学以十卷为一束，三束为一封，注明某学三十卷，某官某吏封送判，收贮各卷箱。生童领牌，从甬道中直趋仪门。候三十牌足，司仪门官禀请锁钥开二门。收一牌方放一人，无牌者即系带出试卷，司仪门官拘留禀究。如交卷时，值牌尽，执卷立候。已收足三十牌，巡绰官公同数明，缴上原桌，高声禀收牌讫，击鼓一声。大门外巡捕官，亦击鼓一声，从外开锁。门止半开，逐一放出。把大门官吏，不许入阈内。仪门官吏，不许出阈外，违者严究。凡开大门放出，如容闲人在外探听，并潜入大门内者，各员役究赃重治。生童出尽，收卷官计算收过签数与散过签数有无多寡，收过卷数与送考人数有无异同，查算明确。禀请点名册，填送察核。生员试毕，次日免谢，各还寓所，静听发落。如发落稍迟，候牌示暂回，临期调取。

雍正十一年议准：嗣后生童坐号红簿，印毕即封交提调收存。如学政有暗留坐号者，或经督、抚访查，或由提调申详，即照定例议处。

乾隆十九年议准：直省学政考试，遇州、县应试人多，府考事竣，提调官预将取录童生总数申报学臣存案。以杜造册送院时，胥吏受贿换入冒籍互考姓名之弊。学政按临，提调官按应考人数，刊刻坐号戳记投纳学署。催齐生童试卷，于卷面加贴浮签，开具姓名，钤以印信。半在卷面，半在浮签，于卷后用小字编号，折角固封。生员卷，钤教官图记。童生卷，钤州、县官印。再盖以提调印。是为弥封字号。更置弥封册，将童生姓名、籍贯，并卷后编号，详载于册，封贮提调公署。试日，候学政门初启，即具点名册，连卷箱一同投进。学政于二门内，东西文场适中之地设公座，两旁各设长案。每案酌量多寡，委教官数人。生童点名给卷时，不钤学政关防⑥，不别设号签书卷面，以致延误晷刻。但取提调官所进坐号戳记，搅乱分为数盘，配以印色，各置两旁案上。仍各设空盘备用。提调官于大门外点名，每二十名一牌，引至二门听唱名，鱼贯而入。学政堂吏给卷。生童领卷后，单名向东案，双名向西案，教官各信手取坐号钤于卷面。随以用过之号别置空盘。生童认坐号，就座位。点名毕，学政以点名册发出封门。教官以余号及点名不到之卷，封缴学政。生童试艺既毕，自揭卷面浮签，交纳试卷，名记明座号，候启门出。学政阅卷取录，止凭坐号发招复团案。复试已定，生员于等第全卷，童生于取录各卷，均钤学政关防，发交提调官，拆出卷后编号。验与编号册姓名相符，然后填榜发案。

乾隆二十三年议准：考试生童，定例于五鼓点名，申刻净场。不论已未誊完，俱令交卷散出，决不给烛。恐日久法弛，学臣或博宽厚之名，以致暮夜滋弊。嗣后应恪遵题定场规，如有因给烛滋弊者，将违例之学政议处。

乾隆二十九年议复广西学政叶观国条奏考试生童，派巡查内场官员一折：查向来考试，无佐杂并处内场之例。缘此项人员，多非正途出身，不谙场规，且有外场供给、巡绰、照进、照出、巡捕等差，势难分派内事。每府教官，多或二十余员，少亦不下十余员，皆素谙规条。学臣择其精明之员，尽足敷用。若另派佐杂专司，则各该教职势必藉词诿卸，而佐杂一人不能周遍，转滋弊混。所奏应毋庸议。

注释：

① 卷十二，原文作卷十一，误，径改。

② 诪张，诪，音州。诪张，欺诳。《书·无逸》："民无或胥诪张为幻。"韩愈《上宰相书》："妖淫谀佞诪张之说，无所出于其中。"

③ 此处为标点注释者所分段。下文同。

④ 稟，原文作廪，误。详参前卷十一后注⑪。

⑤ 甬路，甬，犹"通"。甬路，指庭院内居中之路。《红楼梦》第三回："一时黛玉进入荣府，下了车，只见一条大甬路，直接出大门来。"此则指试场中间通道。

⑥ 关防，印信之一种，长方形，始于明初。明太祖为防止群臣预印空白纸作弊，改用半印，以便拼合验对。明代所行长方形、阔边朱文之关防，即由半印形式发展而成，取"关防严密"之意，故名。清制，正规职官用正方形官印称"印"，临时派遣之官员用长方形官印称"关防"。学政为临时派遣官，故用关防。

卷十三　生童试卷

顺治九年题准：生、童试卷，各照定式置办，不许长短不齐。卷面三圈：上圈，书府、州、县；中圈，生员书廪、增、附、青、社及武生，童生填文、武童；下圈，书习某经。接缝处，上用提调、下用儒学各印钤盖。提调官置印信方簿。一样二扇。面开某府、州、县生童号簿，内开送考各生、童姓名，生员注廪、增、附、青、社等字。人各一行。各名上留空白二寸许，以备填号。仍照《千字文》置签一筒，将形音相似，如冰水、王玉、宇雨、辰臣之类，除去不用。考前一日，提调官信手抽签，填簿。照号填于卷背后。用教官印钤盖，折叠弥封。再用提调官印钤盖。卷面加浮签，书姓名，黏第三圈下。旁留少许，以备填坐号。填号处，仍钤提调印，半在卷，半在浮签。用印毕，将号簿固封提调处。其生员点进手册，照廪、增、附、青、社次序开造。临期，提调官于大门外，每二十名为一牌，唱名序进。二门外搜检散卷，每二十卷为一封。上书某学第几牌试卷。钤印总置卷箱。散讫，将空箱连锁钥送进。童生各式俱同。惟序进，查照廪生结状汇造，以便识认。教官试卷，提调官备，卷面明书职名。愿科举者，与生员一体编号。

雍正十一年议准：从前府、州、县院考，吏书人等办事，需一月有余。伊等饭食，以及杂费，不入正项奏销之内，例皆取给于卷价。而该管官遂招立卷户，平居衙署之糊饰，临时所送识认之试卷，皆索之卷户。于是明索高价，名累生、童。嗣后府、州、县以及院试①，无论大、中、小学②，每本试卷定价三分。令该提调官自行办置，不许再招卷户。其纸价工费之外，盈余卷价，即为办事书吏人等饭食之费。若再立卷户，仍前增价，查出照例参处。

乾隆二年奉上谕：安徽应试童生，有完纳卷价之陋例。其费汇交知府直隶知州。除修葺考场外，其余则补学政养廉之不足。虽每童所出不过钱数十文，而在贫寒书生，亦不免拮据之苦。且学政养廉，朕已特颁谕旨加增，更不必取资于卷价。至于修葺考场，乃地方公事，应动存公银者。著将童生交纳卷价一事，永行禁止。毋使不肖官员及吏胥人等，借名苛索，致滋扰累。

乾隆三年议准：士子各专一经。或习多经，卷面自应预行填注。若止凭就试之日，随意填写，则趋熟避生，适长侥倖之习。应令诸生于纳卷时，即自行填注。其有卷面未填者，县不送府，府不送院。或所作经义，与卷面不符者，虽多篇，概不取录。

乾隆十一年议准：嗣后湖南童生应试，悉令自行置卷投交。其提调官所收卷价三分，照安徽之例，一体永行禁革。并行令各省，将卷价永行禁止。再礼部从前所定卷价三分，除应给纸张工费外，所余原属无多。惟是府、州、县吏胥借名多索，以致士子措价拮据。今官办卷价，已经革除；则吏胥积弊，尤应严禁。应令督、抚转饬该地方官严加禁约。毋使吏胥人等，借报名、收卷、造册等名色，仍行需索。并令该学政不时查察，以防弊端。

又奉上谕：学政考试卷价，自雍正十一年经部议定，每本价值三分。令提调官自行办置，不许卷户仍前增价、重戥等弊。自应遵照定例办理。今崔纪奏江苏等属，卷价浮多，有贵至一钱及二三钱不等者。寒士未免拮据。此皆由书役舞弊巧取、该管官不行查察之所致。著该督、抚、学政等通行各属，嗣后童生府、州、县以及院试卷价，令依部定之例，毋得违例多取。如有仍蹈前辙者，著该督、抚查出，分别究治。

乾隆二十四年议准：科场试卷，多有点句勾股违式贴出者。其故，皆由学臣考试，令诸生自行勾点，便于披阅，是以积习相沿。及至入场，新进之生，每相沿岐误。应通饬直省学政，不得仍令诸生点句勾股，俾诸生熟谙无讹。

乾隆二十六年议准：向例，生、童试卷，卷面中间三圈：上圈，填某府、州、县；中间，生员填廪、增、附、青、社字；下圈，填某经。虽学臣衡鉴，纸凭文字之优劣，而廪、增、附等字，已显然在目。倘不能悉泯成见，即未能鉴空衡平。嗣后生员卷面，只注明府、州、县学，及所习本经。其廪、增、附等字，无庸先行区别，以昭严密。

乾隆二十八年议复福建学政纪昀条奏缘事戒饬生员，宜分别考试，于岁考时，卷面坐号之旁，加用曾经戒饬，及戒饬自新红印，以凭酌量降等。及宜复点句勾股之旧例等款一折：查学臣教督生员，考试以衡其文，优劣以核其行，二者不可偏废。而因文相士，亦不致大相迳庭。若果有劣行之生，当时即行斥革，不准与试。其有罪不至于斥革，而曾经戒饬者，或有戒饬而能悔过自新者，亦无锢蔽终身之理。若于岁考卷面，加用红印，酌量降等，则无志之徒，明知改过之后仍不能湔③涤前非，安心游荡，于训士之方无补。至试卷点句勾股，虽无关弊窦，但乡、会试卷，原无此例。而诸生习惯相沿，往往误干贴例④。是以将小试之卷，一并禁止。盖文之工拙，在乎司衡者之鉴裁，不必遽更成案。所奏均毋庸议。

又议准：岁、科两试，生、童试卷之末，俱令本人自填添注涂改共若干字样，毋得遗漏。

乾隆二十九年议准：将生、童试卷，自写涂注字样之例停止。

乾隆三十八年议准：嗣后贡、监录科，照生员之例，卷面上只注明府、州、县学及所习经书。其恩、拔、副、岁、监生⑤等字样，概行禁止填写⑥。

注释：

① 院试，清代由各省学政主持之考试。曾经府试录取之士子可参加院试。因学政称提督学院，故由学政主持之考试，亦名院试。又以旧制称提学道，故亦沿称道考。录取者即为生员，送入府、县学，曰入学，受教官月课与考核。

② 大、中、小学，清制，"各学教官，府设教授，州设学正，县设教谕，各一，皆设训导佐之。""生员色目，曰廪膳生、增广生、附生。""生员额初视人文多寡，分大、中、小学。大学四十名，中学三十名，小学二十名。"后名额屡有变化。详参《清史稿·选举志一》。

③ 湔涤，湔，音煎，洗也。湔涤，谓涤除前非旧恶。

④ 误干贴例，干，犯也；贴例，贴出之条例。《清会典事例·礼部·贡举》："今思表文篇幅稍长，

难以责之风檐寸晷，而其中一定字面，或偶有错落，辄干贴例，未免仍费检点。"据《汉语大辞典》"贴出"条：贴出，科举考试时，凡有夹带、冒名顶替及试卷违式者被摈斥场外，不准考试。清袁枚《随园随笔·贴出》："元《选举志》，有试卷不合格，犯御名、庙讳及涂注一百五十字以上者不考。不考，即今之贴出也。"《六部成语注解·礼部》："凡犯以上弊端者，例用蓝笔书其姓名事故，贴出场门之外，摈斥不准入试，谓之被贴出。"《清史稿·选举志三》："试卷题字错落，真草不全，越幅、曳白、涂抹、污染太甚，及首场七艺起讫虚字相同，二场表失年号，三场策题讹写，暨行文不避庙讳、御名，至圣讳，以违式论，贴出。"

⑤ 恩、拔、副、岁、监生，恩、拔、副、岁，即恩贡、拔贡、副贡、岁贡之省称，均为贡生之一种。贡生，指科举时代，府、州、县生员（秀才）经考选送到国子监（太学）肄业者。监生，在国子监肄业者统称监生。初由学政考取，或由皇帝特许，后亦可由捐纳取得其名。

⑥ 按，据《清会典事例·礼部·贡举》载："教官及在籍恩贡生、岁贡生、监生，愿就本省乡试者，均许与生员一体考试，卷面书'官'字、'贡'字、'监'字，另案发落。"

54

卷十四 考试题目

顺治九年题准：出题明白正大，不得割裂文义，以伤雅道。又春秋脱母等题，原属纽合，应删去。嗣后考试，止将单题、合题，酌量均出。

康熙八年议准：查洪武年间，《春秋》题旨，以四传①为主。至永乐以后，则专主胡传②。于是单题之外，有合题，有比题，有传题，至用传语为题。意则主传，而题则仍经。割裂纽合，藏阄射覆③。经之若灭且绝者久矣。嗣后乡、会试，并各省学政考试生童，俱应出单题。若兼用四传，则意义不同，取士难于画一，仍应照旧用胡传。

康熙三十六年议准：考试童生，出四书题一，令作时文《小学》题一，令作论，通行直省，一体遵行。

康熙三十九年议准：《孝经》论题甚少。嗣后考试，将性理中《太极图说》、《通书》、《西铭》、《正蒙》等书，一并命题。

康熙四十五年议准：儒童正考时，仍作四书文二篇。复试，四书文一，《小学》论一。

康熙四十九年奉上谕：考试武生、武童，用论二篇。第一篇，出《论语》、《孟子》题；第二篇，出《孙子》、《吴子》、《司马法》题。其乡、会试，原作论一篇，策二篇。今亦照此例，出论题二，策题一。

雍正元年议准：学臣考试生童，旧例岁、科两考，俱出四书题二道，经题一道。盖以五经皆载道之书，朝廷取士之制所并重也。后以岁、科考不准给烛，或遇冬月日短，士子多不能完卷，因止出四书题二道。遂以不出经题为例。而士子亦遂以经学视为缓务，不专心研究，应令学臣。嗣后，岁考用书文④二篇；科考则用书文二篇，加经文一篇。如遇冬月日短，则用书文一篇，经文一篇。其有经旨不明，摭拾陈文，希图邀幸者，不得滥取。

雍正六年议准：近来士子，只知记诵时文，以供钞录。而于经史性理之源流，礼乐农桑之实务，全不究心。后场策论，不过临时剿袭，以图完卷。嗣后岁试，令作两书、一经。遇冬日，作一书、一经。科考令作一书、一经、一策。遇冬日，一书一策。若草率塞责者，岁试不准拔在优等，科试不准录送。

又奏准：查雍正元年，考试拔贡，例用两书、一经、一判。今奉旨酌量试以时务策论，应分为两场：首场，四书文两篇、经文一篇；二场，策一道、论一道、判一条。

雍正十二年议准：旧例，儒童正考时，作四书文二篇；复试，则四书文一篇、《小学》论一篇。今按，《小学》⑤乃宋儒朱子纂辑，虽于幼童有裨，究不如圣经之言简意深，广大悉备。嗣后复试儒童，将论题《小学》改作《孝经》。

乾隆元年议准：《小学》一书，与性理相为表里。欲穷性理，必先植基于《小学》，方无躐等⑥之弊。今乡试论题，业已兼取性理。嗣后儒童正考时，仍出四书题二道。复试时，四书题一道，其论题一道，《孝经》、《小学》兼出。

又议准：考试生员诸经题目，不许仍拘标题，以杜剿袭雷同之弊。

又议准：乡、会场之《春秋》合题，原属强为牵合，甚无当于经、传之义，概行停止。

乾隆三年议准：考试命题，固取发明义理，而亦以展拓才思。遇有人文最盛之区，若命题专取冠冕，士子蹈常袭故，或无从潜发巧思。间出截搭诸题，则旁见侧出，亦足觇文心之变化。第必须意义联属，血脉贯通，若上下绝不相蒙⑦。恣意穿凿，割裂语气，殊属伤雅。嗣后学政出题，宜以明白正大为主。即间出长短搭题，亦必求文义之关通，毋蹈割裂之陋习。则既不诡于义，而亦不阏⑧其性灵。庶文章之能事曲尽，而课士之法亦周详矣。

乾隆五年议准：嗣后保举孝廉方正，除朴实无他技能、不能应试者，照例予以顶带荣身外，其有德行才学俱优、送部引见者，由吏部、礼部定期具奏，于太和门内，试以时务策一道，笺奏一折。其试题，由大学士密拟进呈，恭候钦定。

又议准：选拔贡生，照例于时艺外，兼试以经义、策问各一道。至选举优生，除照例核选外，亦须试以经义、策问。必文理优通者，始行入选。

乾隆八年议准：考试岁贡，各属远近不同，势难汇齐送考。若拘先后一题之例，则考过一棚，预知题目，皆可宿构。嗣后考试岁贡，经书判语，俱令随时命题，以改旧习。

又议准：训课童蒙，必先小学。既切于身心，自裨于风俗。嗣后童生入学复试时，论题务用《小学》。凡府、县试，亦令于复试时用《小学》命题，作论一篇。必通晓明顺者，方许收取。

乾隆十一年议准：拔贡之年，学政随场考取，咨明督、抚存案。俟科考事竣，传齐通省选拔之人，会同督、抚，就学政考院，通行复试一场，酌用四书文、经文、策各一篇。

乾隆十四年议准：诗、古文、词，与制义相为表里。嗣后各省考试选拔时，首场用经书、策各一篇；二场裁去判语，用论一道，益以一诗、一赋。两场俱美，方准入选。若古学未精，亦不准其选拔。

乾隆十七年议准：查拔贡朝考⑨钦命论题，均系《孝经》、性理通融互出。嗣后各省考选拔贡，亦应以《孝经》与周子⑩《太极图说》、《通书》及张子⑪《西铭》等书，参出论题，以昭画一。

又议准：考试拔贡，第一场经文一篇，改为经解，于御纂诸经内，摘取异同大义，发问数条，令诸生各就所习本经答问。其有能通他经者听。

乾隆二十三年议准：嗣后岁试，减去书艺⑫一篇，用一书、一经。科试，减去经义一篇，用一书、一策。不论春夏秋冬，俱增试律诗一首。酌定五言六韵，学臣命题。遵照乡试题定之例，期于中正雅驯，不得引用僻书私集。其应用韵本，令学政有为备办，临期给发，酌量足用，以便士子检阅。如诗不佳者，岁试不准拔取优等，科试不准录送科举。

又议准：查向例，考取拔贡，用两书、一经、一判。雍正六年，加试以时务策论。因分为两场，首场用两书、一经，二场用策、论、判各一。朝考试以书艺、论、判各一。今乡、会试二场，既奉旨裁去论、表、判，易以经艺及五言八韵诗，则拔贡场规，亦应画一遵行。嗣后考取拔贡，二场改为策一、诗一。朝考改为书艺一、诗一。各省考试岁贡，亦改判为诗。其保送之优生到部，照现议拔贡之例，试以书艺一、诗一。并令各省学政，于考试优生时，即兼试诗题，以昭画一。

乾隆二十五年议准：嗣后岁、科两试，童生兼作五言六韵排律一首。教官于月课时，亦一体限韵课诗。

又奏准：自壬午科以前，考试童生，能作一书、一经者，不拘诗之有无，皆听就文酌取。至乾隆二十八年以后，则以一书、一经、一诗，永为成例。如三者不能兼作，照宁缺勿滥之例办理。

又议准：书艺以阐圣贤精蕴，而命题关系行文。即欲杜抄袭之弊，避熟取新，亦必联络贯穿，勿背于理。若上下不伦，绾合无理，流传学校，殊非厘正文体之意。至府、州、县，均有童试之责，亦应一体饬禁。其坊间所刻时尚巧搭选本，并饬地方官，查禁销毁。

又议准：嗣后直省童生应试，俱以一书、一经、一诗命题。其经文既准书艺，务期发挥经旨，理明词达。倘有模糊舛错，草率敷衍者，书艺虽佳，不得录取。

乾隆二十九年议准：考选拔贡，头场，书二篇，经解一篇。二场，策一道，论一篇，五言八韵诗一首。通行各省学政，一体遵照。

注释：

① 四传，指解释儒家经典《春秋》之《左传》、《公羊传》、《穀梁传》及后出之《春秋传》。

② 胡传，即胡安国所作《春秋传》。胡安国，南宋经学家，长于春秋学，系出孙复再传。其所撰《春秋传》三十卷，往往借用《春秋》议论政治。明初宗法程（颐）、朱（熹），以安国之学私淑程颐，遂定此书为科举取士之教科书。

③ 射覆，古代游戏，将物件预为隐藏，供人猜度。后世酒令用字句隐寓事物，令人猜度，也称射覆。

④ 书文，即四书文之省称。

⑤ 《小学》，中国旧时儿童教育课本。宋朱熹、刘子澄编。辑录符合封建道德之言行，共六卷，分内、外篇。内篇包括《立教》、《明伦》、《敬身》和《稽古》，外篇包括《嘉言》和《善行》。

⑥ 躐等，躐，音猎，逾越。躐等，不按次序，逾越等级。《礼记·学记》："幼者听而弗问，学不躐等也。"

⑦ 上下绝不相蒙，蒙，欺骗，隐瞒。《左传·僖公二十四年》："上下相蒙。"

⑧ 闵，音闭，意为闭塞、掩闭。《诗·鄘风·载驰》："我思不闵。"

⑨ 拔贡朝考，清制，初定六年一次，乾隆中改为十二年一次，每府学二名，州、县学各一名，由各省学政从生员中考选，保送入京国子监学习，作为拔贡。肄业后经过朝廷考试合格，可以充任京官、知县或教职。

⑩ 周子，即周敦颐，北宋哲学家，字茂叔，道州营道（今湖南道县）人。因筑室庐山莲花峰下小溪上，取营道故居濂溪以名之，后人遂称为濂溪先生。其学说，对后来理学发展有很大影响。著作

有《太极图说》和《通书》等，后人编为《周子全书》。

⑪ 张子，即张载，北宋哲学家，字子厚，凤翔郿县（今陕西眉县）横渠镇人，世称横渠先生。讲学关中，故其学派被称为"关学"。著作有《西铭》、《正蒙》、《经学理窟》、《易说》等，编入《张子全书》中。

⑫ 书艺，即四书文。清蒲松龄《聊斋志异·于去恶》："书艺、经论各一，夫人而能之。"

卷十五 取录经解

乾隆元年奉上谕：圣祖仁皇帝四经之纂，实综自汉迄明二千余年群儒之说而折其中。视前明大全之编，仅辑宋元讲解未免肤杂者，相去悬殊。直省学政，职在劝课实学，则莫要于宣扬圣教，以立士子之根柢。每科、岁按临时，预饬各该学，确访生童中有诵读御纂诸经者，或专一经，或兼他经，著开明册报。俟考试文艺之后，就四经中斟酌旧说异同之处，摘取数条，另期发问。只令依义条对①，不必责以文采。有能答不失指者，所试文稍平顺，童生即予入泮②，生员即予补廪，以示鼓励。务宜实力奉行，以副朕尊经育才之至意。

乾隆四年奏准：岁、科两试，于四书经艺外，另摘录本经四五行，令作讲义一段，约二百字为率，毋许宽泛繁冗，亦不得草率塞责。其有违背经旨，及宽泛、草率者，生员不准取优等，童生不得拔置前列。

又议准：举报优生，应注明通晓何经，或五经、三经，即僻邑中通一经者，俱得举报。但所注通晓之经，止凭学臣面询核定，并无试牍可稽，恐日久视为具文。而拔贡所试经解，只就场中出题之处摭拾问答，亦徒滋空疏剿袭之弊。嗣后举优、拔贡，应钦遵谕旨，将御纂诸经中，摘取先儒异同之说，令其条分缕晰，作经解一篇，一体解部。复于文理清通之内，择其平日立品端方者，方准入选。

乾隆八年议准：向例，考试生、童，条对则另试一场，讲义则同四书经义并试，似属繁复。嗣后学臣考试，只令在御纂诸经中，摘取先儒异同之处发问，令生、童等条对。其摘录本经呈作讲义之处，应行停止。

乾隆十二年议准：各省学政，考试经解，惟应于册报生、童另期发问。有能答不失指者，即以"经解"二字印记卷面，再衡其文艺之平顺与否，酌予补廪、入泮，以鼓励穷经之士。其不在册报者，不必概分作经解，转倒③真赝④混淆。其向来补钞经解同原卷解部之处，一概停止。

乾隆十七年议准：向例，学政岁、科按临时，预饬各该学，确访生童中有诵读御纂诸经者，开明册报。俟考试文艺之后，另期发问。但考试事竣，然后发问经义，则生、童之应行补廪、入泮者，招复已定，不便临时更换，以滋弊端。嗣后，应令学政按临之初，即将册报能对经解之生、童总试一场，果有答不失指者，卷面上加以"经解"印记，以便查对。再查生童试卷。俱由提调弥封⑤。卷面浮票，亦例应本生于交卷时，自行揭去。其经解答不失指之人，学政无从知其姓名，以核其正试文艺之卷。应令提调官将该生、童正试卷，同原试经解之卷，先一日一并投纳，呈送学政。于印戳考经解坐号时，即将该生童正试之卷一样印定坐号。如经解卷系天字一号，正试卷亦印天字一号。临点时，将经解卷唱名给发，留正试卷于内。至分场正考时，不得将已用之坐号重印他卷，则阅正试之文艺，即可查对经解之卷。照例办理。

乾隆三十八年议准：考试经解，与正卷一同印定坐号，原为学臣校阅便于查对。但生童正考尚未入场，即预定坐号，或恐不无滋弊。嗣后考试经解，将坐号簿封发提调，于正考卷面，注明经古坐某字号，以便查对。毋庸先期送署用戳。正考日另派坐号，不得仍坐经古原号。

又议复山东学政李中简奏生、童正场经文改用经解一折：按试士之法，四书文外继以经艺，诚以经艺原本传注，发为文章，尤觇心得，非如经解仅征记诵之功也。向例，学臣按试时，生、童有诵读御纂诸经者，先期摘条发问。听其册报。其不在册报者，毋庸概试经解。原以劝课初学，不使真赝混淆。至正场考试，仍用经文，避出熟习拟题，非工不录。久经著为令典。惟在学臣平时训饬，并悉心校阅。经文草率者，生员不置上等，童生不准入学。则浮套陋习，自可革除。若学识未充，希心袭取，虽改作经解，仍不免于空疏，于试士实无裨益，应毋庸议。

注释：

① 条对，本指臣下逐条对答天子垂询。《汉书·梅福传》："后去官归寿春，数因县道上言变事，求假轺传，诣行在所，条对急政，辄报罢。"颜师古注："条对者，一一条录而对之。"此则指生、童就学政所问而逐条解经。

② 入泮，古代学宫前有泮水，故称学校为泮宫。科举时代学童入学为生员，称为入泮。《醒世恒言·张廷秀逃生救父》："文秀带病去赴试，便得入泮。"

③ 转倒，转，反而，反倒。《诗·小雅·谷风》："将恐将惧，维予与女。将安将乐，女转弃予。"原文"转倒"作"转到"，误，径改。

④ 真赝，指真品和赝品。原文赝为膺，误，径改。下文同。

⑤ 弥封，科举制度中糊名考试之法。《宋史·选举制》载，宋太宗雍熙时规定殿试试卷糊名，真宗令礼部考试一律采用。后即成定制。清代沿之，乡、会试试卷均采用弥封制。先由弥封官将卷面折叠封藏其姓名，用《千字文》编"红号"。另由誊录将试卷（即"墨卷"）用朱笔誊写，称为"朱卷"，送考官评阅。放榜日，按取中之"朱卷"红号调取墨卷拆封，才唱名写榜。

卷十六　默写经书

康熙三十九年议准：嗣后考试生、童，有将经书、小学真能精熟，及成诵三经、五经者，该学政酌量优录。

雍正十一年议准：岁、科两考，应将士子所习本经摘取四五行，令其默写于四书经艺之后。有兼通五经①，或旁通一经、两经者，亦令一并书写。如本经不能记忆，并字句脱落差讹者，虽文艺优通，不得拔置前列。其有文艺草率，而经文尚能默写不讹者，该学政于试毕之后，面加奖励。仍不得以草率之文，藉此滥取。

乾隆元年议准：嗣后童生应试，除能作经文兼习多经者，急行录取外，其余令其于所出经题，默写数十行于四书文之后。倘本经不能记忆，并字句脱落讹错者，虽文艺优通，不得拔置前列。其有默写经文毫无舛错，如果文稍平顺，亦许酌量取进。但不得因默写无讹，遂以草率之文滥行录取。

乾隆四年奏准：嗣后岁、科两试，如童生中有能背诵五经，兼能讲解者，书艺即属平通，亦量录取，以示鼓励。

乾隆九年议准：童生于背诵讲解五经之外，能兼《周礼》、《仪礼》者，尤宜量加鼓励。其文艺稍属平顺，即当录取。若文理全属草率，仍不得藉背诵滥收。

乾隆十四年议准：岁、科考试生、童，除有能诵习御纂诸经者，另期发问②外，正考之日，仍摘本经一段，令该生默写卷末。如错落过多者，生员不准前列，童生不准入泮。但不得因默写无误，将文理荒谬之人滥行录取。

附停止改经

顺治九年题准：学政按临到后，有告改经者，概不准行。其愿改《春秋》、《礼记》者，亦俟发落毕呈请批夺。

乾隆三十五年议准：凡士子之呈改经书，非本经荒芜，即妄思侥幸。将举贡生监改经之例，永行停止。嗣后贡生、生员，及捐纳③贡、监生，曾应本年乡试者，令各承办衙门，查明现年所习何经，登册备案。其新捐贡、监生，及新进各生，皆以初次进场录科册注某经为定。如有私行改经等情，察出，照例斥革。

乾隆三十九年劄复湖南学政褚廷璋咨呈④称生员张国泰等俱系本届岁试入学，原习《诗经》，今于初次进场录科时，愿以《礼记》注册，与部议新进生员以初次进场录科册注某经为定之例相符。请将该生等初次进场录科经书，注明本届科考学册解部等因。查新捐贡、监照内，本无所习经书，故以初次录科册注某经为定。至新进生员入学时，自有所习之经。原议所云初次进场，并不专指乡试，而置入学于勿论也。今该学政将生员张国泰等以录科所习经书注册，恐启临场改经之渐，应将该生等于送部科考册内更正，仍以入学经书注册。

注释：

① 五经，即《诗》、《书》、《易》、《礼》、《春秋》等五部儒家经典，始称于汉武帝时。

② 发问，按前卷十五"乾隆八年议准"条内云："嗣后学臣考试，只令在御纂诸经中，摘取先儒异同之处发问。"本处"发问"即谓此。原文"发问"作"发间"，误，径改。

③ 捐纳，指捐资纳粟以换取官职、官衔。此制起于秦汉，称纳粟。清中叶后大盛，称为捐纳。朝廷视为正项收入，明订价格行之，加剧吏治腐败，成为一大弊政。在清科举中，贡、监生亦有捐纳一途。

④ 咨呈，具文呈报。咨本为旧时公文之一种，用于下对上或平级之间。清薛福成《出使四国公牍序》："公牍之体，曰奏疏，下告上之辞也；曰咨文，平等相告也；其虽平等而稍示不敢与抗者，则曰咨呈。"

卷十七　阅卷关防

顺治九年题准：文章等第，原有定评。督学批语，宜从简质。或平正，或明畅，或典实，或尔雅。各视其文，毋生枝叶。

雍正二年议准：各省学臣，务恪遵定例，秉公考校，分别等第，以示鼓励。毋得过宽徇私。其或有州、县人文果盛，确无荒谬不通之卷，亦不必苛刻推求，故列后等，以示无私。

雍正五年议准：童生应试，未取之卷概不发出。或学臣不肯尽心批点，以致遗落佳文，亦未可定。嗣后岁、科两试，学政务将未取之卷，批出不取缘由，交与教官，听各该童自行领阅。

雍正十二年议准：学政职司衡文，自宜矢公矢慎，虚心校阅，以励人才。但试卷繁多，一己之精神，不能遍览，势不得不延请宿学①之士寄以鉴衡。然必须慎择他省之人，与莅任之地相去辽远者，方可远避嫌疑，杜绝弊窦。乃学政中往往有希图简便，即以此府考居前列之生，带至彼府阅卷者。其中瞻顾乡曲②，势必暗通关节，广徇情面。兼之胥役勾连，传递消息，夤缘③说合，招摇撞骗等弊，皆不能免。嗣后学政考试，应于未入境之先，即延请他省中学问优长、操守廉洁之士，同往阅卷。如系两省接壤之地，亦必在五百里之外者，方准延请。不得更带本地生员阅卷，致滋弊端。兼令该督、抚严饬地方官并儒学教官，通行晓谕。严禁士子钻营随任，妄希衡文。如该学政仍蹈前辙，随带本地方士子阅卷，即行题参议处，并将同往之生斥革。

乾隆九年议准：各省学政岁、科两试，书艺与经艺并重。迩来学臣，视经义为具文，殊非崇尚经学之意。嗣后考试，务将经义详加阅取，毋得苟且塞责。

乾隆三十二年议准：教职一官，例系本省之人选补，平日与童生往来熟习。其府、州、县考，为士子进身之阶。若委令本学教官阅卷，任其朝来暮去，擅离试所，难保无请托情弊。嗣后各省府、州、县试，不得委令教官阅卷。违者该督、抚、学政查参议处。

又议准：州、县应试童生，平日就书院肄业者居多。至流寓之人，久居其地，即与本籍土著无异。若府、州、县考试，延请本地书院院长及他省流寓之人阅卷，诚非远嫌防弊之道。应照教官不准阅卷之例一体禁止。

注释：

① 宿学，亦作"夙学"，指积学之士。《史记·老子韩非列传》："然善属书离辞，指事类情，用剖剥儒墨，虽当世宿学，不能自解免也。"

② 乡曲，乡里。亦指穷乡僻壤。因偏处一隅，故称"乡曲"。司马迁《报任少卿书》："仆少负不羁之才，长无乡曲之誉。"

③ 夤缘，夤，音寅，攀附。夤缘，攀附上升，喻攀附权要，获取好处。韩愈《古意》诗："我欲求之不惮远，青壁无路难夤缘。"

卷十八　临文恭避

雍正三年奉上谕：古有讳名之礼，所以昭诚、敬致、尊崇也。朕临御以来，恐臣民过于拘谨，屡降谕旨：凡与御名声音相同字样，不必回避。近见各省地名，以音同而改易者颇多。朕为天下主而四海臣民竭诚、尽敬如此！况孔子道高千古，德冠百王。为往圣继绝学，为万世开太平①，自天子以至于庶人，皆受师资之益。而直省郡邑之名，如商丘、章丘之类，今古相沿未改。朕心深为不安。自今凡直省地名，有同圣讳者，或改读某音，或另易他字，其于常用之际，作何回避？著九卿会议具奏。

遵旨议准：嗣后惟祭天于圜丘②丘字，不用回避外，若府、州、县地名相犯者，由内阁拟字更易。山川市镇，由该省督、抚稽考更易报部。至姓氏相同者，按《通考》③云：太公望之后，食采于谢邱子孙应得姓丘氏。今拟加阝旁作邱。常用之际，书从古体写作其字。

又奉上谕：今文出于古文，若书从古体，是仍未尝回避也。此字本有"期"音。毛诗及古文作"期"音者甚多。嗣后，除五经四子书外，凡遇此字，并加阝为邱。地名亦不必改，但加阝旁，读作"期"音，庶乎允协，足副朕尊崇先师至圣之意。

乾隆二十八年议准：查乡、会试卷定例，责令士子敬避庙讳、御名，以昭敬谨。其生、童试卷，自应一体敬避书写。臣等恭检旧例，圣祖仁皇帝圣讳④，上一字写元字，下一字写爆字。世宗宪皇帝圣讳⑤，上一字写允字，下一字写正字。至本字谨避书写，科场久已著为定例。惟是坊本经书，尚仍全刻本字。应仿照唐石经⑥、宋监本⑦之例，凡遇庙讳⑧，俱行刊去末一笔。再圣祖仁皇帝圣讳，上一字，加有偏旁之字在武英殿官韵，业经一体缺笔。而坊刻经书，亦未刊缺。臣等恭拟圣祖仁皇帝圣讳上一字，如偏旁加有弓、金等字，并缺一点，以昭敬谨。至于圣祖仁皇帝圣讳下一字，并世宗宪皇帝圣讳，查检字书，原无加有偏旁之字，毋庸另为改正。伏惟皇上御名⑨，于雍正十三年恭奉谕旨，上一字减一点，下一字中秌字写作林字。而武英殿所刊官韵暨各经书内，于御名本字，尚系全书。而加有偏旁之字，亦俱未行缺笔，殊非敬谨之道。自应钦遵从前谕旨：御名上一字，少一点。下一字中秌字作林字。至御名上一字，如偏旁加有水系等字，并行缺一点，著为程式。所有经、史等书，悉依此改正。其宗室王公及大臣等名内，有与御名上一字相同，在雍正十三年以前者，久经遵照从前谕旨缺笔书写，毋庸改易外，若乾隆元年以后，自宗室王公等外，断无敢以御名命名之理。至科场文字，及一切文移书奏，凡遇应用御名上一字者，臣等敬拟俱写宏字；应用御名下一字者，俱写歷字，庶臣子之心稍安，而于音义亦协。如有误书者，依不谨禁例处分。行文各省，一体敬谨遵奉，并令各学政转饬各该管教官，刻成式样，晓谕士子。俾考试皆得有所遵循。仍转饬书坊人等，将经籍旧存之板详校更正，毋致贻误。

乾隆二十九年武英殿修书处奏准：敬避缺笔字样，圣祖仁皇帝庙讳，上一字本字敬缺末笔。至加偏旁之字，如铉、炫、泫、絃、弦、昡、眩、袨、舷、椷、忲各等字，及字中笔画全书者，如衒、衔、玅、兹、率、膟、繂、蟀、摔、徫、蘚、逹各等字，俱于本字敬缺一笔。圣祖仁皇帝庙讳，下一字本字敬缺末笔，查经、史等书内无加偏旁之字。世宗宪皇帝庙讳，上一字本字敬缺末笔，至加偏旁之字，如澵⑩ 字亦敬缺末笔。世宗宪皇帝庙讳，下一字本字敬缺末笔，查经、史等书内无加偏旁之字。皇上御名，上一字本字敬缺末笔，至加偏旁之字，如泓、鞃、呞、纮、怰⑪各等字，及字中笔画全书者，如宏、浤、弦⑫各等字，俱于本字敬缺一笔。皇上御名下一字，本字中间秝敬写作林，查经、史等书内无偏旁之字。

乾隆三十年奉上谕：前据福建学政纪昀条奏敬避庙讳、御名一折，经大学士等会同礼部议复，请将偏旁各字缺笔书写。原属臣子敬谨之意。嗣经武英殿校改书版，推广字类，如率、衒等字亦俱一律缺笔。朕思庙讳、御名，偏旁字画，前代如石经刊本，俱系缺笔，自应仿照通行。但只可令现在临文缮写及此后续刊书版知所敬避。若将从前久经刊藏之书一概追改，未免事涉纷扰。至上中嵌写之字，与本字全无关涉，更可无庸回避。嗣后如遇庙讳、御名，应行敬避缺笔之处，仍照旧遵行外，所有武英殿颁行字样，及纪昀所请改刊经书之处，俱不必行。将此通谕中外知之。

乾隆三十四年奉上谕：本日内阁进呈河南巡抚题本一件，票签内于宏字缺写一点，甚属无谓。避名之说，朕向不以为然。是以即位之初，即降旨于御名上一字只⑬须少写一点，不必回避。后因臣僚中有命名相同，心窃不安，屡行陈请者，始许其易写宏字。其实临文之体，原可不必。故于前代年号地名凡有引用之处，概令从旧，不准改易。至于臣子尊奉君上，惟在殚心宣力，为国为民，方为克尽诚敬，岂在字画末节，拘拘于小廉曲谨哉！且宏字已属避写，即于本字无涉。若因字异音同亦行缺笔，辗转相似，必至入絃等字。概从此例，势将无所底止，复成何事体耶！此签即著补点。嗣后俱照此写。将此通谕中外知之。

注释：

① 按，此为北宋哲学家张载著名语录，全句为："为天地立心，为生民立命，为往圣继绝学，为万世开太平。"

② 圜丘，古时祭天之坛。《周礼·春官·大司乐》："冬日至，于地上之圜丘奏之。"贾公彦疏："土之高者曰丘，取自然之丘圜者，象天圜也。"

③《通考》，即元马端临所著《文献通考》。

④ 圣祖仁皇帝圣讳，即（爱新觉罗）玄烨，圣祖为其庙号，仁皇帝为其尊谥之简称，全称为"合天弘运文武睿哲恭俭宽裕孝敬诚信功德大成仁皇帝"。康熙则是其年号。

⑤ 世宗宪皇帝圣讳，即（爱新觉罗）胤禛，世宗为其庙号，宪皇帝为其尊谥之简称，全称为"敬天昌运建中表正文武英明宽仁信毅睿圣大孝至诚宪皇帝"。雍正则是其年号。

⑥ 石经，刻于石上之儒家经典。汉以后，有石经多种，迄今有文字可考者计七种。唐开成石经是其中之一。唐文宗开成二年刻成，故名。有《易》、《书》、《诗》、《仪礼》、《周礼》、《礼记》、《左传》、《公羊传》、《穀梁传》、《论语》、《孝经》、《尔雅》十二种。

⑦ 监本，历代国子监刻印之书本。监本始于五代后唐，宰相冯道命判国子监事田敏等校定九经，刻

版印售。宋代仍之。以后国子监所刻印图书，以经、史为主。

⑧ 庙讳，封建时代称皇帝父祖之名讳。《魏书·崔玄伯传》："崔玄伯，清河东武城人也，名犯高祖庙讳。"《旧唐书·韦贯之传》："韦贯之本名纯，以宪宗（李纯）庙讳，遂以字称。"此指清圣祖及世宗名讳。

⑨ 皇上御名，此指清高宗（爱新觉罗）弘历。乾隆则是其年号。

⑩ 泓，原文此字缺末笔。

⑪⑫ 原文此两处加偏旁之字于本字"弘"均缺末笔。

⑬ 只，原文为"汦"，疑有误。

卷十九　发案发落①

顺治九年题准：发案后不许再试一人，再发一案。亦不许别立寄学名色。

又题准：考试毕即于本地发落，明示赏罚。不许携带文卷于别处发案，致吏书乘间作弊，士子无所劝惩。违者题参。

又题准：生员考案，一等文理平通，增、附、青、社俱补廪。无廪缺，附、青、社先补增。无增缺，青、社先复附。仍各候廪。原廪、增停、降者，俱准收复，照序补廪。二等文理亦通，增补廪，附、青、社俱补增。无增缺，青、社先复附。原停廪降增者，俱准复廪。增降附者，止准复增候补，不准补廪。三等文理略通，原停廪者，准收复候廪。其丁忧起复、病痊考复、缘事辨复及原增降附者，亦准收复，照新旧问补。青衣发社者，准复附。廪已降增者，不准复。四等文理有疵，廪姑免责，暂停食饩，不作缺，予限读书六月，送考定夺。原系停、降者，不准限考，至下次岁考定夺。增、附、青、社均扑责示惩。五等文理荒谬，廪停作缺，原停廪者降增，增降附，附降青衣，青衣发社。原降增、降附者，照增、附递降。原发社者，黜为民。六等文理不通，廪膳十年以上，发社。近六年以上，与增十年以上者，俱发本处各充吏。不愿者听。余俱黜退为民。内进学未及六年者，发社。至发落先一日，牌出，提调官备绢纱、绒花、纸、墨、笔，以为一、二等生员奖赏；纸、笔、纸花，以为三等前十名奖赏。并造册开明丈尺价值，于各项下仍将前次督学赏格附开册后，以凭查酌，当日送进。提调吏书将写就等第名数起止呈提调钤印讫。次日开门，提调官领出文案，阅过试卷，传齐生、童，校对弥封及坐号簿，折封填名。先拆不取童生卷，次拆六等生员卷，即将各卷唱名给看汇缴。如有字号差错等弊，持卷进禀。如无别弊，谕令先散。次拆生员一等至五等及取进童生卷，各填卷填案，唱名给看。若字号舛错，亦持卷进禀。发案毕，同原编号簿送核。教官随领诸生听候发落。先将访过优、劣生员同众审问，众情厌服②，方行赏罚。既毕，诸生听候唱名，循序至檐下。一等、二等，各为一班。三等人多，量分数起。交卷领赏，用鼓乐导引，行优者居前，次一等、次二等者，由中门出。次三等，由东角门出。次四、五等，由西角门出。发落不到者，革顶带，限一月考夺。取进童生，即随生员进，以次发落。次日，各该提调官仍率该学教官，听候考察。外县官吏师生，当日辞回，不必候迎③。

雍正二年议准：考试文、武童生，照定额取进。复试之后，即行出案发落。不得于本地少取，俟发红案时，复将别处添入，以滋弊端。

乾隆七年议准：嗣后府学应进新生，即于州、县学招复时，按照上次旧案，将府学应进之数，酌量一同取进复试。至各省考取拨入府学，有向无定数，必须临时酌量文风，始行总发招复者，仍令各该学政因地制宜，不得过于选延。

乾隆二十九年议复广东学政边继祖条奏考试童生照额取正、副各一卷，共一团榜④

招复，择其文理、字迹及府、县试卷吻合者，方准取录，定为正榜一折：查定例，于考试招复之日，提调官即查明坐号、姓名，将府、县原取正卷解送学政衙门，与所取之卷逐一磨对。倘文气笔迹稍涉可疑，即行查究。立法已为周备。若于团榜招复正、副二名，倘文理不甚相悬，字迹又无疑窦，凭何取甲舍乙？诚恐无识之童生，竞思夤缘探刺。而不肖之胥役，或得伺隙为奸。所奏应毋庸议。

乾隆三十八年奉上谕：昨据礼部题驳四川学政吴省钦奏请科考文生录取二、三等者，先将坐号一体榜示一本，已照部议驳，并将该学政吴省钦饬行矣。比询及考试生员出案事宜，据大学士于敏中面奏：从前曾任浙江、山东学政，俱按照旧时章程办理。初按临时，先考生员。大府约考二棚，小府约考一棚。越二日，即将一等诸生坐号招复。追复试后数日，随将阅定之二、三等试卷分别批评大概，交提调官拆卷填案，晓示发落。每试生员，大学不过十日，小学不过七八日。盖缘优等诸生，例应面加奖励。其劣等生员，亦应发落责惩。固未便令其先行散归，亦不便令其久羁守候。且如学政按临所至，总不宜令生童聚集，久居滋事。即如臣所历浙省之杭嘉湖，山东之济东兖诸郡，均系殷庶之区，并非艰于旅食，亦从不肯令与考诸生群集久处。是以历来生员阅卷出案，为期从不过迟。各省情形，自应大略相等。初不系地方有无公事以为权衡。至吴省钦以用兵措词，⑤尤属毫无干涉。其所请将二、三等卷同时榜示坐号，更无此政体。但礼部议令邛、雅⑥等属，无难以招复时，饬令不与录取者，听其遣归⑦，俟大兵凯旋，仍照章程办理之处，亦未能切中肯綮。若如部议，恐各省先考生员即行发落之旧规，因而更改，于事转属未便。盖学臣不能早为阅卷发案者，皆缘见小惜费，不肯多延幕友所致。应请通饬各该学政，实力妥办等语。国家所给学政养廉，本属丰厚，原以资其办公之用。若于延致幕友，尚思靳惜⑧廉金，不肯多延名幕，至以人少误公，已昧人臣敬事之义。且任学政者不思校士育才，而斤斤惟养廉是惜，其鄙陋尚可问乎？嗣后各省学政，务须通晓大体，多择工于阅文之幕友，即极小省分，亦不得不及五六人。并著各督、抚留心稽察。如有不肯多延幕友，办理周章者，即随时据实奏闻，毋得稍涉徇隐。将此通行饬谕知之。

注释：
① 发案发落，此处之发案，犹言发榜；此处之发落，指对应试士子进行考核、取录、赏罚等职事。
② 厌服，厌，通"餍"。饱；满足。杜甫《醉时歌》："甲第纷纷厌粱肉，广文先生饭不足。"引申为心服、满意。厌服，即心服。
③ 原文本处"不必"下两字模糊不清，细辨疑为"候迎"。
④ 团榜，团，聚合，组织。《醒世恒言·郑节使立功神臂弓》："那众员外便商量来请张员外同去出郊，一则团社，二则赏春。"团榜，此处指将所录童生正、副两卷合在一起发榜。
⑤ 按《清史稿·高宗本纪四》载，乾隆三十八年，"八月戊子，以阿桂为定西将军。命于敏中为文华殿大学士"。九月"己巳，索诺木挟僧格桑归大金川"，"谕阿桂乘机收复。允户部请开金川军需捐例"。本处四川学政吴省钦"以用兵措词"，当指此。
⑥ 邛、雅，邛，州名。南朝梁置。辖境相当今四川邛崃、大邑、蒲江等县地。明初降为县，成化中升直隶州。1913年废，改本州为邛崃县。雅，州、府名。隋仁寿四年置州。唐辖境相当今四川雅

安、名山、荣经、天全、芦山、小金等县地。清雍正七年升为府，治所在雅安（今县）。辖境西部扩大至今甘孜藏族自治州地区。1913 年废。

⑦ 遄归，速归。遄，速也。《诗·鄘风·相鼠》："人而无礼，胡不遄死！"

⑧ 靳惜，吝惜。靳，吝也。《后汉书·崔实传》："悔不小靳，可至千万。"

卷二十　解卷解册

顺治八年题准：提学到任，即将日期报部，以到任日为始，岁考限十个月考完。每三月解卷①一次。科考亦分四次解卷。礼部会同礼科②磨勘③所取生、童文字，以纯正典雅为主。如有诡怪舛谬者，本生黜革，提学参处。凡解卷一次，磨勘出四卷以下，每一卷罚俸三个月。至五卷以上，每二卷降职一级。十卷以上，革职。

顺治九年题准：岁、科试卷，优等以大学五名、小学三名解部磨勘。其有诡僻幽险、割裂补缀者，磨勘出，照题定卷数，分别参处。解卷时必用原本真卷，不许改誊润色。解期务照题定次数，不许迟延。违者参处。

康熙二年题准：提学每一次解卷，内磨勘出一卷者，罚俸六个月；二卷罚俸九个月；三卷罚俸一年；四卷降一级；五卷降二级；六卷革职。

康熙七年题准：学政考完两府，即将原卷解部。

康熙八年题准：学政考试后，每六个月解卷一次。

康熙十二年议准：生、童试卷，停其送部磨勘。其考过学册，仍于一年内两次解部、科，以凭查对。

康熙十八年题准：学臣考过学册，一年两季解部。由部于新、旧学册，严加校对。如有额外滥取朦报者，题参。

康熙二十二年议准：嗣后文、武生员，缘事黜革及审明收复并改归原籍等项，该提学院道逐案开明报部。如有遗漏，即行议处。

康熙二十五年题准：学臣岁考毕，造简明文册，送部、科校对。科考毕，亦如之。总计三年任内，令解卷二次。其违限不解者，照定例参处。

康熙二十九年议准：学政考后，造册报部。有额外滥取，改名易姓，顶补此学改入彼学等弊，或被督、抚纠参，或被部、科查出，将学臣照贪官例，革职提问。贿进诸生，照光棍④例治罪。

康熙三十九年议准：学臣岁考后，止令解全册一次。科考后，止将录取生、童姓名，帮补日月及各项事故，分别开报。不必另造四柱⑤全册。

康熙四十年议准：令直省各该抚，将地方所有历来监生，遵何事例，曾否由学，有无考职，或在籍或在监，何年捐纳，何年换照，行文考职之处，转饬该地方官，逐一查明，备造清册送部。其岁贡并捐纳岁贡，除该年贡册，听该学臣照常遵报外，内有已经起文到监者，亦造册报部。再贡、监内有各省冒籍人等，现在行查改归者，亦于册内分晰注明送部。嗣后，仍将各贡、监生于每年终汇造四柱总册，送部以凭查对。

又题准：学臣岁、科解册，俱由驿递。

康熙四十五年议准：学臣报部岁、科册内有错误者，该部驳回改正。其名数不符，蒙混报部，及顶冒等弊，并不应补廪、增而越补，不应降青而竟降者，奏交该督、抚，查明题参。

雍正元年议准：定例，岁、科两考，各限一年考完。即将简明文册，送部查对。但岁考较之科考，事属稍繁。应将岁考解册，再宽限六个月，以免迟延之咎。其科考仍照旧例遵行。至造送岁、科册内，有字画讹落之处，不过缮写偶误，无关弊窦，应免其驳参，仍令学臣自行改正。

雍正二年奏准：学臣通计三年解册两次，不必扣限。

雍正六年奏准：台湾考试，解部文册，理应管理台湾学政御史⑥造送。但远隔重洋，文移往来不便。应将一应册卷另俱印文，附于福建学政，一并送部。

雍正十三年议准：学政岁、科造报各册，并学政新、旧交代底册，内凡旧管、新收、开除、实在四柱总数，并开复补廪及生员等第、缘事黜革等项，所注廪、增、附、青、社紧要字样，遇有挖补添注之处，务令钤盖印信，以杜弊窦。仍将用印颗数，于册尾开注。如有遗漏印信之处，以致胥吏增减作弊者，查出将书吏重究外，仍将该学政交部议处。

乾隆元年议准：学政按试，首严优劣之赏罚，更重经学之进退。其题报优劣，择其尤者，次则悉于等第上下之。至于经学，凡应考生、童，非熟本经，概在不录。有能通习多经者，即拔前列以示奖异。其岁、科前列十名试卷，俱著解送部、科磨勘。能否兴起文教，即凭请旨，分别议处、议叙。

又议准：直省岁、科两考报部册内，有缘事暂革生员，所犯在雍正十三年九月初三日及十一月十四日恩赦以前者，秉公确查，取问明白。造具详细清册，逐案报部复核，以定去留。督、抚、学臣并严饬该有司官，立限审结，逐案报部。如应结不结，将承办有司题参。

乾隆四年议准：各该学政，将欠考各生，务令挨次补考。即于汇报岁、科学册内分别注明，以凭查核。如有欠考数次，只补一次；及径附正考等第者，即移咨吏部，照徇情蒙混例议处。

乾隆十一年奏准：检查各学册所开，详革⑦生员未经分别开复、除名⑧，仍列缘事项下，多至八九十名，远者至十年以外。应将在册革生阅三年以上者，行令督、抚、学政严查积岁迟延之由。或案已审结未经录报，或悬案年久并未审结，分别情事重轻，据实参处。再各省州、县官，或于重案不能审出实情，事隔多年，案由外结，内部无可稽查。惟内有详革生员，先经册报在部者，下次学册，每捏开病故完结。并请饬令各该学政，嗣后凡缘事生员，虽已病故，务将斥革⑨年月，曾否审结，及审定犯案，与开复、除名之革生，一并摘序简明案由报部，不得混于病故项下开除。

乾隆二十三年议复御史陈大复条奏童生入学试卷，宜照生员例解部磨勘。其解部各试卷，毋许换卷另誊等款一折：查生员优等不下数十名，而只解前列十卷者，诚以文风之高下，原可即少以例其余。今若合十七省童生入学之卷，尽行解部磨勘，诸臣目力难周，仍未免虚应故事。现因御史德宁条奏款内已将无裨实效之处议准遵行，应毋庸议。至解部之卷，例不许改誊润色。乾隆十八年，贵州学政欧堪善将解部拔贡试卷另誊，经抚臣定长查出参奏，交部严加议处在案。是各省学臣，于抡才大典自应慎重办理，不得换卷求工，致蹈欺饰之习。定例綦严。该御史所奏之处，亦属现在遵行，毋庸另议。

又复准：奉天解送岁、科前列各卷，俱系将原卷呈解，惟岁贡卷均用硃卷，相沿已久，并非定例。应照各省改正。嗣后解送岁贡试卷，将原本墨卷送部磨勘。

乾隆二十五年议准：童生新进之卷，不送磨勘，无所警惕。且童生入学为进身之始，较之生员等第，关系更大。应将各省岁、科取进文童试卷，于造册送部时，通行解部磨勘后移送礼科磨勘。其有命题怪僻、文体疵谬者，照例指参。

又议准：童试之文，势不能皆有醇无疵。且合计通省，不下数千卷，原非乡、会试墨卷可比。在学臣就地录才，不得不节取充额，绳以文律，原难责其完善。嗣后岁、科两试童生试卷，仍照旧例，停其解部磨勘。

乾隆二十九年议复湖南学政李绶条奏学政按临之日，即将府、州、县考原卷封固解送，至招复日，听学政自行检查磨对一款：查学政关防，最宜严密。阅卷之时，其童生从前笔迹，一概不得寓目。若府、州、县考原卷，早贮学政衙门，则童生姓名笔迹，俱可预先查看。不但正考阅卷时滋无穷弊窦，即招复之日，宁保无索垢求瘢、抽甲换乙之弊？是以定例止解提调而不解学政，止送取中之卷而不送全卷，具有深意。若恐府、州、县解送原卷或有临期抽换之弊，但须责成提调官严加查察，自可剔除。至所称解卷迟延之处，显与例违。应转饬所属府、州、县，于学政按临之日，即将原取真卷照例解送提调官。如有迟误，即行指名参处。

又议准：嗣后未经就职之举人，凡遇会试年，正、二、三等月，丁忧起服者随时专咨报部。其在四月以后者，归于年底报部。其贡、监生，于乡试之年丁忧起复，在七月以前者，于七月内即行报部。在七月以后者，归于年底汇册咨报。

乾隆三十三年议准：查各省造送学册，其府学生员并不注明系某州、县籍贯，以致遇有报捐等事，无凭核对。嗣后各该学政造送学册，务将府学生员名下，查名⑩本州、县籍贯，详细填注。毋致舛错，以备查核。

乾隆三十五年议准：教官应办册卷，并学政汇造总册，旧例均无舛错议处之条。未免略于防维⑪，易致岐误。自宜酌定处分，以示惩儆。至卷面填写经书，承办教官并不详细磨对，学政复未加察核，以致应试诸生遵照卷面作文，转与原习本经不符。亦应查明误填缘由，咨部议处。嗣后学册、试卷到部，核对经书不符者，照例行查。如新册与旧册不符，及有填注讹舛字样，或系学政衙门误造，或系教官误造，俱一并查明，咨部议处。

乾隆三十八年议准：各省帮补廪、增，有于岁、科两考学册之外造册报部者，有即于岁考学册内填注者。其解送之期，亦迟速不一。应令各该学政，嗣后每岁帮补廪、增各生，除于学册内注明外，仍按照学分，将各该生顶补日期另造清册，统于岁底按限解部，以便稽查。

又议复湖南学政褚廷璋条奏告给衣顶⑫之生，于每届报部册内全行开载。遇有丁忧事件，教官一体详报。统俟该生故后，归于病故项下开除一折：查生员告顶后，责成该教官随时稽管，造具优劣清册，呈送学臣查核。定例已极严明，原非漫无约束。况各该省现有底册可稽，遇丁忧事件，自应注明存案。至岁、科报部学册，分别开除、实在数目，原为稽核考校而设。告顶生员既不与考，自毋庸于每届报部册内全行开载。且甫入开除项下，又归实在数内，办理亦未画一，应毋庸置议。

注释：

① 解卷，解，音介，押送。解卷，此指将岁、科试卷报送礼部审查。

② 礼科，按，据《清史稿·职官志二》载，清都察院下设吏、户、礼、兵、刑、工六科。其中，"礼科分稽典礼，注销礼部、宗人府、理藩院、太常寺、光禄寺、鸿胪寺、国子监、钦天监文卷。"

③ 磨勘，唐宋官员升迁考绩之制度。科举时代对试卷进行复核，也称磨勘。清陶福履《常谈·磨勘》："国朝康熙四十一年壬午科，始磨勘乡试硃墨卷。乾隆元年，户部侍郎李绂奏请增派翰、詹、科、道官磨勘。"

④ 光棍，指地痞、流氓。《初刻拍案惊奇》卷二七："元来临安的光棍，欺王公远方人。"

⑤ 四柱，即旧时出纳财货或钱粮交代表册中四个项目。清钱大昕《十驾斋养新录·四柱》："今官司钱粮交代，必造四柱册。四柱者：旧管、新收、开除、实在也。"此处之四柱，据本卷下文，则是将"旧管、新收、开除、实在"用于学籍管理。

⑥ 台湾学政御史，详参前卷八"雍正五年奉上谕"条。

⑦ 详革，谓报请革除功名。《文明小史》第四回："虽说是王子犯法与庶民同罪，然而也得详革功名，方好用刑。"

⑧ 开复、除名，开复，清代指官吏被降革后恢复其原官或原衔。《清会典事例·吏部五三·官员开复》："内外官员有因事故降级留任者，三年无过，方准开复。"此指生员被降革后恢复其原学籍身份。除名，除去名籍，取消原有身份。

⑨ 斥革，原文为"斥革"，误，径改。

⑩ 查名，当为查明之误。

⑪ 防维，防备守护。明沈德符《野获编·宫闱·今上家法》："今上眷郑贵妃，几于宪宗之万贵妃矣。然礼遇虽隆，而防维则甚峻。"

⑫ 衣顶，清代标志功名等级之衣服和顶戴。亦借指功名。《二十年目睹之怪现状》第七三回："（学院）勒令即刻将弥轩驱逐出院，又把那肄业生衣顶革了。"

卷二十一　提调事例

顺治九年题准：府、州、县提调官员①，宜严束生徒，按季考校。凡学内殿堂、斋房等屋损坏，即办料量工修理。其斋夫、膳夫、学粮、学田等项，以时拨给，不许迟误克减。生员除干谒、渎扰外，俱宜以礼相待，勿得横肆凌侮。至于非礼诡谀，严行禁斥。

雍正五年奉上谕：学政一官，所以化导士习、养育人材，职任关系甚重。近年以来，各省督学诸臣颇能仰体朕心，祗遵朕训，矢公矢慎，杜绝苞苴②，深可嘉奖。但向来学臣，恣行贪劣，以国家兴贤造士之途，视为己身射利营私之地。此固本人之不肖，而亦大半由于提调官员赞成之也。其学政本性贪劣，与提调官通同作弊，固不待言。而学政之可与为善、可与为恶者，提调官则引诱之，或挟制之，使之不得全其操守，而于其中网取厚利。此提调官之恶习，而天下之所通知者也。学政原有关防，若提调持正秉公，则学政必不能肆行无忌。学政果能公明廉洁，提调官更当敬礼而玉成③之。岂可反导其为非乎？提调与学政，相为表里。嗣后学政声名不好，应将提调官一并议处。其如何定例之处，著九卿④会议具奏⑤。

遵旨议定：学政考试，凡关防启闭以及拆卷发案，原经提调官之手。学臣稍有营私，提调官得而察之。学政私为网利，提调官得而揭之。乃向来竟有不肖提调官，以学政之考校为居奇。初则饵以美利，继则挟以必从，把持引诱，百弊丛生。若不严立处分，终难尽除积习。嗣后，提调官如听学政贪墨，通同作弊，以及引诱为非者，一经发觉，将提调官照贪官例，同学臣一并革职提问。如学臣暗通关节，私鬻名器，提调官虽无通同引诱情弊，而防范不严，应照溺职例革职。再学臣按郡考试，一切应用员役，俱由提调官送用。嗣后，如有滑吏奸胥招摇撞骗，以及受贿传递等弊，提调官不行访拿究治，别经发觉，将提调官照失察衙役犯赃例议处。倘学臣操守清廉，杜绝情弊，提调官不得遂其引诱，反行挟制把持者，准学臣指参。审实，将提调官照贪官例治罪。

雍正十三年议准：嗣后设有考棚之处，将现在房舍、坐号、旗帜、器物造册三本，一送学政，一存提调，一存承办首县。遇接任时，查明交代。如有遗失，著落典守官补还。或有应修、应补之处，俱报提调，转申学政查核。

乾隆元年议准：定例内开，福建地方，如有借事聚众，罢市、罢考、打官等事，均照山、陕⑥题定光棍之例，分别首、从治罪。嗣后，学臣考试地方，如有奸徒聚众生事、凌胁官长等情，学臣系封锁衙门，内外隔绝，无由禁缉；该提调及地方官并驻防武职立即协拿务获。审实，即照定例办理。若提调及地方官事前不能防范，事后又不严拿，及批审之后，徒以一二软弱无辜抵塞结案者，听督、抚、学臣据实题参。文职交吏部议处，武职交兵部议处。其廪保不加详慎，滥保匪人，以致场内生事者，一并斥革。

乾隆四年议准：考试武生骑射，例由学臣会同武职校阅。武职奉委⑦，若不回避关防，诚恐不肖士子钻营贿嘱，亦未可定。嗣后，凡武职奉到委文之日，加谨关防，封门回避。该提调官留心访察，不得与本地人士私相往来，以及家人、兵目轻行出入。

乾隆八年议准：知府及直隶知州，有表率属员之责。学政按临地方，考试一切事宜皆其提调。应责成该员，于学政按临之前，饬所属州、县，将生员缘事审结各案抄录汇送。学政秉公查核开复、除名，以杜沉搁、夤缘诸弊。

乾隆十一年议准：嗣后学政按临之日，饬令提调官恪遵谕旨，将掉包、诓骗诸弊，详明晓谕。俾应试生童不致堕其术中。并于庵、观、寺院等处严行访缉，如遇面生可疑之人，即行驱逐。如提调官或视非切己，稍存玩忽，不行查拿，别经发觉，将从前不行查拿之提调官照巡绰官失于查察例，罚俸一年。

乾隆十二年议复江苏学政尹会一奏学臣考试，照科场规制关防在内专意衡文，大堂以外诸务，俱听提调官办理一折：查提调例应知府本职⑧，各有应办之事。学政封门，即应退出。其大堂以外，仪门以内，如有换号、代笔等弊，皆须学政督率教官不时稽察。且提调凡关系考校事宜，原听学政查核与主考监临，分管内外，体统本不相同。所奏应毋庸议。

又议准：学政按临考试，合一郡生、童及各处赶考商贩人等，聚集府城。提调一官，所关甚重。向来各属知府，多借名公事委之州、县办理，官卑望轻，不足以资弹压。查外场稽察弊窦，防范招摇撞骗之徒，其责全在提调。嗣后除暗通关节弊生于内者，责在学政外，其一切招摇撞骗、贿通传递，不行拿究，一经发觉，将该提调照雍正五年议准之例，分别议处。至若知府本无要紧公事，将提调委之州、县，以致前项弊窦不行杜绝，除议处提调之州、县外，将知府一并附参，照例议处。

乾隆十九年议准：查直省设立学政，承以提调官，所司皆考校事宜。学政于地方事固无稽察之责，至于事关考校，则稽察是其专责。学政于地方官，固无管辖之权。至于提调之官，则管辖未尝无权。方今功令森严，学政久无败检瑜闲之事，为提调官所挟持。但或畏过之情重，而任事之心轻。平时待府、县若同侪，止图弥缝⑨取容，不思规模立。及其久，府、县乃视学政为无足重轻，以致呼之不应，令之不行，体统凌替，有由来已！嗣后应令各省学政，约束幕宾、亲友、胥吏、家人，凛遵法度，务正本清源，以绝借口造言之端。至于顶冒枪手、招摇影射、妄传线索、显造飞语、匿名揭帖等事，关系风俗人心，殊非微细。学政一有见闻，即严饬提调官密访拿审。提调官如容隐私结，轻为出脱，即据实参奏，请旨敕部，按律例处分。若提调官借无根之言，挟制学政，冀其畏祸隐忍，经学政陈奏，敕下督、抚审实，从重治罪。倘学政自以无权无责，苟且自全，别经发觉，除提调官治罪外，将学政一并严加议处。

乾隆二十四年议准：嗣后各省学臣发审事件，应即咨明督、抚稽查。提调等官，仍行具文通报。除例应当场完结者，听提调官随时发落，报明学政完结，并报督、抚、藩臬销案外，其枷责以上罪名，俱照例议拟，报明学臣。即详解藩臬，核转督、抚分别批结咨题。若提调等官，奉到学臣批檄，不行通报，除罪有出入，分别故失，照例参处；即罪无出入，亦应照"应申上而不申上"律罚俸九个月。庶承审之提调官，各顾考成，而案件不致有出入玩视之弊。

乾隆二十八年议准：嗣后各省学臣，与知府遇系姻戚、宗族，临考试之期，改委该府之同知⑩及通判⑪办理提调事务。其直隶州设有考棚，应酌委州属知县一员提调。凡知府直隶知州，均毋庸回避改调。

乾隆三十二年议准：应试童生，如有顶名冒考等弊，例应提调官稽查究拟。至于教职一官，职司训迪，不得干与词讼。嗣后童生中如有告讦顶名冒籍等事，应遵照定例，责成提调办理，不得更委教官查报。违者参处。

又议复山东学政张若淮条奏学政按临各府，必须知府提调。如有公事，须先详抚臣，酌量另委一折：查知府系方面大员，责在綦重，原不容擅离职守。如猝遇地方紧要事件，须上省出境，必其事有重于提调者，方准委员代办。至寻常事件，不必知府亲身赴省，自当提调试事，不得借端推诿，致与定例不符。况各府路途远近不一，学政按临，生、童云集，临期另行派委，必待文移往返，始行考试，诸生不免守候，转恐另生弊端，于公事实无裨益。应毋庸议。

注释：

① 提调官员，提调本谓在非常设机构中负责处理具体事务人员，此则指负责管领、调度士子考校等事务之官员。

② 苞苴，指馈赠之礼物。《庄子·列御寇》："小夫之知，不离苞苴竿牍。"引申指贿赂。

③ 玉成，原为爱之为玉、助之使成之意。张载《西铭》："贫贱忧戚，庸玉女（汝）于成也。"后用为成全之意。

④ 九卿，秦汉以来中央各行政机关之总称。明清有大小九卿之别。

⑤ 此处分段为标点校注者所分。

⑥ 山、陕，山西、陕甘简称。

⑦ 奉委，奉到委文之简称，见下文。

⑧ 由本卷可知，清学政按临考校，常例由知府亲任提调。

⑨ 弥缝，缝，缝合。弥缝，此指设法遮掩以免暴露。唐吴竞《贞观择要·论择官》："互相姑息，惟事弥缝。"

⑩ 同知，官名，明清定为知府、知州之佐官，分掌督粮、缉捕、海防、江防、水利等，分驻指定地点。清代州之同知，则称为州同。

⑪ 通判，官名，宋初始于诸州府设置，即共同处理政务之意，地位略次于州府长官。明清设于各府，分掌粮运及农田水利等事务，职任远较宋初为轻。

卷二十二　童试事例

顺治九年题准：童生入学，乃进身之始，不可不严为之防。督学文到，先期晓谕，报名取邻里甘结，身家无刑丧替冒各项违碍，方准收试。每府各州、县，关会一日同考。府试亦汇齐一日以防重冒。如州、县掌印官，不系科贡出身，申府另委。务照入学定例名数，县考取二倍，府考取一倍。府考取录已定，册报名数，榜示童生。照所取次序，五人为一结。取行优廪生，亲笔花押保结①。查照格眼②册式，当堂令各童生亲填年貌、籍贯、三代、经书，汇为一册，并各结状粘送。其各童生所填年貌，务要一一肖真，以便查对。其点名册，仍书年貌，不对者不准收考。每名仍开保结廪生姓名于下。点名时，廪生与同结五人互相觉察，如有倩代等弊，即时举出。容隐者，五人连坐，廪生黜革。其府、州、县原取之卷，合钉封贮，候发落核对。其黜退生员，如不系行劣者，提调官准与童生一体收考。至于寄学改回，及称游学、随任等事别送者，悉不准行入府学者，即于各州、县内量拨，不必另送。发案日再行复试，笔迹虽同而文理不通者，亦不准入学。诈冒籍贯投充入学，及诡写两名、随处告考，或假捏士大夫子弟希图侥幸，或系优娼隶卒之家，及曾经犯罪问革、变易姓名等弊，访出严行究革。若教官纳贿容隐，生员扶同保结，一体治罪。更有一种冒名顶替、换卷代笔之徒，尤属伤风败类，宜倍加严查重治。

康熙三十九年议准：州、县、府考取童生，不必限数，照常考送。如荒谬不通，故意朦混，准学臣核参。其县、府两试卷，一并解送学政，三连对验笔迹。

雍正元年议准：童生考试，由州、县送府，由府送学政，各加印结，方准考取生员。行令各督、抚、学政，实心奉行，严饬廪生，不许擅保品行不端之士。

雍正三年议准：岁、科两试，复试童生令其默写《圣谕广训》一条。

雍正十一年议准：府、州、县考试童生，原有点名定例。嗣后府、州、县有徇情滥纵，不肯点名，及地方豪绅劣衿，有倡纵闹场之处，该学政访闻，即会同该督、抚指名题参。至童生院考，该学政严察保廪。如有假冒枪手等情，即将保廪照例斥革究治。

雍正十三年议准：嗣后凡府、州、县考试文、武童生，即照学政衙门考试之例，令本籍廪生一体保结。仍于点名散卷时识认。倘有冒顶等弊，将该廪保照例黜革治罪。若府、州、县官违例，不令廪保认识，混行录送者，经学政纠参，照混行收考例议处。又枪手代倩，为学政之大弊。若不严定治罪之条，终难彻底澄清。嗣后凡有代笔之枪手，照诓骗举、监、生员人等财务，指称买求中式例，枷号三个月，发烟瘴地方充军。其雇倩代笔之人，照举、监、生员央浼③营干买求中式例，发烟瘴地方充军。知情保结之廪生，照知情不首例，杖一百。再枪手之弊，多由包揽之徒，随棚窝藏射利。嗣后如有包揽之人，与枪手同罪。其窝留之家，不知情者，照不应重律治罪。倘有别情，从重科断。其有入己赃银者，计赃以枉法从重论。如有仍前草率完结者，该督、抚即行查参，将该学政、提调官分别严加议处。

乾隆三年议准：廪生为胶庠领袖，令其保结童生，以杜冒籍等弊。若视为利薮，抑勒需索，反为宫墙之玷。嗣后廪生保结童生，除实系顶名冒籍，无容滥保外，其所认识应保之童，无许勒索规礼。

乾隆八年议准：应试童生，有一人诡捏数名，及借顶他人姓名入场，其有干于枪手冒籍诸弊者，审实，自应依枪手冒籍定例，从重问拟。其但系诡捏数名，连棚应试，及顶借他人姓名，假冒入场，希图倖进者，照诈冒例杖八十。保结之廪生，知情同罪。

又议准：府试童生，录取之数，向无定额。惟就其文风之高下，酌量录送。若不论文理优绌，一概申送，不特学臣阅卷多费心力，且恐顶冒代情诸弊丛生。嗣后文童入额一名，府取五十名。有滥送者，照数截去。至武童入额一名，府取二十名。如逾数，亦照文章例裁去。

乾隆九年议准：嗣后府、州考试童生，照州、县录送名数，即在学政衙门考棚内，编号扃试④。如学政衙门不在府、州治内，应令该府、州选择就近紧密公所，照依院试之例，编列坐号，严行考校。仍按名取具廪生保结，并临时识认。倘有不按本号，混行杂处者，即行逐出。

又奉上谕：向来州、县考取童生，送学政衙门考试，例有定额。后因儒童日益众多，于康熙三十九年定例不必限定额数，遵行在案。今年礼部奏请，照每学入学额数，限定录送之多寡，以杜冒滥。朕已降旨允行。今思各处赴试童生多寡不等，若限以录送数目，恐有浮多于额外而摈弃不取者，即有不足于额中而强取充数者。未必俱能允当。况该府、州、县录送学政衙门，其去取全在学政，并无关于入泮之数。应稍宽其途以鼓舞之，亦广育人材之道。嗣后仍照旧例，不必限定考送之额，但将文理不通者摈弃不录。可即传谕该部，将此旨通行各省知之。

乾隆十年议准：嗣后学政按临各府，于考试招复之日，提调官即对明坐号、姓名，将府、县原取本卷解送学政，与所取之卷逐一磨对。倘文气笔迹稍涉可疑，即行究治。

又奉上谕：冒籍顶名，例有严禁。况岁、科考试，为士子进身之始，尤宜加意清厘，以肃学政。今江苏地方童生应试，率皆彼此通融互考。且有一人冒考数处或多作重卷数名，以为院试时售卖之地者。此种弊端，所关士习匪浅。朕思各府、州、县皆有烟户册籍，难以朦混。诚于州、县考试之时，童生报名，查对烟户无讹，方许廪保填结；府考、院考，俱令原保廪生识认，则冒籍顶名之弊可除。著该督、抚转饬所属，实力奉行，不得视为故事。该学政亦不时稽察，如有仍蹈前辙者，查明按律究治。

乾隆十一年议准：嗣后州、县考试童生，务须详查烟户册籍。令廪生于点名时当堂识认，果无假捏，始准收试。仍于考试后十日内，将所取童生等履历、烟户住址及保结廪生，一并造册，出具并无重考印结，申送该府，查核复考。俟学臣按临，一同申送，以杜顶冒等弊。倘该州、县所取童生，有并无廪保，及不查明履历，只填姓名送府，以致仍有捏名重考诸弊，该提调官查出，即行揭参。倘提调不行查揭，经该学政察出，将该提调一并题参。

乾隆十四年议准：府、州、县官因录送童生原无定额，广收送考，以致人数过多，学臣难于稽察。嗣后州、县考试童生，仍不得限以额数。但正考之外，不准一人补考。及头场文字雷同，显系重卷，并文理不通者，均宜摈弃。倘任意滥送，该府、州考试时，查出雷同及不通卷至百本以上，将该州、县照混行收考例，揭参议处。多者，从重查议。如该府、州校阅不慎，徇隐州、县滥送学政考试，亦照此例查参议处。如府、州、县去取公当，而生、童内有挟私妄控者，将生员斥革，童生不准入场。倘聚集多人，争嚷喧闹，严拿治罪。仍将该州、县童生题明，停其考试。

乾隆十七年议准：向来府、州、县考试童生，并不按名给卷，凭文取录。惟听吏胥多收重卷为敛钱之具，以致重卷至三四倍、五六倍之多。应令该学政，嗣后严饬各府、州、县，考试时，但责廪保举首。如廪保不举，察出顶冒，将认保之廪生褫革究处。若重卷致数十名、数百名之外，是府、州、县官玩视功令，并不实心遵循成法。该学政会同督、抚题参，以肃试典。

乾隆二十三年议准：学臣考试童生，务将一县合为一场，不得分场叠考。其附府之两县同城者，两县合为一场。以杜重冒之弊。如果人多棚狭，必须增添号舍者，应令该学政会同该督、抚酌量办理。

乾隆二十四年议复湖南学政郑虎文条奏童试事宜一折：据称府、州、县录取文童，分别大、中、小县。大县每学一名，府试送五十名，州、县试送七十名；中县府试送四十名，州、县试送六十名；小县府试送三十名，州、县试送五十名。再照额录送外，每十名又加取二名，以备酌拨府学之数等语。查直省州、县，人文之多寡工拙各有不齐。若必按照大、中、小县，预为分定额数，该府、州、县多取则有违例之嫌，拘额未免遗珠之叹，办理殊难允当。是以上年钦奉上谕，亦只令酌量地方人数，核实取录。总在地方官遵旨实力奉行。至该省有无浮溢，是在该学政随时厘剔，转饬各府、州、县，不许混行录送。倘有文理不通者，严行饬处，以儆冒滥。不必纷立章程。⑤

又称廪生保认各童，先责成教官具结保送。如有滥保廪生之教职，除通同舞弊者当即参究外，余俱记过注册，由学臣咨明督、抚存案。遇当保荐及俸满引见之期，督、抚会同学臣酌其去留，仍于题本内声明等语。查廪生保认童生，向例原令该教官选择品行端正、操守谨严之廪生，令其保结其素与本童熟识者为认保。复于公所签掣派保以觉察之。教官留心查核，有弊即行纠举，立法綦严。若必具结申送方许认保，则一邑童生专令数人具保。恐不肖之徒，居奇勒索，多有未便。且教官六年保荐，必年力、志行、学识、教规俱堪课最，督、抚、学臣方准保题，亦不在结保童生一节酌其去留。

又称考试童生，令各州、县查明各童住址，依乡城都图造册。饬取同都同图之五童互结。教官验结给册，监视填写。于卷面上令该童填写年貌、都图，及廪生姓名等语。查同都同图之五童互结，在比户读书之处，或者可行。设一都图中，与考仅一二人，则不足五人之数。若取他图之童生补数，又与定例有违。且既遴选廪生认派保结，又经府、州、县录送，情冒等弊亦属易查。应仍照旧例，依府案造册。至学政凭文取士，原贵暗索真才。若于卷面填明籍贯、廪保，则易于揣摩，关防不密。所奏均毋庸议。

乾隆二十七年议准：童生考试，例由县考后始送府试，府试后汇送学政。如不由府、州、县正考，直至学政考棚，捏称患病、游学名色，呈请补考者，概不准收考。至考试首严匿丧，若童生于府、县考之时，未经服阕⑥，即系不应考试之人，亦不得于学政按临准其补送。

乾隆二十九年议准：向来府、州、县考试，廪生多不到案，有名无实。应令府、州、县考前，教官先将廪生预造一册，申送府、州、县。于点名时，将廪生亲到与否填注册内，申学臣查核。至府、州、县考毕，将已取名册发学。即将某廪认保某童造册，亦申学臣查核。

又议复江苏学政李因培条奏考试童生，认保之外，又设派保。并令该教官于府、州、县考后，将童生中偶有事故者随时报明扣除。临考时，患病事故，亦报明扣去，以杜顶名等弊一折：查派保之各童生，多系素不谋面，势难逐名查察。藉令认保，有意为奸，安知不勾结派保以自固。是以《学政全书》并无派保之例。但江浙等省，向系认、派兼行，在学政场规，原可随时酌办。而各省情形不一，势难画一通行。至童生未隶学官，其有无事故，教官何由而知。若恐有冒名入场之弊，则既有识认之廪生，不难立时觉察。总之，认保之责成既严，则诸弊自可剔除。所奏毋庸议。

又奉上谕：学政李绶折奏考试童生，多有册内年岁甚幼，而其人实已至四五十岁不等者，现发提调查办等语，剔弊可谓认真。但此等情弊，恐各省所在不免。易为枪手顶冒，潜行假托，甚有关系。著传谕各省学政，于点名之时，留心详慎体察。务期弊窦剔除，毋少疏忽。

又议复湖南学政李绶条奏童生顶名冒考，分别究治等款一折：据称科场条例各款，已得之罪重于未得。请嗣后童生顶名应考，未经取进者，仍照诈伪律杖八十。若已经取进，查出，应再枷号三个月示儆。保结之廪生，实不知情，仍照原例拟杖纳赎。其知情冒保者，请照顺天府廪生保冒籍之例，革去衣顶，杖八十各等语。查捏名、顶名之童生，实系本籍烟户。因功名念切，诡遇以图倖获。核其情罪，与枪手之得赃代笔、冒籍之混乱户册，原自殊科。是以捏名、顶名者，止照诈冒律杖八十。已得、未得，事虽有异，情则无殊。是以并不加等。廪保知情同罪，杖不满百，未至黜革，例得纳赎。若不知情，自可量行减等。总因所犯既轻，则无论未得、已得，廪保各杖八十，已足蔽辜。若以冒籍之例，施之顶名之人，转失轻重。该学政所请分别已得、未得，及知情斥革之处，应均毋庸议。至称保结之廪生，不宜更换一款。恭查乾隆十年钦奉谕旨："府考、院考，各令原保廪生识认，则冒籍顶名之弊可除。"是州、县、府及院考，原止许一人认保，并无节次换保之例。其该省府考另换廪保，系属办理错误。应饬该抚并该学政，申明前例，严饬所属府、州、县及教官，务令原保廪生识认。如有仍前更换之处，即行参处。

乾隆三十一年议准：童生年岁不符，州、县考试以及府试时例应逐为查禁。至院考点名时，学政查其年貌大异，或有冒名顶替之弊，即当严为究拟。如考试实系本人，所开年岁稍有短少不符，虽无关弊窦，亦应改填确实，示以无欺。嗣后考试童生，务严饬廪保等，查明各童生实在年岁填注，毋得浮开。

乾隆三十二年议准：向例，直省府考事竣，提调官预将录取童生总数，申报学政存案。以杜造册送院时，胥吏受贿，挽入冒籍互考姓名、益增人数之弊。但止令申报总数，未将所取名姓一并申送，于稽查之道，尚未周密。嗣后，各府考试事毕，揭案之后，提调官即于一二日内将录取童生姓名、人数造册封固，钤用提调印信，一并申送学政衙门存贮。学政不得预先拆看。至试日点名时，将封固姓名册取出，公同验封拆开，同临期所送点名清册一并稽查核对。如考试点名时，有窜易名姓，与前造送之印册不符，及增添人数者，即时查出，指交提调官究处。点名事毕，即将所送名册，照点名册之例一并眼同封固，发交提调官领出存贮，以便出案时稽考。至府、州、县考试，原不许滥行录送。如仍视为具文，将不能完卷之人滥行录送者，该学政会同督、抚照例参处。

又议复陕西学政吴绶诏条奏廪生保结，宜详定降、革处分一折：据称考试之弊，莫甚于枪倩。往往枪倩案发，廪生辄推黑暗未及认明，或系眼花未经熟视。承审之员，据情议罪，多照不应律拟杖。原革衣顶，尚予开复。恐贪冒徇隐之辈，罔知警畏。请嗣后凡枪倩等案，除廪生有知情受贿者，衣顶革除，照例问拟外，其余称系一时疏忽，或被人欺蔽者，查讯属实，亦即停廪开缺，将本生降附肄业等语。查廪生冒保枪代，定例綦严。若如该学政所奏，知情受贿者照例问拟，其余称系一时疏忽，被人欺蔽者，查讯属实，停廪降附。在该学政意欲分别示惩，以昭炯戒。其实知情冒保之廪生，转得藉词托故，避重就轻，更开有意作奸之渐。所奏应毋庸议。

乾隆三十八年议复山东学政李中简条奏州、县考试廪保，至院考时原保非有他故，不得更换一折：恭查乾隆十年钦奉谕旨，州、县考试童生，"查对烟户无讹，方许廪保填结；府考、院考，俱令原保廪生识认，则冒籍顶名之弊可除。"又复准：府、州、县考，将已取童生名册发学，注明某廪认保某童，造册申送学政查核。久经通行各在案。惟山东因循陋习，以致院考廪保结送童生，希冀束修⑦，纷然起争。是非立法未周，实乃奉行不力。应再申明定例，令该学政严饬所属，一体遵行。倘仍视为具文，不行遵办，即查取职名，送部议处。其认保廪生如有纷争、掯索等弊，察出，照例黜革究治。

注释：

① 保结，结，表示负责或承认了结之字据。保结，旧时指写字据呈送官府担保他人。《醒世恒言·灌园叟晚逢仙女》："有这等冤枉的事！不打紧，明日同合村人，具张连名保结，管你无事。"

② 格眼，标准规格之专用印纸。清黄六鸿《福惠全书·刑名·词颂》："凡告状不用印格眼者，不准。"

③ 央浼，浼，音每。央浼，恳求，请求。元无名氏《百花亭》第二折："王舍想不知我在于此处。我特特央浼你通个信去，与他知道。"

④ 扃试，扃，关，锁。《汉书·外戚传下》："应门闭兮禁闼扃。"扃试，封闭考试。

⑤ 本处分段为标点校注者所分，下文同。

⑥ 服阕，旧制，父母死后要守丧三年。期满除服，称为服阕。阕即终了之意。《风俗通·十反》："三

年服阕。"

⑦ 束修，也作束脩。脩，干肉。十条干肉为束脩。古代诸侯大夫相馈赠之礼物。也指学生向教师致送之礼。《论语·述而》："自行束脩以上，吾未尝无诲焉。"

卷二十三　考核教官

顺治九年题准：儒学教官，士子观法所系。提学按临之日，考其学行俱优，教有成效者，除礼待奖励外，仍据实列荐。其行履无过，但学问疏浅者，姑行戒饬，责令勉进。有老病不堪者，准令以礼致仕①。若钻营委署，横索束修，卑污无耻，素行不谨者，即行参奏，分别究革。其有学霸生员、书役、门夫，行私惑诱者，一并究拟重治。

顺治十三年题准：提学严考教官，除文行兼优，及文平而行无亏者，分别应荐、应留外，其文行俱劣者，开送抚按题参罢黜。

康熙十八年题准：各省教职，有不由科、贡出身者，题明送部别用。若部选教职未到，止许本学及别学官署事，不得滥委杂流。

又题准：学政于官员贤否，例应品核。文到，各府、州、县掌印官即照旧式备造僚属履历，及以前荐奖、戒饬缘由，填注考语事实。教官更分年力、志行、学职、教规四款，内有贤、不肖之尤者，另具揭贴，限一月内送阅。按临再送。新任及改节、改过者，季终续报。并将任内作兴学校②事迹，备申报夺。儒学掌印官，若遇有升迁及会试等事故，提调官即查年深训导委署。一学俱缺，将别学附近者详委。一应经手书籍器物，学粮文卷，交盘明白，申报批允，方许离任。如应聘及丁忧等项，查无违碍，一面准行，一面申报。各州、县署印，勿得转委教官。即承乏③委用，亦须申详学政，批允方行。止守仓库，勿于别事。各府、州、县礼房吏及学吏转考，俱候详允，方准起送。违者究革。

康熙二十七年定：武生无武学处，照例属文学教官管理。其降黜劣行等事宜，悉照文生例行。

康熙三十九年议准：学臣有考试教官之例，责令学臣实力奉行。如全无文理者，即行题参。

康熙四十三年奉上谕：教官必文学明通，方称厥职④。近见直省教职内，不谙文学者甚多。如此，何以训士？著行文直省巡抚，将各属教官，通行考试，分别具题。遵旨议准：嗣后教职由部选后，赴抚臣考试。其考居一、二、三、四等者，令其赴任。五等令归学习。六等革职。

康熙五十年议准：教官计典⑤，分别优劣，必由学臣。嗣后，直省任学道者，令会同藩、臬考核，送督、抚具题。任学院者，藩、臬二司造送督、抚，学院会同考核具题。

雍正元年奉上谕：直隶、各省教官，乃专教士子之人。今准捐纳，以致不通文理少年，反为学文优长、年高齿长之师，可乎？应照其品级，别任补用。交与该部议奏。遵旨议准：嗣后直隶、各省教职，除正途照旧选用外，其捐纳教谕、训导，即用先用之人，不由举人、恩拔、副榜、廪生、挨贡出身。由生员捐纳贡生者，教谕改以县丞用，训导改以主簿用。照伊等捐纳日期，入于各项捐纳班内铨用。

雍正二年议准：现任教职内，从前捐纳出身者，既令改补别任，嗣后专令正途出身之教授、教谕、学正、训导，设立课程，实心教习。如有抑勒孤寒等弊，该学政题参处分。其教习著有成效者，即行题荐。

又议准：教职由廪生捐纳出身者，仍许留任。

雍正四年议准：教官由抚臣考校。向例，居一、二、三、四等者，令其赴任。五等者，令归学习。但四等文理荒疏，未便令其司教。嗣后，三等者仍照例给凭赴任。四等、五等者，俱令解任学习三年，再行考试。六等者革职。至钱粮词讼，系州、县专责。教官未定考成。但该教官果能训诲约束，则士习渐端，自无抗粮、兴讼等弊。嗣后各学教官所属文武生员，除受诬被告，及实有冤抑切己⑥不得已之事，申诉控理外，其有倚恃衣顶，抗欠钱粮，并捏词生事，唆讼陷人等事，该教官即申详督、抚、学臣，免其参处。如纵容徇庇，不行申报者，事发，将该教官题参，照溺职例革职。如该教官果能尽心训导，六年之内，所属士子无前项过犯，该督、抚、学臣据实保题，准其以应升之缺即用。其现任之员，以雍正五年为始。扣满六年，著有成效者，准其一体保题。

又议准：外省府、州、县、卫，俱以儒学教官兼理武学。今八旗⑦新设教官，既辖文生，即以满洲、蒙古、汉军武生兼令管理。京卫、大宛两县武生，亦令儒学教官训诲约束。原设武学官役，概行裁去。其现任武学教授、训导，俱令离任，照原品另用。

又议准：凡计典教官贤否，皆由知府具报。则知府原有稽察之责。恐以教官闲员微职不无优容，行令各省督、抚转饬各府，必从实考核。如有姑息容隐，将各该知府照徇庇例议处。

又奉上谕：凡县令改授教职者，因其不胜牧民之任，例当罢黜。念其读书攻苦，选授一官，不忍遽令废弃，是以改为教职。俾居师儒之席，以展其所学。此朕格外之恩也。况教官有化导士子之责，较理民之任，关系尤重。伊等自当殚心竭力，以尽职守。倘因改授教职之故，志气隳颓⑧，诸凡怠忽，著各学政查参，从重议处。

雍正七年议准：教官之职，专司训迪士子。除钱粮拆封，比较生员拖欠钱粮，并州、县会审案件有关戒饬生员之处，仍令赴州、县衙门公同办理外，其一切地方事务，俱不得干与。倘州、县官不遵定例，仍传教官同办地方事务，而教官违例前往干与者，州、县官照将事务交与不应交之人例议处，教官照不应得为之律，分别议处。

乾隆元年奉上谕：教职乃师儒之官，有督课士子之责。素蒙皇考世宗宪皇帝加恩优待，屡次训勉，且与有司一体赏给封典。朕即位以来，念其官职卑微，恐以冗散自居，不思殚心尽职，特加品级以鼓励之。查旧例，教职两官同食一俸，未免不敷养廉。著从乾隆元年春季为始，照各员品级，给与全俸，永著为例。

乾隆三年议准：教官为多士之模楷，宜洁清自爱，不得因循旧习，令门斗、书役索取生员贽见节仪。至举报优劣，乃甄别大典。倘有冤滥，于士品、士习，关系匪轻。嗣后各省教官，倘有仍前勒索贽见规礼，以致举报优劣不公者，令督、抚、学政核实查参，照借师生名色⑨私相馈送例革职。倘别经发觉，将该督、抚、学臣照不行详查例议处。书役、门斗、家人有索诈等事，查明本官是否知情，分别照例议处。书役、门斗、家人，按律以枉法论，计赃分别治罪。

乾隆六年议准：嗣后凡各学正、副教官离任时，俱照州、县官例，将曾奉颁发存贮书籍、器物，一切经手学田租谷之项，造册出结，交与接任之员，查明接受。造册出结，由该府、县核明，加结详司，转送督、抚、学臣存案。仍将交明缘由报部。倘离任之员，有心隐匿者，查明题参。缺失者，责令赔补。若接任之员，不行查明，混出册结接受，即着接受之员，暨加结之府、州、县赔还。逾限交代不清，亦照州、县官例，咨参议处。

又复准：教官交代之例，原指新、旧接卸而言。至本学正、副署摄者，该员原系经管之人，自毋庸造册交代。

又奉上谕：古者党有庠，术有序。民生八岁入小学，十五入大学。不独秀而为士者群居乐业，天下实无不教之民。是以教化兴而风俗厚。后世设立教官，专以课士，已非先王有教无类之意。而近来教职，多系衰老庸劣之辈，不但不能以道德礼义化导齐民，并其课士之职亦不克举。则安用此官为也！朕御极之初，念其俸薄，不足自赡，特令增给。乃望其修举职业，助兴教化。非以廪饩为养老之具，各员亦不当以司铎为养老之官也。着该督、抚会同学政，严饬所属教官，务以实心实力，劝学兴文，恪尽课士之责。其有年力衰颓，贪恋禄位，及庸劣无能不称师儒之席者，秉公甄别，咨部罢斥。庶训迪得人，而于造士育才之道实有裨益。各督、抚、学政，仍当时刻留心，永久奉行，不可苟且塞责也。

乾隆七年议准：各省学臣，考试教官时，与寻常考试一体封门。不许携卷归寓，以杜代倩。并分别等次，移明督、抚，以为大计考核之实据。

乾隆十四年议准：嗣后教职六年俸满，该督、抚、学政严加甄别。如果才能出众，应行举荐者，即行具题。其寻常供职之员，分别去留。俱出具切实考语，具题请旨。如有不应保留之员，滥行保留者，即将该督、抚、学政严加议处。

乾隆十五年奏准：教职交代，不过书籍、祭器、学田等项，原非州、县官可比。定限两月，似为稍宽。应酌减一月，限一个月完结。

乾隆十六年议准：嗣后各学训导，新、旧接卸，尚有专管之正教官在任，毋庸造册交代。若止有训导而无正教官之处，仍应造册交代。

又议准：教职一官，关系紧要。现今各省教职，昏耄龙钟、滥竽恋栈⑩者，实所不免。自宜严加澄汰。务令训课得人，以收造士之益。查教职向例，六年甄别为期，似属太宽。嗣后除俸满保题，仍照六年旧例外，其题留供职之员，应请敕下各该督、抚，定为三年澄汰。将实在年力就衰者，即行汰退，咨部汇题。如遇计典之年，仍照例严加甄别，不得止将一二昏耄者附疏塞责。再各省学政与教职最为亲切，务于岁试后留心甄别。有年耄学荒不职者，即会同督、抚勒令休致。

乾隆十八年奉上谕：向例，各省教职六年俸满，该督、抚、学政公同甄别。堪应荐举者，保题送部引见。其年力衰迈者，咨部休致。但督、抚陋习，既不肯轻保举，亦不肯多咨革。是以保题者固属寥寥，而休致者亦不多见。盖视教职为无足重轻，初不计及为造士之根本也。前以选拔贡生为教职之阶，曾谕各督、抚、学政，令其加意慎重。嗣后教职除有劣迹者，随时参劾外，至六年俸满，堪膺民社者保题。其年力未衰，可以留任者，出具考语送部引见。若准留任，俟后六年再满，仍如是甄别。年老之员，即咨部休致。有愿来京引见者，照大计之例，该督、抚声明给咨引见。至训导例止得升县佐，该上司尤多忽略。嗣后甄别之例，与教职同著为令。

乾隆十九年议准：凡在百里以外之府学生员，令州、县学严加约束。其有不法重情，势难缓待者，访查的实，即行牒明州、县，仍移知府学办理。不得谓非本学专责，因循推诿。倘有前项情弊，察出，照例题参议处。

乾隆二十年酌归简易案内题准：嗣后教官交代清楚，准其改为按季造报。其中或有交代迟延，以及缺少乐器等项，仍令单咨报部办理。

乾隆二十三年议准：教官职列师儒，岂可不谙篇什，忝居士林之首。应令各直省学臣，考试教职时，兼用律诗一首，总权其学行、事迹、文章，以定黜陟。

乾隆二十六年议准：教官所辖，只系文、武生员。如生员遇有事犯，未经查出详报者，自应照例参处。至捐纳贡、监，惟些小过犯，州、县官仍会同教官扑责，其余一切事件，教官不得干预，则教官已无约束贡、监之责。嗣后捐纳贡、监，有窝窃、唆讼、贪玩不法等情，将不查出申报之州、县议处，毋庸更将教官查参。

乾隆二十八年议准：直省府学生员，在百里以外者，照例令附近州、县学教官带理月课。如遇举报优劣，本籍教官闻见既确，密行开单，移交府学转申。如有失察，分别处分。其武生亦照生员一例办理。

乾隆二十九年议准：教职一官，学臣原有考核之责。遇有缺出，督、抚拣员暂署，自当知会学臣，使其得以稽察。嗣后教官缺出，毋论暂署、委署，督、抚均咨明学臣。该员仍将到任日期，申报学臣备案。

乾隆三十二年议复福建学政王杰条奏寄居他邑之生员，令寄籍之教官一体训课。如有劣迹，仍移原籍教官申报一折：查寄居他邑生员，其姓名实隶本籍，自应责令本学教官约束。岂得因该生寄居他邑之便，反为迁就，且令他邑教官训课，如有劣迹，又移原籍教官申报？其中转滋借端推诿之弊！所奏应毋庸议。

乾隆三十三年奉上谕：前据布政司张逢尧条奏，请将各省岁贡生应用教职人员，无论已、未截取，每逢乡试之后，即行验看淘汰。经该部议驳，以贡生等选授发凭，自有考验之例，毋庸每科预为甄别。降旨允行。第念督、抚等临期考验，积渐因循。既不免徒成具文，而该员等年齿就衰，惮于赴验；或部选已久，尚未莅任，致诸生督课废弛。于学校殊有关系。嗣后督、抚考验，务须详慎甄别，不得稍事姑容。其新选之员，有迟逾定限，久不到任者，即照例严参，开缺另选。至教职遇有悬缺，向来率委别学教官代理。此等司铎微员，两任岂能兼顾。现在各省有挑选二等举人⑪，在籍候选教职之员。伊等得缺尚迟，如有情愿及时自效者，即赴本省督、抚处报明。遇有缺出需人，听候该督、抚会同学政挨次派委暂署。则员缺既不致久悬，而需次者亦不令闲旷。自为一举两得。该部即遵谕行。

乾隆三十八年议准：嗣后各省教职，凡病痊终养，以及丁忧起复人员，有情愿自效者，准其赴省呈明，听候该督、抚委用。遇有缺出，先尽二等举人，再委候补教职。

注释：

① 致仕，旧谓交还官职，即辞官退休。《公羊传·宣公元年》："退而致仕。"何休注："致仕，还禄位于君。"

② 作兴，发动，干，从事。《红楼梦》第三十七回："我就帮着你作兴起来。"作兴学校，意即办学。

③ 承乏，所任职位一时无适当人选，暂由自己来充数。旧时在任官吏常用之谦词。《左传·成公二年》："摄官承乏。"

④ 厥，其也。《书·禹贡》："（冀州）厥土惟白壤。"方称厥职，即方称其职。

⑤ 计典，古时对官吏三年考绩大计之典。唐李德裕《丞相邹平公新置资福院记》："建中初，先仆射以柱下史参梓潼军计典。"清魏象枢《刑科奏疏》："窃惟计典三年一举，关系吏治，实为重大，矢公矢慎，责在抚按藩臬诸臣矣。"

⑥ 切己，事关自己。原文作"切巳"，误，径改。

⑦ 八旗，清代满族户口以军籍编制，分正黄、正白、正红、正蓝、镶黄、镶白、镶红、镶蓝八旗。正白、正黄、镶黄为上三旗（亦称内府三旗），隶属亲军，其余五旗为下五旗。清初将归附之蒙古、汉人，又编为蒙古八旗和汉军八旗。八旗官员平时管民政，战时任将领。旗民军籍为世袭。

⑧ 隳，音灰，毁坏。《老子》："或挫或隳。"隳颓，即颓丧。

⑨ 名色，犹名目、名称。宋汪应辰《与周参政书》："近户部行下，以今岁下半年赋，限七月内令以其他名色，先次兑那，起发一半。"

⑩ 恋栈，《晋书·宣帝纪》："驽马恋栈豆。"比喻贪恋禄位。

⑪ 挑选二等举人，清乾隆以后定制，三科以上会试不中举人，挑取其中一等者以知县用，二等者以教职用。六年举行一次，意在使举人出身之士人有较宽出路，名为大挑。

卷二十四 约束生监①

顺治八年题准：该管有司官，于诸生进见，须设立门簿，或公事入，或私事入，悉登姓名；或自搆讼，或为人讼，或自为证，或被牵证，全载情节。其有事不干己，辄便出入衙门，乞恩网利，议论官员贤否者，许即申呈提学官，以行止有亏革退。

又题准：生员与武职兵丁有争，听学臣处治，不许武职擅责。武职兵丁，该管衙门处治，不许生员结党争抗。

顺治九年题准：凡生员缘事者，承问官取问明白，即序案通详②。若别衙门批允，或开复，或问革，俱抄招请详。非奉提学明文开复、黜革者，不得收学、除名。提学按临时，除重犯候详外，轻罪与干证，虽未详允，俱仍送试，不得概造缘事避考。廪膳缘事，三个月以上不结，停食饩，不作缺事结供，明准补支。但经戒饬，即不犯革，亦备查拘发收复月日，俱作旷不补支。

顺治十年题准：生员犯小事者，府、州、县行教官责惩。犯大事者，申学黜革，然后定罪。如地方官擅责生员，该学政纠参。

雍正五年议准：捐纳贡、监，咨部褫革③后，始行审理。文书往来，动经旬月。嗣后有应行褫革者，令地方官申报督、抚、学臣，其事属督、抚者，督、抚移咨学臣；其事属学臣者，学臣移咨督、抚，即褫革发审，再具文报部。至年终，仍将审明缘由，造册送部，以便查核。

又议准：贡、监既令学臣约束，应照依生员之例，令州、县官设立门簿。凡贡、监出入衙门，逐一填造。每月申报督、抚、学政，严加查核。

雍正六年议准：嗣后府学生员，百里以内者，其月课仍在府学。百里以外者，在州从州，在县从县。令州、县学带理月课。至府学生员有干犯学规者，亦许州、县教官严加约束。其岁、科考试，帮补、出贡、丁忧、起复等项，仍归府学职掌。

又议准：直省学臣，通行各儒学，每年十一月取具生员结状。五人互结一人。结得并无抗粮、包讼等事，汇送学臣查核。监生亦照此例办理。

又议准：生员有切己之事，赴州、县告理者，先将呈词赴学挂号。该学用一戳记，州、县官验明收阅。倘有恃符健讼，重则斥革，轻则以劣行咨部。

又议准：文、武生员，缘事斥革审讯者，如系具题之案，部文到日，即行移会学臣。如系外结之案，承审官于事结后，限一月内，即抄招录案，申报学政。分别开复、除名，以杜弊端。如承审官迟延不报者，罚俸一年。

雍正七年议准：缘事褫革之贡、监、生员，俱令地方官稽查，不许出境。如有潜出本境，或致别生事端者，照例治罪。

雍正十二年议准：贡、监劣生，虽经缘事详革，审明例应开复者，亦令地方官即行开复，不得迟至任满滋弊。若地方官故捏情弊，具详褫革者，将地方官照故入人罪例参处。其已经咨请拟革之贡、监生，果系审明无干；及拖欠钱粮，革后全完者，该地方官即照例详请开复。其或勒肯索诈，不即行详请开复，并故捏情弊，详革不实者，查出，将该地方官题参议处。

又议准：旧例，有司所设门簿，由各学造送学臣钤印，分发州、县。而州、县有司，多以学校非其专责，往往沉搁迟延，视为具文。查知府一官，于学校考试原有提调之责。州、县案件，无不周知。嗣后门簿，应由学臣钤印，将"诸生"二字，易为"贡监生员"，照式刊刻本条全文，交与该府转发州、县，遇事登记。该州、县于季底申送该府，转呈学政衙门查核。

乾隆元年议准：查监生优、劣实迹，虽申报学臣查核，而不法之徒，仍俟咨革部复到日，方行审讯。诚恐往返需时，不无弊端。嗣后凡监生，果系恃符豪横不法，及行止有亏者，有司先详报学臣褫革，以便审讯，一面咨明礼部。如日后审系无辜干连者，即详明开复。倘该管有司，借端冤抑出入人罪，一经察出，即将该地方官照例参处。

又议准：生、监缘事褫革，一概不许出境，是罪止褫革，而又加以禁锢，似属已甚④。况顽悖之人，在本籍亦能生事，不必出境也。至于重犯事端，自应按照律例定拟。不以在籍而宽，岂以出境而重！嗣后，将被褫后不许出境之例停止。

又议准：生、监既隶儒学，果有抗粮、包讼等事，该学自可详革。若惟以五生互结为凭，良善者固气类相投，不肖者岂不能朋比掩盖？应将岁终责取互结之例停止。又生员事关切己，与包揽词讼不同。若必令赴学挂号，求用戳记，恐不肖教职挟嫌勒索，徇私容隐，徒滋弊窦。应将赴学挂号戳记之例停止。

又议准：生员所犯，有应戒饬者，地方官会同教官，将事由具详学臣，酌断批准，然后照例于明伦堂扑责。如有不行申详学臣，不会同教官而任意呵叱，擅自饬责者，听学臣查参，以违例处分。学臣亦不得祖庇生员，违公批断。

乾隆九年议准：四川省寄籍生员，平素与本学教官不一谋面。不肖之徒，恃符滋事。及至败露，又以现任州、县非本管之官，恣意貌抗。待至往来移查，人已闻风远飏。辗转拖延，莫可究诘。嗣后除本学文武各生，令该督、抚严饬各州、县会同教官，照常整饬外，其有居住该州、县而入他邑庠者，限文到两月，自行呈明：系何学生员，居住某里、某甲、某邻右，及有无田粮庐墓。逐一详载，造册送该学政查核。如逾限不行呈明，即行褫革。该州、县务彻底清厘，毋许朦混开报。一面移交该教官，分别约束。有恃符滋事者，该州、县即行详革。

乾隆二十年酌归简易案内题准：州、县官设立门簿，凡有贡、监、生员出入衙门，逐一填注，每月申缴督、抚、学政察核，实属具文，应俱删裁。

又题准：嗣后贡、监缘事，督、抚批革后，即行究审。于季终摘叙简明事由，应斥字样，汇册报部。其革后，审系应开复者，仍单咨报部定议。

又奉上谕：杨廷璋奏武生、监生俱令教官督课约束一折，言虽是而行之则无实济。不肖生、监，或倚恃青衿，武断滋事，原属法所必惩。向来何尝不著为定例，令该教官一体管束。然以生、监之众，安能责之一二司铎微员。即文生系其专管，尚有防检不周者。是即屡定科条，仍属有名无实，何益之有？惟在该督、抚等平时督率属员，留心化导，一遇有作奸犯科之事，即随时黜究，以示惩儆。况生、监等既为凡民之秀，果其读书自爱，自当优以礼貌。若乃干犯教令，甘蹈罪网，则其情视蚩蚩⑤者为更重，又岂得专委之司教，而不力为振刷耶。近有县令徇纵劣衿，加以处分者，正以地方官均有整齐士习之责也。嗣后各省督、抚，其严饬所属地方官，无论文武生、监，俱令悉心体察。倘有不遵约束，恃符生事者，即行按法究治。毋徇私誉，视为具文。庶足端士风而崇实政。

乾隆二十二年奏准：捐纳贡、监，定例归于学政约束。而江苏省学，较诸他省为多。其在部及各省援例者，不过陆续知照本籍，在学政衙门率皆无凭查核。是其姓名、籍贯，尚然莫别，何能查访甄陶，以收实效。请通饬各属，将新、旧捐纳各生，造具细册申报。如仍不造报，即将该地方官照造册迟延例，送部查议。

乾隆二十四年议准：旧例，捐纳贡、监，统归地方官管辖。嗣经议准，令督、抚、学臣转饬州、县，会同教官，将所属贡、监照依生员之例，一体归学，举报优劣，严加约束。但教官职司训课，势不能董率⑥若辈。嗣后捐纳贡、监，应俱责成州、县官约束稽察。并将州、县官造册送学之处停止，以省案牍。该贡、监如犯细事应戒饬者，仍会同教官，面行扑责。其余事件，教官不得干预。府、州、县仍遵例将犯案缘由，申报督、抚、学政查核。至贡、监举报优劣，实有关于劝惩。除劣行不堪者，自应随时惩治外，其余仍于学臣按临时，照例揭报。倘视为具文，漫以无优、无劣申复，将该地方官照举报不实例参处。

又议准：士子身列胶庠，讦讼洵为恶习。董戒约束，乃学臣专责，不可不严立稽查。应酌量州、县繁简，按季立簿，由学政衙门印发。各州、县于自行办理词讼，及上司批查事件内，有生、监原告或系被告者，将两造姓名、简明事由，按日登记。已审结者，将看语一并录出。未结者，注明"未结"字样。会学⑦钤印，每两季申缴一次。仍将并无遗漏之处声明，听学政衙门查核。至于生、监为人作证，如系他人妄行牵连，许本生自行辩明，免其开注。若系无故多事，出身作证，即属不守学规。地方官详明学臣，分别戒饬、褫革，照例办理。再生、监之显然成讼者，按簿可稽其巧构讼端。潜身局外者，稽讼簿虽设，无由登若辈之姓名。应令学臣于甄别优劣，考校艺业之时，实力整饬，详悉体察。一有唆讼之辈，饬令地方官严拿重惩。

乾隆三十三年议准：查地方讼词，有关涉生员，应行褫革审讯者，若必咨学政核复，未免辗转需时。嗣后各省学政，岁、科两试，取进文、武新生红案发学后，即饬发地方官将所进新生名数，并各履历，造册呈送督、抚备查。至历届旧案文、武生员，并令各学政，每逢岁、科两试，饬教官照格眼册，另造一本牒送该地方官，呈送督、抚衙门存案。

乾隆三十八年议准：嗣后褫革生员，除州、县有案外，其由各学详请褫革者，令各该学于奉文批革后，造其缘由清册，牒送各该州、县备案。如有冒充衣顶，及违禁滋事之革生，即行查明究治，以示惩儆。至各学教职，造送革生名册，如系偶有疏漏，照经手遗漏例，罚俸一年。其有听嘱漏造者，照徇庇例降三级调用。

注释：

① 生监，生员与监生。《黄绣球》："乡试的生监也有好几百名。"

② 通详，通报请示。详，旧时下级官员对上级官员请示报告曰"详"。《淮南子·时则训》："百官静事无径。"高诱注："事无径，当先请详而后行也。"《红楼梦》第九一回："岂知府里详上去，道里反驳下来了。"

③ 褫革，褫，剥夺。褫革，谓剥夺冠服，革除功名。

④ 已甚，过分，《孟子·离娄下》："仲尼不为已甚者。"朱熹集注："已，犹太也。"

⑤ 蚩蚩，敦厚貌。《诗·卫风·氓》："氓之蚩蚩，抱布贸丝。"此则以"蚩蚩"指代上述"凡民"。

⑥ 董率，督率。董，督，监督。《书·大禹谟》："董之用威。"

⑦ 按，原文此字难以辨认。细味文义，并本条前"按季立簿，由学政衙门印发"语，当为"学"字。

卷二十五　优 恤 士 子

顺治十二年奉上谕：各省提学，将各学廪、增、附名数细查，在学若干，黜退若干，照数册报。出示各该府、州、县、卫张挂。俾通知的确姓名，然后优免丁粮。

康熙九年题准：生员关系取士大典。若有司视同齐民挞责，殊非恤士之意。今后如果犯事情重，地方官先报学政，俟黜革后，治以应得之罪。若词讼小事，发学责惩。

康熙二十二年议准：各省学租，银一万六千六百五十两零，米一万一千六百二十石零，各省中有发给贫士，将所余以充兵饷者；有竟不给发者。应行令各直省督、抚，量给廪生、贫士，以助膏火之费。

康熙二十七年议准：学田①租赋，应给赡贫士，务在严核举行，俾沾实惠。毋听奸胥冒滥侵欺。除通查各学田原额若干，每年额租若干，先造清册报部外，每年终，将用过某费若干项，赡过贫生某某若干名，详开旧管、新收、开除、实在，造册报部。如册报隐漏迟延，赈济虚名无实，及教官、学霸、豪强之家私据侵占者，查出，按法追究。

乾隆元年奉上谕：任土作贡，国有常经。无论士民，均应输纳。至于一切杂色差徭，则绅衿例应优免。乃各省奉行不善，竟有令生员充当总甲、图差②之类者。殊非国家优恤士子之意。嗣后举、贡、生员等，著概免杂差，俾得专心肄业。倘于本户外，别将族人借名滥充，仍将本生按律治罪。

乾隆三年奉上谕：各省学租，原为给散各学廪生、贫生之用，但为数无多。或地方偶遇歉年，贫生不能自给，往往不免饥馁，深可悯念。朕思伊等身列胶庠，自不便令有司与贫民同给升斗。嗣后，凡遇地方赈贷之时，着该督、抚、学政饬令教官，将贫生等名籍，开送地方官核实详报。视人数多寡，即于存公项内量拨银、米，移交本学教官，均匀给散，资其馈粥③。如教官开报不实，给借不均，及为吏胥中饱者，交督、抚、学政稽察，即以不职参治。至各省学租，务须通融散给极贫、次贫生员，俾沾实惠。此朕体恤生员之意，若生员等不知自爱，因此干预地方，肆行不法之事，该督、抚等仍应照例查察，毋使陷于罪戾。

乾隆八年议准：江西省学租甚少，分给不均。向来南昌、吉安、南安、赣州、南康、建昌六府，惟县学得以沾惠，在府学者不能支领。查学租一项，原当均匀散给，以资膏火。若拘于旧习，不独府学诸生有偏枯之叹，且事例亦未画一。嗣后，南昌等六府学无租者，听府庠生员报名，分附各县册后，一体均匀散给。

乾隆十年奉上谕：江苏各属，向有学租一项，以供给发廪生，并赈恤贫生之用。此固国家体恤士子之恩也。但闻向来学臣赈贫，每于考试事竣，始据各学册报给发，其中弊端种种，不一而足。朕思与其散赈于考试将竣之日，何如散给于士子云集之时。则耳目众多，贫者不致遗漏。而不贫者，亦难以冒支。嗣后著该学政，转饬各学教官，确查极贫、次贫，造具花名细册。于按临之日，投递该学政核实，即于三日内逐名面赈，则贫生均沾实惠。该教官等如有混开等弊，亦易查出参处。

注释：

① 学田，中国旧时学校所属田地。以地租作为祭祀、教师薪俸和补助学生及贫士之费用。南唐时，"庐山国学"已有学田数十亩。宋仁宗始赐兖州学田，神宗时推行于各路。以后各代均置学田。或由皇帝诏赐及官府指定，或由私人捐输。

② 图差，清南方各省县以下设乡，乡以下又设图；乡设乡董，图设图董，总管一乡、一图事务。另有图正，专管本图鱼鳞图册。清制，图下分十庄，每庄有庄首若干人，轮流值年，核收全图田赋，负责汇交粮柜。

③ 饘粥，饘，音毡，厚粥。厚曰饘，稀曰粥。《左传·昭公七年》："饘于是，鬻（粥）于是，以糊余口。"

卷二十六 整饬士习

顺治八年题准：生员若纠众扛帮，聚至十人以上，骂詈官长，肆行无礼，为首者照例问遣。其余不分人数多少，尽行黜革。

顺治九年题准：各提学官，督率教官，务令诸生将平日所习经书义理著实讲求，躬行实践。不许别创书院，群聚结党，及号召他方游食之徒，空谈废业，因而起奔竞之门，开请托之路。违者，提学御史听都察院处分，提学道听巡按劾奏。游士人等，问拟解发。

顺治十六年奉上谕：士习不端，结社订盟，把持衙门，关说公事，相煽成风，著严行禁止。以后有犯者，该学臣即行黜革参奏。学臣徇隐，事发一体治罪。

顺治十八年题准：凡绅、衿、贡、监，在地方抗粮不纳，并伊兄弟、亲戚、宗族包揽串通，倚势不完；及废绅黜衿，抗粮不纳者，严拿解京。送刑部，照悖旨例从重治罪。如旨到完纳，免其提解议处。

雍正二年议准：嗣后文、武生员，除谋杀、故杀及戏杀、误杀、过失杀伤人者，仍照例治罪，其原有欺压情形，一时争竞，两相斗殴致死者，亦仍照斗殴杀伤例治罪外，如有武断乡曲，倚仗衣顶，横行欺压平民，其人不敢与争，旁人不敢劝阻，将人殴打致死者，质审确实，从重拟斩监候①，秋后处决。

雍正三年议准：士子纠众结社，于人心风俗，实有关系。应饬令直省督、抚、学臣，嗣后除宿学之士，授徒讲学；及非立社订盟，实系课文会考，无论十人上下，俱无庸议外，如有生、监人等，假托文会，结盟聚党，纵酒呼卢②者，该地方官，即拿究申革。其有远集各府、州、县之人，标立社名，论年序谱，指日盟心，放僻为非者，照奸徒结盟律，分别首、从治罪。如地方官知而故纵，或被科、道纠参，或被旁人告发，将该管官从重议处。

雍正五年议准：文、武生员，倘事非切己，或代亲族具控作证，或冒认失主、尸亲③者，饬令地方官即行申详学臣，褫革之后，始审其是非曲直。

又议准：嗣后被褫劣衿，敢有挟仇肆横，以图报复者，照所应得之罪，加一等治罪。

雍正六年议准：生员有抗欠钱粮者，学政于按考所至，令地方官详查开报。欠粮之生，必俟完粮后方准投考。

雍正七年议准：生、监中，有串通窃盗，窝顿牛马；代写词状，阴为讼师；诱人卖妻，作媒图利者，将本身加常人一等治罪。

又奉上谕：士子读书明理，为士民坊表。若昧于急公奉法之义，抗粮逋赋，导民为非，其害在于人心风俗，不止亏缺国课而已。是以内外大小臣工等，为此条奏者甚多。今经礼部翰林詹事科道等定议，春夏未完之钱粮，分为三限。初限未完，责比家仆。二限不完，发学扑责。三限不完，州、县传集教官，当堂扑责。秋冬未完之钱粮，亦分三限。初限不完，发学扑责。二限不完，州、县传集教官，当堂扑责。三限不完，详请褫革，严行追比等语。朕思责、革之罪，虽皆本人之自取，然一经笞杖，则难洗终身之辱。一经褫革，则永无上进之阶。诸生纵不自惜其身名，朕则深为诸生悯恻之也。闻各处催征之例不同，有比责④催粮之差役者，有扑责欠粮之本身者。现年钱粮，每至十月不完，方将粮户惩责。是五月未曾完半，虽在百姓，未必便行鞭扑。今以此施于士子，似觉稍过。况生、监贫富不等，富户故意抗违，实法无可贷。而贫生未能依限，则情尚可原。今应分别贫富，使富者不得藉口以愆期，贫者得稍纾其力，霑沐朝廷体恤之恩，而国赋又不至于拖欠。大约各省土俗人情，既难齐一而规条，期限亦未必尽同。著该督、抚各就本省情形，秉公详察，悉心定议。务期宽严得当，永远可行。倘该督、抚内别有所见，可以仰副朕矜怜贫寒之士子，而又惩戒顽富之劣衿者，亦著详悉陈奏⑤。

嗣经各督、抚将本省情形具题到部议准，除陕西、四川钱粮，应遵旨六月完半，十一月全完；贵州钱粮，仍照旧例，九月开征，次年三月全完；山西之大同、朔平、宁武三府，地处边寒，物候较迟，以七月为完半之期，俱无庸更议外，其各直省富生上户钱粮，定以五月完半，十月全完。如届期不能清完者，再分三限严比，务期岁底全完。每限十五日：初限，提比家仆；次限，将本生押追；三限犹不完足，即行详革。其革后全完者，准予开复。中下户贫寒士子，定以秋收八月完半，岁底全完。如届期不能清完者，再分三限严比。中户务期开岁二月，下户务期开岁四月全完。每限十五日：初限、二限，提比家仆；三限不完，将本生押追，以半月为限。如犹不全完，即行详革。革后如能全完，仍准开复。若委系赤贫无力，而尾欠仅属分厘者，仰体圣谕宽恤至意，暂免详革。准于秋收八月，并入现年完半数内，带征完足。其有循分守法，不待限期，先行完纳者，申详学政，量加奖赏，以劝急公。如有将本名钱粮，多立户名，花分诡寄，朦混拖延者，查出，照欺隐田粮律治罪。

雍正八年议准：士子身立胶庠，应安分循理，恪遵功令，岂宜网利营私。乃粤东士子，往往把截住居地方，遇经过船只，勒取钱文；又霸占墟场，私行抽税，以及强取民间房租。似此刁风，殊干法纪。应令该督、抚，严饬各州、县及教官，严访详革，从重治罪。其互结之生、监，照例同坐。有能据实首明者免。若该州、县及教官失于觉察，或经上司访出，或经旁人首告，州、县官照劣生包揽县粮、不行查出例罚俸一年，教官照徇庇劣生例降三级调用。

雍正十二年奉上谕：朕闻闽省漳、泉地方，民俗强悍，好勇斗狠。而族大丁繁之家，往往恃其人力众盛欺压单寒。偶因雀角⑥小故，动辄纠党械斗，酿成大案。及至官司捕治，又复逃匿抗拒，目无国宪。两郡之劣习相同。而所属之平和、南胜一带，尤为著名。此中外所共知者。朕思上天阴隲⑦下民，与以至善之性。故曰民之秉彝，好善懿德。⑧五方之风气不齐，而本然之性则有善而无恶，东西南北所在皆然。漳、泉之民，亦未有天禀独异者。其所以不善之故，则因俗尚嚣凌，渐成积习。耳之所闻，目之所见，皆剽悍桀骜之风，而无礼让逊顺之气。遂令本然至善之性，陷溺而不自知也。其中岂无良善之人，不过自洁其身，固难以数人之力，挽风俗之浇漓。可为浩叹⑨！

朕自临御以来，屡颁谕旨，训迪内外黎庶，详明谆切，至再、至三。自通都大邑，至僻壤遐陬，咸使之家谕而户晓。而各省民俗，渐知奉法循理，不敢荡检踰闲。且如最难化者，莫过苗蛮猺獞⑩之人，近亦颇知革面革心，有欣欣向化之意。漳、泉内地之民，转不如苗众等之悔过迁善，革薄从忠，而甘于自暴自弃，陷身法网乎？朕心深为不忍，特降谕旨，切加训导。《易》曰："积善之家，必有余庆。积不善之家，必有余殃。"《书》曰："作善降之百祥，作不善降之百殃。"此言善恶感召之幾⑪，捷于影响⑫。作奸犯科之人，既为王法之所不宥，必为天理之所难容。祸福利害之间，判然两途。然则尔等亦何所惮而不为善，何所利而为不善乎？大抵居乡之道，亲睦为要。保身之道，循分为先。毋以强凌弱，毋以富欺贫，毋以智侮愚，毋以众逼寡，毋为行险侥倖之事，毋为干名犯义之行。父老子弟，联为一体。邻里乡党，视若一家。相友相助，息讼息争。使朝廷旌为义乡，有司表为仁里。身名俱泰，刑法不加。天下至乐至利之事，至安至适之境，无过于此。况闽省文风颇优，武途更盛。而漳、泉二府人才，又在他郡之上。为国家宣猷效力者，实不乏人。独有风俗强悍一节，为天下所共知，亦天下所共鄙。何不翻然醒悟，共相勉励而成礼义仁让之乡乎？著该督、抚仰体朕心，时加训戒，更立劝惩之法，实力奉行。务俾俗易风移，以副朕一道同风之至意。

又奉上谕：各省生、童，往往有因与地方有司争竞龃龉而相率罢考者。或经教官劝谕，或同城武弁排解，然后寝息其事。此风最为恶劣。士为四民之首，读书明理，尤当祇遵法度，恪守宪章。化气质之偏，祛器凌之习。况国家之设考试也，原以优待士子，与以上进之阶，论秀书升⑬，遭逢令典。凡尔生童，不知感戴国恩，鼓舞奋勉，而乃以私心之忿，借罢考为挟制官长之具。何市井无赖至于此乎！盖因庸懦之督、抚、学臣，希图省事，草草完结，不加严惩，以致相习成风。士气一骄，士品日流于下，关系非浅。各省生、童等，如果该地方官有不公、不法、凌辱士子等情，自应赴该地方上司衙门控告，秉公剖断。嗣后，倘不行控告，而邀约罢考者，即将罢考之人停其考试。若合邑、合学俱罢考，亦即全停考试。天下人才众多，何须此浮薄乖张之辈。是乃伊等自甘暴弃，外于教育生成，即摈弃亦何足悯惜。如此定例，亦整饬士习之一端。著该部妥议通行。

遵旨议定：嗣后如地方官果有不公、不法、凌辱士子等情，生、童等身受其害者，准其赴该管上司控告。该上司秉公审理，即将地方官题参，按其情罪之轻重照例议处。倘系情虚，将该生、童等治以诬妄之罪。倘该上司袒护地方官，不行准理，或徇情营私，剖断不公者，一经发觉，将该上司从重议处。如有豪横之徒，逞其一时私忿，辄敢聚众罢考，挟制官长者，照山、陕题定光棍之例，分别首、从治罪。其逼勒同行罢考之生员，褫其衣顶，童生记名档案，俱停考试。如合邑、合学同罢考，即将合邑、合学罢考生员全褫衣顶，童生全停考试，仍照例分别杖责。如该生、童已经惩治之后，果能改过自新，该督、抚会同学臣，察实具题请旨。倘有不肖学臣，市恩邀誉，辄敢暗中寝息⑭，或将罢考案内之人滥行收考者，该督、抚查参，将该学政照徇庇例议处。倘该督、抚通同徇隐，一经发觉，将该督、抚一并严处。至教官有教导士子之责，倘有生员等罢考，是必其平日董率无方，不能约束所致，应将该教官照溺职例革职。倘于生员罢考之时，该教官畏惧处分，或有同城武弁与之从中调处，寝息其事者，均照私和公事例治罪。

乾隆元年奉上谕：士子倚恃青衿，抗欠国课，定例褫革追比。原以惩戒不率，使知礼法。至革后，如能清完者，准予开复，所以广自新之路也。今直省所有雍正十二年以前旧欠，俱已豁免。此等革生内，容有所欠已经陆续完纳，只缘尾欠未清，未曾循例开复，而所欠又奉豁免恩诏，遂令所革衣顶永无开复，情殊可悯。著各省督、抚，转饬各州、县查明，前经欠粮革退之举、贡、生、监等，实系抗欠褫革之后，并未完纳者，仍不准开复。若所欠钱粮，曾于革后陆续完纳，只有未清之尾欠，而适逢赦免，褫革之案准其开复，并将姓名登记档册。倘此次邀恩之后，再有抗欠之事，著该督、抚严参治罪。

又议准：生员身列黉宫，包揽词讼，诚为不法。但未经审理，遽黜其名，其中岂无屈抑？应将一牵狱讼，先革后审之例停止。其文、武生员，果系事非切己，代亲族具控作证，冒认失主、尸亲者，仍照例科罪。

又议准：交纳钱粮，凡富生上户，遵例五月完半，十月全完。如届期不清，再展二月，以岁底全完为率。其中下贫生，以八月完半，岁底全完。如届期不清，分别再展数月，以开岁二月、四月全完为率。俱不必严立三限。如逾限不完，始行详革。革后全完，仍准开复。若委系赤贫无力，而尾欠仅属分厘者，仍照例暂免详革。其不待限期，先行完纳者，该地方官照例量加奖赏。

又议准：文、武生员，有武断乡曲，倚仗衣顶，横行欺压平民，或将人殴打致死者，仍照定例加等治罪外，其被褫劣衿，有挟仇肆横，并生、监内有串通窃盗，窝顿牛马；代写词状；诱人卖妻，作媒图利者，照原律分别定拟，不必加等。

又议准：催科之法，大约以五月完半，岁底全完为率。而学政岁时按临，周行各府，未必下车之日，适当纳课之时，且学臣按临，大府不过一月，小府不过一旬。诸生既须应试，又令完粮，势难兼顾。若不收考，必致随棚另行补试，奔走跋涉，尤为可悯。嗣后将完粮后方准收考之例停止。

又议准：贡、监、生员，如有包揽钱粮，侵收入己者，照例革去贡、监、生员，仍照常人盗仓库钱粮律，并赃论罪定拟。系八十两以上，照不应为而为之律杖八十，仍革去贡、监、生员。如不及八十两以上者，仍照揽纳税粮、杖六十之例，定拟收赎。

乾隆四年奉上谕：据湖南巡抚冯光裕奏称：长沙府各属生、童，因考试齐集省城。有童生赴城上乘凉，看视城外居民妇女，相向戏侮。该民李胜，进城理论。经众童生赶逐，内有攸县童生文良书走急，被同伴挤跌。文良书之父文德炽，捏以被殴受伤，喊禀善化县，并未指出姓名。随有好事童生刘树高、谢岳等，即同应考多人，群赴县堂嚷闹，勒逼出差查拿。次早，知县韩宗蕃赴文良书寓所验伤，系属跌磕，并非殴打。众童生遂拦街喧哄，将所乘之轿毁坏，又复拥至府署嚷闹。经副将等喝拿始散。又赴城上搬取砖石，打坏居民二十九户屋瓦。臣现在饬司查审究拟等语。前据福建巡抚王士任奏称：福安县生员郭向高等，倚恃青衿，抗粮藐法，率众挟制官长，敢将文庙黉门乘夜涂黑，以快私忿。又据直隶总督孙嘉淦奏称：昌黎县生员赵汝楫，控告知县劣款种种，经知府审讯皆虚。遂邀邢谟烈等，欲将县门垒砌。朕览王士任、孙嘉淦、冯光裕前后所奏，是数月之内。各省生、童生事不法之案，已有其三。夫朝廷之所以优待士子者，以其读书明理，立品修身，足为庶民之坊表。且备登进之选，为国家有用之材也。今则凉薄成风，器凌相尚，忝列胶庠，藐视宪典，以安分为耻，以抗法为荣。平时号为读书明理者，尚且如此，愚民无知，群相则效。其为风俗人心之害，何可胜言！且此等之人，伏处圜下，即不自爱，将来倖登仕籍，必至乖戾纵肆，傲上虐民。尚望其慎守官方，砥砺廉隅，为国家循良之吏乎？古称稂莠不剪，则嘉禾不生⑮。朕之严饬劣生者，正所以培植端人正士也。各省学政，当深知此义，时时训诫。俾顽劣生、童，改行率德，以受国恩。其荡闲逾检，有玷宫墙者，即行黜革，毋得姑容。地方督、抚大吏，亦当极力化导，并严加约束，以端士习而厚民风。著将此旨刊刻颁布，咸使闻知。

又议准：一应军民人等，凡有因事聚众，联谋敛钱，抗官塞署等事，实有不法情形者，均审明治罪，律有明条。至生、童于临考时不待联谋，群相萃集；或偶与市民争讼，辄喧播观看，虽未有不法情事，实属器凌陋习。饬令学政等官，时时训诲，务俾率德改行。其荡闲踰检，有玷宫墙者，即行分别革惩，俾知畏法自守。

乾隆七年议准：陕西风气刚强，士习不逊。应令学政申礼义廉耻之防，以动其天性；示尊卑上下之分，以戢其强悍。士习既已克端，旧染自能尽涤。更通行各省学政，有似此当移易者，细心体察。务期刚柔互克，文行交修。

又奉上谕：两江总督德沛奏称：高邮、宝应、淮安等处被水地方，现在查赈。在城居民有力之家，例不在赈恤之列者，聚众罢市抬神，哄闹公堂衙署，勒要散赈，高邮则系劣生朱恺士。今江南有此劣生，学政、教官所司何事？亦应议处。以为董率不严之戒。

乾隆十年议准：凡录遗不取诸生，每群聚省会之中，遇监临司道出门，喧呼拥挤，纷纭求吁。此实士子陋习，应讼该学政严加禁饬。如有不恪守功令，因录遗不取，聚众喧呼者，即将该生等分别首、从惩治。

乾隆十一年奉上谕：浙江处州府，居万山之中，士习强梗，不知礼义，罔识法度，各属尽然。而松阳、青田为尤甚。此皆因见闻浅陋，锢蔽日深。是以习于愚顽，难以牖迪。惟在地方大吏加意整饬，而职司文教者尤宜悉心化导，以挽颓风。著该督、抚、学政等，实力训迪，开其智识，泽以诗书，化其愚鲁。俾咸知礼法，蒸蒸向善。庶几积习渐除，士风丕振，以无负朝廷教育人材之至意。

乾隆三十一年议准：浙省各寺庙，均有生、监主持，名为檀樾⑯。一切田地山场，视同世业。一寺或一姓，或三四姓不等。其中此争彼夺，各有私据。即经断结，更换一官，必又翻控，嗜利纷争。最为恶习。应通行直省，出示晓谕，将檀樾名色一概革除。不许藉有私据，争夺评告。其士民施舍之田产，建修之寺庙，但许僧尼、道士经管，亦不许擅⑰自售卖。如有犯案到官者，该地方官随时酌办，按例惩处。仍行勒石示禁，永远遵守。

乾隆三十二年奉上谕：湖南学政卢文弨条奏一折，全属不谙事体。其意专务弋取虚名，于学校士习大有关系，已据各该部按款缕晰议驳。即如所奏州、县官责处生员，应申报学臣一条，此乾隆元年议奏条例，载在《学政全书》者，已为深切著明。今该学政复多方附会，有心为不肖青衿开宽纵之渐。殊不知士子果能安分自爱，地方有司自应优以礼貌。若其甘为败检，法所难宽，则按律示惩，俾知悛改，且以警戒其余。则其所保全者甚多。该学政乃巧为袒庇，摭拾渎陈⑱。是将使恃符滋事者恣意妄为，自干法网。爱之非适以害之乎！至所称民人控士⑲，令教官接受传讯；劣等苗、猺生员，免其对读；及散给贫生租银，请照兵丁红、白事例数条，既使司铎者侵官滋弊，且令考校失劝惩之义，恤贫开冒滥之端。皆属曲意偏徇，市恩邀誉。于整饬士风之道，毫无裨益。卢文弨所见如此纰缪，若仍令其典司学政，必致诸生罔知绳检，风气日漓。岂朕造就多士之本意耶！卢文弨著即撤回，该部严加议处。

乾隆三十六年议准：生员代人作证，经地方官审系全诬，则故撄法网，较之寻常包揽者其情尤重。若仅照平民一律定拟，实不足以示惩儆。应立行详请褫革，即照教唆词讼本罪上各加一等治罪。如计赃重于本罪者，仍照律以枉法从重论。其讯明事属有因，并非捏词妄证者，虽证佐确凿，而以全无关涉之事出入公庭，其平日不能读书自爱，已有明验。亦应将本生严加戒饬。倘罔知悛改，复蹈前辙，该教官查明再犯案据，开报劣行，申详该学政黜革。

注释：

① 斩监候，即斩候决。明清时刑律中重刑之一，即将判处斩刑犯人暂时监禁，候秋审、朝审后决定是否执行。

② 呼卢，谓赌博。唐李白《少年行》之三："呼卢百万终不惜，报仇千里如咫尺。"

③ 尸亲，命案中死者亲属。《初刻拍案惊奇》卷十一："知县见二人死了，责令尸亲前来领尸。"

④ 比责，旧时官府缉拿人犯或征收租赋、额派人役等，定期催逼，谓之比。《儒林外史》第八回："问明了各项内的余利，不许欺隐，都派入官，三日五日一比。"

⑤ 此处分段为标点校注者所分。本卷下同。

⑥ 雀角，指狱讼；争吵。本谓强逼女子成婚而兴狱讼，典出《校诗·召南·行露》："谁谓雀无角，何以穿我屋？谁谓女无家，何以速我狱？"

⑦ 阴隲，亦作阴骘，默使安定。《书·洪范》："惟天阴隲下民。"孔传："骘，定也。天不言，而默定下民，是助合其居，使有常生之资。"

⑧ 语出《诗·大雅·烝民》："民之秉彝，好是懿德。"毛传："彝，常。"朱熹集传："秉，执。"

⑨ 浩叹，长叹，大声叹息。唐王勃《益州夫子庙碑》："命归齐去鲁，发浩叹于衰周。"

⑩ 按，原文此两字左边均为歧视性偏旁，为反映文献原貌，故仍之。本卷下同。

⑪ 幾，音机，义为隐微。此指事物之迹象、先兆。《易·系辞下》："幾者，动之微，吉之先见者也。"

⑫ 影响，原文为"影䌙（向）"，误，径改。

⑬ 论秀书升，按，典出《礼记·王制》："命乡论秀士，升之司徒曰选士。"

⑭ 寝息，停息，搁置。《北齐书·循吏传·张华原》："人怀感附，寇盗寝息。"

⑮ 典出《诗·小雅·大田》："既坚既好，不稂不莠。"毛传："稂，童粱也；莠，似苗也。"后以"稂莠"指形似禾苗之害草，亦比喻坏人。韩愈《平淮西碑》："稂莠不薅。"

⑯ 檀樾，即檀越，佛教名词。梵文 Dānapati 之音译，意译"施主"。寺院僧人对施舍财物给僧团者之尊称。

⑰ 擅，原文为坛（坛），误，径改。

⑱ 渎陈，渎，滥，过度，烦琐。《礼记·缁衣》："好贤如《缁衣》，恶恶如《巷伯》，则爵不渎而民作愿，刑不试而民咸服。"孔颖达疏："渎，滥也。"渎陈，此指陈滥之言论，即上文所说"复多方附会，有心为不肖青衿开宽纵之渐"也。

⑲ 控士，控，告，控诉。如：上控。《诗·鄘风·载驰》："控于大邦。"控士，此指控告士人。

卷二十七　举报优劣

顺治九年议准：生员有敦本尚实、行谊表著者，提调官细加体察，取具本学师生及本族邻里甘结，申送提学核实，即加奖赏，以励颓俗。若有平日不务学业，嘱托把持，武断包揽，或捏造歌谣，兴灭词讼，及败伦伤化，过恶彰闻者，体访得实，不必品其文艺，即行革黜。但行优者不许通同贿冒，行劣者不许徇情姑息，并不许轻信开送，致被挟私中伤，违者从重参处。

顺治十五年题准：各学劣生，有不遵条例者，教官揭报学道，严行褫革。如教官徇情不报，罚俸六个月。至三名者，革职。其学臣经教官揭报，不尽法惩处，倘被抚、按纠参，每一名以上，罚俸六个月。三名以上，罚俸一年。五名以上，降职一级。七名以上，革职。至教官开报，务须实系劣衿、学霸，不得以小疵腐儒，开报塞责。举优行者，以孝弟为先，不得以操履平常充数。如有扶同受贿情弊，察出，将教官重处。

康熙二年题准：教官徇情不报劣生者，一名，革职。提学不尽法惩处者，一名，降四级。二名，革职。

雍正元年议准：生员有行劣者，学臣查确，即行褫革。

又议准：举报优、劣，成例具在，但日久未免视为虚文。应饬令各省学臣，务细加查核。如果敦本尚实，行谊表著，即奖赏列荐，送入国学。其行劣败伦者，即行黜革。各教官务举核确实，如有通贿滥举，挟仇妄劾者，学臣察出，即行题参议处。其举、劾咸当者，于计典内声明列荐，学臣报满日，仍将任内举、黜之数奏闻，造册报部查核。

又议准：历来学臣考试文、武生员，衡文①之外，未闻举一优行，黜一劣衿，以示劝惩。应再申饬各该学政，转行该学教官，实心访察。有居家孝友，品行端方者，列为上等。武断把持，过恶彰闻者，列为下等。造具实行清册，于学臣按临，未经考试之前，申送查核。学臣衡文时，查阅其文理优长而品行端方者，拔置上等，给以奖赏。至册开下等生员，廉访②得实，不必品其文艺，即行黜革。报满之日，将任内举、黜之数另造清册，报部查核。

又议准：贡、监妄生事端，皆由无人约束所致。令学臣会同督、抚，转饬该地方官，除恩、拔、岁、副正途外，一切捐纳贡、监生，细加察访。如有敦本尚实，行谊表著者，出具印结，申送督、抚、提学，会同确访无异，即加奖赏。其有倚恃护符，行止不端者，造具清册，岁终汇送礼部查核。

雍正四年奉上谕：从来为政在乎得人。《书》曰："野无遗贤，万邦咸宁"。③盖人才登进，在位者多，则分猷效职，庶绩自然就理，而民生无不被其泽也。朕即位以来，加意旁求。凡所以延访擢用之道，尽朕心力。如现任官员，及候选、候补科目诸人，每特荐举，遴选引见。广开录用之途，冀收群策之力。又念外省学校之设，原以养育人材。爰命学臣，保举贤能，升闻于朝，以备任使。乃直省学臣，所举人数不多，草率塞责，不能副得人之实。夫十室之邑，必有忠信。今直省府、州、县学贡生、生员，多者数百人，少者亦不下数十余人。其中岂无行谊淳笃，好修自爱，明达之士乎？著知州、知县官，会同各该教官，将府、州、县学之贡生、生员内，居家孝友，行止端方，才可办事，而文亦可观者，秉公确查。一学各举一人，于今年秋末冬初，申报该上司，奏闻请旨。其或僻远中学、小学，实无可举者，令知县、教官，出具印结，该督、抚查实奏闻。朕因广揽人材，举此旷典，所以斥浮华而资实用。州、县教官等官，为一方师长，选贤荐能，乃其专责。倘敢有轻忽之心，虚应故事，滥举非人者，定照溺职例革职。若更徇情受贿，则又加倍治罪。八旗之满洲、蒙古、汉军，亦照此例。将人品端方，通晓汉文者，该佐领各举一人。如不得其人之佐领，亦具印结，令该都统汇齐，奏闻请旨。庶使潜修笃行之士得以表见，而国家亦收得人之效矣。

又议准：学臣每岁举报优劣，皆由教官造送。嗣后被褫劣衿，敢有挟仇肆横，以图报复者，照所犯应得之罪，加一等治罪。如教官任其为害地方，不行揭报，或经告发，或被上司访察，将教官一并严加议处。

雍正五年奉上谕：国家设学校以储养人才。乡、会、廷试，拔其尤者而用之。即古选士、造士之遗意也。但士子作文，有一日之短长。纵使主司公明搜罗，岂能无遗。况去取惟凭文艺，其人品之高下，才能之优绌，无由得知。每有出群拔萃之才，屡试不第。即或晚得一第，而年力衰迈，不堪为国家任用。朕思各省学政，奉命课士。黜劣举优，系其专责。嗣后学政三年任满，将生员中实在人品端方，有猷、有为、有守之士，大省举四五人，小省二三人，送部引见。朕亲加考试，酌量擢用。现在报满各学政，即遵照荐举。其到任未久者，如有所知，亦即举出。夫一省而举数士，不可谓无人。学政巡历各府，三年之久，日与士子相亲。考文察行，不得谓不知。但能虚公衡鉴，所举必得其人。且风声所树，凡读书士子，必皆鼓舞振兴，力学敦行，求为有用之儒。于士习人才，大有裨益。该学政其各实心奉行，毋得苟且塞责。如有徇私冒滥等弊，必严加治罪。

又议准：举报优、劣，载在定例。但有司、教官，视为故事，并不实力奉行。即偶有举报，亦难凭信。应设立科条，开明款项，务将确实事迹，填注申报。以凭督、抚、学臣秉公查核。督、抚、学臣仍亲加访察，以杜欺诳。凡学臣报满之日，将核定优劣贡、监、生员榜示通衢，使知荣辱攸分。

雍正六年议复：查向例，各省学臣举报优、劣，总由三年任满后，方行造报。其中不无瞻徇顾忌、市恩沽誉之处。嗣后学臣，每考一棚，各学教官即将所属文、武生员优劣款项，秉公据实开报。其府、州、县亦于学臣按试时，呈送优、劣密单，以凭学臣查对，仍细加访察。倘府、州、县及教官开报不实，或有通贿滥举，及挟嫌妄报者，即以祖庇营私参处。如果举报得实，于考毕时面行奖、戒。将各生姓名造册送部存案。俟三年任满，具疏汇题，优者升入太学肄业，劣者褫革。其先经达部之劣生，果有改悔向善者，仍于任满汇题时声明，除去原册劣生之名。倘学臣有瞻徇隐漏情弊，查出，照例严加议处④。

奉旨：依议。本内议称，劣生果能改悔，即除去原册劣生之名等语。夫分别优、劣以昭劝惩，原以望其自新。但人之迁善，亦有勉强于一时，而不能始终如一者。倘既除劣生之名，将来又复开报，不但纷扰，亦且非体。嗣后，凡有劣生改过自新者，即于册内开注，不必除名。

雍正七年奉上谕：士子者，百姓之观瞻。士习不端，民风何由得厚。是以考课士子，设为举优、黜劣之典，以为移风易俗之道，所关亦綦重矣。而无如教官愚懦无能，学臣因循苟且，往往视为具文，奉行不力。每当按试之时，教官辄以无优、无劣，具文申详，草草塞责。如此则善者何由而劝，不善者何由而惩。夫善者之湮没不彰，一时尚难觉察。而不善之人，侥倖苟免于目前，不旋踵而劣迹败露。每见荡闲踰检、犯法乱纪之士子，皆从前学臣、教官之未开报劣行者。其间情罪，虽难一一追究，然即此可知其中之容隐不少矣。嗣后，若教官沽名邀誉，纵容劣生，不行举报者，经学臣察出，立即指参，将教官照溺职例革职。若学臣瞻徇情面，不行纠参者，一经发觉，将学臣照徇庇例降级调用。将此永著为例。

又议准：嗣后告顶生员，照五人互结例，出具并无抗粮、包讼等情甘结。如有事犯，将互结之生一同治罪。于每年十月内投递。该学教官，届岁考时，另造优、劣清册，送学政查察，仍不时查访。有行止不端者，即详请褫革。倘徇隐祖护，一经察出，将该教官照徇庇例议处。

又议准：府、州、县教官，俱有生员优、劣密单开送学政。该学政将府、州、县所送之密单，查对教官所开之款项，原不容其互相关会。应再行申饬，嗣后，府、州、县及教官各自呈送优、劣密单，如有互相关会情弊，学臣查出，题参议处。

雍正八年议准：优生升入太学，事关大典，不容冒滥。今各省造报优生，少者仅二三名，多者至八九十名不等。其请升入太学者，并无优行实迹。亦有未经声明应否升入太学者。更为参差不一。应令各该学政，再行确查优行实迹，取具府、州、县官及儒学印结，该学政出具考语。果系文行兼优者，照原议升入太学，给与该生印照。其武生，如果文行、骑射兼优者，亦照文生例升入太学。至所报劣行生员册内，有称改悔自新者，应毋庸议。其余劣生，悉照原议斥革。

雍正十一年疏题：各省优生，令该学政出具考语，具题送部，原属鼓励人材之意。乃从前只议升入太学，并未分晰贡、监名色，以致一切考试录用，皆无著落。但不论廪、增、附生，概令归入岁贡，亦属未协。嗣后，优生由廪、增升入太学者，准作岁贡。由附生、武生升入太学者，准作监生。俱由部换给执照，刂监肄业。

奉旨：各省保送优生内，廪、增生俱著准作岁贡，附生著准作监生。该部刂监肄业。其武生于到部时，礼部考试文艺，兵部考试骑射，即行具奏请旨。

乾隆元年议准：学臣按试诸生，举优黜劣，以示劝惩，原以造就人材，底于粹美。但岁考去汇题⑤为期尚远，而科考则去汇题为期甚迫。如科考亦同岁考举优黜劣，其优者固不无粉饰倖邀，而劣者以迫于汇题，旋报旋革，未免阻其自新之路。且计典军政，系三年、五年一行。而诸生优、劣，独于三年两举，诚觉太骤。嗣后，直省文、武生员只令各该学臣于岁试时，随棚举报优、劣一次，造册送部。仍俟三年任满汇题。至科试举报优、劣之处，俱行停止。其有抗粮、唆讼、行止不端等弊，仍许各地方官不时详报，分别黜革、戒饬。

乾隆三年议准：学臣举优注册之后，如果优行日著，允协乡评，自应于任满日题请升入太学，以昭奖励。如举优注册之后，该生改行易辙，实有劣迹可指，该州、县官及教官仍应据实申报。该学政留心体察，分别黜革、戒饬。

乾隆四年议准：直省生员，既举以三载宾兴，复准以六年拔贡，搜取不为不广。而又定以举优之典，将廪、增准作贡生，附生准作监生。诚欲取才品出众之士特示旌异，以风励学宫。但各省学臣题请升入太学之优生，岁渐加多。而所开事实，与寻常奖励之生，多有无甚悬殊者。殊非慎重选举之意。嗣后举报优生升入太学者，除确访实行，考试经义外，并限以大省无过五六名，中省无过三四名，小省无过一二名。该学臣详慎举报。如不得其人，宁缺无滥。仍于任满汇题到日，礼部核实具题。

乾隆七年议准：学政按临时，务令密察各生素行，举优斥劣，寓励行之意于衡文之中。并谕所属教官，时时奖劝诱掖，务期敦崇实学，勉为醇儒。

乾隆十二年议准：定例考试士子，令举报优、劣，以示劝惩。惟是各学教官举报优生，尚不敢有意冒滥；而举报劣生，未免苟且瞻徇。应再申严定例，通行各省学臣，转饬各教官确实访查。所辖生员内，凡系劣行昭著，实有款迹者，据实开报。学臣再加察访，照例办理。不得以业经缘事之生，虚应故事。

又议准：查捐纳贡、监，照依生员举报优、劣，已有成例。但各省督、抚、学臣，未能实力奉行。以致该贡生妄自尊大，甚至为害地方。应再行各省督、抚、学臣，转饬州、县，会同教官，将所属贡、监严加约束稽查。如有孝友力学，敦本尚实，行谊表著者，据实结报，督、抚、学臣即加奖赏。其败伦伤化，包揽词讼，武断乡曲，过恶彰闻者，随时详报咨革。若事犯尚小，可责以改过者，仍照定例，申报督、抚、学臣。于年底同奖过优生，一并造册报部。如有悔悟自新者，仍于册内开注，以凭查核。

乾隆十五年议准：嗣后学政按临岁考时，如遇该学教谕、训导两员，俱系新任，未及半年以上者，其举报优劣，许学臣于造册时声明展限，饬令再加详访。俟科试补行报部。仍一面严明奖戒，以示劝惩。

乾隆二十年酌归简易案内题准：捐纳贡、监生，敦本尚实，行谊可表，地方官查访确实，即取具事实出结，随时详请题报。如果行劣败伦，恃符横行，亦即详请咨革。其岁底汇册送部查核之处，准其删省。

乾隆二十八年议准：嗣后直省府学生员，在百里以外者，令本籍之州、县学教官就近约束。如遇举报优劣，本籍教官闻见既确，密行开单，移交府学转申。如有失察，分别处分。其武生亦照文生之例办理。

乾隆三十四年奉上谕：向来各省学政三年任满，例应举报优劣。其优生之保题到部者，经礼部汇试，分别廪、增、附作为贡、监送入成均⑥肄业。且有按省大、小定额，不得过几名之令。而日久相沿，奉行殊难责实。在学政中之拘谨畏事者，多以无可举为辞。人才既不无屈抑，其他好名市惠之人，虽所举不敢逾额，必至尽数充选，自博宽厚之誉。况学政与生员分属师生，随时得以相见，其中保无纳贽夤缘情弊？于造士抡才，甚有关系。但三年举行一次，为奖励士子之一端。若竟辍而不行，未免因噎废食。嗣后学政举报优生，照选拔贡生之例，会同该督、抚一体考核。果属文行兼优者，准其会衔保题。庶诸生不至滥邀，而甄拔益昭公当。其报劣之例，照旧加意核实办理。

注释：

① 衡文，品评文章。特指主持科举考试。清刘大櫆《前工部左侍郎张公墓志铭》："上尝称公谨饬，屡畀以衡文之任。"

② 廉访，考察，查访。廉，通"覝"。《宋史·李大性传》："会从官送北客，朝命因俾廉访，具以实闻，遂罢戎帅。"

③ 见《书·大禹谟》，谓民间无弃置不用人才。古多以称颂圣明之世。

④ 本处分段为标点校注者所分。本卷下同。

⑤ 汇题，汇齐题奏。《清会典事例·内阁二·职掌、进本》："康熙四十七年谕：'吏、兵、刑部汇题之事，朕先屡经明谕，应十日汇题、十五日汇题者，即如期具奏。'"

⑥ 成均，古之大学。《周礼·春官·大司乐》："大司乐掌成均之法，以治建国之学政，而合国之子弟焉。"郑玄注："董仲舒曰：'五帝名大学曰成均。'"后泛称官设最高学府。

卷二十八 季考月课

顺治十二年奉上谕：各学生员，令提学御史、提学道严饬府、州、县、卫各学教官，月加课程，不得旷废。亦不得假借督课陵虐诸生。

康熙二十七年定：武生无武学处，照例属文学教官管理。除骑射外，教以《武经七书》、《百将传》及《孝经》、《四书》，俾知大义。提调仍将各学射圃修辑①，置备弓矢。教官率武生较射其中，以饬武备。

雍正元年议准：学宫之内广置斋舍，多设廪膳。凡属生员，苟能勤加课艺，互相砥砺，则亲师取友，裨益良多。若终年不至学宫，其与教官相往来者，不过修岁②时馈赠之仪，无关于讲习讨论之事。欲求积学之士，岂可多得？应令直省学臣，通饬府、州、县、卫教授、学正、教谕、训导，务立课程，面加考试。如果有游学、远馆、随任等情，教官亦不得借此苛求，以滋烦扰。至于新进生员，尤为进身之初，岂可使身无检束，听其游荡。应照国子监坐监之例，令其在学肄业，俟下案新生至学为满。或有亲老家贫，势不能在学肄业者，亦必分题考校，每月定期，使无旷业。倘有董率不严，怠于考课者，学臣于岁、科考时，即以文章之优、劣定教职之贤、否。

雍正五年议准：嗣后令教官按月月课、四季季考生员。除丁忧、患病、游学、有事故外，照定例严加考试。如有托故不到者，即严加惩治。三次不到者，详革。如该教官内，果能实心训迪，化导有方，学臣照例举荐。若因循苟且，视为具文者，即行题参革退。

雍正六年议准：科场取士，首场试以经书、文艺，二、三场兼试策论。原欲其留心经济③，为国家有用之才。今各学季考、月课，但试文艺，不及策论。恐士子专尚文词，不务实学。于政治事务殊无裨益。嗣后应令该学政严饬教官，季考、月课时，于书文一篇外，或试以策，或试以论，务期切近时务，通达政治。严立课程，分别优、劣，以示劝惩。倘教官不实心奉行，该学政题参议处。

又议准：嗣后府学生员，百里以内者，其月课仍在府学。百里以外者，在州从州，在县从县。令州、县学教官，带理月课。

雍正七年议准：律例内，刑名钱谷④，各条无不具备。乃莅政临民之要务，士子允宜奉为章程，预先学习，以为他日敷政之本。应令各省学政，转饬各学教官，每当月课、季考之次日，将《大清律》⑤与之讲解。但律文繁多，士子平日讲习经书，势难逐条遍读。应将律内开载刑名钱谷，关系紧要者，详为讲解。使之熟习淹贯，预识政治之要。学政于按临讲书之时，令诸生各讲律例三条。士子中果有文行兼优，而又能谙熟律例，才堪办事者，该教官申送学政，该学政详加考验，于任满时保题，交部带领引见。其作何录用之处，恭请钦定。

雍正十三年议准：讲习律例，定为考核之法。饬令各学教官，于详报月课、季考文内，将所讲律例何条，其听受者何人，逐一声明。以凭学臣查核。如有怠忽不肯尽心听受者，亦列名开报。该学政分别次数，严加惩儆。务令各生细心体认，通晓熟习。倘该教官不实力讲解，仍前视为具文者，该学政查实，即行题参议处。

乾隆元年议准：定例，士子季考、月课，有不到者，戒饬。三次不到者，即行详革。但三次月课，为期不过三月。士子或因住居窎远，不能如期赴试者，亦间有之。嗣后，月课三次不到者，该学教官严传戒饬。其有并无事故，终年不到者，详请裭革。

乾隆九年议准：儒学教官，每月集文、武生员于明伦堂，恭诵圣祖仁皇帝《训饬士子文》，及卧碑所载各条，令诸生敬听。仍照定例，于书文之外，或试以策，或试以论。该教官衡定等第，出榜晓谕。即将试卷申送学臣查核。如教官内训迪有方，著有成效，该督、抚、学臣核实保荐。倘因循苟且，不行月课，及一季之内，缺课一、二次者，该学臣查明咨部，分别议处。生员内如有托故三次不到，及无故终年不到者，该学教官详明学臣，分别惩戒斥革。

又议准：嗣后，各学教官训迪士子，每月照例面课《四书》文外，即于赴课时，将士子专经，令其分册诵习。纲目必分年详解，面加谆劝。务期实力讲贯，或间月，或每季，试以本经疑义及史策，并二场表、判。仍将课期，及取列优等试卷，按月、按季报解学政查核。

乾隆二十五年议准：教官于月课时，一体限韵课诗。

乾隆三十八年议准：兵丁取进武生，既有营务、差操，若仍按课期赴学，未免有妨营务。应不必限定月课程期，令其于操防下班之暇，自行赴学课试。

注释：

① 修辑，当为修葺之误。修葺，修理（建筑物）。《南史·梁吴平侯景传》："修葺城垒，申警边备，理辞讼，劝农桑。"
② 修岁，修，通"脩"，本指干肉，借指致送师长之酬金。修岁，此指生员过年时向教官拜年送礼。
③ 经济，经世济民，治理国家。杜甫《上水遣怀》诗："古来经济才，何事独罕有。"
④ 刑名、钱谷，刑名，谓刑罚名称，如死刑、徒刑等。钱谷，指钱粮、税收、会计等。此指律条所涉内容。
⑤ 《大清律》，本为清代多部法典之总称。依时间顺序，此则指最初之《大清律集解附例》，顺治三年（1646）颁行。大体沿用《明律》，掺合满汉条例而成，康熙、雍正时均曾修订。此外，清代法典尚有乾隆五年（1740）颁行之《大清律例》，宣统二年（1910）颁行之《大清现行刑律》等。

卷二十九 寄籍入学

顺治元年题准：设寓学于京城。远方士子游学者，取的当保结，准附顺天府学考试。

顺治二年题准：寓学诸生本年乙酉乡试，准暂分监生中额三名。嗣后俱发回本省。如父母坟墓向在北方，即系土著，学臣核实，许令入籍应试。

顺治十年题准：各处生、童，愿赴辽东入籍应试者，由本地方官起文赴部，送至辽东垦田附籍。

顺治十四年题准：直省俊秀，愿充辽生者，许全家移住，令该府收入版籍，一体考试。

康熙五年题准：辽生寄籍山东者，归并山东各学考试。寄籍永平者，归并永平府学考试。其山东、永平寄籍辽生，并夹字号名色，俱行除去。

康熙十年题准：安插垦荒武弁，永驻入籍纳粮当差者，其子弟均准考试。

康熙四十二年题准：贵州童生，照滇省例，许同省各府之人应考。俟人文充盛，再行禁止。

雍正二年议准：贵州儒童，日渐增益。即下州小县，亦可不致缺额。嗣后将考取童生，隔府、隔县拨入别学之例，永行禁止。

雍正六年议准：广东韶州右翼镇三营兵丁，随师入广，迄今三世，分防各县。田、宅、坟墓俱在斯土，无籍可归。与入籍二十年以上之例相符。应准其入籍分防之各县，照商童保结之例，于县考时，令各营该管之千总把①，总出结保送。并令各营童五名互结，先期投递本营专辖官，以便移送入籍之各县。该县验明，即准收考。倘非兵丁子弟，及入籍未及二十年者，本童并互结各童均治罪。其滥行出结之武弁，照徇庇例降二级调用。再民籍廪生，与营童声气不通，恐借端勒索。业有本营保送，准暂停民籍廪保。俟营童中有入学补廪者，再准保结。其别处有与韶州镇事体一类者，照此例行。

雍正九年议准：广西泗城、镇安二府，现无应试生童。应令外省及本省异府之人，有情愿入籍者，具呈府、县，造入烟户册②，即申布政司咨查本籍。如无过犯，准其入籍考试。仍呈明学政衙门注册。该学政于考试时，按籍而稽。如册内无名，不得混考。入学中举之后，照奉天定例，不许搬回原籍。其嫡亲子男弟侄，同时入籍有名者，准一体考试。无名者不准冒考。至入籍后，饬令地方官严行稽查。如有行踪诡秘，不守本分者，立即逐回原籍。如地方官失于觉察，该管上司指名题参，照例议处。其童生应试，例用廪生保结，及五生互结。泗、镇二府，既无廪生，应令入籍考试之人，即为土著童子之师。使之薰陶渐染，以开其愚蒙。至应试时，即令以业师为保结。其庆远府属之荔波县、东兰州，太平府属之宁明州，既无应试生童，与泗、镇二府相同，应准照此例。再嗣后，如有土属内以土改流③之州、县，亦均照此例。准外省及同省异府之人，入籍考试。俟十科后，均行停止。

又议准：江西棚民④，近年读书愈众。饬令地方官逐一清查。有实在入籍二十年以上，有田、粮、庐、墓者，准其在各居住之州、县一体考试，量加入学额数。其年例不符者，不许滥行收考。至棚民之兄弟叔侄，及外姻亲属，仍居原籍，未曾同为棚民者，不许顶冒应试。本籍童生，亦不得混入棚民内冒考。违者均照冒籍例治罪。本童各于应考时，取具邻里甘结，及五童互结，方准报名应试。

乾隆元年议准：滇省广南、丽江、普洱三府，及昭通府属之恩安、永善二县，镇沅府属之恩乐县，东川府属之会泽县，现在夷多汉少，人文寥落，难以敷额。除现任本处官员子弟，不准入籍考试外，如有异省及本省异府之人，情愿移家入籍⑤者，准照广西太平等府之例，同土著之人一体考试。入学之后，永为土著，不许移家复回原籍。如父兄伯叔已经入籍，其子弟欲附籍应考，亦必均令移居，方准考试。如有入学后移家复回原籍，及其子弟并未移家而混冒入学者，即行斥革。倘徇隐不报，一并参处。或该地方渐染熏陶，人文日盛，可以无虑缺额，即将入籍移家之例奏请停止。其从前寄籍各学之生，若改归原籍，则土著无多，未免学校空虚，应免其改归原籍。

乾隆三年议准：广西泗城、镇安二府，及庆远府属之东兰州、荔波县，太平府属之宁明州，自今外省之人入籍考试以来，窜名冒籍者纷纷不绝。其实并未尝身在地方安居久住。土著士子，何从受其教益？应将泗城、镇安等府属准令外省入籍考试之例即行停止。仍令该抚转饬该地方官，留心稽查。嗣后倘有外省之人，窜名冒考，将本人及廪保照例治罪。并将失察之官，题参议处。

乾隆四年议准：广西泗城、镇安、庆远等府，西隆、归顺、东兰等州，外省入学之文、武生六十余名，非现任官之子弟亲戚，即各衙门西席⑥、幕宾。求一实在入籍教导土著之人，杳不可得。应令该学政查明，咨回本籍肄业应试，仍分晰造册报部，以杜冒滥之弊。

乾隆二十五年议准：各省三流⑦发遣，及安置为民各犯，原系罪应迁徙。既到配所，即系彼地编氓。如有嫡属子孙，同赴配所，情愿应考者，令该犯于到配时，呈报地方官立案。不拘年限，准其入籍考试。其非系嫡属子孙，虽随行抚养，概不许托名混冒，仍责令各地方官严行稽查。倘有倚恃亲属，希图冒籍者，本犯照例治罪。失察之地方官，照混行收考例，降一级调用。

乾隆二十八年议准：江西通省，除抚州等六府州，并无棚童。其余虽有棚民，实无应考。并有棚童向归土籍者。惟南昌府属之宁州等五州县，及瑞、吉、饶、袁四府所属五县，俱自雍正九年起，另额取进。但向之应试，数百名及百余名者，今或仅五十名，或止二三十名、十余名不等。为数既属无多，又系年久合例，自应归入土籍考试。万载一县，虽有二百四十名，而通省既议归并土籍，不便独存一县，以致两歧。嗣后江省棚民，均归土籍一体考试，毋庸另立棚籍，以杜冒占。至棚童既统归土籍，枪冒必须严查。应于编排保甲⑧时，查实在入籍年分。应考人数、姓名、年岁，逐一造册注明。再于考试之时，责成廪保排甲，互相查察。果无情弊，方准考试。倘查察不严，少有滋弊，照例究拟。

乾隆三十二年议复福建学政王杰条奏该省寄籍生员中，有入籍二十年者，准其改入寄籍应试一折：查闽省因户籍不清，互考滋弊。是以乾隆十一年彻底清查，饬令更正。若寄居他邑生员，即准其改入寄籍地方，必致伊等子弟仍复朦混跨考。且一开此例，纷纷呈改。既启现在胥吏需索之弊端，更非从前清厘户籍之本意。所奏应毋庸议。

注释：

① 千总把，千总与把总之合称，亦简称千把。千总，官名。明初京军三大营置把总，嘉靖中增置千总，皆以功臣担任。以后职权日轻，至清为武职中之下级，位次于守备。把种，明清各地总兵属下以及明驻守京师三大营、清京师巡捕五营皆设把总，为低级武官。

② 烟户册，烟户，即人户。《清会典·户部·尚书侍郎职掌五》："正天下之户籍，凡各省诸色人户，有司察其数而岁报于部，曰烟户。"烟户册，即户口簿。清袁枚《随园随笔·烟户册》："今州、县造男女口数号烟户册。"

③ 以土归流，即改土归流。明清两代，在少数民族地区废除世袭土司，改行临时任命之流官统治。改土归流后，原土司地区施行与汉族地区相同之政治制度，如丈量土地、征收赋税、编查户口、组织乡勇等；加强了边远地区和内地经济、文化交流，也加强了中央对边远地区之统治。

④ 棚民，指清代在山上搭棚居住之流民。《清史稿·食货志一》："棚民之称，起于江西、浙江、福建三省。各山县内，向有民人搭棚居住，艺麻种箐，开炉煽铁，造纸制菇为业。"

⑤ 入籍，原文为"人籍"，误，径改。

⑥ 西席，古人席次尚右，右为宾师之位，居西而面东。据清梁章钜《称谓录》卷八载："汉明帝尊桓荣以师礼，上幸太常府，令荣坐东面，设几，故师曰西席。"后尊称受业之师或幕友为"西席"。

⑦ 三流，旧律，判处流刑者，流放之地，据罪行轻重而分为远近三等，谓之三流。《唐律·名例》："流刑三：二千里，二千五百里，三千里。"

⑧ 保甲，旧时国家之户籍编制。清代保甲之法，十户为牌，设一牌头；十牌为甲，设一甲头；十甲为保，设一保头。户给印牌，书其姓名丁口，出则注其所往，入则稽其所来。

卷三十　清厘籍贯

康熙十年题准：四川士子，寄籍他省入学者，各直省巡抚查明自顺治元年以来有愿回籍者，令其回籍。蜀抚核明本生籍贯，拨入该府、州、县儒学考试。该学臣即将回籍生员造册报部。直省各学臣，亦于报部册内注明"回籍"，以便查核。如有冒籍四川希图应试者，本生黜革治罪，该地方官参处。

康熙十六年议准：凡监生、生员有冒籍者，许本身赴部自首，改归原籍，免其斥革。在外赴提学自首，改正报部。

康熙三十九年议准：在京冒籍生员，除入籍二十年以上者不议外，余以部文到日为始，限两月内具呈自首，改归原籍。如过期，仍照例黜革。

又议准：凡冒籍中式举人，其收考、送考、出结官，及学政、地方官、教官，皆议处。主考免议。

康熙四十年议准：冒籍进学，久奉严禁。嗣后，如有同省异府、同府异县冒籍入学，许本籍童生出首。将不行查出官员，题参治罪。

康熙六十年议准：直隶冒籍生员，以部文到日为始，限两月内具呈自首，改归原籍肄业。各省亦照此例遵行。

雍正二年议准：各省异籍之人，每临期冒称本省住居窎远，顶替倩代，无从查核。令该学政饬该地方官并提调官、教官，严行禁止。如有徇私容隐等情，察出，将冒籍之人，与顶替倩代并保结之人，从重究治。该地方官并提调、教官，照例议处。

又议准：寄籍生员内，有食廪挨贡者，照康熙六十年之例，尽行改归原籍。悉照本生年分次序，食廪挨贡。如有子弟牵连入籍者，其父兄既经改归，亦应一体改拨，不准援例冒籍。

雍正三年议准：直隶冒籍生员，自康熙六十年议定，限期两月，改归原籍。今行至四年，犹未止息。嗣后，有未经呈首者，一概不准改归，察出照例黜革。

雍正五年议准：东川一府，改归云南。所有川省府、州、县寄籍东川入学各生，令赴云南应试，远涉为难。应将寄籍东川府入学各生，俱改归川省本籍各府、州、县应试。其东川府土著文、武生，仍归并云南应试。嗣后，邻近府、州、县童生，不许冒考东川府试。

又议准：台湾岁、科两试，饬令该地方官，查明现住台地，置有田产，入籍既定之人，取具邻里结状，方准送考。如有冒籍台地入学者，察出，将该地方官题参议处，本童照冒籍例治罪。至从前已经冒籍进学之文、武诸生，限两月内具呈自首。该地方官会同教官，逐一查明，俱令改归原籍考试。如过期不行呈首，一经发觉，定行黜革治罪。

雍正六年议准：寄籍廪生改归者，俱改为候廪。与原籍诸生，照考案先后，挨次新旧间补。较其食饩年分，挨序出贡。至岁、科考试童生，饬令该地方官，查明实系土著之人，取具廪生的保，五童连名互结，方准收考。倘有仍前冒考者，除本童照冒籍例治罪外，并将廪保黜革。互结各童，一同治罪。仍将收考地方官，照混行收考例，降一级调用。

又议准：江南芜湖寄籍童生，计其入籍已二十年以上。该地方官秉公确查，造具清册，申送学政，准其与考。其已经入籍芜湖之人，不许仍在原籍地方考试。

又议准：粤东、广州、潮州等府属，向有通考之弊。此外，隔府、隔县，混冒入学者甚多。童生取进后，各归本籍，教官多不识面，百弊丛生。应照台湾改归本籍之例，限两月内具呈自首。该地方官会同教官，逐一查明，改归原籍。其廪生改为候廪，与原籍诸生，照考案新旧间补，一体出贡。向后考试童生，饬令地方官查明，实系土著，取具廪保及五童互结，方准收考。倘仍有冒考者，照例治罪，并将廪保黜革。互结童生，一同治罪。地方官照混行收考例，降一级调用。

雍正七年议准：浙属冒籍文、武生员，除入籍二十年以上，有田产、庐、墓者不议外，其余照台湾例，限文到两月内具呈自首，改归原籍。其廪、增生改为候廪、候增，与本籍生员照考案新旧间补，仍照原食饩年分挨次出贡。过期不首，黜革治罪。嗣后，非入籍二十年者，不准收考。

又议准：四川乌蒙、镇雄二府改归云南，应将寄籍二府生员，并举、贡、监生，确查的实籍贯，改归应试。除乌蒙府并无土著生员不议外，其镇雄府土著文、武生，及举、贡、监生，俱改归云南应试。该抚造册报部。

又议准：湖南镇溪所学生员九十余名，外籍冒占者三十余名。照冒籍苗、徭改归之例，限两月内具呈自首。地方官、教官查明，改归原籍。其中廪、增改归者，令其以附生应试。俟改归考居优等，方准挨补。嗣后再有冒籍镇溪所者，将该地方官照明收冒籍童生、以占本县正额之例，降三级调用。其混保之廪生，即行褫革。本生照冒籍例治罪。又辰州属之五寨司，向来亦多冒籍，应照此例一体清厘。该学政仍造清册，报部查核。

雍正八年议准：福建通省各郡、县冒籍生员，照台湾改归之例，该地方官会同教官，以部文到日，限两月内许其自首，改归原籍，以便就近稽查。过期不首，斥革治罪。其廪、增改归者，俱改为候廪、候增。俟改归后考居优等，准其与原籍诸生一体按名次帮补。仍照原食饩年分，挨次出贡。

又议准：江苏所属，一水相通。而江、浙两省，复土壤相接。从前隔省及同省异府、同府异县之人，冒考取进者甚多。应照广、浙二省之例，许其具呈自首，改归原籍。逾限两月不首，照例治罪。其廪、增改归，并改归后出贡之处，均照广、浙之例行。

又议准：川省同属州、县互相冒考之弊，嗣后应严行禁止。

雍正九年议准：湖北从前寄籍诸生，照浙江之例，限文到两月，许其呈首，改归原籍。但查自首改归诸生，又多冒名顶替之弊。今湖北生员，有远至数百里、千余里者，居址辽隔，真假难稽。以甲换乙，势所不免。应令该生于自首呈内，开明原籍族党、邻里三代名字，及本身年貌，因何冒籍缘由，该地方官会同该学教官，确查明晰，加具印甘各结①，造册报部。准其改籍应试。嗣后如有冒名顶替等弊，发觉，将出结各官严加议处。其应试童生，照定例，入籍二十年准其收考。如有仍前混冒送考者，将本童查究。并将送考之地方官，照例议处。

又议准：楚省士子，寄籍黔省入学，越占黔省士子额数。应照浙省改归原籍之例，令地方官会同教官，逐一改归楚省。其黔属本省借学诸生，并照例改归，以清冒籍之端。仍令该学政另造清册，报部查核。

雍正十一年议准：江南崇、昭②士子，必查其住居外沙，果有庐舍、坟墓可凭，方许入籍赴通③考试。其住居崇、昭地方者，不得以田地在通，妄行冒籍。若外沙并无住居、庐舍、坟墓，而冒考通籍者，将该童与扶同保结之廪生一并照例斥革。

又议准：粤东冒籍生员捐纳贡、监，应令该学政验明执照，查与学册无异，取具该府、县学及里邻户首并无顶替印甘各结，核定名数，造册报部改归。如有不肖贡、监，贿通地方教官，将并非冒籍之贡、监转售改拨者，发觉，将该贡、监斥革治罪外，该地方教官与该学政一并交部议处。

又议准：粤东寄籍之举人、副榜及恩、拔、岁贡，俱勒限三个月，许呈首地方官，申详督、抚、学政及藩司各衙门，查明改归本籍。其现任教官内，有系本邑及邻邑之人，亦令呈明改归本籍。仍听隔府调补。如逾限不行呈明，一经查出，即照冒籍例题参，分别斥革治罪。至由俊秀寄籍捐纳贡生者，亦令地方官逐一查明，饬令依限自首，一体改正。如有希图朦混逾限不行首明者，发觉，照例详革。

雍正十二年议准：学政首严冒籍，责成廪保认识，尤须教官稽查。乃滇省旧习，教官赴任，挈带子弟随行。每逢考试，即令子弟在现任地方应童子试。廪保碍于情面，不敢检举。遂致有冒滥入学者，殊干定例。应严行禁止。且此等弊窦，或不止滇省为然。嗣后遇岁、科考试，令该教官出具并无子弟随任冒考印甘各结，申送学政衙门存案。如有仍前混考者，一经发觉，除将本童及廪保一并斥革治罪外，仍将该教官题参议处。其从前有随任冒考入学者，以文到日为始，限两月内，许其具呈自首，改归原籍。如过限不行呈首，查出照例黜革。

雍正十三年议准：川省各属寄籍之生员，限文到两月内，许其呈首该地方官，会同教官，逐一改归原籍。其子弟亦令随伊父兄改归本籍考试。如逾限不首，及子弟有仍前冒考者，一经查出，即将该生究问黜革，并冒考之子弟，严加惩治。

又议准：粤东、广州等府，从前考进雷、琼等府属之贡、监，现在呈首者，该学政造册报部改归。其未经呈首者，以文到日为始，并限两月，自首改正。如限内不首，一概不准改归。将来倘在地方恃符生事，或经访闻，或被告发，查系冒籍之贡、监，照例黜革，仍从重究处。

又议准：川省各府、州、县冒籍入学生员，照浙江之例，限文到两月，准其具呈自首，改归原籍。

乾隆二年议准：江南崇明、昭文士子考试，将薛家等沙画定界址。以崇明之半洋大安戏台沙为准，沙以南赴崇、昭考试，沙以北赴通州考试。其有田产在江北沙州，而现今居住崇、昭境内，及新近迁入通界，未及二十年者，仍在崇、昭考试。其向系沙州，入籍在通，现有庐舍、户册足据，不论是否二十年，有无坟墓，俱准其赴通考试。如将应在该州考试之人，或妄行攻揭，及廪保揞抑者，亦应照例分别治罪。至从前冒考通籍入学者，照寄籍改归之例，限文到两月内，令其据实自首，准其改归原籍。如逾限不首，即照冒籍例治罪。

又议准：川省实多湖、广等省迁移之人。其各学生员内，有外省之人假借粮名，冒考入学者。定例二年④以来，自俱查明改归。至既经在川置有田宅，承粮应差，父母妻子聚庐而处，即不得听其任意改归。且有此县实系本籍，而希图彼县便宜，或称同姓为本支，或指田粮为证据，本生借名改归，各学互相攻讦。事属纷扰，适滋冒考之弊。应将川省寄籍改归之例，即行停止。

乾隆三年议准：定例，入籍二十年以上，方准应试。盖为无籍可归者而言。如本有应考之原籍，而以寄籍地方现有田庐可据，希图两处考试者，此等侥幸之习，断不可长。应令地方官逐一确查。如果无籍可归，而入籍之年，又与定例相符者，方准收考。其或寄籍地方虽有田庐，而实有原籍可归，应令地方官彼此关会，将此等童生拨回原籍考试，不得听其两处应试。倘既经查明实系无籍可归，申详督、抚、学臣，许其应考立案，而无知之徒，聚众攻击者，为首者照诬告人杖罪加所诬罪三等律，杖六十，徒一年。为从者减一等，杖一百，仍停其考试。

乾隆九年议准：川省土著甚少，多系湖广迁移之人。各府、州、县，互相冒考入学。嗣后，有住居该州、县而入学他邑者，限文到两月内，自行呈首。将里居、钱粮、庐墓逐一造册，该州、县务彻底清厘，册送学政察核。仍交该教官，与本籍生一体考察。按季报学政，分别劝惩。如逾限不行呈首，即行黜革。

乾隆十年奉上谕：冒籍顶名，例有严禁。况岁、科考试，为士子进身之始，尤宜加意清厘。江苏地方，童生应试，率皆彼此通融互考。且有一人冒考数处，或多作重卷数名，以为院试时售卖之地者。此种弊端，所关士习匪浅。朕思各府、州、县，皆有烟户册籍，难以朦混。诚于州、县考试之时，童生报名，校对烟户无讹，方许廪保填结；府考、院考，皆令原保廪生识认，则冒籍顶名之弊可除。著该督、抚转饬所属，实力奉行，不可视为故事。学政亦不时稽察，如有仍蹈前辙者，察明按律究治。

乾隆十一年议准：福州府之侯官县、闽县、福清县，漳州府之龙溪、漳浦、海澄、南靖、平和等县，通同混考，十有余年。若不彻底清查更正，则伊等子弟仍得含混。应令该抚、学臣，转饬福州、漳州二府，现在冒籍各该州、县及教官彻底清查，有彼此入籍、入学生员，悉令于文到三月内，具呈本县详请更正本籍，免其斥革治罪。仍令该管教官，出具并无冒籍印结，申送学臣查核。倘逾限不首，一经察出，即行斥革。该教官题参议处。

乾隆二十一年议准：广东鹤山百五户民人，除曾经筑垦、见居鹤山者，仍准应试；其余户丁，必俟其筑室住耕，呈明地方官，给有门牌，列入烟户册，方准应试。仍移知原籍，不得两处跨考。其本籍现有庐、墓、田、粮，不愿徙居鹤山者，令即在本籍应试，以清混冒。

乾隆二十二年议奏：现在查出冒籍顺天各生，暂停其南北岁、科两试。照定例一年，著落本生自首。即据所首之姓名、三代、籍贯，咨明礼部存案。仍行查该省布政司，转饬本籍州、县官，查明并非假冒顶替，取具印结申司，详复顺天学政，方准咨回原籍，入册收试。如有假冒顶替，即将本生黜革，顶名之人究治。如地方官不能查出，别经发觉，照例议处。至首明冒籍，虽限以一年，而往返咨查，取结详复，必需月日。除已经确查取结者，即听岁、科乡试，其或有咨查原籍未经入册之生，应并停其乡试，以杜冒滥。⑤

奉旨：此等冒籍生员，即永停乡试，亦不为过。若未经查明，遽准与试，必致仍多弊混。著将冒籍各生，停乡试一科，以便通行清厘，永杜冒滥。

乾隆二十三年奉上谕：金德瑛参奏大兴冒籍廪生丁泗既不遵例改归原籍，复勾通谢国宾等扶同出结，出身硬证，已将丁泗除名，并请将谢国宾斥革等语。冒籍生童，向来相沿日甚，最为恶习。理应严究。其定限一年，勒令自首改归，原系从宽办理，予以自新之路。今丁泗既不遵守功令，复串通本地劣衿，捏结朦混；而谢国宾等从中包揽，舞弊营私，若仅予斥革，将来故智复萌，易名冒考，事所必有。终无以杜贪缘顶名之弊，且众人亦不能共知惩创。所有丁泗、谢国宾等，俱著交刑部治罪。

又议复：江苏学政李因培咨呈冒籍顺天自首改正各生，原奉旨内，有停乡试一科之处，细绎谕旨，似指未经查明者而言。今此等业经查明发回之生，是否一体准其乡试等因。查此项冒籍生员，定例均应斥革。今勒限清厘，准其改回，原系格外之仁，自应停其乡试一科，以做冒滥。

乾隆二十五年奉上谕：据鞠恺奏粤西省内应试生童，多有他省人冒籍，见在严行查办等语。该省地处偏隅，向学者少。他省人士，未免乘机混名冒考。但自乾隆三年，部议停止该省因本地应试无人，准令外省及本省异府人入籍之例。司学政者，自应严为禁饬。何以尚多混行冒考者？此皆历任学臣不能查察所致。著该部查明乾隆三年以后所有广西学臣照例议处；至该学政奏请，将已经冒籍入学各生准照顺天冒籍生员例办理之处，并著该部定议具奏。再此等冒考弊窦，在江、浙等处尚少。他如云、贵、川、广偏僻州县，文风稍陋，他省人或因父兄作幕，或因亲友贸易，遂尔乘便混考，皆所不免。并著各该学政留心查察，无使滋弊。

遵旨议准：广西冒籍，应令该学政彻底清厘。除现在查确者，即勒令改归本籍；其未经查明者，于文到日，勒限一年，著落本生自首。由该学教官会同州、县，核实取结，详送学臣，咨回原籍。仍取具本籍地方官及儒学印结，送部查核。逾限不首者，一经发觉，即将该生斥革。仍将不行严查之地方官及儒学，照例议处。再查本年现系恩科乡试之期，所有已经查确冒籍各生，应照例罚停乡试一科，概不准与试。其有在限内陆续查出者，照例画一办理。并行文云南、贵州、四川、广东等省学政，遵照谕旨，留心查察，毋致冒试滋弊。

乾隆二十九年议准：广东新宁⑥，沿海地宽。有潮、嘉一带客民二千余户，陆续来宁就耕，置有田产、庐、墓，丁粮烟户各册，俱已有名。向为土著所阻，不得入籍应试。频年搆讼，未能静息。应交该督、抚，严饬地方官彻底清查：现在就耕者若干户，有志应考者若干丁。果无原籍可归者，准其入于新宁应试，不得潜回潮、嘉原籍跨考。其有籍可归者，应令仍赴原籍，不得混占新宁之籍。嗣后客民、土著，均不得藉词兴讼。违者治罪。仍将查办缘由报部存案。其新宁学额，不得照江西棚民之例议加。

又议准：台湾四县，多福、兴、泉、漳之人。指同姓在台居住者，认为弟侄，公然赴考。应请敕下该督、抚及台湾道，转饬地方官，查明的系入籍二十年以上，并无原籍可归者，方准考试。如有冒籍赴考者，除将本童及廪保照例治罪外，地方官一并查参议处。至现在已经冒籍入学各生，亦应照乾隆二十一年清查顺天冒籍之例，勒限一年，改归原籍。如地方官奉行不力，该督、抚即行指名参处。

乾隆三十四年议准：吴县太湖内东西两山，一切民事，分隶太湖同知就近管理。其分隶地方，俱以湖面为界。所辖举、贡、生、监，遇有丁忧、服满、事故等项，准其就近取结送部。监生北闱乡试，亦令归厅给文。其乡、会科场起送，并举报节孝等案，应令吴县儒学查明送厅转详。至文、武生员，该厅既未分设儒学，应仍由吴县儒学管束。岁、科考试文、武童生，亦由吴县办理。

乾隆三十五年议准：江苏省和州、江浦二州县，交界之丰乐、宋家、唐家、马家、华家、黄墩等六圩，统归江浦县管理。其考试、报捐等事，亦应改隶江浦县。所有现隶和州之捐纳各生，应改换江浦籍贯，以杜日后混冒争竞之端。

乾隆三十八年议准：童生应试，有籍可归者，饬令拨回原籍，以杜两处歧考之弊。至入籍已久，安居乐业，无殊土著。而原籍地方，并无田产、室庐，则虽有原籍之名，实无可归之业。若概行拨回，未免涉于纷扰。嗣后除寄籍未久，原籍尚有嫡亲伯叔、兄弟，及本人名下确有田产、室庐可倚者，仍照例拨回原籍，不准在寄籍地方冒考报捐；即已捐贡、监，俱饬令改回外，若原籍仅存疏远族属，本人名下并无田产、室庐，其入籍年分已与定例相符者，该地方官查明确实，申详督、抚、学臣立案，准入于寄籍地方应试、报捐。仍令地方官彼此关会，不许两处歧考。违者从严究治。其有妄攻冒籍，聚众横击者，即行按律治罪。

乾隆三十九年户部⑦奏准：现今大、宛两县捐纳贡、监生，以及捐职人员，其实非土著，有原籍可归者，统令呈报改正。其余各省寄籍之人，或因游幕、游学，行商服贾⑧，因而联附宗亲，相依入籍，所在皆有。应一体改归，以昭画一。嗣后各省捐纳贡、监生，及捐职人员，其有实非土著，并无宗族、坟茔、田房、产业，而原籍本有户册可归者，统限一年之内，听其自行呈首。在外由州、县申送督、抚，咨复改归；在内取具同乡京官印结，赴部呈明，换给执照。如逾限不改，查出一并照例查办。

注释：

① 印甘各结，即印与各取甘结。甘结，旧时所行之一种画押字据。多为保证某事，并声明不尔则甘

愿受罚。元高明《琵琶记·义仓赈济》："左右与他取了甘结。"

② 崇、昭，即崇明、昭文之简称，见本卷下"乾隆二年议准"条。崇明，县名。原系长江口沙洲，唐初始露出水面。五代吴置崇明镇，元升崇明州，明改崇明县。昭文，旧县名。清雍正二年（1724）分常熟县（今属江苏）置，与常熟同城而治，辖城东偏。相传为南朝梁昭明太子读书选文处，故名。1912年并入常熟。

③ 通，即通州，五代后周置，治处在静海（今南通市）。元曾改路，寻升为州。清雍正初升直隶州。辖境相当今江苏长江以北泰兴、如皋以东地区。因直隶顺天府有通州，俗称此为南通州。1912年废，改本州为南通县。

④ 定例二年，即上条所称"乾隆二年"。

⑤ 此处分段为标点校注者所分。本卷下同。

⑥ 新宁，按，据《清史稿·地理志十九》载，清广东省广州府领县十四，新宁为其一。其地理，"南滨海。海中有上川洲、下川洲。"

⑦ 按，此虽为清户部奏章，因涉及捐纳贡、监生籍贯清厘问题，故礼部亦收入其《学政全书》。

⑧ 服贾，经商。《书·酒诰》："肇牵车牛，远服贾。"孔传："载其所有，求易所无，远行贾卖。"

卷三十一 区别流品

顺治九年题准：童生入学，乃进身之始，不可不严为之防。或系娼、优、隶、卒之家，及曾经问革，变易姓名，侥幸出身，访出，严行究问黜革。若教官纳贿容隐，生员扶同保结者，一体究革治罪。

顺治十六年题准：各省生员，间有身列黉宫，现充书吏①者，又有原系积年衙蠹经犯罪名，蒙混入学者，皆应斥革，严究治罪。至现在衙门应役之人，冒应童试，严查重治。廪生、教官扶同保结者，并行议处。

雍正十三年奉上谕：文、武生员，不准入伍食粮，乃历来定例。今朕闻陕甘提镇所属兵丁内，有文、武生员现充营伍。而延绥一镇，竟至六十余名之多。在文、武生员，名列胶庠，各应专心举业，娴习技艺，以图上进，岂可又挂名营伍！若已经入伍之兵，如有粗知文义，愿应考试者，原有准入武场一体乡试之例，不必又附名学校。若以一身而兼顾两途，必且互相牵制，转至两误。著署陕督刘于义，通行各提镇，将各兵内之文、武生员查明革粮，令其归学。如有情愿革去生员，当兵食粮者，即行知该学政除名，准其留营差操。并饬行各营将弁，嗣后文、武生员，一概不许滥收入伍。如故违成例，一经察出，即将该管将弁及该学教官一并题参议处。

乾隆二十七年议准：士子身列胶庠，自应各尊所业。一切公私杂役，不得预名顶充。而浙省士子，窜身经商②里役者，名色甚繁。一则曰庄书③，系管田粮底册推收过户等事。一则曰圩长，或曰圬④长、塘长，系管水田圩岸修茸堵御等事。考之各省如此类者，皆乡民公推老成明白者，经理其事。生、监业在闭户，自不应搀越管理。地保亦不得一概报充。乃不肖者或借名世业，或谋充居奇，播弄乡愚，兴构词讼，均未可定。嗣后，应一概禁止。违者，该管官申请治罪。一则曰埠头，一则曰牙行。其埠头开设水次，写船揽载。牙行笼置百货，安集商贾。此二项江、浙等处，多有祖、父相传世业。若生、监之家，概令不得充当，殊非恤养之道。查开设牙、埠，原以司帖为凭。其果系世业，现在父兄子弟均系生、监，则令另报无顶带之人充当。即以的名给帖。其一家之中不皆生、监，则令其无顶带者报名，给予司帖。如有隐匿混冒者，查出革退行业，不许复充。如此，则生监既不得滥充，抗追、抗比⑤之弊可杜，而世业之家亦不至失业矣。至社长一役，专司社仓出纳，应以殷实农民承充。其生、监中之殷实者，本非所愿，地方官自不应强令充当。生、监中之无赖者，意在侵渔，地方官更不应冒昧假手。嗣后，请敕令各省督、抚通饬各属，务遵例令农民充当。不得滥报生、监，致使良法滋弊。违者，州、县参处，生、监惩斥。

乾隆三十年议准：社长一项，与杂役迥不相同。职司仓粮，稽核借放，自宜责之殷实端谨之人。倘农民中无可推择，而贡、监生又因拘于成例，不复充当，于公务、民生，均有窒碍。嗣后，直省选充社长、社副，准于该乡不应考试之贡、监生及愿谨农民中，择其殷实可任者，一体选充。其应考之生员，仍停其充补。

乾隆三十一年议准：定制，生、监不许充当杂役。今浙江宁波等县保长，有以监生滥充者。查保长专司拘摄罪人，及应有司传唤之事，行同隶役。更非该省庄书、圩长可比。应严行饬禁。至庄首、乡长一项，查系催纳钱粮，与社长、社副事同一例。倘农民中无可推择，而贡、监生又拘于成例，不复充当，于公事转有窒碍。嗣后，浙省庄首、乡长，除生员及应试贡、监生不许勒派充当外，其不应试之贡、监，准与殷实愿谨农民一体选充。

乾隆三十五年复准：查娼、优、隶、卒，专以本身嫡派为断。本身既经充当贱役，所生子孙，例应永远不准收考。其子孙虽经出继为人后者，终系下贱嫡裔，未便混行收考，致启隐匿冒考等弊。

乾隆三十六年议准：由陕之乐户⑥，江浙之丐户，虽编籍由来，无可确据；而其相仍托业，实属卑污。雍正元年，因御史年熙、噶尔泰先后条奏，准令除籍改业，得为良民。正所以杜其邪僻之路，非即许其厕身衣冠之林也。嗣后应酌定限制，以清冒滥。如削籍之乐户、丐户，原系改业为良，报官存案，被⑦濯旧污，阅时久远，为里党所共知者，自不便阻其向上之路。应以报官改业之人为始，下逮四世，本族亲支，皆系清白自守，方准报捐、应试。该管州、县，取具亲党、里邻甘结，听其自便。不许无赖之徒，藉端攻讦。若系本身脱籍，或仅一二世，及亲伯叔姑姊尚习猥业者，一概不许侥倖出身。其广东之蛋户⑧，浙江之九姓渔父，及各省凡有似此者，悉令该地方官照此办理。所有从前冒滥报捐各生，均行斥革。再此等甫经改业之户，惟不准遽行报捐、应试，至于耕读工商，业已为良，应悉从其便。如有势豪土棍，藉端欺压讹诈者，该地方官仍严行查禁惩治，以儆刁风。

又议准：马兵如果技艺素优，当令就试武童。取进者，准其乡试。若不能取进武生，仍在营差操，不准乡试。

乾隆三十七年复准：定例，娼、优、隶、卒之家，不准考试。其皂隶、马快、小马⑨、禁卒之子孙，有朦混捐纳者，俱照例斥革。至门子、长随，现据湖南学政查明，该省有滥行报捐者，均予斥革。历来办理有案，俱无庸置议。惟查民壮一项，户部于雍正年间先后议准，各省民壮，原为捍御城署、仓库而设，应停其承缉盗犯，崇令学习武艺。其中有技艺可观者，准挑入营伍，渐次考拔。是民壮既与兵丁一律拔补，自非贱役可比，应不便阻其进身之阶。但各省多有皂、快、民壮三班随时改拨者，应令地方官查明。除未经改拨之民壮子孙，准其报捐应试外，其由民壮改充皂、快，及其先曾充当皂、快者，仍不准报捐、应试，以杜冒滥。

又奏准：马兵取进武生，与武生冒滥充伍者不同。应仍留原粮，与马兵一体差操。不得因系武生，稍存优异。

乾隆三十八年议准：湖南省库子⑩、斗级⑪，据该抚查明，系选择质朴、殷实农民承充，与皂隶、马快、禁卒、门子等役不同。其子孙应照民壮之例，一体报捐、应试。如有先后改充皂、快、禁卒、门子等役者，应仍照例不准报捐、应试。

又奉旨：马、步兵均属行伍。马兵考取武生，既准其仍留原粮；则步守兵丁，原可无庸歧视。至向例，武生不准入伍食粮，必须注销武生，方准充补。不过以武生名列胶庠，稍存优异，甚属无谓。此乃沿袭明季陋习，亦如从前武职小衔之兼大衔，骛虚名而鲜实济。何如一举而剔除之乎？况武生乡、会试中式后，其所得官职，亦不过绿营⑫弁员。则以武生在营学习当差，尤属有益。且其充伍食粮，出自本人心愿，并非强令从事。若充补名粮以后，或恃符贻误营伍差操，或托故不服教职管束，则各有应得处分，亦悉由其自取，又何必因此鳃鳃⑬过计乎？嗣后，如武生有情愿入伍食粮者，准其呈报学政，即令兼充，毋庸将武生注销，著为令。

注释：

① 书吏，清制，内外各官署之吏员皆称书吏。为雇员性质，承办例行公事。

② 经商，原文作经商，误，详参前卷三十之注⑧。

③ 此句结尾二字，与下句开头一字，均模糊不清，经与本卷下文"乾隆三十一年议准"条参照，补出为"庄书 ，系"三字。

④ 圳，音珍，指圩岸内成片水田。明归有光《乞休申文》："乡民谓田连顷者谓之圳，犹苏州之谓圩。"

⑤ 抗追、抗比，旧时地方官吏催逼百姓，限期交税、交差，逾期受杖责，叫"追比"。《聊斋志异·促织》："宰严限追比，旬余，杖至百，两股间，脓血流离，并虫亦不能行捉矣。"

⑥ 由陕之乐户，由，来由；乐户，封建时代供统治阶级取乐人户，被认为身份低贱，不属于良民。据《辞海》所引《清文献通考》卷十九："雍正元年令……山西等省有乐户一项，其先世因明建文末不附燕王被害，编为乐籍，世世不得自拔为良民。至是令各属禁革，俾改业为良……与编氓同列。"

⑦ 祓濯，祓，音福，古代习俗，为除灾去邪所举行之专门仪式，尤以阴历三月上巳日在水边祓除为最流行。祓濯，意为清除。按，原文为"被濯"，误，径改。袚，音福，义为蔽膝。据《辞海》所引《方言》第四："蔽膝，江淮之间谓之袆，或谓之袚。"

⑧ 蛋户，即蛋人，旧指南方沿海从事渔业之水上居民。蛋，同"蜑"。蜑，音诞，旧时南方之水上居民。宋周去非《岭外代答·蜑蛮》："以舟为室，视水为陆，浮生江海者，蜑也。"

⑨ 小马，清代衙署中一种执役人员。《清史稿·食货志一》："凡衙署应役之皂隶、马快、步快、小马、禁卒、门子、弓兵、仵作、粮差及巡捕营番役，皆为贱役。"

⑩ 库子，明代时经常性差役（常役）名目之一。属均徭类。亦指服此役者。明范濂《云间据目抄·记赋役》："吾松之重役有五：一曰库子……库子有各库不同，而惟县堂为最。盖一县杂费，与迎送上官，种种不经，俱责成于库子。"

⑪ 斗级，旧指主管官仓、务场、局院之役吏。斗谓斗子，级谓节级。《明会典·仓庾一》："景泰三年，令各仓斗级、库子，开写年甲、乡贯、住址，编造文册，候巡视官员点闸。"

⑫ 绿营，绿，音路。清代兵制，除原有八旗兵外，又另募汉人编成军队，用绿旗，称为绿旗兵或绿营兵。

⑬ 鳃鳃，鳃，同"葸"，恐惧，畏难。鳃鳃，恐惧貌。《汉书·刑法志》："（秦）故虽地广兵强，鳃鳃常恐天下之一合而共轧己也。"

卷三十二 丁忧告假

顺治九年题准：凡生员丁父母忧，免其应试。服阕①者，呈学转详②，提调官查无违碍，照例取师生、里邻保结，试以经、书、论三篇，廪解卷详夺，增、附、青、社径行学收复。过限三月，申究。半年，廪作旷，增、附递降。一年，黜。凡游学从师，随祖、父之任，告假出行者，该学开明事由，地方呈提调官，转详批允给假，不得误岁考。违者黜。果千里外未能即回，勘明取结具详，限三月补考。再违者，黜。凡患病者，提调官取该学及医生甘结，于按临半月前开报，限三月内补考。违限者，青衣径黜，廪停作旷，增降附，附降青衣。再违三月，俱黜。无故临考不到者，径黜。凡批限补考者，违限半月，掌印教官申报。即考，附一、二等者不准帮补。四、五、六等照案行。凡补考者，提调官面试经、书、论各一篇，即将原卷封固，令本生亲赍送考对验，以防冒替等弊。不必教官伴送。

雍正七年议准：嗣后生员果系缙绅子弟，确有事故告假者，除照定例遵行外，仍令伊父兄伯叔将随任事由声明，本学教官转详学臣存案。倘实未随任，滥称随任者，或经学臣察出，或系教官详报，除本生照例黜革外，仍将该生父兄伯叔指名参处。倘教官有徇庇失察等弊，一并分别议处。至有非本生父兄伯叔，指称同族，借端游荡者，该学严行禁止，概不准批行。

雍正十三年议准：为人后者，遭本生父母之丧，于礼则心丧三年，于例则降服期年③。而诸生竟于期年中出身应试，无异平人，揆诸情理，窃所不安。《记》云："为人后者，为其父母报。"④盖父母之丧，原当持服三年。因既为所后之父母服，丧不并行，故降而为期。而礼仍有心丧三年之文。则本生父母期年之服，原非他期亲之服可比。若期年出身应试，与礼不合，亦于心不安。以读书士子而出此，何以为齐民表率？应通行直省，嗣后凡文、武生员，及举、贡、监生，遇本生父母之丧，令其呈明，期年内不许应岁、科两考，及乡、会二试。童生亦不许应府、州、县及院试。其有隐匿不报，朦混干进者，事发，照匿丧例治罪。永著为例。

又议准：廪、增遇本生父母之丧，期年不应试，毋庸出缺。

乾隆元年议准：律载，官吏丧制未终，冒哀从事者，杖八十。是以各直省生、童应试，例取并无匿丧违碍字样等结。其隐匿不报，朦混干进者，发觉照例治罪。但恐奉行既久，视为具文。应令各该督、抚、学臣，再行申饬各属郡县，凡遇岁、科试期，照旧取具并无隐匿甘结。如仍有匿丧应试者，除本人严行查究外，其扶同冒结之人，一体坐罪。

乾隆十年奉上谕：直省文、武生员，三年岁考一次。若临场不到，即行斥革。其游学、患病者，皆取结开报，限三月内补考。违限者，分别降黜。定例綦严。所以考优劣而示劝惩也。近闻各处士子，任意迁延，屡次欠考。此风渐不可长。嗣后除无故临黜不到，即行斥革外，凡系病、假生员，其上届开报者，下届果系游学未归、患病未痊，该教官查验确实，再行详请展限。一俟病痊、回籍，即送补考。如欠至三次以外，俱不准展限，竟行斥革。倘有扶同捏报，不行详请展限者，该学政严查，将教官参处，以专责成。

又议准：嗣后边庠文、武生员，如有游学内地者，必呈明本学教官，牒行州、县，取具地邻甘结，详明学政，批允遵行。仍令该县注册，归日销案。有不呈报本学，私自他出者，即将本生黜革究治。如已报明，而教官不牒州、县，及州、县不即转详学政者，均分别查参议处。

乾隆十四年议复浙江学政于敏中奏该省游幕生员欠考一折：查生员欠至三考，为时已更九年。宁不能暂时辞归，补考之后，再赴幕所？明系有心规避！自应恪遵定例，将欠考至三次以外者，竟行斥革。⑤

奉旨：朕前降旨，生员岁考欠至三次以外者，皆行斥革。今于敏中以浙省游幕在外欠至三考者，通计有七十余名，请立定程限，咨催回籍补考。大学士会同该部议驳甚是。但朕念该省士子，其逾限尚系初次，且有七十余人之多。伊等向来读书入泮，亦匪容易。若尽行除名，情有可悯。此七十余人著加恩免其斥革，以示朕格外矜全之意。著勒限催回原籍补考一次。若仍藉端规避，不赴考者，即行斥革。其如何勒限，著该部定议。嗣后如有三次欠考者，依此议行。

遵旨议准：酌量程期，其离浙省地方在二千里以内者，定限四个月。四千里以内者，定限八个月。六千里以外者，定限一年。俱令该学政行文各该处，严催回籍补考。以文到之日扣算起限。逾限不赴考者，即行斥革。

乾隆十九年酌归简易案内题准：各省贡、监生，丁忧起复事故，遇乡试年逐案单咨。其余年分，各省将贡、监生丁忧起复事故，统归实在、开除项下，注明年月，照礼部原行，按季造册报部，省去年终汇报。通行各省，画一办理。

又题准：文、武生员，系教官管辖。丁忧起复，既查明取结，径报学政，无容⑥由县转府。至廪生遇有事故，应扣廪饩，事关钱粮，未便删减。其丁忧起复之处，应仍照旧例办理。

乾隆二十九年议准：生员岁试，遇患病、告假等项，限三个月，由提调官面试，将原卷封固，令本生亲赍赴学政按临所在补考，原系定例。但随棚补考，提调非本处职官，难以悉其真赝。嗣后，随棚补考生员，即令本地府、厅眼同教官，严加考试。将原卷钤印封送学政。另差门斗伴送补考。毋令本生亲赍，致滋代倩。其随棚提调考试补送，并径由教官补送之处，概行禁止。

乾隆三十年议复浙江学政钱维城条奏游幕欠考生员，准其就便加捐。仍各自呈明欠一、二考者。廪生照增，增生照附，附照俊秀⑦。欠三考者，不论廪、增、附，均照俊秀加捐，免其补考一折：查生员名列黉宫，即或离乡就幕，原可随时归里补考。且定例斥革，必俟三考，为期已及九年。此九年中，既甘屡次欠考，则斥革亦其所自取。各省藩库，不皆开例。未便为一二游幕欠考生员收银给照，另立款项。所奏毋庸议。

乾隆三十一年议复浙江学政李宗文条奏生员加捐贡、监，如并无欠考，学臣即据州、县报文行学开除⑧。若系欠考之生，勒限按次赴补，然后开除。欠三考者，咨部注销一折：查定例，生员欠考三次者，斥革。此等犯革生员，即冒捐贡、监，亦应咨部注销以功令。如欠考未及三次，而该生或因随任外省，或因远馆他方，一时不能赴考，又恐欠至三次除名，不得已以生员报捐，若必勒令补考，徒致该生等往来道途，实为苦累。且既列名贡、监，即不必责以文艺。所请应毋庸议。至该学政所称岁试已届，有州、县未及申报，该生自行持照赴学呈验，令学臣一面开除，一面行知本籍等语，此系学政自理事件，自可通融办理，毋庸另议。

乾隆三十二年议复浙江省游幕生员，因公务羁留，较之浪游无踪、有心规避者，尚属有间，应否咨催回籍补考，准其开复一案：查乾隆十四年部议：游幕生员，欠至三考，为时已更九年，明系有心规避。应恪遵定例，竟行斥革。奉谕旨：浙省游幕生员七十余人，著加恩免其斥革，以示朕格外矜全之意。著勒限催回补考。嗣后如有三次欠考者，依此议行。是游幕生员，准其勒限回籍补考者，乃专指从前七十余人而言，并非嗣后著为定例。该生等游幕在外，催回补考之处，查与原奉谕旨不符，应仍遵照定例办理。

乾隆三十九年复准：苏州府学增生李秉德，于乾隆三十年圣驾南巡时献书，考取进京，在内廷行走⑨。经前院以游学注册，欠考三次。该生现在丁忧回籍，又难补考。若照例除名，则该生实属办公，与寻常游学欠考者不同。应于学册内注明"因公欠考"字样，俟服阕后再行补考。

注释：

① 服阕，旧制，父母死后须守丧三年，期满除服，称"服阕"。"阕"为终了之义。《风俗通·十反》："三年服阕。"
② 转详，旧谓将各类事情呈报上级官府请示。《醒世姻缘传》第十三回："本府分付把人犯带回本县，分别监候，讨保，听候转详。"
③ 期，音基，一整年。服期，亦作"服朞"，意即服丧一年。宋周密《齐东野语·胡明仲本末》："称谓既如此，则三年之丧，宜降其服朞，又昭昭然矣。"
④ 《记》，即《礼记》，此为引《礼记》中语。
⑤ 此处分段为标点校注者所分。本条下同。
⑥ 此处之"无容由县转府"，"容"当为"庸"之误。
⑦ 俊秀，本为明代庶民纳粟入国子监者之称。《明史·选举志一》："迨开纳粟之例，则流品渐淆，且庶民亦得援生员之例以入监，谓之民生，亦谓之俊秀，而监生益轻。"
⑧ 开除，据上下文意，"开"则为"开列"，"除"则为"除授"之义。白居易《除苏州刺史》诗："老除吴郡守，别幸洛阳城。"此指生员捐纳后授以贡、监资格。
⑨ 行走，即入值办事之意。清官制，调充朝廷某项职务，即称在某官上或某处行走。如御前大臣上行走，军机大臣上行走，南书房行走，总理各国事务衙门行走，等等。

卷三十三　复姓改名

顺治九年题准：凡告改学、改姓、改名者，俱属弊窦，概不准行。如果姓应归宗，名实犯讳者，发落毕，呈请批夺。

康熙二十七年议准：查定例，官员复姓更名，在京具呈吏部，取同乡京官印结；在外具呈该地方官送部，准与复改。但监生、吏员，名数甚多，其中恐有假冒顶替情弊，亦未可定。嗣后，监生、吏员改名复姓，必经该省布政司，及直隶府尹、守道转送到部，方准复改。若州、县官违例越申到部者，概不准行。

雍正七年议准：浙省旧俗，多有以出继外亲之姓，与考入学。又有因试不获售，急于进取，归以他姓赴考，侥幸入学者。许其具呈自首。令本学教官，逐一究明的实姓名，加结申详改正。该学政于册内注明报部。嗣后生员，悉用本姓的名应试。童生务令以本姓赴考。如生员不复本姓，及童生冒姓入学者，除本人斥革外，仍将失察之教官及滥送之地方官，照例议处。①

奉旨：依议。其借他人姓名入学者，令该教官逐一查明，申详改正之处，著行文直省，一体遵行。

乾隆四年议准：举人、进士中，由生员中式②者，自其应童子试时，该学政即取具廪生认试③保结，及该学印结，方准考试。由贡、监中式者，亦先由国子监取具本地方官结，及同乡京官印结，方准录送入闱。是于始进之日，所以防范顶冒者。立法已严，惟其中有实系自幼出继，应行归宗之人，是以定有具呈改正之例。嗣后，举人、进士内有果系出继归宗者，仍令具呈到部，并取具同乡官印结，准其复还本姓。

乾隆八年议准：咨革监生，其犯罪情轻者，止许原名捐复，不准改名另捐。凡从前易名复捐者，俱准自首，将执照缴销，免其治罪。倘隐匿不首，经地方官查出，除黜革外，仍照违制例治罪。如犯事到官，即行追照审拟。地方官不得藉此扣限迟延。

乾隆十一年议准：闽省历来考试，多不用本姓、本名，捏造三代，随意填写。必俟发案后呈请更正。并有不更正者。应令该督、抚、学政，通行各该州、县及教官，于文到日，彻底清查所属士子。有假捏姓名，未经更正者，定限三月内，悉令呈请更正。该学教官，出具所属士子俱系本姓、本名，并无诡捏印结，申详存案。倘逾限不首，该教官朦胧出结，另经发觉，本生斥革治罪，仍将出结之教官查参议处。其童生考试，有不用本名、本姓假捏入学者，查出，本童斥革治罪。仍将保结廪生，一并斥革。

乾隆三十二年议准：命名取字，在士子尤宜恪遵功令④。不应稍存肆妄，干名犯义。今陕、甘生、童名字，种种僭越。如刘姓则名兴汉、绍汉，李姓则名继唐、嗣唐，王姓或名宗帝、法帝，以至他姓之名帝裔、帝命、帝玺，某帝、某宗、乘乾、御天等字样者，不一而足。应责成该学政，行文各学官，彻底严查更正，汇册报部。并严饬府、州、县，于收考时，逐名查勘饬改。违者立予重惩。至各省生、童，有如此等妄诞取名者，依照此例，悉行查改，严饬凛遵。

乾隆三十五年奉上谕：本日阅顺天府进呈恩科乡试录，内有中式举人名姓，与已故尚书张照全同者。其人籍隶宣化，该处为直隶边境，见闻僻陋，或偶然适合，亦未可知。但张照系旧日大臣，且其学问字法，近所罕有，岂新进后生所能幾及。即使心存慕兰，亦不应矜妄若此。又旗人有名乾元⑤者，不知此二字著于《易》义，岂臣下所宜命名。均著礼部查明，即行更名注册。

又复准：嗣后举、贡、监生，如有任意命名，致涉谬妄，有乖臣子敬谨之义者，即行严饬更正。至前代圣贤、名臣、大儒，姓同者不得更袭其名。如姬姓或名绍旦，朱姓或名景熹，皆涉狂诞。均饬令一体更正。再如本朝大臣，及现任大臣，后进自应避忌，亦不得名姓全行相同。应一并饬令更正。举人、贡生，会同督、抚咨部，其中有候选者，并咨吏部。生员，学政汇册咨部。捐纳贡、监，分咨户、礼二部并国子监。童生，饬地方官于府、县试时更正。该学政仍谆切示谕，随时查察。毋得再有干犯。

注释：

① 本处分段为标点校注者所分。

② 中式，中，音仲，符合。中式，即符合要求。此指科举考试合格。《明史·选举志二》："三年大比，以诸生试之直省，曰乡试，中式者为举人。"

③ 认试，当为"认识"之误。详参前卷二十二"童试事例"中"雍正十三年议准"条。

④ 功令，旧指政府对学者考核、录用之法令或规则。《史记·儒林列传序》："余读功令，至于广厉学官之路，未尝不废书而叹也。"

⑤ 乾元，语出于《周易》，与"坤元"对称。《易·乾》："象曰：大哉乾元！万物资始，乃统天。"孔颖达疏："乾是卦名，元是乾德之首（"乾"有"元亨利贞"四德），故以元德配乾释之。"按唐肃宗年号曾用"乾元"（758—760年）。

卷三十四　原 名 应 试

顺治九年题准：黜退生员，如不系行劣者，提调官准与童生一体收考。若曾经犯罪问革，变易姓名，侥幸出身，访出严行究革。教官纳贿容隐，生员扶同保结者，一体治罪。

雍正八年议准：已经问革生员，应令提调官严查。或罪止褫革，或本案情罪尚有可原，及革后能改过自新者，取具教官、廪保印甘各结，详明察核，准其以原名考试。童生如情罪可恶，并不改过自新，变名混考入学者，除将本生严究黜革外，其提调、教职均照徇庇例议处，廪保即行黜革。

乾隆五年奏准：缘事黜革生员，除包揽词讼，武断乡曲，及一切实系本身重犯，于律无可贷者，仍永行禁革外，其有因人波累，与本身事犯情有可原，及罪在杖一百以内，革后能改过自新者，俱准以原名考试。童生、监生，亦许以原名捐复。其举人、贡生，有愿考试者，亦照例准其一体应童子试，以图上进。俱令取具里邻确实甘结，报明该地方官及教官，查明加结。系应童试者，申送提学。系捐复监生者，申送抚藩。各加核实准行。如有隐匿重情，朦混滥邀者，仍应斥退。其应行收考、收复者，毋许地方士庶挟嫌告讦。违者以诬告治罪。

乾隆二十八年复准：匿丧考试，事干不孝，与寻常缘事斥革，罪在杖一百以内者不同。所有匿丧取进之人，斥革后，应不准其考试。

乾隆三十五年议准：定例，举、贡、生监，罪在杖一百以内，革后能改过自新者，该地方官查明，取具里邻确实甘结申送，方准以原名应试。若于结案时即声明办理，无论现在斥革，骤予上进之阶，觉于情理未协。且甫经审结，其能改过自新与否，尚未可知。倘侥邀名器之人，其中或有怙过不悛①情事，更无以示惩创。嗣后，如系举人斥革，愿以原名应试者，由该督、抚核明咨部，饬取审结全案，按例定议。其贡、监、生员，斥革后，呈请原名应试，应照例令邻里出具甘结，由教官牒送该州、县官。查系合例，将审结全案，一并申送提调官，严加复核，详报学政收考。如有率行申详等情，该学政即行据案驳查，以杜冒滥。

注释：
① 悛，音圈，改过，悔改。如：怙恶不悛。《左传·隐公六年》："长恶不悛，从自及也。"

卷三十五　告给衣顶

顺治九年题准：年老生员，呈学转申报调官，查无违碍，取结，于按临半月前申详免试。若已赴考，及缘事未结、青衣发社与行止不端者，俱不准给顶①。

雍正七年议准：告顶生员，既免考课，又不开报优、劣，该生恃其无所约束，倚生员名色，包揽词讼，妄生事端。嗣后，应照礼部复准文、武生员五人互结之例，结得并无抗粮、包讼等情；一生犯事，互结之生同罪。于每年十月内，投递该学教官，加具印结。岁考时，另造优、劣清册，一同呈送学政查察。该教官仍不时访查。有行止不端者，即详请褫革。如徇隐祖护，一经察出，照徇庇例议处。

雍正十二年议准：斥革贡、监劣生，不得冒给衣顶。如有夤缘给顶者，一经发觉，除本生从重治罪外，将该学政一并严加议处。

乾隆五年奏准：文、武生员，有情愿告给衣顶者，除笃疾之人，照例令该学教官据实具详，准给衣顶外，其有以年老告给衣顶者，按其入学已历三十年，无论衰病与否，俱为合例。或入学虽不满三十年，而年已及七旬者，亦为合例。统令呈明该学教官，查验确实，出具并无假捏规避印结，申详学政衙门，准给与衣顶，免其考试。

又议准：嗣后武生降为青、社者，如未满十科，仍照例不准给顶。其入学三十年，与年满七十、未经十科，均准给顶。

乾隆八年议准：嗣后患病欠考之生，请给衣顶，应令该学教官查明。如已成痼疾，及年届七旬者，出具并无假冒规避印结，申详该学政，即准给衣顶，免其补考。至武生②，原以外场为重。必年富力强，始可入选。若年届六十，力已衰迈，一切技勇，不能娴习，徒令充考，诚属无益。嗣后武生告给衣顶，虽未经十科，而年届六十者，亦准给与衣顶。

乾隆三十八年议复山东学政李中简条奏生员告顶，不宜预定年限，未及六十，自非废疾，不准给顶一折：查生员给与衣顶，必计其列名黉序已阅三十载，或实系衰迈龙钟，方许循例申请，仍责令该教官随时稽管。定例实为详备。若无论入学年分，统以六十岁为率，不惟与文生年届七旬始准给顶之例不符，且恐庸劣诸生，因不论入学年分，转无限制，得以捏饰年岁，规避考试，殊为未便。所奏应毋庸议。

乾隆三十九年复准：向例，生员已成痼疾，及生届七旬者，准给衣顶。免其补考。其欠考次数，并未载明，但此项病废生员，与有心规避者有间。其病废日久，既不能希冀痊愈，虽欠考二三次，尚非托词展限可比。应照例准给衣顶，免其补考。

注释：

① 给顶，给予衣顶之简称。此卷中指对年老、病废生员给予衣顶，免其考试。
② 至武生，原文为"至武至"，误，径改。

卷三十六　录送科举

顺治二年定：直省乡试，每中式举人一名，取应试生儒三十名。提学考试，精通三场者，方准应试。不得将初学之士冒滥应试。亦不许士宦子弟于父兄原任衙门移文起送。违者不许入场。取送过多者，参处。

又定：教官及在籍恩岁贡生、监生，愿就本省乡试者，均许与生员一同考送。卷面书"官"字、"贡"字、"监"字，别案发落。儒士必三场悉通者，方准应试。至考选遗才①，务照应取名数录送。其假满、病痊事结，未经补考者，不得溷录。

又定：在监肄业贡、监生，均听本监官考选科举。临场不准改名、改经。其各省贡、监生，愿就本省乡场者，与生员一例编号，不得别分皿字②。若直隶贡、监生内，有仍赴学政及吏部，考送京府应试者，通编皿字号，亦不许溷入生员。至直省现仕教职，年力精强，文学优长者，准提学考送应试。

康熙二十九年议准：江南③、浙江，每中举人一名，额定录科六十名应试。

康熙三十年议准：江南、浙江录科额数，每中举人一名，于旧额六十名之外，加四十名。

雍正五年议准：官生录科，饬令学臣严加考试，不得徇情滥录。如有文理荒谬者，将学臣一并严加议处。

雍正七年议准：生员科试优等，于乡试前，州、县官设席礼送。止许诸生公服行礼。不得乘四轿、张伞。违者除不准入闱外，仍发学戒饬。以杜僭滥。

乾隆七年奉上谕：各省应试生员、贡、监，由学臣录送入场。向例，每举人一名，额取科举三十名。嗣后加至百名，不为不多矣。乃学臣等博宽大之名，于科举之外，遗才、大收，一概录送。且有督、抚好行其德，普收送考者。以至文理荒疏之人，皆得滥冒入场。试卷太多，不但试官于仓猝之中难于别择；即浮薄士子，将以观光为游戏，不复攻苦于寒窗。于宾兴大典，甚有关系。嗣后，学臣各宜留心，慎重办理，毋得滥溢。永著为例。

乾隆八年议准：台湾额中举人二名，许学臣于录送科举二百名定额外，择其文理清通、可以造就者，酌量宽余录送。亦不得将文理荒疏之人，普收送考。

乾隆九年奉上谕：科场乃国家大典，必期选拔真才，以收实用。积习相沿，学臣于科举之外，复有录遗、大收等事。临场之际，督、抚大吏，又将不取者不问文艺之优劣，尽送入场。滥觞已极。是以上科经臣工条奏，朕敕令九卿定议，每举人一名，准取科举百名。此亦不为不多矣！夫国家之所以慎重科举者，原欲士子奋力于学业，试官尽心于搜罗，以副抡才之典也。今科臣吴炜，乃请仍照旧例，并蓄广收。则士子见入场之易，不肯专心学问，将应试者日益众多。主考、房官④，不过一二十人；为期不过二三十日，岂能精心校阅，尽得真才？且试卷既多，而中额不广，则多取科举，仍属无益。

若因此而议加中额，则现在举人，非二三十年不得官。亦断无因后选者多，而议增天下职官之理。不几终身无仕进之日乎？所谓及锋而用⑤者何居，是中额尚应酌减。即科举一百，亦属浮多。只因积习既久，不复议裁。朕方自咎不免姑息，而况可辗转增添，无所限极耶！此辈非能为国家实心求贤，以佐国是，不过取悦士类，钓誉沽名。动以人文日盛为辞，实则使士子徒怀侥倖之心，不肯黾勉向学。而国家亦不得收登进之实效也。吴炜识见卑浅，特行晓谕，并使众知之。

又议准：直隶、江南、浙江、江西、湖广⑥、福建为大省，每举人一名，录送科举八十名。山东、河南、山西、广东、陕西、四川为中省，每举人一名，录送科举六十名。广西、云南、贵州为小省，每举人一名，录送科举五十名。其录科名数，均照遵旨议准减定之中额计算。查顺天乡试，满、合二字号，共中四十一名。奉天夹字号，中四名。宣化旦字号，中四名。南、北皿字号，中七十六名。中皿字号，每二十卷取中一名。以上各字号现在应试人数，虽属无多，亦必以精通三场者方准录送。嗣后，即应试人众，仍不得过八十名之额。至直隶贝字号，额中一百零二名，以上直省，俱连五经算。应取科举八千一百六十名。江南省上江中四十五名，应取科举三千六百名；下江中六十九名，应取科举五千五百二十名。浙江中九十四名，应取科举七千五百二十名。江西中九十四名，应取科举七千五百二十名。湖广省，湖南中四十五名，应取科举三千六百名；湖北中四十八名，应取科举三千八百四十名。湖广五经中额五名，除各得二名外，其一名系南、北两省轮中。乾隆十八年议停五经中式，而或二、或三之处，仍应查明录科。福建中八十五名，应取科举六千八百名。山东中六十九名，应取科举四千二百六十名。河南中七十一名，应取科举四千二百六十名。山西中六十名，应取科举三千六百名。广东中七十二名，应取科举四千三百二十名。陕西中六十一名，应取科举三千六百六十名。四川中六十名，应取科举三千六百名。广西中四十五名，应取科举二千二百五十名。云南中五十四名，应取科举二千七百名。贵州中四十名，应取科举二千名。应令各直省学臣及国子监臣，各遵减定之额录取。

又议准：文风之高下，不特各省难齐，即一省之中，亦不能画一。原应通融计算。查录科定例，一、二等生员，准其科举。三等生员，或准前五名，或准前十名。嗣后，应令各学政于录科时，酌量文风盛者，将一、二等名数从多。文风未盛者，一、二等名数从少。其三等前列者，仍照例酌送。至凡丁忧、事故、游学、告病，未与科考，及科考未取，志切观光者，原有录遗入场之例。各省学臣应于录遗时，亦视其文风之高下，中数之多寡，通盘计算，慎选录送。

又议准：凡孝廉方正⑦，给以顶带荣身，愿应乡试者，本系生员，仍由学申送。本系贡、监，仍由州、县申送。学臣务严加考试。如文艺果佳，自不得阻抑其进取之路。亦不得以已经保举，滥行录送。

乾隆十二年议准：顺天乡试贝字号⑧，照山东省例，每举人一名，录送科举六十名。务取精通三场者方准乡试。不得以学殖荒浅之人，滥行录送。

又议准：各省贡、监生，有愿就本省乡试者，该学政录科时，务凭文字，与生员通校工拙，以定去取，照例送试。其南、北、中皿⑨等字号贡、监，应令监臣于录科时，遵照定例，严加考试，不得滥行录取。

又奉上谕：国家宾兴之典，原以遴拔俊髦。若学殖荒陋者俱得厕名倖进，则玉石杂呈，主司因而迷目。自不可不严立限制。前此学臣科试之后，复取遗才；录遗之后，督、抚又有大收。其取送甚滥。是以议有科举定额：每举人一名，大省录取八十名，中省录取六十名，小省录取五十名。其途本宽。果系真才，自不复有遗珠之叹。但近来士子，因科场剔除旧习，颇知自爱。有志读书，期以实应。又当稍展其额，以示鼓舞作兴之意。朕思前议，但就正榜定额，尚有副榜⑩未经议及。著再加恩，每副榜一名，大省加取四十名，中省加取三十名，小省加取二十名。令各学臣于考试遗才时，不论生员、贡、监，亦不拘县分大小，但就文理明通者，照数录送入场。此外概不许滥送。

乾隆十四年议准：查学政科试后，例得录遗，通盘计算，照科举定额取足发案。即行提调照数收卷。但录取之生、监，临场因事故不投卷者，每年皆有空缺。嗣后，应令各学臣于录遗定额外，查照历年投卷不到之数，酌量录取备补若干名。于八月初二日投卷既齐以后，查原额所缺之数，将备取之人挨次抵补。其抵补不尽者，仍行扣除，不准投卷入场。

乾隆十六年奉上谕：山西布政使多纶奏请暂宽科举之额一折，所见极为舛谬。科举分别省分，计取中之额以为额，其数已宽。学臣照额录送，尚恐未必无倖邀备数之辈。若更加滥取，徒启荒陋者倖进之念。转使砥⑪玉杂淆，耗主司目力而眩裁鉴。于遴选真才，培养实学之道，实无裨益。前者鄂敏曾为此奏，朕以其沽名博士子称颂，严切批示。但或出于一己之见，是以未经传谕中外。今多纶亦为此言，当由听幕宾怂恿，抑或士子有此妄想，故相传播，以致听采入告，均未可定。以科举而论，中额有定。千人应试，与万人应试，取中止有此数，有何加损！何惜令其一体入闱？但试问其一体入闱者，为名乎？为实乎？违道干誉，弃实务名之事，朕所不为。况经特开恩科，士子群叨格外盛典。乃欲因此更思滥冒，则得陇望蜀，其不知足亦已甚矣。此所关于风俗人心者甚大，不可不明切晓谕，令天下士子知之。

乾隆二十一年议准：天文生⑫由生员留监肄习者，令该监造具清册，开载年貌、籍贯，送部存案。届乡试期，该监照例移送学政录科。学政咨部核对，册内有名者，准其考录。如册内无名，或临期将悬额顶冒，滥送科举，查出，即照例参处。其虽由生员考取，未经补额之先，该监仍不得移送科举。

又议准：各寺院效力肄业之生员，向例不随棚考试。乡试之年，俱由各寺院咨送学臣录科，无须本学呈送。但此等各寺院咨送之生，学臣仍须分别款项，将录科全册彼此互对，不得重复开造，至滋混淆。再顺天乡试录科名册，详注年貌、经书；录遗册内，止列贡、监、生员空名，办理未协。嗣后，顺天录遗之贡、监、生员，学政务一体详造年貌、籍贯、经书，全册咨送，以便查核。

乾隆二十五年议准：嗣后中式举子，如经磨勘出文理荒谬、例应斥革者，除将主考官照例议处外，仍令该学政将原取科举之卷解部，交与原派大臣复勘。如亦系荒谬，将该学政照主考例议处。若不过寻常文理，应得免议。

乾隆三十八年议准：兵丁取进武生，应一体由学臣考试，分别录送入闱⑬。不必另立兵丁乡试名目，以致科条歧异。

注释：

① 遗才，旧时，秀才参加乡试，先须经过学道科考录送。临时添补核准者，则称为遗才。《警世通言·唐解元一笑姻缘》："虽然免祸，却不放他科举，直至临场，曹公再三苦求，附一名于遗才之末。"

② 皿字，即皿卷。清代科举，顺天乡试贡、监生试卷，取"监"字下半部为代号，故有此称。《清史稿·选举志三》："（康熙）四十二年，停五经分房之例。至顺天房考，南、北人回避南、北皿卷，边省人回避中皿卷，会房则同省相回避云。"

③ 江南，古省名。清顺治二年（1645）改明南直隶置。治所在江宁府（今江苏南京市）。康熙六年（1667），分置为江苏、安徽两省。但此后习惯上仍合称这两省为江南。

④ 房官，亦称"房考"，明清时乡、会试分房阅卷之考官。《清史稿·选举志三》："康熙五十四年，令不同省房官二人同阅，互相觉察，用三十六人。未几即罢。"

⑤ 及锋而用，语出《汉书·高帝纪上》："吏卒皆山东之人，日夜企而望归，及其锋而用之，可以有大功。"意谓乘军中将士正有锋锐之气而及时用之。后则称乘可行之机而行为"及锋而用（试）"。

⑥ 湖广，古行省名，元至元中置。清将湖广分成湖南、湖北两省后，通常还是称这两省总督为湖广总督。

⑦ 方正，古代制科之一。汉文帝时始诏举"贤良方正能直言极谏者"，多为举荐；后成为制科之一，如唐有"贤良方正直言极谏科"，清代有"孝廉方正科"，有举荐和自荐之别，先推荐，后廷试。以德行方正为取士主要标准。

⑧ 贝字号，清时科举，北闱乡试硃卷，以满、蒙编"满"字号，汉军编"合"字号，贡、监生编"皿"字号，直隶编"贝"字号，又以南、北省人为南、北、中三类。所以直隶省之生员，谓之"北贝"。贝，即"员"字之省。参阅《清会典事例·礼部·贡举录送乡试一》。

⑨ 南、北、中皿，据《汉语大辞典》"北皿"条："清代各省贡、监生参加顺天乡试，分南、北、中三卷。奉天、直隶、山东、河南、山西、陕西的贡、监生，谓之北皿；江南、江西、浙江、福建、湖广、广东的贡、监生，谓之南皿；四川、广西、云南、贵州的贡、监生，谓之中皿。"

⑩ 副榜，旧时科举取士，除正榜外另取若干名，列为副榜。始于元至正八年。明永乐中会试有副榜，给下第举人以作官机会。嘉靖中有乡试副榜，名在副榜者准作贡生，称为副贡。清只限乡试有副榜，可入国子监肄业。

⑪ 原文此字难以辨认，疑似"砥"字。

⑫ 天文生，古代观测天象、推算时日之官吏。唐代司天台有天文生六十人。明清属钦天监。清制，食俸天文生，满、蒙古十六人，汉军八人，汉二十四人。食粮天文生，汉五十六人。

⑬ 闱，考场。按原文将"闱"字误为"围"字，径改。

卷三十七　帮补廪增

凡廪、增额数，府学各设四十名，州学各三十名，县学各二十名。间有新设府、州、县学，因入学员额不多，其廪、增各额，或府学照州学，州学照县学。县学不满二十名者，亦有一学分为两学。其廪、增额数，两学均分。或两学酌量差分者。亦有新设之学，因人文未臻充盛，尚未设有廪、增各额者。详具学制员额条内。

顺治九年题准：帮补①廪、增，新旧相间。以考案为新，丁忧起复、病痊考复、停降考复、缘事辨复②者为旧。无新尽旧，无旧尽新。新旧之间，总以考案先后为主。如第一是新，则先新后旧。第一是旧，则先旧后新。丁忧以下四项，考居一、二等，俱照名次先后为序。即起复，亦不问服阕先后。惟考居三等，先尽丁忧起复，次病痊考复，次停降考复，次缘事辨复，挨次序补。如起复等项，有一二人同时候补者，以文到日先后为序。文同到者，以原补廪、增先后为序。若考后有起复、准复，考序于与考之后不得搀越。凡遇廪、增缺出，该学教官于次日，即开明廪、增某人，某月日，某事故见缺应补。上首补过某项、某人，下首见有某项、某人候缺。取具本生及上首、下首生，不致搀越贿嘱结状。加结申提调官，复勘无碍，申文详夺。若该学留难不报，至三日以上，提调官迟至七日以上，吏皆究处。其增生补廪所遗增缺，须前详批允后，方许作缺，呈详顶补，不得两项并申。如有朦胧搀越者事发，教官以赃论，本生黜革，保结生降罚。

又题准：廪善③缘事，三个月以上不结，停食饩，不作缺。事结供明准补支。但经戒饬，即不犯革，亦备查拘发收复月日，俱作旷，不补支。

雍正七年议准：旧廪考居一、二等，方准与上等之增、附挨次序补。其考居三等者，不准收复。

雍正十年议准：四等廪生，仍依限送考，不许作缺。

又议准：嗣后旧廪考居三等者，仍准与新考上等间补。

雍正十三年议准：廪、增生遇本生父母之丧，期年内不许应试，毋庸出缺。

乾隆六年议准：岁、科两考生员，例得帮增、补廪。但必酌定限期，方能使两案均平。黔④省除岁案帮补，照依各省，以行文科考之日停止外，至科案帮补，则于乡试前科册解部之日即行停止。俟有缺出，俱归下次岁案顶补。是岁案所得之缺倍多，而科案所得之缺独少。办理殊未画一。嗣后，黔省帮补廪、增，应照各省例：岁案，仍于行文科考之日停止；科案，于下届行文岁考之日停止。

乾隆二十三年议复京畿道监察御史陈大复条奏候廪生员，考居三等，不准补复等款一折：查向例，帮补廪、增，原属新旧相间。又雍正十年议准：旧廪考三等者，仍准与新考上等间补。盖以考居三等者，尚属文理平通，初非劣等可比。况现在实廪考三等者，并无示罚之处，何以因候廪而遽加阻抑？是廪、增新旧间补之法，自应仍照成例。

所奏毋庸议。

乾隆二十六年议准：帮补廪、增，向由州、县、府转详，实属具文。且多一起文之处，不无开书吏需索、捵搁之端。嗣后直省帮补廪生，由本学径详学政，核明批补。仍将准补名姓、日期，行知该府、州、县注册，以为开支饩粮及稽核奏销之据。其增生无关钱粮，专令学臣批准行学，无庸转行，以省案牍。

乾隆二十八年议准：附生考列二等补增，已邀嘉奖。若帮增之后又即补廪，未免太优。应将新增补廪之例停止。

乾隆二十九年议复广西学政叶观国条奏三等补廪复缺亦按名次一折：查一、二等俱系优等，以文为重。故旧廪、旧增，亦以名次为序。至三等⑤文理俱属平常，其先后名次，难为确据。是以先尽丁忧起复，次病痊考复，次停降考复，次缘事辨复。照本生出廪时情节轻重，为帮补之先后。若仍照一、二等以名次为序，则曾经欠考与考过劣等，及缘事斥革者，偶尔名次在前，转得居起复之先，殊失轻重。况生员丁忧，即须报明学政，必无于三年前预拟考居三等，捏报月日之理。其考复、辨复等项，俱确有案牍可查。何至有增减月日，高下其手之弊。正不必预为防范，更张成例。所奏应毋庸议。

乾隆三十二年咨复广西巡抚宋邦绥咨称广西怀远、迁江二学，廪、增各裁四缺，遇有事故缺出，其现考优等应补之生，既不便充补，亦未便遽令向隅。请暂以候廪、候增注册，俟扣足廪、增各四缺后，再有缺出，与候廪、候增之生一体挨序详补食饩，以示鼓励等语：查岁试考居优等之生，至行文科试时，如无廪、增缺出，即停其帮补，并无注册之例。今裁缺廪、增，如有事故出缺，即作为裁缺。其现在考居优等之生，应停其帮补。所请注册挨补之处，与例不符，应毋庸议。

乾隆三十三年议复云南学政于文峻条奏考列二等虚增，请照旧廪出贡之例，一体序补廪缺一折：查廪生出贡，全以食饩年深为序。且出贡时，必须选取一正二陪，严加考试。并非偏袒虚廪，滥予出贡。其与帮补廪、增，各按应得之缺顶充者迥别。若考居二等，未经补缺之虚增，遇出廪缺即予充补。倘或实缺增生，考居二等，名次稍后，势必先尽虚增充补。是于实增转有偏枯，而于廪、增按缺顶补之例，亦属不合。所奏应毋庸议。

又咨复浙江巡抚永德咨称廪生丁本生父母期年忧，例不出缺。其廪粮，各学有照旧支给者，亦有停粮扣除者，办理两歧，应请部示等语：查乾隆二十四年，据奉天府丞将期丧不应考之廪生应否扣存饩粮，请示到部，当经行查户部。据称，江南等十三省奏销册，开丁忧廪生廪粮、银两，系扣缺造报，并未造有期丧扣缺之款。劄复该府丞查照。今浙省事同一例，应查照画一办理。

乾隆三十七年奏准：嗣后直省支给廪生银两，各该州、县，将实在应支名册，预申学政衙门查核。倘有舛错不符，该学政即行驳查改正，方准汇册报销。

乾隆三十八年议准：廪生报劣，照考列四等之例，停支廪粮，不作缺。仍照例察看，怙过不悛者，即行斥革。如果改悔自新，确有实据，仍于册内开注"改过"字样，俟报部核准后，再行开支。

又奏准：每学额设增生，遇有缺出例，应将现在本案考居一、二等之附生充补。理宜随空随详，不当积压沉搁。乃湖南各属，自乾隆十六年以后，上届报部以前，空增悬缺甚多。除饬令各学，将未补各缺，查明应补各生，分案追补造册报部外，所有从前积压不补，因循遗漏之历任教官，皆有应得处分。其历任学政，未经查明催办，均难辞疏忽之咎，应请一并交部议处。

乾隆四十年⑥咨复四川学政吴省钦咨呈称廪生考劣，如果照限赴考，文理较优，仍可量拔三等。其有限内送考，而文理依旧疵谬者，应否降作增生，开缺另补等语：查廪生考列四等，停廪，不作缺。限六月送考定夺。如果文理稍通，即应照例复廪。其文理仍属有疵者，除不准复廪外，并无即行降作增生之例。且查例载：四等廪生，原系停降者，不准限考，姑照旧。又五等，廪停作缺，原停廪者降增等语。是原系停廪之生，复考四等，止照旧停廪。即廪生考居五等，亦止于廪停作缺。惟原系停廪之生，考列五等，始应降作增生。则四等廪生按限送考，而文理仍有疵者，自应无庸降增，仍以停廪不作缺之处注册。俟下次岁考，照例办理。

注释：

① 帮补，候补。《初刻拍案惊奇》卷十："好文字！好文字！就做个案元帮补也不为过，何况优等。"
② 辨复，原文作"辩复"。按科举时代士人因犯法革去功名，后由于申辩而得以恢复，谓之"辨复"。辨，通"辩"。《清史稿·选举志一》中记"六等黜陟法"云："三等，停廪者收复候廪。……缘事辨复，增降附者许收复。"本书中"辨复"处与"辩复"处俱见。为统一，标点时凡遇"辩复"处均改"辨复"。
③ 廪善，善，通"膳"。北齐颜之推《颜氏家训·治家》："蔬果之畜，园场之所产；鸡豚之善，埘圈之所生。"廪膳，即廪膳生员之简称。
④ 黔，原文作"黜"，误，据本条下文"黔省"径改。
⑤ 原文为"二等"，误，据上下文径改。
⑥ 乾隆四十年，按，本《学政全书》虽修成于乾隆三十九年十二月，但据书前礼部尚书素尔讷等所上"奏折二"内称："其未经刊发以前，如有钦奉谕旨暨臣工条奏应行载入者，仍随时添辑所有。"故此条当属"未经刊发"前所"添辑"。下同。

卷三十八　罚赎对读

顺治十六年议准：对读①生员，责成该学政行令各学，简选年力精壮、文理通明之士，按年貌、籍贯造册交送提调。内有点验不对，及朦混塞责者，照例参处。

雍正六年议准：科场对读，例用五等青生②。惟顺天除京学外，兼将外县新进十名以外之生员充补，未免阻其上进之志。嗣后仍照现行例，概用五等青生。对读事竣，准复附生。如人数不足，以四等生员充补。其以新生充补对读之处，永行停止。

乾隆二年议准：会试对读，例用顺天各学新生。如果无错误，剳行该学政，遇岁试或科试，考列三等者，准附二等末；二等者，准附一等末。其岁考置劣等者，亦照此递升一次，以示优奖。

乾隆六年议准：顺天乡试，由该学政将通属四、五等生员，照册开送顺天府，承充对读。仍饬各该教官严传各生，务须科场十日前赴该提调处，齐集点验。其中实有患病事故，饬取该生邻里及该教官印甘各结，以凭稽察。如有托故不到者，本生褫革，开送官题参议处。

乾隆八年议准：四等生员，原未有不许乡试之例。若遽令对读，有碍场期。至四等武生，乡试在十月，并无妨碍。应通行各省，嗣后五等青生不敷对读，将四等武生兼用，免其录遗，准入武场乡试。

乾隆十四年议准：四等文生，如录遗有名，原不碍其乡试。若录遗无名，则既不准乡试，正宜入场效力，俾知警惕。嗣后四等文生，科举录遗无名，仍令送场对读。如四等文生、五等青生俱不敷用，仍以四等武生补足。

乾隆十五年议准：嗣后凡考居四等生员，有情愿录遗者，令该教官造册申送录遗。如取录有名，准其乡试。若未经取录，即就近令其入闱对读。至自揣难于取录、不愿录遗者，即令该教官预行查明名数，册送对读。倘有不到之生，将教官查参议处。

乾隆二十四年议准：乡试科场，例以五等青生对读。人数不足，即以四等生员充用。又顺天乡试，向因对读人数不敷，经奏请雇募贫生，入场对读。每名给与薪水银四两，议准遵行在案。今顺天学政金德瑛奏称：此四、五等生员内，或有老病跋涉，资斧③艰难，先期押赴京师，致有逃避不到，并私自雇人，查出褫革者。揆之情罪，似属可矜。不如量予罚赎，稍为变通。嗣后，除甘亲身供役外，果系老病，四等罚赎银四两，五等八两，令该地方官出具印结，详明学政。并将此罚赎银两，解交顺天府衙门，归于科场项下拨用。至此等生员，既准罚赎，则对读人数临时倘有不敷，自应酌量充补。现据侍郎熊学鹏等奏称：顺属暨保定等府，每科所选誊录书手共有千人，每科约用八九百人。尚余百数十人，即请充补对读。但查此等人内，向例只取字画端楷。今令充对读，须略知句读之人。应令顺天府府丞，于考试誊录字画时，兼取文义略通者，分别记名，充补对读。庶为允协。其延雇贫生代充对读之处，永行停止。武生劣等对读者，均照此办理。至该侍郎等所奏捏饰不到之各生，概行褫革等语。查此等劣生，其老病不能入场者，既准令以罚赎示儆；其亲身对读者，自当黾勉供役。惟在学政衙门详悉稽察。务使向来规避陋习，实力屏除。其熊学鹏等所奏捏饰不到劣生，请概行褫革之处，应毋庸议。

乾隆二十七年议准：浙江省对读生员，应援照顺天之例，令将罚赎银两解司，酌量雇觅承充。嗣后文武四、五等各生，除④愿甘供役，及丁忧事故，并四等文生业经录科有名外，如有老病不能供役，及不愿录遗者，照例罚赎。又外省雇值稍贱，量予酌减。准其令四等之生，罚赎银三两；五等罚赎银六两。解缴该管科场官，雇觅对读，入场供役。再各省内倘有情形与浙省相同者，准援照罚赎银数，一体遵行。其有应仍遵旧例办理者，听该省学政咨部存案。

乾隆二十九年复准：黔省地处边隅，士子寒苦居多。若照浙江大省之例，一体照数罚赎银两，将来恐难办理。应仍照旧例，将四、五等生员听其自行应役。有年老病废者，亦照例令其雇觅寒士充当。银数多寡，听本生自给，不必限以定额。

又复准：五等武生，应照五等文生罚赎之例，罚赎银六两，解交藩司，雇觅对读。饬各省一体遵行。

又议复四川学政博卿额条奏生员补考居下等者，一体罚令对读一折：查生员补试前案岁考，去下届乡试，尚有本案岁考及科场录遗。其补考列在下等者，如本案岁考三等，或四等，而录遗有名，例不对读。若仍考居下等，及四等录遗无名，应入本案岁考办理。惟补考四、五等之后，未与本案岁考者，间有其人。非系游学，即属患病。此等生员，当其呈告游学、患病之时，该学政即应慎重稽查，不得任其托故规避。若果游学、患病属实，亦难令其入场对读，致滋贻误。所奏应毋庸议。

乾隆三十八年奏准：安徽省每科需用对读，四、五等生员不敷，即将欠考生员凑足。俟对读事毕，学政查对名册，准作补考一次。查生员岁试，原以重考课而示劝惩。若以欠考之生，入闱对读，即可倖免考校，不独视岁试为具文，且恐庸劣诸生，平时既不黾勉向学，临考自揣荒疏，复得规避取巧。殊乖核实、课士之道。应即禁止。

乾隆四十年议准：查对读处分，久经著有明条。但不论轻重，一例责革，未免无所区别。嗣后对读各生，于硃卷题内笔误一二字，及文内错落数字，未经对出者，将该生戒饬示儆。如有誊录显违格式，遗落成行，及错误成句，有害文义，不行详对注改者，签出，立行黜革。如此分别办理，庶昭平允。

又复准：四、五等生员罚赎对读，遵例解银雇觅，则对读错误，咎在受雇之人。应令该管科场官查明，按名责惩具报。本生免其褫革。

注释：

① 对读，旧时科举制度，乡、会试后要由专人誊录试卷，再送考官评阅。为防止誊写草率错误，一般选取文理明通之生员为对读生，加以校对，以对读官管理之。
② 青生，即青衣，明清时生员名目之一，地位在廪、增、附生之下。《明史·选举志一》："以六等试

诸生优劣，谓之岁考……一、二等皆给赏，三等如常，四等挞责，五等则廪、增递降一等，附生降为青衣，六等黜革"。

③ 资斧，本义为利斧。《易·旅》："旅于处，得其资斧。"王弼注："斧所以斫除荆棘，以安其舍者也。"程颐解作资财、器用。见程颐《易传》四。后因称旅费、盘缠为"资斧"。

④ 除，原文为"赊"，误，据文意径改。

卷三十九　贡监事例上

恩贡

顺治元年恩诏：直省府、州、县学，俱以本年正贡①改为恩贡，次贡作正贡。此外，有才学出众、孝弟著闻者，听学臣不拘廪、附，特荐试用。

顺治八年恩诏：各直省儒学，准恩贡一名。仍以正贡作恩贡，次贡作岁贡。

顺治九年：世祖章皇帝②视学，五氏族人来京观礼者，俱准送监读书。本系廪生送入者，准作恩贡。

康熙八年：圣祖仁皇帝视学，五氏观礼族人，准十五名送监读书。

康熙十四年恩诏：直省儒学，准以正贡作恩贡，次贡作岁贡。

康熙三十六年恩诏：直省儒学，准以正贡作恩贡，次贡作岁贡。

康熙三十七年题准：三十六年恩诏以正贡作恩贡，次贡作岁贡。应以本年遇诏之正贡改作恩贡，次贡充本年岁贡。至歇贡之年，仍不准起送。通行各学政，已经起送本年岁贡到部者，移咨吏部，改注恩贡。该学政换给恩贡单。其未经起送本年分岁贡者，该学政即改作恩贡，造册送部。其岁贡俱遵恩诏，照例挨考一名，充本年分岁贡。

康熙五十二年恩诏：直省儒学，准以正贡作恩贡，次贡作岁贡。

雍正元年恩诏：直省儒学，准以正贡作恩贡，次贡作岁贡。其不值正贡之府、州、县、卫学，准以次贡作恩贡，再次贡作岁贡。

雍正二年：世宗宪皇帝视学，五氏来京观礼者十五人，俱送监读书。

雍正十三年恩诏：直省儒学，俱于本年以正贡作恩贡，次贡作岁贡。

又题准：各省府、州、县、卫出贡，俱于本年以正贡作恩贡，次贡作岁贡。其歇贡之州、县、卫学，仍于次年举行。

乾隆三年：皇上临雍③，陪祀十三氏子孙共三十一人，俱准送监读书。

乾隆十三年奉上谕：朕此次东巡，加恩士类，已令增广入学名数。复念十三氏子孙，远承世绪，济济胶庠，其中当有文学可观、读书立品之彦。宜加甄拔，以广恩施。其令该学政，考验其文行兼优者数人，咨送礼部，贡入成均示鼓励焉。

又议准：此次考验十三氏子孙，照考选拔贡之例，分作两场，试以书艺、经解、策论判，拔其尤者，送部贡入成均，准作恩贡。并咨送吏部，照例铨选。

乾隆十五年恩诏：直省儒学，以正贡作恩贡，次贡作岁贡。

乾隆十六年恩诏：直省儒学，以正贡作恩贡，次贡作岁贡。

乾隆二十六年恩诏：各省儒学，以正贡作恩贡，次贡作岁贡。

乾隆三十六年恩诏：各省儒学，以正贡作恩贡，次贡作岁贡。

拔贡

顺治元年题准：在外府、州、县学廪生，赴提学道考试，选贡来京，以学达经济、行合规矩者，方为及格。

又议准：山东各学廪生，令提学严加考试，择其文学优长、年力强壮者，每府、州、县各于正额外，再加一名选贡。其流寓在省诸生，亦取确当保结，另编字号，一体考试。果有学博才优者，视人数多寡，量举一二名。

又奉上谕：首举选贡抡才盛典，准先行岁考，补足廪生，以拔其尤。顺天府特贡六人，每府学贡二人，州、县学各贡一人。其考试盘费，官为资给。如有拔萃奇才，特疏荐举。

又题准：拔贡定例，汇通省廪生于贡院中两场考试，士子跋涉艰辛。应听提学于所至之地，便宜考试。

顺治十一年题准：直省儒学廪生内，通行考试经书、策论，拔取学行兼优者一人，充贡送部。学政将各生原卷解部，仍令本生誊写硃卷，粘连贡单，于布政使司起文，取该府、州、县学各印结，赍投本部。汇送内院，以候廷试。各学政仍将拔贡生员姓名、籍贯，备造文册报部。

康熙十年题准：直省各学，于现在一、二等生员内，遴选文行兼优者，考充拔贡，入监肄业。

康熙二十四年议准：直省各学，于现考一、二等生员内，遴选文艺精醇、品行端方者，府学二名，州、县学各一名，准为拔贡，入监读书。如该学无文行兼全者，宁听缺额。其试卷解部磨勘，如察出冒滥者，将考官纠参。

康熙三十六年题准：照康熙十年、二十四年例，选拔贡生。府学二名，其余各学一名。满洲、蒙古二名，汉军一名。无文行兼优者，宁缺无滥。

康熙三十九年议准：嗣后选拔之年，以陪贡充，停止选拔。

康熙六十一年议准：直省照三十六年例，再行选拔一次。如有冒滥者，将该学政照溺职例革职。

雍正五年奉上谕：直省拔贡，旧例，十二年题请举行一次。后因各省学政不能秉公选取，国子监未便照例请行。于雍正元年，特行一次。朕思各州、县每年岁贡，较其食廪浅深挨次出贡，内多年力衰迈之人。欲得人材，必须选拔。著各省学臣于科考时，照例府学拔取二名，州、县学各一名，宁缺毋滥。务取学问优通、品行端方、才猷可用之人，令其来京。朕将亲行廷试，令入监肄业。如有学问荒陋、人品不端、才具庸劣者，将该学政严加议处。嗣后，六年选拔一次。国子监届期题请候旨。

雍正六年奉上谕：各省考取拔贡，原欲遴选儒生，以广教育。向例，于现考一、二等生员内，拔其文行兼优者。但作文有一日短长，而文理平通、不列优等者，其人或品行端方、才猷练达，足备国家之用，亦未可定。嗣后，各省学政不必拘一、二、三等生员，均准收考，酌量试以时务策论。其人果有识见才干，再访其平日品行端方，即正考未列优等，亦准选拔。俟到成均，仍可学习。如此则文行兼收，可以昭国家广揽人材之典。

又奏准：选拔考试，分为两场。首场四书文两篇，经文一篇。二场策一道，论一篇，判一条。两场全佳，再细访其品行端方，应予选拔。即首场文艺仅属平通，而策论果能晓畅古今、切中时务，再细访其品行端方，亦准选拔。若策论、品行两无足取，首场文艺，纵极优长，亦不准选拔。考竣，将原卷汇送到部，细加磨对。

乾隆元年议准：饬令各学政选拔贡生，务秉公考校，拔取文行兼优之士。不得委任教官，开奔竞之门。到部时，仍遵例奏请钦命大臣考试，分别等第。如有文理荒谬者，本生褫革，仍将该学政交部严加议处。考列一等、二等者，九卿会同拣选，由部引见。其中果有卓越之才，自仰邀简用。其三等者，停其拣选，照例割监④肄业。凡宗学⑤、义学⑥教习，即于此中考取。三年期满，以知县铨用。其肄业期满者，俟吏部照例铨选。

乾隆二年奏准：嗣后拔贡到部，停其拣选引见。仍由礼部奏派大臣考试，割监肄业。如有文理荒谬者，本生黜革，该学政照例议处。其肄业贡生，俟三年期满，其中果有经义治事、精通练达、人品卓越、学识醇正者，祭酒⑦等官核实保荐引见，以知县、教职简用。其余仍照例，以教职轮班序选。

乾隆五年议准：选拔贡生，照例于时艺外，兼试以经义、策问各一道。务详加搜采，确系文理优通、才品超越者，方准选拔。至选举优生，除照旧例核选外，亦必试以经义、策问，择其文理优通者，始行举报。则该生到监，亦可令其与恩、拔诸生，一体讲习明经、治事之学。如该省学政不能实心考选，滥贡成均，到部考试时，有文理荒疏、毫无实学者，本生及该学政照例议处。

又奉上谕：成均课士之道，惟贵躬行实践，不在多立科条。大学士赵国麟等所奏经义、治事，皆从前孙嘉淦所奏准者。若果实力奉行，自能成才育德，有裨学校。如徒视为具文，虽再增条款，又复何补！是惟在国子诸生，自知黾勉，则古称先⑧，务为明体达用之儒，勿役役⑨于禄位功名之念。而司训课之责者，又复善为诱掖，切加劝惩。则辟雍钟鼓，教化聿兴，而珪璋特达之士，亦从此辈出矣。

乾隆六年奏准：各省拔贡来京，照雍正七年之例，验明贡单，一体咨送顺天乡试。

乾隆七年奉上谕：国家科目取士之外，又有拔贡一途。所以收未尽之人材以备用也。我朝教泽涵濡，人文日盛；又屡开恩科，加添中额，是以进士济济多人。举人则日积日众，竟有需次多年而不得一官者。朕为此时廑⑩于怀，屡筹疏通之策。若又拔贡以分其选用之途，数年一次举行，则人愈多而选用愈少。举人需次，更遥遥无期矣。朕思拔贡乃生员中之优者，既为文学华赡之青衿，则应科举时，自可脱颖而出，又不专借选拔以为进身之阶也。从前选拔，或数十年一举，或二十年一举，今则六年一举，为期太近，理应酌量变通。嗣后，著定为十二年一举，永著为例。

乾隆十一年奏准：拔贡现例，既经停止拣选引见，无论考列一、二等，均归国子监。肄业期满，由该祭酒等核实保荐引见，分别录用。至朝考一事，应稍变通，以免诸生守候之累。嗣后，凡拔贡到部，礼部验到，即割国子监会同考试。文理通者，准为拔贡，留监肄业。荒谬者即行褫革。如文理虽不荒谬，而词句疵累，不称拔贡之选者，发回原籍肄业。仍将该学政分别议处。

乾隆十六年奉上谕：各省选拔贡生，经朕降旨，以十二年举行。惟是来京朝考，拣选引见，剬监读书，或以知县等官试用，或以教职即用，或以教职归班序选，条例屡经更定。朕思⑪选拔于数十、百人中拔取一二人，且不糊名易书，可以验其人材，考其素行，自当精择以充其选。应令该学政于试列前茅之士，举其文行兼优、才品出众者，会同该督、抚秉公抡采，以杜滥冒。至庠序为陶育人才根本，今教职率多昏耄龙钟，滥竽⑫恋栈。虽定以六年甄别，而上官以闲曹多方宽假，非国家设官敷教本意。应分以年限，详加澄汰。所汰之缺，即以应授教职之选拔充补，于教士当有裨益。凡选拔贡生，赴部验到，作何定限，及朝考录用一切规条，俱应详悉酌定，永著为令。⑬

大学士、九卿集议以闻，遵旨议准：直省学政于岁、科两试时，凡文理优通之廪、增、附生，观其才品，接其言论，合之文章，已得其大概。至考拔时，仍悉心体访，不得委任教官，以杜奔竞。照例试以两场。于屡次优等及现列前茅之士，择其文优品端者，秉公选拔。即随场咨明督、抚存案。俟科考事竣，八月乡试以前，学政到省录遗时，传齐通省选拔之人，有总督驻剬之所，会同督、抚；仅巡抚驻剬之地，会同巡抚，就学政考院，通行复试一场。酌用四书文、经文、策各一篇。次日就督、抚署中会同验看。仍将选拔原卷，通行校阅。如果文品兼优，年力富强，堪以选拔，即通出一榜。该学政给与贡单、咨文，令其赴部。正、复原卷，均送部磨勘。

再顺天学政选拔满洲、蒙古、汉军生员，应于乡试前奏请钦命大臣，会同复试验看。奉天由府丞选拔，应会同府尹，在公所复试验看。福建台湾府，由台湾道选拔，移送福建学政，会同督、抚复试验看。倘督、抚等别有见闻，或验试不堪充选，仍发回原学肄业。其缺亦毋庸另补。仍令其应本省乡试。

至到部之期，统以该年十月起限。云南、贵州、四川、广东、广西、甘肃，定限八月，于次年五月到部。湖南、福建、江西、浙江、湖北、陕西，限六月，于次年三月到部。江南、河南、山东、山西、奉天、直隶，限四月，于次年正月到部。其中或有患病事故，不能起程者，许呈明该地方官，申报督、抚，咨部存案，以便补行朝考。

其朝考之法，向例，验到至数十人，礼部即请钦命大臣考试。乾隆十一年，因续到人数畸零，奏请暂为变通，准以礼部堂官会同国子监祭酒，在部严加考试在案。嗣后，除前次选拔未经朝考者，人数愈少，仍在部考试外，其乾隆癸酉年选拔，应照拟定到部限期，分为三次，由礼部奏请钦命大臣，于午门内考试，分列三等进呈。若文理荒谬，本生斥革，学政严加议处。如文有疵累，不称拔贡之选者，本生发回原籍肄业，学政照例议处。其会同遴选之该督、抚等，亦一并议处。再雍正七年拔贡，朝考后分别等第，礼部会同九卿拣选，带领引见，有奉旨记名分发各省，以知县及知县以下等官试用者。余俱剬监肄业，国子监再行考试。拔其尤者，留监肄业，其余听归本籍。其留监肄业者，考取景山等处教习，三年期满引见，以知县、教职二项候旨，分别简用。其余三年肄业期满，专以教职分班选用。其归本籍肄业者，遇考职之年，准以州同、州判、县丞三项，考取选用。有愿就佐贰者，以直隶州州判选用。如情愿就教，则以复设教谕选用。乾隆元年议准，将一、二等者拣选引见。旋于乾隆二年，议停拣选引见之例。朝考后，俱由礼部剳监考录肄业。但选拔十二年一举，实属大典。应仍照乾隆元年之议，于朝考一、二等内，礼部会同九卿，详慎拣选，带领引见，恭候皇上简用。查从前拔贡，礼部将九卿拣选之人，带领引见，有奉特旨以知县分发各省试用者，亦有以知县及知县以上等官试用者。其余听伊等愿就佐贰、教职，归班铨选。今新科拔贡，朝考取列优等，复经九卿拣选引见，其中果有人才出众，或以知县，或以知县以下等官录用。吏部遵奉谕旨办理，毋庸预为定拟。

再查教职一官，攸关紧要。向例六年甄别，为期似属太宽。嗣后除俸满保题，仍照六年旧例外，其题留供职之员，应请敕下各该督、抚，定为三年澄汰。其澄汰所遗员缺，查定例，拔贡专以复设教谕一项。与恩贡、副榜、捐纳，并下第举人，分缺简用。其府教授例用进士。州学正及县经制教谕，例用举人。府、州、县训导，例用挨贡。俱非拔贡应选之缺，仍照旧例铨补外，其训导虽例用挨贡，率多年老衰庸，难望振兴文教，自应稍为变通，准令拔贡兼行充补，以广训迪。嗣后，各该处复设教谕并训导各缺，凡系月分推升，及别项事故出缺者，俱照定例铨选。如系三年澄汰开缺者，即将癸酉年拣选引见之拔贡，照依朝考名次，先后充补。授训导者，以教谕衔管训导事，仍照原衔升转。俟拣选引见之人用完，即照旧例铨选。其未入拣选者，仍剳监肄业。悉照旧例遵行。至拔贡之举，本求得人，无取备数。向来虽有宁缺无滥之条款，而各学政率视为具文。即文风僻陋之区，亦必照例拔取。势必将平庸猥琐之人，滥充利用宾王⑭之选。应令督、抚、学臣，若不得才品兼优之人，不必每庠尽求足额。

乾隆十七年议复江苏学政雷鋐条奏选拔宜兼取老成等款一折：查选拔所重者才品，而亦不得不兼论年力。古人四十曰强而仕，五十曰艾服官政⑮。臣等原奏，指定年富力强者而言，并非专取少年而竟弃老成也。盖士子年逾五十，甫膺选拔，除优等拣选即用外，其归班人员，约俱需次十余年，方得陆续铨用。若现年已在五十以上，再俟十余年后，必多衰老龙钟，不堪任使。则拔而无用，不过博一时录取老成之名，而于国家用才之实效，转无裨益。如有文行素著，精力未衰者，即行年在五十以上，统听学政、督、抚临时验看，精择以充其选。毋庸另定五十以上亦得拔取之例。又该学政奏称选拔当以经学为重等语。查学政岁、科，虽有另试经解之例，但向来并未令优等士子尽人赴考。臣等原议，以屡次考居优等，及现在试列前茅者，考选拔贡。若如该学政所称，即于经解明晰之中，再核其两场选拔之试文。是岁、科未曾考试经解之优等士子，俱不便准其考选拔贡。在考试经解人少地方，势必就寥寥数人中遴选。而文行兼优之士，或因未考经解，不得与选拔之列，未免偏枯。嗣后选拔，毋庸论其岁、科曾否考试经解，惟将原议第一场经文一篇，改为经解一篇，于《御纂四经》内，摘取异同大义，发问数条。令诸生各就所习本经答问，其有能通他经者听。再癸酉乡试之前，《御纂三礼》颁发不及，其专业《礼经》之生，准其于诸儒注疏折衷异同，条析以对。仍照原议，将选拔卷解部磨勘。

乾隆十九年奏准：现在选拔贡生，赴部朝考。查各省文风，高下不一。中、小省分，远不及大省人多文盛。其同日考试者，若统较优绌，则小省所取一、二等寥寥，势必不敷拣选。应照会试钦定中额，准大、小省分之例。每次朝考，将试卷糊名，戳印某省字样于卷后，令阅卷大臣按省凭文酌拟一、二等名数，进呈钦定。再考列一、二等之人，原议会同九卿拣选，带领引见。此次应考四川等省拔贡，到齐应在六七月，是时皇上将由热河⑯启銮。所有考试钦命四书论、判题各一道，照乾隆十七年会试，在京总理事务处请旨颁发题目，并试卷免其进呈之例，由总理处请题，令阅卷大臣祗领考试。将试卷分别等第，具折奏闻。其一、二等，照例奏派九卿拣选。恭候皇上回銮，带领引见。

乾隆二十六年议准：选拔贡生，赴部朝考后，其等第名次，向不知照本省督、抚。每遇选验就职，藩司无案可稽。嗣后选拔之年，如咨送拔贡，朝考定有等次，除知照该学政外，并行直省督、抚存案。

乾隆三十年议准：查乾隆十八年，山东学政题选拔生员牛士范等五名。选拔后，据报丁忧，议令将原卷封贮。俟各生服阕之日，会同该抚补行复验。今据山东学政题报，选拔生员房桂芳等六名。选拔后，据报丁忧，应照例准俟服阕之日，令该学政会同抚臣复试验看，给咨送部朝考。至郝培统一名，既据验明患病，取结存案，亦应比照服阕补验之例，准俟病痊之日，会同复验，送部朝考。

乾隆四十一年咨复四川学政吴省钦呈请未经岁考之新生，应否准其一体选拔等语：查定例，选拔生员，无论廪、增、附生，果系文优品端，屡次考居优等，及现在试列前茅者，秉公选取。是拔贡一途，必须文行兼优、考列前茅之人，始称其选。至未经岁考之新生，其人才、素行尚未深知，自不得滥邀甄拔。所请应毋庸议。

注释：

① 正贡，此指本年各直省府、州、县学选送之岁贡。
② 世祖章皇帝，按，清世祖福临，年号顺治，谥号全称为"体天隆运定统建极英睿钦文显武大德弘功至仁纯孝章皇帝"。
③ 临雍，雍，即辟雍，本为西周天子所设大学，历代皆有，亦常为祭祀之所。临雍，指皇帝亲临辟雍。
④ 劄监，劄，音扎，此为驻扎之意。宋陈规《守城录》卷三："彦舟又自随州领人马至府城下，围绕劄寨。"劄监，即驻国子监学习。
⑤ 宗学，旧时皇室子弟学校。《宋史·选举志三》："（绍兴）十四年，始建宗学于临安……在学者皆南宫、北宅子孙。"
⑥ 义学，旧时各地用公款或私资兴办之免费学校。《新唐书·王潮传》："乃作四门义学，还流亡，定赋敛，遣吏劝农，人皆安之。"清王韬《征设乡义学序》："义学者，即以补官学之所不及。"
⑦ 祭酒，学官名。汉代有博士祭酒，为博士之首。西晋改设国子祭酒，隋唐以后称国子监祭酒，为国子监主管官。清光绪三十一年（1905）废国子监，设学部，改国子监祭酒为学部尚书。
⑧ 则古称先，则，效法；称，称颂。
⑨ 役役，此指奸滑轻薄貌。《庄子·胠箧》："舍夫种种之民，而悦夫役役之佞。"
⑩ 廑，"勤"古字。勤劳，殷勤。《汉书·扬雄传下》："其廑至矣，而功不图。"颜师古注："廑，古勤字。"
⑪ 思，原文为"恩"，误，径改。

⑫ 竽，乐器，原文为"竿"，误，径改。

⑬ 本处分段为标点校注者所分。本条下同。

⑭ 宾王，谓辅导帝王。语本《易·观》："观国之光，利用宾于王。"王弼注："居近得位，明习国仪者也，故曰利用宾于王也。"

⑮ 艾服官政，艾，菊科植物，叶背色白有毛。按，艾颜色苍白，故古人转用以称呼老年人。《礼记·曲礼上》："四十曰强，而仕；五十曰艾，服官政。"孔颖达疏："发苍白色如艾也。"《方言》第六："艾，长老也。东齐、鲁、卫之间，凡尊老谓之叟，或谓之艾。"后世因《曲礼》中"五十曰艾，服官政"之语，遂称五十而做官从政为"艾服"。

⑯ 热河，厅名。清康熙四十二年（1703 年）建避暑山庄于热河西岸，此后皇帝经常至此避暑。五十二年筑城，雍正元年（1723 年）置厅。治所在今河北承德市。十一年改为承德州，乾隆七年（1742 年）复旧，四十三年改承德府。

卷四十 贡监事例下

岁贡

顺治二年题准：直省起送贡生，府学每年一人，州学三年二人，县学二年一人。各省提学将印结单卷由各布政司起送。直隶学院由各府起送。粘连府、州、县学印结，各单内均用印钤盖。该提学仍将贡生姓名造册送部。

又题准：贡生廷试，以三月十五日，吏、礼二部官同翰林院官赴内院，公同阅卷定序。

顺治三年题准：直省岁贡生，于每年四月十五日廷试。该学臣照例考定，给单起送。限三月内到部。如过期者，候次年补试。

顺治四年颁：起送贡生廷试单文新式，通行直省提学。

又题准：提学每岁将次年应贡生员，屡经科举者三人，一正一陪①，严加考选。如正贡年已衰老，文理荒疏，令以衣顶告老。次取陪贡充选。再不得人，更取其次陪贡。务于挨序之中，仍寓遴才之意。其有停廪、降廪，科、岁考居三等者，亦许收复。未收复者，不许起送。如有滥充，于所送内发回五名以上者，提学照例罚俸。

顺治八年题准：廷试贡生，礼部会同内院②、吏部，于四月十五日，赴天安门外桥南行礼考试。试毕，会同阅卷定序，送吏部出榜。其考试人数，当日奏闻。

顺治九年题准：凡本年已考之正贡，遇有事故出缺，系人文未经到部，在一年以内者，将原给批咨硃卷追缴，挨次取年力精壮、文学优长者一人补贡，定限于应贡年分次年到部，方准收考。如将年远贡缺滥补市恩者起送到部，即将本生发回，革廪肄业。提学官参究。

又题准：岁贡正、陪，务以屡经科举者，仍以食饩年深为序，同补则以原考案为序。除停廪未复者，缘事住食廪饩者，服阕及告病给假过限不补考者，服满未补而缘事者，停降未复而丁忧者，皆扣算作旷外，其余概不作旷。停降考复，缘事辨复者，以文到日为始，准其实数。降增而复补廪者，准前后通算。就中较其食饩，以年月最深者为正贡，其次以是为差。每遇考贡之期，文到，提调官即取教官、廪膳、里邻合例甘结，备造年貌、籍贯，科举次数，起送考选。如值出巡，遇便投考。考取领文日，即开廪作缺。若已领硃卷，而丁忧、患病者，仍作正贡，不另补。如一年内人文未到部而病故，或问革者，有司将原领卷单追缴，另送考选。如领过盘费，问革者追，病故者免。若于考后衰老荒疏，不堪充贡者，同致仕例，不补贡。内有捏增科举，隐匿停降，及受贿让贡，并争贡者，俱黜革，起送官吏，一并查究。

顺治十一年题准：直省考贡，限一日内考经书策论四篇，务取明通淹贯之士。照题定科场解卷限期，将原卷印封，解部磨勘。不许转发誊红，以致改窜文字。其贡卷到部，如有文理荒谬者，礼部会同礼科指参。

顺治十五年题准：岁贡生于礼部过堂时，详查年力强壮者，方准送监。

顺治十六年题准：廷试贡生，礼部会同翰林院、吏部公同出题考试。试卷用翰林院印。御史二人，分东、西班监试。兵部拨步军校兵丁，赴长安左、右门看守。工部铺设考官坐案，光禄寺备执事官饭十席，并贡生供给。鸿胪寺官于天安门外引礼。銮仪卫拨校尉赴考处搜检看守。北城兵马司备官板四书五经纲鉴、《大清律》送部应用。

康熙元年题准：贵州、云南贡生，暂免廷试。贵州咨送吏部，就近改补教职。云南咨行该抚就近考试，将考过试卷封送吏部校阅，定衔序选。

又题准：岁贡一项，酌量裁减。府学三年，出贡二名。州学二年，出贡一名。县学三年，出贡一名。

康熙八年议准：岁贡仍令府学一年一贡，州学三年二贡，县学二年一贡。

康熙二十三年议准：云南荡平后，岁贡生仍暂就本省考试。试卷解送礼部，阅定次序，移咨吏部。其愿廷试者听。

康熙二十六年议准：直省岁贡，概免来京廷试。著各学臣挨序考准，咨部补授训导。捐纳岁贡，亦听考送补授。愿入监肄业者，学臣给文送部劄监。

康熙三十六年议准：各省岁贡，有情愿入监者，停学政起送，从本州县给文。准其人文到监肄业。

乾隆三年议准：府、州、县学廪生，已经考取岁贡，给有贡单，于未经报部之前，本生物故者，即于报册内声明达部，准作贡生，以示矜恤。其本年岁贡，仍将陪贡顶补。所有旗匾银③，仍留给顶补之生。

乾隆五年议准：云南向来岁贡，必系实廪，方准考选。其虚廪虽年深，亦不准贡，与各省之例不符。嗣后应遵照定例，不论虚廪、实廪，挨年序贡，以昭画一。

乾隆二十六年议复山西学政邵树本条奏廪生出贡酌加变通一折：据称廪生出贡，约需二十余年。又二十年，方选教职。即弱冠补廪，迨至司铎，已逾六十。与其于廪生中较食饩深浅，以收荒疏衰老之人，不如于补廪后，较其考列优等多寡，以收英敏力学之士。请嗣后补廪之后，连考一等最多者，充正贡。次多者，充陪贡。再次者，次陪贡。如三人优等多寡适均，则仍序食饩深浅等语。查学校养育人才，不以老少为限。其英敏力学者，三载宾兴，自能脱颖而出。果有未经中式之俊髦，又有拔贡、优贡两途。学臣自可随时遴拔。至岁贡一项，俱系屡经科举，食饩年深。故使之挨序以入成均，以酬其读书之志。其中有荒疏衰老者，仍有不许滥充之例。若使诸生互相搀越，徒开奔竞之端，殊于造士之规无益。至虑及司铎龙钟，惟责成督、抚、学政，考验于赴选之时，甄别于俸满之日，不得因此而轻更学制。所奏应毋庸议。

乾隆三十一年议准：各省岁贡，赴监肄业，原期励以大成。向例，由地方官取结申送。虽核其籍贯有无违碍，亦当验其精力未衰，方能振作。如果精力衰迈，不得滥行申送。

乾隆三十五年议复云南学政李廷扬条奏嗣后陪贡托故不到者，即以次陪作为正陪，再于次陪以下充选次陪。如次陪不到者亦如之。俟次年应贡时，即以上年之正陪为正贡，次陪为正陪。其托故不到者，降在次陪之后一折：查陪贡临考不到，由该教官呈报学政。果有实在患病情由，自可稍展考期。如查明托故不到确据，则有意趋避。其应充陪贡之处，即宜永行扣除。若仅于次年应贡时降在次陪之后，是该生既显然托故，而瞬届贡期，复预遴选，究无以示惩戒。且陪贡次序前后互易，诚恐不肖士子藉此有受贿让贡等情，更非整顿士习之道。所奏应毋庸议。

乾隆三十七年议复湖南学政褚廷璋条奏请将岁贡预考之例停止，均令挨顺应贡年分于本年考充。有路远患病稽迟者，准其展至应贡之次年补考一折：查岁贡自康熙二十六年停止。廷试以后，各省送到报部册内，有本年考充者，有声明随棚预考者，亦有本年未及考竣，至次年补考者。诚以学臣于三年之中，岁、科两试，按临各郡，试期有先后不同。出贡年分，复有迟速不一。且有省分辽阔，岁、科同时并考者。所属应贡之生，必须预考兼行，事理方无违碍。若如该学政所奏，均于本年考充，势必将各属内正、陪各贡纷纷调考，于事殊属未便。且岁贡分年定额，无论前后考选，总归本年应贡额内。并不因随棚预考，致年限或有参差。所奏应毋庸议。

乾隆四十年复准：山东运学，本非土著。既增设廪贡之额，已足示优。毋庸摊给袍帽银两。

乾隆四十一年奏准：嗣后廪生出贡，各该学政于考准之日，当堂填给贡单，令其收执。其赴监肄业者，仍取本籍地方官文结，并亲赍贡单投验。倘无单呈验，除驳回外，将遗漏给单之该学政参处。至现在肄业，及续来之岁贡生内，如出贡在乾隆四十年以前未经给有贡单者，由国子监核验本籍文结，再咨查礼部，俟准部复贡册有名，仍准其肄业。报满咨部铨选，毋庸补给贡单，以归简易。

又奏准：嗣后顺天各属考贡诸生，距考棚在五百里以内者，以十月为限。其在五百里以外者，以一年为限。如逾限不行投考，即将该生应贡之处永行扣除，不得再行补考。其赴考以前，有实在患病事故者，由该教官具结报明，暂行展限。不得过三个月之内。仍将补考缘由于册内声明报部，以凭查核。所有现在应贡之生，如有已过应贡年分，尚未投考者，即照新定章程办理。并通行各省学政，一体遵照。

乾隆四十二年议复：江苏学政条奏廪生按年出贡，不特明经就教，有司铎之责；即贡士居乡，亦为表率之资。今年考试海州所属考贡之生，有曾经犯饬者，饬驳另选陪贡考充在案。查《全书》所载，岁贡生年衰文谬者尚不得滥充，何况有劣迹之生！请嗣后岁贡生员，曾经以行止不端、恃符滋事，戒饬被责者，概不准出贡等语。查各省廪生，按照年分挨次出贡。其平时有无缘事戒饬之案，原应分别核办。但该学政所称，曾有劣迹，及行止不端、恃符滋事者，定例即应斥革治罪，并非止以戒饬结案也。惟所犯本轻，尚不致于斥革，向令该教官戒饬示惩。而既经饬责，未便仍准其按年出贡。应行令各省学政，嗣后廪生内有词讼牵连，经地方官审明申详，督、抚发学戒饬者，即将该生出贡之处扣除注册。仍将原案呈报礼部查核。其原奏海州所属考贡之生曾犯饬责，另选陪贡考充一案，应令该学政即照此例办理。

副榜贡

顺治二年定：顺天府乡试副榜五十五名，增、附准作贡监。廪生及恩、拔、岁贡贡监，俱免其坐监，即与廷试。

顺治五年恩诏：直省乡试副榜诸生，廪、监准贡，增、附准入监肄业。

顺治十一年议准：副榜贡生，亦于四月十五日廷试。照例公阅。止序卷次先后，不定职衔。将恩、拔、副榜贡生，及岁贡生中英年愿入监肄业者，一并送监。依期坐监。吏部会同内院、礼部公考，以定职衔。

又议准：直省乡试副榜，各送监肄业。内廪生副榜，照恩、拔贡生例，坐监六个月。增、附生副榜，照岁贡例，坐监八个月，永为定例。

康熙元年题准：停其乡试副榜贡额。

康熙十六④年议准：直省乡试，仍取副榜作贡送监。其廷试停止。

雍正四年奏上谕：近来试官，多以四书文为主，而于经艺不甚留心。士子读书制行之道，首在明经。其以五经取中副榜者，必系有志经学之士。著将今年各省五经取中副榜之人，俱准作举人，一体会试。再今科各省所中副榜内，有两次中副榜者，亦准作举人，一体会试。以上俱系特恩，后不为例。

优贡优监

顺治二年题准：直省府、州、县学，不拘廪、增、附，将文行兼优者，大学起送二人，小学起送一人，入监肄业，名为贡监。

顺治四年议准：礼部会同内院，将现在贡监生，严加考试。除选取存监外，其余革去贡监，发回原学，分别照廪、增、附肄业。及行学黜名有差。

康熙二十四年议准：查顺治八年内，将各学生员，选其文行兼优者，考选赴监。又康熙十年内，因监生中止有输纳一途，贫窭之士无由观光，将生员遴选起送。今仍照康熙十年事例，府学起送二名，其余各学起送一名赴监。如该学无文行兼优者，宁缺无滥。其试卷解部磨对，察有冒滥，将考官纠参。

雍正十一年题准：各省优生，令该学政出具考语，具题送部。从前只⑤议升入太学，并未分晰贡监名色，以致一切考取录用，皆无著落。今拟优生由廪、增升入太学者，准作岁贡。由附生、武生升入太学者，准作监生。皆由礼部换给执照，剳监肄业。奉旨：各省保送优生，廪生准作岁贡，附生准作监生，该部剳监肄业。其武生到部时，礼部考试文艺，兵部考试骑射，请旨。

乾隆四年议准：嗣后举报优生升入太学者，除确访实行考试经义外，并限以大省无过五六名，中省三四名，小省一二名。该学政详慎举报。如不得其人，宁缺无滥。仍于任满汇题到日，由部核实具题。

乾隆二十三年议准：嗣后保题之优生到部时，俟有四五名，本部奏请，钦派大臣考试，分别等第进呈。其文理明通者，照例剳监肄业。荒疏者发回原学，并将该学政照例议处。

乾隆二十四年奏准：向例，各省优生俟到部有四五名，始行考试。守候日久，未免旅食之苦。伏思优贡之与拔贡，事属相同。应照考试续到拔贡，不拘人数之例，一体办理。或遇有拔贡续到者，亦可一同考试，各分等第。如此既于定例无碍，而诸生得以随到随考，亦觉简易画一。

乾隆二十九年议复贵州学政李敏行条奏拔贡之年停举优贡一折：据称拔贡之年，中小省分应拔者不下五六十人。极力搜索，尚多缺额。请将该年任满举优之例，暂行停止等语。查拔贡系十二年举行一次，而学臣三年任满，正宜举优黜劣，以示劝惩。且所举优生，通省不过数名，而又有宁缺无滥之例，原不致滥觞⑥充数。该学政既称黔省应考之人，本属无多，应听其宁缺无滥，详慎办理。其余省分，毋庸更改定例。

乾隆三十四年奉上谕：向来各省学政，三年任满，例应举报优劣。其优生之保题到部者，经礼部汇试，分别廪、增、附，作为贡监，送入成均肄业。且有按省大小，定额不得过几名之令。而日久相沿，奉行殊难责实。在学政中之拘谨畏事者，多以无可举报为辞。人才既不无屈抑，其他好名市惠之人，虽所举不敢逾额，必至尽数充选，自博宽厚之誉。况学政与生员，分属师生，随时得以相见，其中保无纳贽夤缘情弊？于造士抡才，甚有关系。但三年举行一次，为奖励士子之一端，若竟辍而不行，未免因噎废食。嗣后学政举报优生，照选拔贡生之例，会同该督、抚一体考核。果属文行兼优，准其会衔保题。庶诸生不致滥邀而甄拔益昭公当。其报劣之例，照旧加意核实办理。

恩监

乾隆三年奏准：八旗汉文官学生，当使讲求经史，为有用之学。每三年一次，奏请钦点大臣考试，优者拔作监生，与汉贡监等一体肄业。

乾隆六年议准：查八旗算学生，俱与官学生一体考试恩监。汉算学生由生员、举人考取者，得应乡、会二试。由童生考取者，若非顺天籍贯，无可应试。嗣后汉算学生，有通习经史者，一体准其考试恩监。

例贡例监

雍正七年议准：查生员俊秀，援例入监。或咨送本监读书，或在籍准作监生。其不应试者，往往于乡试年以监照借人，顶名入场。嗣后应饬令各省，凡不应试之监生，于捐纳后行文取结时，即令其填写不应试字样，以便查验。

乾隆十年议准：文、武生员，有于岁考前捐纳监生，经该州、县收明谷石，给发仓收者，俱准其免考。其虽经报捐而谷石未完，未给仓收者，仍照例令其岁试。

乾隆二十三年议准：报捐应试之贡监，多有冒考占额等弊。自宜于报捐之时，严加察验。但户部收捐后，例皆行文各本省，将所捐各生姓名、籍贯，造册送部核对。其在各省报捐者，亦于捐册到部换给执照后，一例行查造册。是内外所捐生俊，孰为土著，孰为冒籍，在地方官按查烟户册籍，自可立判。其中如有冒籍等弊，即应随时咨部斥革。该督、抚转饬各地方官，务按名详查造报。不得因其已经上捐，朦胧注册，致滋假冒等弊。

乾隆三十一年议准：捐纳贡监生一项，人数繁多，惟凭执照以为稽查。从前原捐照内，多有未填年、貌、三代者，移甲换乙，何人不可假借？应通行各直省，令该生呈明本州、县，汇送督、抚造册。按照原捐事例，分咨户、工二部，换与年、貌、三代执照。有衰老癃疾，不愿换给者，听其自行缴销，毋庸换给。其并无部照，止有实收者，户部既定有换照年限，过限即应注销，不准换给。至生员加纳贡监，例应验照开除。但向来验照，多系亲赍赴棚，未免迟延。查捐纳贡监，户部俱行知该地方官取结。此内凡生员加捐者，地方官接到部文，即行报明学政，于学册内开除。既省该生等往来守候呈验，且亦断无遗漏稽迟之处。应通行直省学政，一体遵照办理。

乾隆三十三年议准：查过限未经换照之实收，既经户部议令注销，其季报四柱册内应删除，毋庸造入。至贡监内有年老癃疾，情愿缴照不换者，既照生员告衿之例，准其仍戴原顶，应于执照缴销之时，即在季报四柱册内注明缘由，下季毋庸造报，以省案牍。

乾隆三十八年议准：嗣后大、宛两县捐纳贡监生，以及捐职人员，先令取具同乡京官实系土著印结，粘呈户部查核。仍于收捐后，将所具印结劄顺天府，饬交大、宛两县备案存查。如有假冒情事，别经发觉，即将出结官照例议处。其无印结者，概不准报捐，以杜冒滥。

注释：

① "一正一陪"，原文如此。但从上文"屡经科举者三人"及下文"陪贡"、"其次陪贡"看，则应为"一正二陪"。

② 内院，即内三院。清官署名。清天聪十年，置内国史院、内秘书院、内弘文院，各设大学士一人。合称"内三院"。康熙九年改为内阁。清王士祯《池北偶谈·谈故二·五学士》："国朝官制，设内三院：曰国史，曰秘书，曰弘文，院各有学士一员。既设翰林院，以内三院为内阁，则止设阁学二员，而别以一人掌翰林院事，俱兼礼侍。"参阅《清通典·职官一》。

③ 旗匾银，清制，新科举人每名给牌坊银二十两，以供制备旗杆匾额，亦称旗匾银。文、武进士则另给坊价银，备建立牌坊。

④ 此处字迹漫漶，疑为"六"字。

⑤ 只，原文为"祗"，由上下文意看，当为"祗（只）"字之误。"祗"，"只"繁体。

⑥ 滥觞，此处犹泛滥，过分。《明史·史可法传》："今恩外加恩未已，武臣腰玉，名器滥觞，自后宜慎重。"

卷四十一　贡 监 应 试

顺治二年定：各省贡监生，愿就本省乡试者，与生员一例编号。其在监肄业贡监生，由本监官考送。直隶贡监生，由学政及吏部考送应试者，通编皿字号，亦不许混入生员内。

顺治八年题准：顺天乡试，例监生于本年援纳者，不准本年应试。

顺治十六年议准：例监生援纳在前，而部文劄监于科举年方到者，仍准应试。

康熙十四年议准：本年捐纳监生，即准其本年应试。

康熙十七年议准：捐银米草豆监生，一体入闱①应试。

康熙二十九年题准：直省本年捐纳米谷监生，俱准其于本省乡试。

康熙三十二年题准：各省常平仓②捐纳监生，与各项监生，或在顺天，或在本省，听其自便，一体俱准乡试。

康熙三十九年定：各项监生，有愿在监入场者，俱由国子监录取。祭酒等力行考课之法。考课不缺者，方准乡试。若临期始到，不准入场。

康熙六十一年定：各省贡监，于乡试前一年，起文到部，送监肄业。自乡试本年正月为始，考课无缺，仍取连名互结，并本堂助教等官结状，方准移送入场。

雍正六年题准：外省贡监赴京闱者，亲赍该地方文结，限乡试年二月到部。其闽、粤、滇、黔、四川、湖南等省，准展限两个月。至录科时，仍取同考各生互结，方准收考。

雍正七年奉上谕：各省拔贡，闻已陆续来京。伊等既不能应本省之乡试，则当准其应试北闱，俾得观光盛典。凡拔贡之有贡单者，俱著该部咨送顺天府，令其应试。

雍正八年议准：圣庙执事官，其由贡生、监生充补。有情愿乡试者，令其一体乡试。若系生员、童生，准作监生应试。

雍正十三年奏准：乡试之年，除现在肄业之贡监生，查明录科外，其余贡监生在京应试者，无论远近各省，俱照例取该地方文结，亲身投递。仍取同考五人互结，方准考试。其新捐贡监，暂听伊等取具同乡京官印结，及五人互结，录科送考。后不为例。

乾隆元年议准：在京新捐贡监，若系临场期迫，本籍窎远，实难取本地方文结者，准其取具同乡京官印结，及五人互结，录科送考。如有顶冒情弊，将本身及出结互结之人，一并照例治罪。

又议准：在京贡监，除从前曾有本籍文结到监肄业，应过乡试，有案可稽者，许令取具同乡京官印结，并同考五人互结，录科送试外；其从前并无文结到监者，若概取京官印结应试，恐开日后顶冒之弊，应仍照旧例，取具本地方官文结，方准应试。

又奉上谕：凡由捐纳候选之贡监、举人，例不得与乡、会试。从前事例内，有捐应乡、会试一款，今捐例已概行停止。此等贡监、举人，有志科名者，势皆不得援例与试矣。朕思此等人员尚在需次选曹，与既登仕籍者有间，不得因捐资候选，屏诸场屋之外。直隶、各省贡监生捐官，愿与乡试；举人捐官，愿与会试者，准令一体考试。以示鼓舞人材之意。

乾隆六年奏准：各省拔贡来京，照雍正七年之例，验明贡单，一体咨送顺天乡试。

乾隆九年议准：新捐各生，未换部照者，本地方官查明，如无违碍，出结申文，令本生亲赍实收赴司确核，转送学臣，考试录科。

又议准：查文武互试于乾隆八年停止。其由武生捐纳监生者，亦不准入文场。但例载武生举优，升入太学，准作监生。则武生捐监，自应归入文途。嗣后，凡武生捐监者，仍准入文闱应试，不得更入武闱，以滋弊窦。

乾隆十二年议准：定例，外省生童，由本籍捐纳监生者，必俟赴部换照，方准乡试。嗣因新捐监生志切观光，未便阻其上进之路，议令地方官出结送考。现经申严录科之额，去取不得不严。本年录送乡试各省恩、拔、副贡生，廪、增、附生员，因例严滥取，不能入场者甚多。此未领部照之监生，未必人皆实学。若概准其录科，徒开侥幸之门。应将捐监未换部照，取结录送之例停止。

又议准：直省现任教职，例由学政考送乡试。今现任小京官笔帖式③，在部候选人员，事同一例。其由贡监出身者，应由监一体录科。由生员出身者，仍赴学政衙门录科。

又议准：各省贡监，有愿就本省乡试者，学政录科时，不得预立成见，以为贡监一途，原可赴京应试，遂致多有遗弃。务凭文字，与生员通较工拙，以定去取。择其三场精通者，即在本省送试。

乾隆十六年议准：明岁特开恩科。各省贡监，有逗留在京，未及回籍起文者，自皆应过十五年乡试之人，先前投有文结；或有十二年乡试文结，至十五年取京官印结准录者，现属有案可稽，俱准其取结收录。至有依亲觅馆，去本籍辽远者，试期已近，即于所在地方官取具文结，亦准收录。若在京新捐各生，系十五年报捐者，已越二年，虽边远省分，不难取具地方官文结送试。惟十六年新捐之生，若令回籍起文，往返难及，应暂为变通，准其一体取具京官印结收录。后不为例。

又议准：在浙报捐之生俊，准以实收应恩科乡试。本省将实收呈明该学政。顺天将实收呈明国子监查验。

乾隆十八年定：顺天直隶贡监生，除实在国子监肄业者，仍照例由监臣考试外，其余在籍者，应仍照录科定例，专归顺天学政考试。其临场申送者，该监不准录送。

乾隆二十年奉上谕：明岁江省报捐生俊，有愿应试者，若必咨部换照方准入场，往返动需经月，恐阻士子观光之念。著照乾隆十六年浙省事例，准以实收应南北乡试。其各省赴江报捐者，亦著照此办理。

乾隆二十一年议准：甘肃等省报捐生俊，季册到部，有已经换照，不及回籍起文者。准照在部新捐贡监之例，取具京官印结录送。

乾隆二十四年议准：台湾报捐各生，若必循例换给部照，方准应试，未免观望不前。许其亲赍实收并地方官文结，赴布政使核验，转送学臣考录。俟试事竣后，仍行换照。

乾隆二十五年议准：今岁特开恩科，应照乾隆十六年之例，将二十一年乡试投有本籍文结至二十四年仍应顺天乡试者，并二十四年新捐各生，不及回籍起文者，一体准取同乡京官印结，收录送试。嗣后仍照定例遵行。

注释：

① 原文此字"门"下为"章"，误。当为"闱"字，径改。

② 常平仓，汉以后历代政府为"调节粮价、备荒赈恤"所设置之粮仓。通常谷贱时收进，谷贵时卖出。清代规定，州县设常平仓，市镇设义仓，乡村设社仓，咸同时大都名存实亡，甚至名实俱废。

③ 笔帖式，官名。清代在各衙署中所设置之低级官员。掌理翻译满、汉章奏文书，以满洲、蒙古和汉军旗人担任。笔帖式为满语"士人"之义（一说为汉语"博士"音译）。

卷四十二　学额总例

顺治四年定：直隶、各省儒学，视人文多寡，分大、中、小学取进童生。大学四十名，中学三十名，小学二十名。

又定：直省各学廪膳生员，府学四十名，州学三十名，县学二十名，卫学十名。增广生员名数同。

顺治十五年题准：直省取进童生，大府二十名，大州县十五名，小学四五名。

康熙九年题准：各直省取进童生，大府州县仍旧，中学十二名，小学或八名，或七名。

雍正二年奉上谕：我圣祖仁皇帝寿考作人①，六十年来山陬海澨②，莫不家弦户诵。直省应试童子，人多额少，有垂老不获一衿者。其令督、抚、学政，会核人文最盛之州、县，题请小学改为中学，中学改为大学，大学照府学额取录。督、抚务宜秉公详查，不得徇私冒滥。议准之例，分载各省。

雍正三年议准：各省新改直隶州，及该州所辖之县取进童生，无庸拨人府学。其从前拨人者，不必令其改归。

注释：
① 作人，作育人才。典出《诗·大雅·棫朴》："周王寿考，遐不作人。"孔颖达疏："作人者，变旧造新之辞。"
② 澨，音是，水涯。《楚辞·九歌·湘夫人》："夕济兮西澨。"

卷四十三 八旗学额

八旗满洲、蒙古额进六十名，廪生六十名，增生六十名，一年二贡。汉军额进三十名，廪生三十名，增生三十名，一年一贡。

盛京满洲、蒙古额进十一名，廪生六名，增生六名，三年一贡。汉军额进八名，廪生三名，增生三名，五年一贡。

顺治八年题准：满洲、蒙古、汉军子弟，归顺天府考试。取进童生，满洲百二十名，蒙古六十名，汉军百二十名。

顺治九年题准：汉军廪、增各设二十名，不拘旗分。听学院考取，归并顺天府学。每岁出贡二名。其廪生均有圈拨地亩，不给廪饩。

顺治十三年题准：减定童生入学名数，满洲八十名，蒙古四十名，汉军一百名。

康熙九年题准：八旗满洲、蒙古取进童生四十名，汉军四十名。

康熙十年议准：满洲、蒙古既作汉文，一体考试。照汉军例，设廪、增各二十名。每年出贡二名。

又议准：八旗新旧生员，通行选拔。满洲、蒙古二名，汉军二名，入监肄业。

康熙十二年题准：盛京八旗子弟，通习汉文者，与民童同试汉文。满洲、蒙古编"满"字号，取进三名。汉军编"合"字号，取进二名。

康熙二十六年遵旨议定：满洲、蒙古照旧例，取进童生四十名。汉军减二十名。盛京八旗满洲、蒙古，照旧例取进三名。汉军减去一名，取进一名。

康熙二十八年议准：满洲、蒙古设廪生、增生各二十名。每年出贡二名。汉军设廪、增各十名。每年出贡一名。

康熙三十年议准：奉天满洲、蒙古，考取童生增三名，共六名。汉军增二名，共三名。

康熙三十三年题准：八旗满洲、蒙古，原取进童生四十名。今将上三旗①内府满洲佐领、内管领及五旗王公府属满洲佐领子弟，归并八旗满洲、蒙古考试。应量增二十名。其取进六十名。汉军原取二十名，今将上三旗内府旗鼓佐领及五旗王公府属旗鼓佐领子弟，归并八旗汉军考试。应量增十名，共取进三十名。

康熙三十四年题准：盛京考试，今增八旗内府佐领子弟。满洲、蒙古原取童生六名，再增四名，共十名。汉军原取三名，再增二名，共五名。

康熙三十六年题准：盛京内府佐领子弟，嗣后停其考取生员。其三十四年所增满洲、蒙古生员四名，汉军生员二名额数，悉行裁去。

康熙四十九年议准：奉天文风日盛，各学廪、增俱著加广。除府学廪、增十名，不必加外，满洲原设廪、增一名，各加三名。汉军原设廪、增一名，各加一名。

康熙五十五年议准：奉天"合"字号童生，额进三名。今汉军人数渐多，又福陵、昭陵②千丁子弟，准与汉军一体考试，应将汉军取进之额量增一名。

雍正元年题准：盛京内府佐领下子弟，仍准同满洲、蒙古、汉军考试。应照康熙三十四年加额例，满洲、蒙古共取十名，汉军共取五名。合康熙五十五年所增千丁子弟一名，共取六名。

雍正二年议准：盛京八旗考试，旧例，"满"号入学六名。其廪、增额各四名。"合"号入学四名。其廪、增额各二名。今添入内府佐领下子弟考试"满"、"合"二号童生，既经加额取进，其廪、增额亦著照二名取一之例，将"满"号各加二名，共六名。"合"号各加一名，共三名。

又议准：奉天府学，"满"字号额设廪生六名，五年一贡。计三十年方能出贡，实为淹滞。改令三年一贡。

又议准：八旗童生，入学额数，倍于外府州县。而廪、增额数独少，宜为酌加。满洲、蒙古廪增，原额各二十名，今加四十名，定为六十名。汉军廪增，原额各十名，今加二十名，定为三十名。

又议准：奉天人文日盛，"满"字号于额取十名外，再加一名，共取十一名。"合"字号于额取六名外，再加二名，共取八名。

注释：

① 上三旗，清顺治后，满洲八旗分为上三旗和下五旗。镶黄、正黄、正白称上三旗，为皇帝亲兵。正红、正蓝、镶白、镶红、镶蓝称下五旗，由诸王、贝勒、贝子等分统，驻守京师及各地。

② 福陵，一称"东陵"，清太祖努尔哈赤陵墓，位于今辽宁省沈阳市东郊天柱山上。昭陵，一称"北陵"，清太宗皇太极陵墓，位于今辽宁省沈阳市北郊。

卷四十四 奉 天 学 额①

奉天府学，额进十三名（内承德县额进七名。其六名统于府属各州县，从公取拨。），廪生十名，增生十名，二年一贡。辽阳州学，海城县学，各额进五名，廪生七名，增生七名，二年一贡。盖平县学，额进三名，廪生二名，增生二名，五年一贡。铁岭县学，开原县学，各额进二名，廪生二名，增生二名，五年一贡。复州学，额进五名，廪生五名，增生五名，三年一贡。宁海县学，额进四名，廪生二名，增生二名，五年一贡。吉林学，额进四名，廪生二名，增生二名，五年一贡。

锦州府学，额进九名，廪生七名，增生七名，二年一贡。锦县学，额进七名，廪生十名，增生十名，二年一贡。宁远州学，额进五名，廪生七名，增生七名，二年一贡。广宁县学，额进三名，廪生三名，增生三名，五年一贡。义州学，额进四名，廪生二名，增生二名，五年一贡。

顺治初，辽东十五学寄设永平府，置三教官统之。于都司学设教官一员，兼管自在、沈阳、铁岭、开原四学。于宁远学设教官一员，兼管前屯、锦州、义州、右屯四学。于广宁学设教官一员，兼管永宁、盖州、海州、定辽右卫四学。其都司、广宁照府学例，设廪生各四十名。自在州照州学例，设廪生三十名。其余十二学，照县学例，设廪生二十名。诸生俱就顺天府考试。

顺治五年，改设辽学。置教官一员，设廪额八十名，每年出贡三名。其十五学，名色俱裁。诸生均就顺天府考试。

顺治十年题准：各处生童，愿赴辽东入籍应试者，由本地方官起文赴部，送至辽东垦田附籍。

顺治十一年题准：辽阳设立儒学，其永平府辽生，俱归辽学肄业。

顺治十三年题准：辽阳府照外府大学例，取进童生四十名。辽、海二县，各取十二名。

又题准：诸生现住辽阳者，在辽阳府学肄业。其愿寄直隶永平府学者，仍留永学。愿还辽地者听。令学臣察取，诸生互结，系真辽籍方准寄永学。其永平寄学廪额八十名内，分四十名归辽阳府学。至永平寄学，每案仍许进四十名，亦取辽生保结，真辽籍者方许与考。辽、海二县，每学先设廪生五名。俟人才渐充，仍照县学例，每县设廪额二十名。永平寄学，辽阳府学，每年各贡一名。辽、海二县学，二年各贡一名。

顺治十四年题准：直省俊秀，愿充辽生者，许全家移住。令辽阳知府收入版籍，一体考试。

康熙四年题准：奉天府取进童生，承德、锦县各七名，辽阳、宁远、海城各五名，盖平、铁岭、广宁各二名，锦州府学四名。俟人文渐充，照直省大、中、小学定数再议。

康熙五年题准：辽生寄籍山东者，俱归并山东各学考试。寄籍永平者，归并永平府学考试。其山东、永平寄籍辽生，并"夹"字号名色，俱行除去。

康熙九年题准：奉天府府、州、县学各设廪生一名，五年一贡。

康熙二十四年议准：锦州府、锦县、宁远州三学，每学增设廪生五名，二年一贡。广宁县增设廪生二名，五年一贡。增生各照廪生名数。

康熙四十年议准：锦县学向设廪、增各五名，应照承德县例，各加五名。广宁县学，向设二名，加一名。锦州府，宁远州，辽阳、海城二县，各学向各设五名，均加二名。盖平、铁岭、开原三县学，向设一名，各加一名。

雍正二年议准：锦州府学，原额四名，除照大学额取七名，应加三名外，再加二名，共额取九名。奉天府学，除将承德县额取七名，照例拨入外，再加五名，共额取十二名。均于府属县内从公取拨。

雍正五年议准：奉天府学民籍生员，额设廪生十名，一年一贡，未免太速。嗣后，照锦州府、锦县、宁远、辽阳等学之例，二年一贡。

雍正十二年议准：奉天复州，既设立学正②一员，其从前进入盖平县文武生员，俱应改归本州，以便该学正就近训迪。进学额数，应照小学之例，取进童生八名，额设廪、增各五名，三年一贡。锦州新设县治，添设教谕一员，取进童生四名，额设廪、增各二名，五年一贡。又永吉州、长宁县皆隶奉天府学，但永吉去府八百余里，长宁更远。应于永吉州添设学正一员，将永吉州从前拨入府学生员，拨回州学，就近考课。长宁县生员，不过数名，毋庸另设教职，应归永吉州学正带管。廪、增额数，俟人文渐盛之日再议。其永吉、长宁两学童生，仍照原拨入府学之额数取进。又新设四州县学，从前拨入奉天府学及盖平、锦县、广宁各县学之文武生员，俱令改归本州县学。其已补之廪、增，亦令一并改归。

雍正十三年议准：奉天府永吉州学额设廪、增各一名，五年一贡。准于设学之年起算。

乾隆二年议准：奉天长宁县裁归永吉州，应将长宁县原取进童生二名，入于永吉州额内，共取进四名。

乾隆十二年议准：裁永吉州，改为吉林理事同知。其文武生童，即归理事同知管辖。入学及廪、增额数，并出贡年分，均照旧例。

乾隆三十六年议准：奉天复州学额，自雍正十二年为始，照小学例，取进八名。而盖平、广宁二县学，各取进二名，系康熙四年题定之额。今复州应试仅三十余人。盖平、广宁二县应试，自三十余人至五十余人不等。各学额数，未昭平允。应将复州原额八名，照辽阳、宁远二州之例改为五名。即以复州所减三名，拨增盖平、广宁各一名，仍余一名，归入奉天府学。令该府丞于府属州、县内，秉公拨取。武童亦照此例办理。再复州原设额廪、增各五名，较之辽阳、宁远二州尚少二名，应仍其旧。

注释：

① 学额，此指清各直省府、州、县学取进童生名额。清陈康祺《郎潜纪闻》卷六："军兴，各省捐输量加学额，自咸丰二年太常少卿雷以诚奏请始。"清俞樾《春在堂随笔》卷四："惟东南兵燹之后，市廛寥落，邨聚凋残，学额虽增，而应试之人转减。"

② 学正，宋、元、明、清国子监所属学官。协助博士教学，并负训导之责。又指地方学校学官。元代路、州、县学及书院设学正，明、清州学设学正，掌教育所属生员。

卷四十五　直隶学额

顺天府学，额进二十五名，合大兴县额进二十五名，宛平县额进二十五名（二县额进归府学。），共额进七十五名，廪生八十名，增生八十名，一年二贡。良乡县学、永清县学、东安县学、香河县学、顺义县学、密云县学、三河县学，各额进十五名，廪生二十名，增生二十名，二年一贡。固安县学、大城县学、武清县学，各额进十八名，廪生二十名，增生二十名，二年一贡。涿州学、霸州学、蓟州学，各额进十八名，廪生三十名，增生三十名，三年两贡。文安县学，额进二十三名，廪生二十名，增生二十名，二年一贡。房山县学、保定县学、密云县学、怀柔县学、平谷县学，各额进十名，廪生二十名，增生二十名，二年一贡。昌平州学，额进十五名，廪生三十名，增生三十名，三年两贡。通州学，额进二十三名，廪生三十名，增生三十名，三年两贡。宝坻县学，额进十二名，廪生二十名，增生二十名，二年一贡。宁河县学，额进十一名，廪生二十名，增生二十名，二年一贡。

永平府学，额进二十三名，廪生四十名，增生四十名，一年一贡。卢龙县学、迁安县学、昌黎县学、乐亭县学、抚宁县学，各额进十八名，廪生二十名，增生二十名，二年一贡。滦州学，额进十八名，廪生三十名，增生三十名，三年两贡。临榆县学，额进十五名，廪生二十名，增生二十名，二年一贡。

保定府学，额进二十三名，廪生四十名，增生四十名，一年一贡。清苑县学、高阳县学，各额进二十三名，廪生二十名，增生二十名，二年一贡。满城县学、定兴县学、唐县学、完县学、容城县学，各额进十五名，廪生二十名，增生二十名，二年一贡。安肃县学，额进十九名，廪生二十名，增生二十名，二年一贡。新城县学、博野县学、雄县学、新安县学，各额进十八名，廪生二十名，增生二十名，二年一贡。蠡县学，额进二十六名，廪生二十名，增生二十名，二年一贡。祁州学，额进二十一名，廪生三十名，增生三十名，三年两贡。束鹿县学，额进二十一名，廪生二十名，增生二十名，二年一贡。安州学，额进十八名，廪生三十名，增生三十名，三年两贡。望都县学，额进十名，廪生二十名，增生二十名，二年一贡。

河间府学，额进二十名，廪生四十名，增生四十名，一年一贡。河间县学，额进二十三名，廪生二十名，增生二十名，二年一贡。献县学、阜城县学、交河县学、宁津县学、吴桥县学、东光县学、故城县学，各额进十八名，廪生二十名，增生二十名，二年一贡。任邱县学，额进二十五名，廪生二十名，增生二十名，二年一贡。肃宁县学，额进十五名，廪生二十名，增生二十名，二年一贡。景州学，额进二十三名，廪生三十名，增生三十名，三年两贡。

天津府学，额进二十名，廪生四十名，增生四十名，一年一贡。天津县学、静海县学、盐山县学，各额进十八名，廪生二十名，增生二十名，二年一贡。青县学，额进十五名，廪生三十名，增生三十名（内裁并兴济县廪、增各十名。），二年一贡。沧州学，额进十八名，廪生三十名，增生三十名，三年两贡。南皮县学、庆云县学，各额进十五名，廪生二十名，增生二十名，二年一贡。

正定府学，额进二十一名，廪生四十名，增生四十名，一年一贡。正定县学、获鹿县学，各额进十八名，廪生二十名，增生二十名，二年一贡。井陉县学、栾城县学、行唐县学、灵寿县学、平山县学、元氏县学、赞皇县学、无极县学、藁城县学、新乐县学，各额进十五名，廪生二十名，增生二十名，二年一贡。晋州学，额进十八名，廪生三十名，增生三十名，三年两贡。阜平县学，额进十名，廪生二十名，增生二十名，二年一贡。

顺德府学，额进二十五名，廪生四十名，增生四十名，一年一贡。邢台县学、南和县学，各额进十八名，廪生二十名，增生二十名，二年一贡。沙河县学、平乡县学、钜鹿县学、广宗县学、唐山县学、内邱县学、任县学，各额进十五名，廪生二十名，增生二十名，二年一贡。

广平府学，额进二十三名，廪生四十名，增生四十名，一年一贡。永年县学、曲周县学、肥乡县学、鸡泽县学、成安县学、清河县学，各额进十八名，廪生二十名，增生二十名，二年一贡。广平县学、邯郸县学、威县学，各额进十五名，廪生二十名，增生二十名，二年一贡。磁州学，额进十八名，廪生三十名，增生三十名，三年两贡。

大名府学，额进二十三名，廪生四十名，增生四十名，一年一贡。大名县学，额进十七名，廪生二十名，增生二十名，二年一贡。元城县学，额进二十一名，廪生二十名，增生二十名，二年一贡。大名县乡学，额进十六名，廪生二十名，二年一贡。大名县乡学，额进十六名，廪生二十名，增生二十名，二年一贡。南乐县学，额进十八名，廪生二十名，增生二十名，二年一贡。清丰县学、东明县学、长垣县学，各额进二十三名，廪生二十名，增生二十名，二年一贡。开州学，额进二十三名，廪生三十名，增生三十名，三年两贡。

宣化府学，额进二十三名，廪生四十名，增生四十名，一年一贡。宣化县学、万全县学、怀安县学，各额进十八名，廪生二十名，增生二十名，二年一贡。赤城县学、龙门县学，各额进十名，廪生二十名，增生二十名，二年一贡。怀来县学、西宁县学，各额进十五名，廪生二十名，增生二十名，二年一贡。蔚州学、延庆州学、保安州学，各额进十八名，廪生三十名，增生三十名，三年两贡。蔚州乡学，额进十八名，廪生二十名，增生二十名，二年一贡。延庆州乡学，额进十名，廪生二十名，增生二十名，二年一贡。

冀州学，额进二十六名，廪生三十名，增生三十名，三年两贡。南宫县学、枣强县学，各额进二十三名，廪生二十名，增生二十名，二年一贡。新河县学，额进十五名，廪生二十名，增生二十名，二年一贡。武邑县学、衡水县学，各额进十八名，廪生二十名，增生二十名，二年一贡。

赵州学，额进二十一名，廪、增各三十名，三年两贡。栢乡县学、高邑县学，各额进十五名，廪、增各二十名，二年一贡。隆平县学、宁晋县学，各额进十八名，廪、增各二十名，二年一贡。临城县学，额进十名，廪、增各二十名，二年一贡。

深州学，额进二十名，廪、增各三十名，三年两贡。武强县学，额进十五名，廪、增各二十名，二年一贡。饶阳县学、安平县学，各额进十八名，廪、增各二十名，二年一贡。

定州学，额进二十五名，廪、增各三十名，三年两贡。曲阳县学、深泽县学，各额进十五名，廪、增各二十名，二年一贡。

易州学，额进十八名，廪、增各三十名，三年两贡。涞水县学、广昌县学，各额进十名，廪、增各二十名，二年一贡。

遵化州学，额进十八名，廪、增各三十名，三年两贡。玉田县学，额进十八名，廪、增各二十名，二年一贡。丰润县学，额进二十三名，廪、增各二十名，二年一贡。

热河道学，额进十六名（内热河一厅取进四名。其余六厅，各取进二名。），廪、增各十六名，三年一贡。

顺治十六年题准：顺天府取进童生二十五名。宛平、大兴二县各二十名。

又题准：直隶山海、宣府各卫学，边远无可归并，仍准照旧。其怀来、永宁二卫学，归延庆州。保安卫学，归保安州。龙门所学，归开平州。昌平卫学，归昌平州。嗣后童生应试，取州、县官印结。廪生保结，不必另立卫册。凡各卫学归并府、州、县者，俱照此例。

康熙二十六年议准：直隶怀来、永宁、保安三卫，仍各取进童生八名，其廪、增及出贡，亦照各县例。至三卫学务，仍令保安州学、延庆州学兼摄。

康熙三十三年议准：宣化府学取进童生，酌增二名。宣化、怀安二县，照大学取十五名。怀来、万全、蔚三学，照中学取十二名。西宁、龙门、赤城三县，照小学取八名，其补廪出贡俱照例行。

康熙五十四年议准：直隶入学额数，除顺天府学，大兴、宛平县学名数与江浙同，无庸加增外，其余府学，原额二十名，今增三名，共二十三名。州、县、卫大学，原十五名，今增三名，共十八名。中学原十二名，今增三名，共十五名。小学原八名，今增二名，共十名。

雍正二年遵旨题准：直隶顺天府，大兴、宛平二县，照三大学例，各取进二十五名。通、景、冀、定、开五州，文安、宝坻、丰润、蠡、高阳、河间、任邱、南宫、枣强、清丰、滑、东明、长垣十三县，向系大学，今照府学额，各取进二十三名。蓟、祁、安三州，卢龙、迁安、昌黎、乐亭、博野、新安、献、阜城、静海、宁津、万全、蔚、衡水、安平、鸡泽、成安、清河、魏、南乐、内黄二十县，及天津卫，改为大学，各取进十八名。香河、顺义、深泽、青、西宁、灵寿、行唐、赞皇、新河、高邑、无极、新乐、曲阳、广宗、唐山、内邱十六县，改为中学，各取进十五名。

雍正十年议准：直隶新升之天津府，应照府学例取进童生二十名，于所属州、县内考取拨入。设廪、增各四十名，俟十二年后，照例一年一贡。

又议准：河间府学，既将商、灶①二籍改归天津，其取进文童，未便仍照二十三名之例。但裁去商、灶之数，止存八名，未免太少。应照各府学例，取进二十名。其武童，除商、灶二籍改归天津十三名外，应取进二十二名。又宝坻县，原取进文生二十三名，武生二十名。今分设宁河县，宝坻取文童十二名，宁河十一名。宝坻取武童十二名，宁河八名。宝坻廪、增，仍照旧额。增设宁河学廪、增各二十名。俟十二年后，照例两年一贡。其现在二县文、武生员，应查明居址，按籍分拨。又天津县取进童生，仍照设州时旧额，文十八名，武十五名。廪、增额数，应照县学例各二十名，两年一贡。将原设州学廪、增各三十名，酌留二十名于县学，余拨入天津府学。

雍正十二年奉上谕：畿辅为天下首善之地。是以各府、州、县童生入学之数曾加恩增广。惟宣化府属之蔚州，从前原隶山西。广平府属之磁州，从前原隶河南。及改归直隶，其入学仍照晋、豫原额。又新从山西改归易州之广昌县，虽系山邑，而入学之数，尚不及直隶之小县。此两州一县，均当酌议加增。著礼部定议具奏。

遵旨议准：蔚州、磁州照直隶大州、县学，取进童生十八名。广昌县照直隶小县学额，取进童生十名。

又议复：直隶保定、正定二府，分设易、定、冀、赵、深五州。其童生入学额数，保定府学量减三名，以二归易，一归定。正定府学量减九名，以三归冀，三归赵，二归深，一归定。均于各州及所属县内取拨。奉旨：升改直隶各州入学额数，照例增设。其保定、正定府学，仍照原额取进，不必裁减。

乾隆三年议准：热河地处口外，于雍正十一年内议准设立承德州。彼时因居民诵读无多，是以未经建立学校。今该州遵立义学，延师训课，子弟奋志读书。现在求试童生二百五六十名，自应量设学额。应照奉天新设州学例，岁、科考各取进文童六名，岁、科取进武童四名，廪、增额设各十名。俟考试后，遇岁考之年为始，将优等生员，挨次帮补廪、增生各三名。俟十二年后，廪额补足时，三年一贡。至八沟同知、四旗通判所辖之汉人，居址相邻，亦应准其一体与考。其寄居流寓之人，应令该州严行查禁，不得混冒。

乾隆四年议准：直隶山海卫，改为临榆县，以深河为界。河西地土村庄，归抚宁县管辖。河东地土村庄，即隶新设之临榆县管辖。其生童考试，应照改隶村庄，定为籍贯。现系割归新县者，令赴临榆考试。其分隶各县者，应赴所辖之县考试。生监亦照所居之地，拨归各县管辖。至取进童生，亦照改隶之籍，于各该学原额数内酌量分拨，以归均平。从前深河以西童生，在山海卫学额内取进。今改隶抚宁，应将山海卫入学童生文十八名、武十五名额内，拨三名归于抚宁县学。共取进童生文十八名、武十五名。新设临榆县照中学例，取进童生文十五名、武十二名。再昌黎、乐亭、卢龙、迁安、滦州等五州县，各有地亩村庄改隶临榆。其应试童生，仍未减少。该学政于考试时，将永平府属试卷比较。如临榆佳卷果多，酌量宽取二、三名，拨入永平府学，无庸另议加额。武童亦照文童之例。临榆县学，设廪、增各二十名，照县学例，二年一贡。

乾隆七年题准：裁汰承德州，该学生员，归入密云县学考试。

乾隆九年议准：直隶遵化州升为直隶州，照大学例，取进文童十八名、武童十五名。内定文、武各三名，于所属之玉田、丰润二县，酌拨州学。再玉田、丰润向隶永平府，今二县既改隶遵化，应将永平府学额数，裁减文、武童生各三名。

乾隆十年奉上谕：宛、大两县考取生员，额多人少，实有冒滥情弊。或照励宗万所奏，变通办理；或裁减额数，以收真才。著大学士等妥议具奏。

遵旨议准：查向例，顺天府学取进二十五名，大兴、宛平各取进二十名。雍正二年，将大兴、宛平两县准照府学例，俱加五名，各取进二十五名。原以学校首崇京邑，从优录取。嗣因外籍之人，假托进身，旧例奉行不力，遂致冒滥。积习相沿，自应严行禁止。至考取生员，必因人定额。若人数过少，滥收足额，殊非遴选真才之意。其顺天府学，拨取二十五名，应变通办理。嗣后府属各州县，俱准照外府之例，一体酌拨。其地方远近不一，考期先后不同，应交该学政通盘筹酌办理。再查定例，本有宁缺无滥之条。其实学臣率多从宽收取，仍属具文。今顺天府学既准各属通拨，其大、宛两县各取二十五名，人数尚不致过多，未便遽行议减。且现在彻底澄清，严杜冒考之弊，将来应试之人，必皆实系土著。应令该学政于考试时，凭文拔取，不得滥行收录，核其实数。如果应酌减，具折奏请，候旨遵行。

乾隆十一年议准：顺天府学二十五名，向来止在大、宛两县拨取。嗣于乾隆十年，经大学士等遵旨议准，照外府之例，将顺天所属各州县一体拨入。原议本指阖属州县而言，并非仅就外州县均拨。而大、宛两县不得并列，以致偏枯。应令该学政遵照原议，将顺天阖属州、县一体凭文拨入府学。其大、宛两县生童，仍赴通州并考，以便通同校阅酌拨。

乾隆十八年议准：直隶永平府学，额进文童二十三名，武童二十名，系康熙五十四年所定，原非雍正四年丰、玉二县改隶该府时所增。乾隆九年，遵化州改为直隶州，丰、玉二县归隶该州管辖。遂将永平文、武进额各减三名，归于遵化。但丰、玉改隶永平时，永平学额未有所增。及丰、玉改隶遵化，不应将永平学额转有所减，应准其加还原额。嗣后，永平府学仍取进文童二十三名，武童二十名，以符定例。

乾隆二十二年议准：直隶蔚县，额进文童十八名，武童十五名，廪生三十名，三年二贡。今蔚县虽裁归蔚州管辖，而读书士子，依然如旧。应照江南临淮县归并凤阳之例，将原隶蔚县住址生童，另编乡学字样。其取进额数，及考补廪、增出贡之处，悉照旧例办理，注明学册，报部察核。至蔚县学旧存书籍等项，应令专管乡学训导收管，并令督率乡学士子，以专责成。

乾隆二十三年议准：直隶大名府属之魏县裁汰，将村庄三十一处拨入元城县。又于大名县界内，划出十三村庄，亦归入元城管辖。其童生学额，准其于魏县原额文童十八名、武童十五名内，拨入文、武童各二名。大名县学额文童十八名、武童十五名内，拨出文、武童各一名，均归入元城县取进。将元城县学额定为文童二十一名、武童十八名。大名县学额文童定为十七名，武童十四名。其拨剩之魏县原额文童十六名、武童十三名，应照蔚县裁并蔚州之例，查明原隶魏县居址之生童，另编乡学字样，考试取进。

至考补廪、增出贡之处，悉照旧例办理，注明学册，报部查核。并将大名县训导一员，令其专管乡学事务。

乾隆二十六年议准：延庆卫归并延庆州管辖。其延庆卫训导一员，照蔚县归并蔚州之例，改为延庆州乡学训导。取进入学额数及考补廪贡，悉照旧制办理。文、武童生，另编乡学字样，归并宣化府考试。

乾隆四十一年奉上谕：朕每岁木兰秋狝②，先期驻跸热河。数十年来，见该处户口日增，民生富庶，且农耕蕃殖，市肆殷阗，俨然成一都会。惟弦诵之风未盛。由于口外人多朴鲁，无所师承，且未立学额，更无以示鼓舞。因思热河各厅所属编氓及侨居年久者，其子弟应不乏秀良，诚能教育而振兴之，未尝不足以示造就。自宜创设义学，延师训课，以励文风。并当建立学宫，酌定庠额，俾得藉以上进。其如何兴建筹办各事宜，着该督周元理悉心勘议具奏。至学校章程，并着会同学政罗源汉酌议奏闻。副朕嘉惠塞民、广学毓材至意。

遵旨议准：嗣后岁、科二考，热河一厅，每试取进文童四名。其余六厅，各取进文童二名。如佳卷不敷，照例宁缺无滥。岁考武童减半取进。其应试童生，分额取进，统归道学。额定廪、增各十六名，每逢岁、科二考，将优等生员挨次帮补廪、增一二名。俟廪额补足，仍以开考之年计算，俟十二年后，始行出贡。照例三年挨贡一名，遇拔贡之年拔取一名。（余款别见）

注释：

① 灶，即灶户，指以煮盐为业人户。《清会典·户部三·尚书侍郎职掌五》："凡民之著于籍，其别有四：一曰民籍，二曰军籍，三曰商籍，四曰灶籍。"
② 狝，音显，古代秋猎之名称。《尔雅·释天》："秋猎为狝。"《国语·齐语》："秋以狝治兵。"

卷四十六　江 苏 学 额

江宁府学，额进二十五名，廪生四十名，增生四十名，一年一贡。上元县学、江宁县学、句容县学，各额进二十五名，廪生二十名，增生二十名，二年一贡。溧水①县学、高淳县学，各额进二十名，廪生二十名，增生二十名，二年一贡。江浦县学、六合县学，各额进十六名，廪生二十名，增生二十名，二年一贡。

苏州府学，额进二十名，廪生四十名，增生四十名，一年一贡。长洲县学、震泽县学、常熟县学、新阳县学，各额进十三名，廪生十名，增生十名，四年一贡。元和县学、昭文县学、昆山县学，各额进十二名，廪生十名，增生十名，四年一贡。吴县学，额进二十五名，廪生二十名，增生二十名，二年一贡。吴江县学，额进十二名，廪生十名，增生十名，四年一贡。

松江府学，额进二十五名，廪生四十名，增生四十名，一年一贡。华亭县学、娄县学，各额进十六名，廪生十四名，增生十四名，四年一贡。上海县学，额进十四名，廪生十二名，增生十二名，四年一贡。奉贤县学、金山县学，各额进十三名，廪生十一名，增生十一名，四年一贡。南汇县学，额进十五名，廪生十四名，增生十四名，四年一贡。青浦县学，额进二十五名，廪生二十名，增生二十名，二年一贡。

常州府学，额进二十五名，廪生四十名，增生四十名，一年一贡。武进县学、无锡县学、荆溪县学，各额进十二名，廪生十名，增生十名，四年一贡。阳湖县学、金匮县学、宜兴县学，各额进十三名，廪生十名，增生十名，四年一贡。江阴县学，额进二十五名，廪生二十名，增生二十名，二年一贡。靖江县学，额进二十名，廪生二十名，增生二十名，二年一贡。

镇江府学，额进二十五名，廪生四十名，增生四十名，一年一贡。丹徒县学、丹阳县学、金坛县学、溧阳县学，各额进二十五名，廪生二十名，增生二十名，二年一贡。

淮安②府学，额进二十三名，廪生四十名，增生四十名，一年一贡。山阳县学、盐城县学，各额进二十一名，廪生十六名，增生十六名，二年半一贡③。阜宁县学，额进八名，廪生八名，增生八名，四年一贡。清河县学、安东县学、桃源县学，各额进二十名，廪生二十名，增生二十名，二年一贡。

扬州府学，额进二十名，廪生四十名，增生四十名，一年一贡。江都县学，额进十三名，廪生十名，增生十名，四年一贡。甘泉县学，额进十二名，廪生十名，增生十名，四年一贡。仪征县学、兴化县学，各额进二十五名，廪生二十名，增生二十名，二年一贡。高邮州学，额进二十五名，廪生三十名，增生三十名，三年两贡。泰州学，额进十五名，廪生二十名，增生二十名，二年一贡。东台县学，额进十名，廪生十名，增生十名，三年一贡。宝应县学，额进二十名，廪生二十名，增生二十名，二年一贡。

徐州府学，额进二十名，廪生四十名，增生四十名，一年一贡。铜山县学，额进十五名，廪生二十名，增生二十名，二年一贡。萧县学、沛县学、丰县学、砀山县学，各额进十六名，廪生二十名，增生二十名，二年一贡。邳州学，额进二十五名，廪生三十名，增生三十名，三年两贡。宿迁县学、睢宁县学，各额进二十名，廪生二十名，增生二十名，二年一贡。

太仓州学，额进十三名，廪生十五名，增生十五名，三年一贡。镇洋县学，额进十二名，廪生十五名，增生十五名，三年一贡。嘉定县学，额进十三名，廪生十名，增生十名，四年一贡。宝山县学，额进十二名，廪生十名，增生十名，四年一贡。崇明县学，额进二十名，廪生二十名，增生二十名，二年一贡。又拨苏州府学旧额内入学五名，在太仓州属各学凭文取进。

海州学，额进二十名，廪生三十名，增生三十名，三年两贡。沭阳县学，额进二十名，廪生二十名，增生二十名，二年一贡。赣榆县学，额进十六名，廪生二十名，增生二十名，二年一贡。又拨淮安府学旧额内入学二名，在海州属各学凭文取进。

通州学，额进二十五名，廪生三十名，增生三十名，三年两贡。泰兴县学，额进二十五名，廪生二十名，增生二十名，二年一贡。如皋县学，额进二十名，廪生二十名，增生二十名，二年一贡。海门乡学，额进十名，廪生十名，增生十名，二年一贡。又拨扬州府学旧额内入学五名，在通州属各学凭文取进。

康熙二十八年奉上谕：江浙人文繁盛，增广入学额数。

遵旨议准：小学十二名，中学十六名，大学二十名，府学二十五名。

雍正二年遵旨题准：江南苏松属之太仓、高邮、通、泰、邳五州，上元、江宁、句容、溧阳、长洲、吴、吴江、常熟、昆山、嘉定、华亭、娄、上海、青浦、武进、无锡、江阴、宜兴、丹徒、丹阳、金坛、山阳、盐城、江都、仪征、泰兴、兴化二十七县，照府学额，各取进二十五名。海州及溧水、高淳、崇明、清河、桃源、安东、宿迁、睢宁、沭阳、宝应、如皋十一县，并金山一卫，改为大学，各二十名。江浦、六合、赣榆三县，改为中学，各十六名。其通州所属之海门乡，向另取六名，今加四名。

雍正四年议准：江南苏、松、常三府，新分元和等十三县，原系长洲等旧县分设，地不加广，人不加多，取进生员，从前已经增额，今不便复议加增。应查明新旧州县所分地方之大小，人数之多寡，即于二十五名正额内分取。苏州府属之长洲、震泽、常熟、新阳各进十三名。元和、吴江、昭文、昆山各进十二名。松江府属之华亭、娄、上海、福泉各进十三名。奉贤、金山、南汇、青浦各进十二名。常州府属之阳湖、金匮、宜兴各进十三名。武进、无锡、荆溪各进十二名。太仓州及嘉定县各进十三名。镇洋、宝山各进十二名，其廪、增生额数，俱各半分隶。

雍正十三年议准：江南江都县，原额取进文生二十五名，武生十五名，廪、增各二十。今分设甘泉县，照长洲分隶元和县之例，各半分取。江都取进文生十三名，武生八名。甘泉文十二名，武七名。其原额廪、增，各半分隶两县。廪、增缺出，于新旧两县各归挨补。现在文、武诸生，令地方官查清居址，就近分拨两县肄业。其原编廪粮，各半分支至出贡年分。应统计二县廪生食饩先后，照县学二年一贡之例，挨次轮贡。挨所拨旧廪出贡完后，两县新补廪生，各准其四年一贡。又山阳、盐城二县，原额各取进文生二十五名，武生十五名，廪、增各二十名。今新设阜宁一县，系山阳、盐城二县划分，应于山阳取进童生额内拨归阜宁文六名、武四名，于盐城额内拨归阜宁文六名、武四名。计山阳、盐城各额进文童十九名，武童十一名。阜宁额进文童十二名，武童八名。其应拨入府学者，该学政凭文拨取。山阳县学原设廪、增，各拨六名；盐城县学廪、增，各拨四名，归分设之阜宁县学。山阳仍留廪、增各十四名，盐城各十六名。阜宁拨入廪、增各十名。廪、增缺出，诸生考取前列者，在各本学帮补至出贡年分。现在山阳、盐城分拨阜宁之廪生，应各于所拨之县，挨次二年一贡。挨④分拨旧廪出贡完后，新补廪生，山阳、盐城各五年二贡，阜宁四年一贡。

又议准：江南苏州、淮安、扬州三府，分设太仓、通、海三直隶州。将苏州府学童生入学额数，酌拨文五名、武三名归太仓州学。扬州府学，酌拨文五名、武三名归通州学。淮安府学，酌拨文、武各二名归海州学。

又议准：江南徐州升府，照各府学例，取进童生二十名，于所属各州、县内取拨。设廪、增各四十名，新设之学，廪额未能一时补足，应俟十二年后，照府学例，一年一贡。其新设附府之铜山县学，取进童生十五名，设廪、增各二十名。即于现在徐州学之廪、增各三十名内，酌留二十名。余十名，改入徐州府学。其廪生照县学例，二年一贡。

乾隆八年议准：福泉县原由青浦分设。今既裁汰，所有入学及廪、增额数，均应归并青浦，照旧二年一贡。

乾隆二十一年议准：江南金山卫学，酌减四名。岁、科两考，各取进文童十六名，仍归华亭县收考，生员归松江府学兼管。其考试时，该学政仍责成地方收考官并廪保严行稽查，毋致军民混冒。

乾隆二十二年议准：淮安府属之阜宁县，于雍正二十年，由山阳、盐城二县划分，其学额亦于山、盐二县拨入。阜学额进文生十二名、武生八名，廪、增亦于山、盐二县内共拨十名，四年一贡。从前分拨时，仅照学册隔二拨一，隔三拨一。以致所拨之生，土著无几，率多山、盐之人。其子弟又复转辗援引，冒籍混考，弊端百出。应将居址山、盐现充阜学诸生，及应试子弟，逐一清查，俱令分界改归各本籍应试，毋许仍前冒考。其阜学既将山、盐生童改归，土著无几。应将阜宁原进额内，拨还山阳、盐城文生各二名，武生各一名。额进文生八名、武生六名。廪、增亦应拨还山阳二名，作为实额。盐城原拨数少，毋庸拨还。所遗阜邑廪、增各缺，应准于岁考后，照例帮补。其改归本籍各廪、增作为虚廪虚增，照考案挨次顶补至出贡年分。应俟廪缺补足后，扣算办理。并嗣后饬令地方官，按照烟户册籍，彻底清查。实有田粮庐墓者，方准收考。如仍有混冒，查出，将本生廪保照例治罪。

乾隆二十二年议准：江南通州、崇明、昭文之薛家、永兴等一十六沙，毗连海滨，界址交错。雍正十一年间，改隶通州管辖。居住外沙之户，即令入通考试。乾隆元年，给事中马宏琦奏请另立沙童进额，或改回原籍考试。部议令以崇明之半洋大安戏台沙为准：沙以南，赴崇、昭考试；沙以北，赴通考试。毋庸另编沙籍取进。嗣于乾隆二年，前学臣张延璐据该州绅士呈请，熟参情势，通童与沙童断难合一，因饬令该州另编沙籍坐号，各建棚闱考试。于通州学额内，拨进沙童文生一名、武生一名。二十年来，相沿不改。通童与沙童俱各相安，自可毋庸更张。嗣后，应仍照旧编明沙籍，各棚考试。至通州学额，原取进二十五名。雍正十三年，将扬州文童正额酌减三名，归于通州，共二十八名。今通州额内，即拨与沙童二名，尚存二十六名，额仍不少，毋庸增设。

乾隆二十四年议准：南淮安府属之山阳县，将原拨阜宁廪生，改还二名。山阳一学，除本籍廪生十四名，候廪七名，加以改回实廪二名，虚廪十名，统计三十三名，出贡未免壅滞。应将山阳廪生，暂改为二年一贡。俟改回廪生贡完日，仍照例五年二贡。

乾隆二十五年议准：江南松江府金山卫学，生员改归民籍者逾半。现在廪、增学额自宜均行酌减。应将该卫学原额取进十六名，减去四名，定为十二名。额设廪、增各二十名，分拨华亭、娄县、上海、南汇四学各一名，外再酌减四名，准其存留廪、增各十二名，三年一贡。其改归各生内，有原系廪、增，应按其年分照额补足，其余仍准作虚廪、虚增。该卫现存廪生内，如不足十二名之数，应令该学政俟廪、增补足后，再行照例起贡。

乾隆三十三年议准：江南扬州府属之泰州，分设东台县。应将泰州额进文童二十五名内，分拨东台县十二名；廪、增各三十缺内，分拨十缺，三年一贡。

乾隆三十四年议准：泰州额设廪、增，既将十名分拨东台县，若仍照州学例，三年两贡，未免太骤，应改为二年一贡。

乾隆三十五年议准：江南泰州，分设东台县。原议将泰州原进文童学额二十五名内，分拨东台十二名；武童十五名内，分拨七名。但东台应考人数不及泰州三分之一，自宜通融衰益，以昭平允。嗣后岁、科两试，将泰州改取文童十五名，东台改取十名。其武童，泰州原议取进八名，改取九名。东台原议取进七名，改取六名。

乾隆三十八年议准：江苏金山卫学裁汰，将取进童生原额十二名，分拨华亭、娄、南汇三县各三名，廪、增生缺亦各三名；奉贤、上海、金山三县各一名，廪、增生缺亦各一名，作为定额。岁、科两考，照苏、太等卫之例，于册卷填明卫籍字样。其已进之廪、增、附生，俱拨归住居之县学教官，就近管束。廪、增均先尽实缺补足，余俱作为候廪、候增。照例新旧间补。

注释：

① 溧水，县名，在江苏省南部。原文误为"漂水"，径改。
② 淮安，府名，原文误为"准安"，径改。
③ 二年半一贡，原文如此。
④ 挨，从上下文看，或为"俟"字之误。

卷四十七　安徽学额

安庆府学，额进二十五名，廪生四十名，增生四十名，一年一贡。怀宁县学、桐城县学，各额进二十五名，廪生二十名，增生二十名，二年一贡。潜山县学、太湖县学、宿松县学，各额进二十名，廪生二十名，增生二十名，二年一贡。望江县学，额进十六名，廪生二十名，增生二十名①，二年一贡。徽州府学，额进二十五名，廪生四十名，增生四十名，一年一贡。歙县学、休宁县学、婺源县学、黟县学，各额进二十名，廪生二十名，增生二十名，二年一贡。祁门县学、绩溪县学，各额进十六名，廪生二十名，增生二十名，二年一贡。

宁国府学，额进二十五名，廪生四十名，增生四十名，一年一贡。宣城县学、泾县学，各额进二十五名，廪生二十名，增生二十名，二年一贡。南陵县学、宁国县学、旌德县学、太平县学，各额进二十名，廪生二十名，增生二十名，二年一贡。

池州府学，额进二十五名，廪生四十名，增生四十名，一年一贡。贵池县学、青阳县学、建德县学，各额进二十名，廪生二十名，增生二十名，二年一贡。铜陵县学、石埭县学、东流县学，各额进十六名，廪生二十名，增生二十名，二年一贡。

太平府学，额进二十五名，廪生四十名，增生四十名，一年一贡。当涂县学、芜湖县学，各额进二十名，廪生二十名，增生二十名，二年一贡。繁昌县学，额进十六名，廪生二十名，增生二十名，二年一贡。

庐州府学，额进二十二名，廪生四十名，增生四十名，一年一贡。合肥县学，额进二十名，廪生二十名，增生二十名，二年一贡。舒城县学、庐江县学、巢县学，各额进十六名，廪生二十名，增生二十名，二年一贡。无为州学，额进二十名，廪生三十名，增生三十名，三年两贡。

凤阳府学，额进二十三名，廪生四十名，增生四十名，一年一贡。凤阳县学，额进二十五名，廪生二十名，增生二十名，二年一贡。临淮②乡学、怀远县学、定远县学，各额进十六名，廪生二十名，增生二十名，二年一贡。虹县学、灵璧县学，各额进十二名，廪生二十名，增生二十名，二年一贡。寿州学，额进十二名，廪生十八名，增生十八名，二年一贡。凤台县学，额进八名，廪生十二名，增生十二名，三年一贡。宿州学，额进二十名，廪生三十名，增生三十名，三年两贡。

颍州③府学，额进二十名，廪生四十名，增生四十名，一年一贡。阜阳县学，额进十五名，廪生二十名，增生二十名，二年一贡。颍上④县学、霍邱县学、太和县学，各额进十二名，廪生二十名，增生二十名，二年一贡。亳州学，额进二十名，廪生三十名，增生三十名，三年两贡。蒙城县学，额进十六名，廪生二十名，增生二十名，二年一贡。

滁州学，额进二十名，廪生三十名，增生三十名，三年两贡。全椒县学，额进二十名，廪生二十名，增生二十名，二年一贡。来安县学，额进十二名，廪生二十名，增生二十名，二年一贡。

和州学，额进二十名，廪生三十名，增生三十名，三年两贡。含山县学，额进二十名，廪生二十名，增生二十名，二年一贡。

广德州学，额进二十五名，廪生三十名，增生三十名，三年两贡。建平县学，额进二十名，廪生二十名，增生二十名，二年一贡。

六安州学，额进二十名，廪生三十名，增生三十名，三年两贡。英山县学、霍山县学，各额进十二名，廪生二十名，增生二十名，二年一贡。又分拨庐州府学文童额进三名，归于六安州及所属，凭文取进。

泗州学，额进二十名，廪生三十名，增生三十名，三年两贡。盱眙⑤县学、天长县学，各额进十六名，廪生二十名，增生二十名，二年一贡。五河县学，额进十二名，廪生二十名，增生二十名，二年一贡。又分拨凤阳府学文童额进二名，归于泗州及所属，凭文取进。

康熙二十八年遵旨议准：增广江浙入学名数，小学十二名，中学十六名，大学二十名，府学二十五名。

康熙五十七年议准：江南宁国府南陵县改为大学，取进童生二十名。

康熙六十年议准：江南铜陵县改为中学，照例考取。

雍正二年遵旨题准：安徽所属之广德州，怀宁、桐城、宣城、泾、凤阳五县照府学额，各取进童生二十五名。无为、六安、泗、宿、亳五州，潜山、太湖、宿松、黟、宁国、旌德、太平、贵池、青阳、建德、当涂、芜湖、合肥、含山、建平十五县，改为大学，各二十名。望江、东流、繁昌、舒城、庐江、临淮、定远、蒙城、怀远九县，改为中学，各十六名。

雍正十三年议准：安徽寿州分设凤台县。查凤台赴考生童，不及寿州十分之六。入学额数，应四六分取，补廪出贡亦当区别。应将寿州原取进文童二十名酌分八名，武童十五名酌分六名，拨入凤台县学。州学原设廪、增各三十名，酌分十二名入县学。州学准其二年一贡。县学准其三年一贡。至现在文、武生员，亦应四六分隶。

又议准：安徽庐州、凤阳二府，分设直隶六安、泗、亳、颍四州。酌减庐州府学文童三名、武童二名，拨归六安州。酌减凤阳府学额五名，以二归泗，二归颍，一归亳。令该学政于按试时，在于⑥该州及所属县内凭文取拨。

乾隆二年议准：安徽颍州升府，又新设阜阳一县。颍州府学，取进童生二十名，于所属州县内取拨。新设附府之阜阳县，应于原颍州学二十名额内减去五名，取进童生十五名。颍州府学，设廪、增各四十名。阜阳县学，设廪、增各二十名。于原设州学廪、增各三十名内，酌留二十名于阜阳县学，余十名拨入颍州府学。其府学不敷之廪额，将凤阳府拨归颍州并各县学之廪生十四名，拨入府学新设四十名额内。其余缺额一十六名，应照例于颍州府学考取优等生员挨次帮补，增生额亦照此取足。俟廪额补足时，先将凤阳府拨归之廪生，较其食饩先后，照例一年一贡。其余年分浅者，亦准其陆续挨贡。阜阳县学，照例二年一贡。再颍州既经升府设学，亳州又改归颍州府管辖，从前凤阳府拨入颍州学二名、亳州学一名，应仍拨还凤阳府学。

乾隆十九年议准：临淮县既议裁并凤阳，其学额十六名，应援照江苏海门县裁归通州，县学改为海门乡学之例，将原隶临邑住址生童，另编临淮乡字样考试。其入学额数及廪、增出贡，悉仍其旧，注明学册，报部察核。并照从前各省教官分拨管学之例，将凤阳县训导分拨临淮乡学，董率士子。

注释：

① 增生二十名，原文"二"字下缺笔成"一"字，径改。
② 临淮，原文误为"临准"，径改。
③ 颍州，"颍"，原文误为"颖"，径改。
④ 颍上，"颍"，原文误为"颖"，径改。本卷以下此误尚有多处，不再注出，径改。
⑤ 盱眙，音虚怡，原文"盱"误为"旴"，径改。
⑥ 在于，此处之"于"字疑为衍字。

卷四十八　浙江学额

杭州府学，额进二十五名，廪生四十名，增生四十名，一年一贡。仁和县学、钱塘县学，各额进二十五名，廪生二十名，增生二十名，二年一贡。海宁州学，额进二十五名，廪生三十名，增生三十名，三年两贡。富阳县学、余杭县学、临安县学，各额进二十名，廪生二十名，增生二十名，二年一贡。新城县学、于潜县学、昌化县学，各额进十六名，廪生二十名，增生二十名，二年一贡。

嘉兴府学，额进二十五名，廪生四十名，增生四十名，一年一贡。嘉兴县学、秀水县学、嘉善县学、海盐县学、平湖县学，各额进二十五名，廪生二十名，增生二十名，二年一贡。石门县学、桐乡县学，各额进二十名，廪生二十名，增生二十名，二年一贡。

湖州府学，额进二十五名，廪生四十名，增生四十名，一年一贡。乌程县学、归安县学、长兴县学、德清县学，各额进二十五名，廪生二十名，增生二十名，二年一贡。安吉县学，额进十六名，廪生二十名，增生二十名，二年一贡。武康县学，额进十六名，廪生二十名，增生二十名，二年一贡。孝丰县学，额进十二名，廪生二十名，增生二十名，二年一贡。

宁波府学，额进二十五名，廪生四十名，增生四十名，一年一贡。鄞县学、慈溪县学，各额进二十五名，廪生二十名，增生二十名，二年一贡。奉化县学、镇海县学，各额进二十名，廪生二十名，增生二十名，二年一贡。象山县学，额进十二名，廪生二十名，增生二十名，二年一贡。定海县学，额进十二名，廪生十名，增生十名，二年一贡。

绍兴府学，额进二十五名，廪生四十名，增生四十名，一年一贡。山阴县学、会稽县学、萧山县学、诸暨县学、余姚县学，各额进二十五名，廪生二十名，增生二十名，二年一贡。上虞县学、新昌县学、嵊县学，各额进二十名，廪生二十名，增生二十名，二年一贡。

金华府学，额进二十五名，廪生四十名，增生四十名，一年一贡。金华县学、兰溪县学，各额进二十五名，廪生二十名，增生二十名，二年一贡。东阳县学、义乌县学、永康县学，各额进二十名，廪生二十名，增生二十名，二年一贡。武义县学、浦江县学、汤溪县学，各额进十六名，廪生二十名，增生二十名，二年一贡。

衢州府学，额进二十五名，廪生四十名，增生四十名，一年一贡。西安县学，额进二十五名，又孔氏额进二名，共二十七名，廪生二十名，增生二十名，二年一贡。龙游县学、常山县学，各额进二十名，廪生二十名，增生二十名，二年一贡。江山县学、开化县学，各额进十六名，廪生二十名，增生二十名，二年一贡。

严州府学，额进二十五名，廪生四十名，增生四十名，一年一贡。建德县学、淳安县学，各额进二十五名，廪生二十名，增生二十名，二年一贡。遂安县学，额进二十名，廪生二十名，增生二十名，二年一贡。寿昌县学、桐庐县学，各额进十六名，廪生二十名，增生二十名，二年一贡。分水县学，额进十二名，廪生二十名，增生二十名，二年一贡。

温州府学，额进二十五名，廪生四十名，增生四十名，一年一贡。永嘉县学，额进二十五名，廪生二十名，增生二十名，二年一贡。乐清县学，额进十六名，廪生二十名，增生二十名，二年一贡。瑞安县学、平阳县学，各额进二十名，廪生二十名，增生二十名，二年一贡。泰顺县学，额进十二名，廪生二十名，增生二十名，二年一贡。玉环厅额进四名，附入府学。

台州府学，额进二十五名，廪生四十名，增生四十名，一年一贡。临海县学，额进二十五名，廪生二十名，增生二十名，二年一贡。黄岩县学、天台县学，各额进二十名，廪生二十名，增生二十名，二年一贡。太平县学、宁海县学，各额进十六名，廪生二十名，增生二十名，二年一贡。仙居县学，额进十二名，廪生二十名，增生二十名，二年一贡。

处州府学，额进二十五名，廪生四十名，增生四十名，一年一贡。丽水县学，额进二十五名，廪生二十名，增生二十名，二年一贡。缙云县学，额进二十名，廪生二十名，增生二十名，二年一贡。青田县学、松阳县学、龙泉县学，各额进十六名，廪生二十名，增生二十名，二年一贡。遂昌县学、庆元县学、云和县学、宣平县学、景宁县学，各额进十二名，廪生二十名，增生二十名，二年一贡。

康熙二十八年遵旨议准：增广江浙入学名数，小学十二名，中学十六名，大学二十名，府学二十五名。

康熙五十八年议准：浙江金华府之武义县，改为中学，照例考取。

康熙五十九年题准：浙江衢州府西安①县孔氏，本至圣嫡裔，自宋南渡迁浙，今读书人众，嗣后于岁、科正额外取进二名。

雍正二年遵旨题准：浙江之仁和、钱塘、海宁、嘉兴、秀水、嘉善、海盐、平湖、乌程、归安、德清、鄞、慈溪、山阴、会稽、诸暨、余姚、临海、金华、兰溪、西安、建德、淳安、永嘉、丽水二十五县，照府学额各取进童生二十五名。奉化、新昌、嵊、天台、永康、常山、瑞安、平阳八县，改为大学，各二十名。於潜、昌化、汤溪、江山四县，改为中学，各十六名。定海县，定为小学，取进十二名。

乾隆五年议准：浙江长兴、萧山二县学，照府学例，取进文童二十五名。至嘉兴府属之桐乡县学，前抚题请仁和等三十八县加增学额疏内，并未附入。其请照府学额数取进之处，毋庸议。

乾隆二十年议准：浙江新辟之玉环文风渐盛，应令该抚转饬该同知，遇收考时，照直隶州例，查明实在入籍玉环童生，考送学臣考试。取进文童四名、武童二名。如文理、弓马不称，宁缺无滥。其取进生员，附入温州府学，一体帮补廪、增。应试各童，取具五人连名互结。饬令乐清、太平二县廪生，分别认保，毋使混冒。

乾隆二十八年议复浙江学政李因培条奏请将衢州府属之龙游县降为中学，改拨江山县升为大学一折：查龙游向为大学，应考人数，据该抚查明，百有余年约略相等。其江山县原系小学，雍正二年升为中学，已属优异。若再议添额，未免太滥。所奏应毋庸议。

　　乾隆三十九年议准：浙江海宁县改为海宁州，安吉州改为安吉县，入学额数仍循其旧。至廪生额缺，海宁应改为三十名，三年两贡；安吉改为二十名，两年一贡，以符州、县体制。现在安吉多补廪生十名，应俟陆续缺出，改归海宁补数。

注释：

① 西安，古县名。唐咸通中改信安县置。治所在今浙江衢县境，北宋宣和中移今衢县。1912 年改名衢县。历为衢州、衢州路、衢州府治所。

卷四十九　江西学额

南昌府学，额进二十名，廪生四十名，增生四十名，一年一贡。南昌县学、新建县学、丰城县学，各额进二十名，廪生二十名，增生二十名，二年一贡。进贤县学、奉新县学，各额进十五名，廪生二十名，增生二十名，二年一贡。宁州学，额进十二名，廪生三十名，增生三十名，三年两贡。武宁县学、靖安县学，各额进八名，廪生二十名，增生二十名，二年一贡。

瑞州府学，额进二十名，廪生四十名，增生四十名，一年一贡。高安县学，额进二十名，廪生二十名，增生二十名，二年一贡。上高县学，额进十二名，廪生二十名，增生二十名，二年一贡。新昌县学，额进十五名，廪生二十名，增生二十名，二年一贡。

袁州府学，额进二十名，廪生四十名，增生四十名，一年一贡。宜春县学，额进二十名，廪生二十名，增生二十名，二年一贡。分宜县学，额进十五名，廪生二十名，增生二十名，二年一贡。萍乡县学、万载县学，各额进十二名，廪生二十名，增生二十名，二年一贡。

临江府学，额进二十名，廪生四十名，增生四十名，一年一贡。清江县学，额进二十名，廪生二十名，增生二十名，二年一贡。新淦县学、新喻县学、峡江县学，各额进十二名，廪生二十名，增生二十名，二年一贡。

吉安府学，额进二十名，廪生四十名，增生四十名，一年一贡。庐陵县学、吉水县学，各额进二十名，廪生二十名，增生二十名，二年一贡。永丰县学、万安县学，各额进十二名，廪生二十名，增生二十名，二年一贡。泰和县学，额进十五名，廪生二十名，增生二十名，二年一贡。安福县学，额进十五名，廪生十七名，增生十七名，二年一贡。永新县学，额进十二名，廪生十七名，增生十七名，二年一贡。龙泉县学、永宁县学，各额进八名，廪生二十名，增生二十名，二年一贡。莲花厅学，额进八名，廪生六名，增生六名，二年一贡。

抚州府学，额进二十名，廪生四十名，增生四十名，一年一贡。临川县学、金谿县学，各额进二十名，廪生二十名，增生二十名，二年一贡。崇仁县学、乐安县学，各额进十二名，廪生二十名，增生二十名，二年一贡。宜黄县学、东乡县学，各额进十五名，廪生二十名，增生二十名，二年一贡。

建昌府学，额进二十名，廪生四十名，增生四十名，一年一贡。南城县学、新城县学，各额进二十名，廪生二十名，增生二十名，二年一贡。南丰县学、广昌县学，各额进十五名，廪生二十名，增生二十名，二年一贡。泸溪县学，额进八名，廪生二十名，增生二十名，二年一贡。

广信府学，额进二十名，廪生四十名，增生四十名，一年一贡。上饶①县学，额进二十名，廪生二十名，增生二十名，二年一贡。玉山县学、广丰县学、铅山县学、弋阳县学，各额进十二名，廪生二十名，增生二十名，二年一贡。贵溪县学，额进十五名，廪生二十名，增生二十名，二年一贡。兴安县学，额进八名，廪生二十名，二年一贡。

饶州府学，额进二十名，廪生四十名，增生四十名，一年一贡。鄱阳县学，额进二十名，廪生二十名，增生二十名，二年一贡。余干②县学，额进十五名，廪生二十名，增生二十名，二年一贡。乐平县学、浮梁县学、安仁县学、德兴县学、万年县学，各额进十二名，廪生二十名，增生二十名，二年一贡。

南康府学，额进二十名，廪生四十名，增生四十名，一年一贡。星子县学、都昌县学、建昌县学，各额进十五名，廪生二十名，增生二十名，二年一贡。安义县学，额进十二名，廪生二十名，增生二十名，二年一贡。

九江府学，额进二十名，廪生四十名，增生四十名，一年一贡。德化县学、湖口县学，各额进十五名，廪生二十名，增生二十名，二年一贡。德安县学、瑞昌县学、彭泽县学，各额进十二名，廪生二十名，增生二十名，二年一贡。

南安府学，额进二十名，廪生四十名，增生四十名，一年一贡。大庚县学，额进十五名，廪生二十名，增生二十名，二年一贡。南康县学，额进十二名，廪生二十名，增生二十名，二年一贡。上犹县学、崇义县学，各额进八名，廪生二十名，增生二十名，二年一贡。

赣州府学，额进二十名，廪生四十名，增生四十名，一年一贡。赣县学，额进二十名，廪生二十名，增生二十名，二年一贡。雩都县学、信丰县学、兴国县学、会昌县学、安远县学、龙南县学、长宁县学，各额进十二名，廪生二十名，增生二十名，二年一贡。南厅学，额进八名，廪生二十名，增生二十名，二年一贡。

宁都州学，额进二十二名，廪生三十名，增生三十名，三年两贡。瑞金县学、石城县学，各额进十四名，廪生二十名，增生二十名，二年一贡。

康熙五十八年议准：江西赣州府兴国县改为中学，取进童生十二名。

雍正二年遵旨题准：江西之南昌、新建、丰城、高安、宜春、清江、庐陵、吉水、安福、临川、金溪、南城、新城、上饶、鄱阳、赣、宁都十七县，照府学额各取进童生二十名。奉新、永新、宜黄、东乡、南丰、广昌、贵溪、余干、星子、都昌、建昌、德化、湖口、大庚十四县，改为大学，各十五名。萍乡、峡江、玉山、安仁、安义、瑞昌、南康、石城八县，改为中学，各十二名。

雍正九年议准：江西棚民，近年读书愈众。令地方官，按入籍二十年以上，有田粮庐墓者，准其在各居住之州县考试。童生满五十人以上额外取进一名，百人以上二名，二百人以上三名，最多以四名为率。如不足五十人，令与本籍童生凭文考取。其年例不符者，不许滥行收试。至棚民之兄弟叔侄及外姻亲属仍居原籍，未曾同为棚民者，不许假冒。本籍童生亦不得混入棚民内冒考。违者均照冒籍例治罪。各于本童应考之时，取具里邻甘结，及五童互结，方准报名应试。至棚民取进入学以后，岁、科两考，帮补廪、增，及选拔挨贡科举，均照本籍生员之例。

乾隆八年议准：吉安府属之莲花厅，将永新、安福之砻西、上西二乡统归管辖。其入学额数，准于永新县拨出，文童进额三名，武童二名。安福县拨出文童进额五名，武童三名。文童共取进八名，武童共取进五名。廪、增生各拨出六名，共廪、增生十二名，归入厅学。所有生童，应由厅学考试。其二乡现在文、武生员，即归厅学管理。廪生俟十年后，照县例两年一贡。

乾隆二十年议准：江西信丰、龙南二县，各减进额三名，归入瑞金、石城二县。各进十五名。岁、科试时，令该学政将信丰、龙南多拨府学三四名，补偿原额。至宁都县升州，学额不必增减，廪、增额数应照州学例各设三十名，三年两贡。所有从前宁、瑞、石二州县③原隶赣州府学文、武生员，查明各生籍贯，州籍者改为州籍，县籍者改为县籍。其廪、增各生，俱改为候廪、候增，与宁、瑞、石三学生员，照考案先后挨次间补。其三州县生童，应仍赴赣郡考试，考棚毋庸建设。

乾隆二十三年议准：江西宁都县升为直隶州，分辖瑞金、石城二县。原议将赣属信丰、龙南二县进额十五名内，各量减三名，归入瑞金、石城二县。岁、科试时，于府学额数多拨三四名。至宁都原额二十名，不必增减。今该州人文日盛，向为赣郡属邑，岁、科两试，原得酌拨府学二三名，自升州以后，转无府学可拨，而进额仍旧，似未平允。应于瑞金、石城增额各减一名，拨给宁都州学。俾一州两县，均与向来府拨之数相符。其武童悉照文童之例，画一办理。

乾隆二十八年议准：江西通省，除抚州等六府州，并无棚童。其余虽有棚民，并无应考，并有棚童向归土籍者。惟南昌府属之宁州等五州县，及瑞、吉、饶、袁四府所属五县，俱自雍正九年起，另额取进。但向之应试数百名，及百余名者，今或仅五十名，或止二三十名、十余名不等。为数既属无多，又系年久合例，自应归入土籍考试。万载一县，虽有二百四十名，而通省既议归并土籍，不便独存一县，以致两岐④。嗣后，江省棚民均归土籍一体考试。毋庸另立棚籍，以杜冒占。

乾隆三十八年议准：江西定南县，改为定南厅。所属训导并文、武学额，仍循其旧。

注释：
① 上饶，原文误为"土饶"，径改。
② 余干，原文误为"余千"，径改。
③ 二州县，参照本条上下文，应为"三州县"。
④ 两岐，"岐"同"歧"。

卷五十　福　建　学　额

福州府学，额进二十名，廪生四十名，增生四十名，一年一贡。闽县学、侯官县学、长乐县学、福清县学，各额进二十名，廪生二十名，增生二十名，二年一贡。连江县学，额进十五名，廪生二十名，增生二十名，二年一贡。罗源县学、闽清县学、永福县学、各额进八名，廪生二十名，增生二十名，二年一贡。古田县学，额进十二名，廪生十五名，增生十五名，三年一贡。屏南县学，额进四名，廪生五名，增生五名，四年一贡。

兴化府学，额进二十名（莆田拨十四名，仙游拨六名。），廪生四十名，增生四十名，一年一贡。莆田县学、仙游县学，各额进二十名，廪生二十名，增生二十名，二年一贡。

泉州府学，额进二十名（晋江拨十二名，南安等四县拨八名。），廪生四十名，增生四十名，一年一贡。晋江县学、南安县学、惠安县学、同安县学、安溪县学，各额进二十名，廪生二十名，增生二十名，二年一贡。

漳州府学，额进二十名（南澳同知录送云青二澳童生拨入府学一名。），廪生四十名，增生四十名，一年一贡。龙溪县学、漳浦县学、海澄县学、南靖县学、平和县学，各额进二十名，廪生二十名，增生二十名，二年一贡。长泰县学、诏安县学，各额进十五名，廪生二十名，增生二十名，二年一贡。

延平府学，额进二十名，廪生四十名，增生四十名，一年一贡。南平县学，额进二十名，廪生二十名，增生二十名，二年一贡。顺昌县学、将乐县学、沙县学、永安县学，各额进十五名，廪生二十名，增生二十名，二年一贡。尤溪县学，额进十二名，廪生二十名，增生二十名，二年一贡。

建宁府学，额进二十名，廪生四十名，增生四十名，一年一贡。建安县学、瓯宁县学、建阳县学、崇安县学，各额进二十名，廪生二十名，增生二十名，二年一贡。浦城县学，额进十五名，廪生二十名，增生二十名，二年一贡。松溪县学，额进十二名，廪生二十名，增生二十名，二年一贡。政和县学，额进八名，廪生二十名，增生二十名，二年一贡。

邵武府学，额进二十名，廪生四十名，增生四十名，一年一贡。邵武县学，额进二十名，廪生二十名，增生二十名，二年一贡。建宁县学，额进十五名，廪生二十名，增生二十名，二年一贡。光泽县学、泰宁县学，各额进八名，廪生二十名，增生二十名，二年一贡。

汀洲府学，额进二十名，廪生四十名，增生四十名，一年一贡。长汀县学、上杭县学、永定县学，各额进二十名，廪生二十名，增生二十名，二年一贡。宁化县学、清流县学、归化县学、连城县学、武平县学，各额进十五名，廪生二十名，增生二十名，二年一贡。

福宁府学，额进二十名，廪生四十名，增生四十名，一年一贡。霞浦县学，额进八名，廪生十名，增生十名，与福鼎县二年轮流一贡。福鼎县学，额进七名，廪生十名，增生十名。福安县学，额进十五名，廪生二十名，增生二十名，二年一贡。宁德县学，额进十二名，廪生二十名，增生二十名，二年一贡。寿宁县学，额进八名，廪生二十名，增生二十名，二年一贡。

永春州学，额进十八名，廪生三十名，增生三十名，三年两贡。德化县学、大田县学，各额进十二名，廪生二十名，增生二十名，二年一贡。

龙岩州学，额进十八名，廪生三十名，增生三十名，三年两贡。漳平县学，额进十五名，廪生二十名，增生二十名，二年一贡。宁洋县学，额进八名，廪生十六名，增生十六名，二年一贡。

台湾府学，额进二十八名（内闽籍二十名，粤籍八名。），廪生二十名，增生二十名，一年一贡。台湾县学、凤山县学、诸罗县学，各额进十二名，廪生十名，增生十名，二年一贡。彰化县学，额进八名，廪生十名，增生十名，四年一贡。

康熙四十八年议准：直省各府学，于各州、县童生内量拨。惟福建兴化府学，但拨取莆田童生，不拨仙游，与例不符。嗣后，将莆田、仙游二县童生同酌量拨取。

雍正二年遵旨题准：福建之福宁州，及闽、侯官、长乐、福清、莆田、仙游、晋江、南安、惠安、同安、安溪、龙溪、漳浦、海澄、南靖、平和、南平、建安、瓯宁、建阳、崇安、邵武、长汀、上杭、永定二十五县，照府学额各取进童生二十名。连江、福安二县，改为大学，各十五名。永春、德化、尤溪三县，改为中学，各十二名。

雍正十三年议准：福建福宁州升府，照例取进童生二十名，设廪、增各四十名，一年一贡。新设附府之霞浦县学，取进童生十五名，设廪、增各二十名，俟廪额补足之日，二年一贡。古田县分设屏南县，原取进童生十二名，应加四名。照小县例，与屏南中分，每县各八名。原额廪、增各二十名，亦照数分拨，每县廪、增各十名，仍照县学二年一贡之例，谕①年分浅深，两县轮流②出贡。永春县升州，原取进童生十二名，应加文童三名，以符州学之数。武童仍照其旧。廪、增额数，应照州学例，各设三十名，三年两贡。大田县向系小学，迩来人文日盛，改为中学，取进童生十二名。其廪、增额数，仍各照旧。又龙岩州，原取童生十五名，已与州、县额数相符，毋庸加增。其廪、增亦应照州学例，各设三十名，三年两贡。

又议准：福建台湾府属彰化县，设学已久，文风日盛。设廪、增各十名，十年之后，准四年一贡。俟人文加盛之日，再照县学之例，题增廪额，并二年出贡一次。

乾隆三年议准：福建龙岩州，人文日盛。岁、科两试文童，应于原额之外，加增三名，共取进一十八名。

乾隆四年议准：福建福宁府之霞浦县，分设福鼎县。霞浦县原取进童生十五名，除两县平分外，其余一名，仍拨归应试人多之霞浦县学。嗣后，霞浦县取进童生八名，福鼎县取进童生七名。原设廪、增各二十名，亦两县平分，各十名。仍照例二年一贡。两县将年久廪生，照考案名次，轮流出贡。如上届霞浦贡一人，下届福鼎贡一人。

乾隆五年议准：永春县升州，人文加盛。应试童生，多至七千名。应照龙岩州之例，酌增三名，共取进童生十八名。武童亦照龙岩州之例，取进十五名。

又议准：福建德化县武童学额，照大田县之例，酌增四名，共取进十二名。

乾隆六年议准：粤民流寓福建台湾府，年久入籍者，台属四邑，均有户册可稽。应童试者七百余人，应另编为新字号。于四邑内，通较粤童文字，共取进八名，附入府学。再有续出应试者，总以八名为额。俟岁、科数次之后，取进人数渐多，再将应设廪、增题请定议。

乾隆十一年议准：兴化、泉州二府，入学额数，悉照定例。凭文拨入其兴化府，所议三七分拨之案，泉州府所立晋江多拨之碑，均与成例不符。应令该学政会同该抚转行各该府，查明销毁存案。倘学臣按临，生童有联名具呈争拨者，将具呈争拨之生员斥革，童生不准应试，并治其违禁之罪。如有聚集多人，混行争控者，除严拿治罪外，仍将该县童生，停其拨入府学，以儆浇风。

乾隆十七年奉上谕：据闽浙总督喀尔吉善、福建巡抚陈宏谋奏称：兴化府属莆田、仙游二县童生，取入府学额数，向系三七分拨。前任学政吴嗣爵奏准凭文拨取。而历次拨取，仍系三七之数。本年科试，学政冯钤将莆田少拨二名，有童生黄天锡等，群相喧拥，恳求添拨，现在严饬查办，以惩恶习等语。莆、仙二县童生，取进府学，三七分拨，相沿已久。吴嗣爵之奏，未必不明知三七分拨，本无所偏枯，而姑藉此为陈奏塞责之地。部议以凭文录士言之，似属有理，遂照所奏复准。逮既经定例之后，接任学政，即当遵照办理。若以吴嗣爵所奏原未允协，亦宜奏明更正。乃葛德润任内历次考试，仍系三七分拨。若果专就文艺酌取，岂有悉能暗合之理，其中显有迁就情节。该学政冯钤，此次考试，少拨莆童二名，遂致刁童喧拥滋事。此等恶习，固应严加惩儆。而始事之筹画未周，接任之因循姑息，则吴嗣爵、葛德润二人之咎。著令伊二人明白回奏。吴嗣爵已简任道员，交与江苏巡抚庄有恭据词代奏。钦此。

乾隆十八年议准：直省州、县文风，此优彼绌，势有难齐。旧日额数，果其行之已久，原系因地取才，自不应有意更张，徒滋扰累。查兴化之莆田、仙游，向系三七分拨；泉州之晋江，应试童生比各邑尤多，文风比各邑最盛，向系四六分拨，均无偏枯，应皆照旧分拨。嗣后，兴化府学额进童生，遵照旧例，莆田分拨一十四名，仙游分拨六名。泉州府学额进童生，亦照旧例，晋江分拨十二名，南惠、同安等四县共分拨八名。令该学政永远遵行。

乾隆二十二年议复福建总督杨应琚题请台郡粤籍生员，额设廪、增一疏：查乾隆六年议准，粤民入籍台湾考试，另额取进八名，即附于台湾府学。原与分县设学者不同，且历次取进人数，现在仅六十八名。若照小学之例，另设廪、增各十名，未免浮滥。应仍照定例，与该府学生员一体凭文考校，拔补廪、增，不必另设额缺。如果人文日盛，廪、增额隘，该督、抚等另行题请，到日再议。

乾隆二十九年议准：查福建屏南一县，本系古田所分。将该县入学原额，以八名留于古田，八名归于屏南。其廪、增额缺各二十名，亦均分两学。嗣以屏南童生稀少，又请准古田童生报名寄考，谓之寄屏额取四名。其屏南本籍童生，谓之正屏，亦额取四名。又恐正屏廪保乏人，定为每逢廪、增缺出，正屏、寄屏轮流间补。今该县廪生十缺，寄屏已占六缺；增生十缺，全属寄屏，正屏并无一人。将来日久相沿，寄屏必多于正屏，于帮补未免偏枯，恐正屏各生无由鼓励。应将廪、增十缺，各分为五，两不相占。嗣后缺出，按照正屏、寄屏的籍充补。其现在多余寄屏廪生一名，增生五名，俟事故开缺，逐渐以正屏补数。

乾隆三十一年议准：福建屏南县学，正屏文风逊于寄屏。凭文录取，一等多系寄屏。其正屏列一等者，非系实廪③，即名次居后。一有廪、增缺出，既不能准寄屏额外多补，必致空缺久悬。渐至正屏廪保乏人，多所未便。应于卷面注明正、寄字样，俾衡文者可以酌取。将来廪、增额缺，得以渐次补足。

乾隆三十九年议准：查福州府之屏南县，原系古田所分。从前分县时，将该县文、武入学额数，以八名留古田，八名归屏南；廪、增各二十缺，亦均分两学。嗣因屏南童生稀少，复议准古田童生报名寄考，谓之寄屏，取进四名。其屏南本籍童生，谓之正屏，亦取进四名。廪、增十缺，各半分拨。但正、寄相杂，恐滋冒考之弊。嗣后，将寄屏进额四名，拨归古田县。准其岁、科两试各取进十二名，廪、增各十五名。屏南县取进四名，廪、增各五名。俱作为定额，删去正、寄字样。再古、屏二县廪生，从前照分学之例，两县轮流，二年一贡。今既分隶各学所有，古田县廪缺较多，应改为三年一贡。其屏南廪生五缺，照该省小学例，定为四年一贡。

注释：

① 谕，此处作"知道"、"知悉"解。
② 轮流，原文误为"输流"，径改。
③ 实廪，指正额廪生。明沈德符《野获编·吏部·监生选正官》："近年准贡事起，初犹以实廪，十年科举三次者加纳，既而甫补廪，未科举者亦滥觞矣。"

卷五十一 河 南 学 额

开封府学，额进二十名，廪生四十名，增生四十名，一年一贡。祥符县学、杞县学，各额进二十名，廪生二十名，增生二十名，二年一贡。陈留县学、通许县学、鄢陵县学、中牟县学、阳武县学，各额进十五名，廪生二十名，增生二十名，二年一贡。尉氏县学、洧川县学、封邱县学、兰阳县学、仪封县学、荥泽县学、荥阳县学、密县学、新郑县学，各额进十二名，廪生二十名，增生二十名，二年一贡。郑州学、禹州学，各额进十五名，廪生三十名，增生三十名，三年两贡。河阴乡学、氾水县学，各额进八名，廪生二十名，增生二十名，二年一贡。

归德府学，额进二十名，廪生四十名，增生四十名，一年一贡。商邱县学、永城县学、鹿邑县学，各额进二十名，廪生二十名，增生二十名，二年一贡。宁陵县学、虞城县学、考城县学、柘城县学，各额进十二名，廪生二十名，增生二十名，二年一贡。夏邑县学，额进十五名，廪生二十名，增生二十名，二年一贡。睢州学，额进二十名，廪生三十名，增生三十名，三年两贡。

彰德府学，额进二十名，廪生四十名，增生四十名，一年一贡。安阳县学，额进二十名，廪生二十名，增生二十名，二年一贡。林县学、武安县学，各额进十二名，廪生二十名，增生二十名，二年一贡。临漳县学，额进十五名，廪生二十名，增生二十名，二年一贡。涉县学，额进八名，廪生二十名，增生二十名，二年一贡。汤阴县学、内黄县学，各额进十五名，廪生二十名，增生二十名，二年一贡。

卫辉府学，额进二十名，廪生四十名，增生四十名，一年一贡。汲县学、新乡县学、延津县学，各额进十五名，廪生二十名，增生二十名，二年一贡。辉县学、获嘉县学，各额进十二名，廪生二十名，增生二十名，二年一贡。淇县学，额进八名，廪生二十名，增生二十名，二年一贡。滑县学，额进二十三名，廪生二十名，增生二十名，二年一贡。浚县学，额进十八名，廪生二十名，增生二十名，二年一贡。

怀庆府学，额进二十名，廪生四十名，增生四十名，一年一贡。河内县学，额进二十名，廪生二十名，增生二十名，二年一贡。济源县学、武陟县学、孟县学、温县学，各额进十五名，廪生二十名，增生二十名，二年一贡。修武县学、原武县学，各额进十二名，廪生二十名，增生二十名，二年一贡。

河南府学，额进十七名，廪生四十名，增生四十名，一年一贡。洛阳县学，额进二十名，廪生二十名，增生二十名，二年一贡。偃师县学，额进十五名，廪生二十名，增生二十名，二年一贡。孟津县学、宜阳县学、登封县学、永宁县学、新安县学、嵩县学，各额进十二名，廪生二十名，增生二十名，二年一贡。巩县学、渑池县学，各额进八名，廪生二十名，增生二十名，二年一贡。

南阳府学，额进二十名，廪生四十名，增生四十名，一年一贡。南阳县学、唐县学、内乡县学、新野县学、舞阳县学、叶县学，各额进十五名，廪生二十名，增生二十名，二年一贡。南召县学、泌阳县学、镇平县学，各额进十二名，廪生二十名，增生二十名，二年一贡。邓州学、裕州学，各额进十五名，廪生三十名，增生三十名，三年两贡。桐柏县学、淅川县学，各额进八名，廪生二十名，增生二十名，二年一贡。

汝宁府学，额进十六名，廪生四十名，增生四十名，一年一贡。汝阳县学、上蔡县学，各额进十五名，廪生二十名，增生二十名，二年一贡。新蔡县学、西平县学、遂平县学、罗山县学，各额进十二名，廪生二十名，增生二十名，二年一贡。信阳州学，额进十五名，廪生三十名，增生三十名，三年两贡。确山县学、正阳县学，各额进八名，廪生二十名，增生二十名，二年一贡。

陈州府学，额进二十名，廪生四十名，增生四十名，一年一贡。淮宁县学、西华县学，各额进十五名，廪生二十名，增生二十名，二年一贡。商水县学、项城县学、沈邱县学、扶沟县学，各额进十二名，廪生二十名，增生二十名，二年一贡。太康县学，额进二十名，廪生二十名，增生二十名，二年一贡。

许州学，额进二十名，廪生三十名，增生三十名，三年两贡。临颍①县学、长葛县学，各额进十二名，廪生二十名，增生二十名，二年一贡。襄城县学、郾城县学，各额进十五名，廪生二十名，增生二十名，二年一贡。

汝州学，额进十五名，廪生三十名，增生三十名，三年两贡。鲁山县学、郏县学，各额进十二名，廪生二十名，增生二十名，二年一贡。宝丰县学、伊阳县学，各额进八名，廪生二十名，增生二十名，二年一贡。

陕州学，额进十五名，廪生三十名，增生三十名，三年两贡。灵宝县学，额进十五名，廪生二十名，增生二十名，二年一贡。阌乡县学，额进十二名。廪生二十名，增生二十名，二年一贡。卢氏县学，额进八名，廪生二十名，增生二十名，二年一贡。又拨河南府旧额内入学三名归陕州及所属取进。

光州学，额进十五名，廪生三十名，增生三十名，三年两贡。固始县学、光山县学、息县学、商城县学，各额进十五名，廪生二十名，增生二十名，二年一贡。又拨汝宁府旧额内入学四名归光州及所属县取进。

康熙四十二年议准：河南考城、柘城、温、登封四县，本系小学，改为中学，各取进童生十二名。

康熙四十八年议准：陕州叶县改为大学，照例取进童生十五名。

康熙五十九年议准：河南襄城县改为大学，取进童生十五名。

雍正二年遵旨题准：河南之陈、睢二州，祥符、杞、太康、商邱、永城、鹿邑、安阳、河内、洛阳九县，照府学额，各取进童生二十名。陈留、通许、中牟、西华、临漳、济源、武陟、孟、温、偃师、灵宝十一县，改为大学，各十五名。荥阳、原武、长葛、临颍四县，改为中学，各十二名。

雍正五年议准：河南胙城、延津二县，向均系小学，各取进童生八名。今胙城裁归延津，应将延津县改为大学，照例取十五名。至县学廪额二十名，两年一贡，今两县归

184

并，现廪四十名，若仍照常两年一贡，未免壅滞。应于出贡之年，准其出贡二名。其廪缺停其顶补，俟扣去二十名后，仍照县学例，两年一贡。廪生缺出，准其顶补。

雍正十三年议准：河南河南府分设直隶陕州，汝宁府分设直隶光州。河南府学量减三名，拨归陕州。汝宁府学量减四名，拨归光州。

又议准：河南陈、许二州升府，各取进童生二十名，于所属县内取拨。均设廪、增各四十名。自乾隆元年岁考为始，将优等生员挨次帮补。俟十二年后廪额补足时，照府学例，一年一贡。新设附府之淮宁、石梁二县，各取进童生十五名。将原设州学廪、增各三十名，酌留县学各二十名，以符县学额设之数。照县学例，二年一贡。其余廪、增各十名，拨入各府学额设四十名内。

乾隆元年议准：河南复设南召县，应照中学例，取进童生十二名。设廪、增各二十名，候廪额补足之日，照例两年一贡。

乾隆二年议准：河南南阳县分设南召县。既另立学，取进童生十二名，设廪、增各二十名。其南阳县原取进童生二十一名，减去六名，仍存十五名。原设廪、增各三十名，应减去十名，以符县学之数。如减去十名内有应拨南召者，即补入新设二十名额内。若籍隶南阳，将年分浅者作南阳县学候廪、候增，再经考试，照例新旧间补。

乾隆七年议准：河南许州府仍改为直隶州。但应试童生三倍于前，仍照府学例，取进二十名。

乾隆三十年议准：河南河阴县归并荥泽县管理，应照江南临淮直隶魏县之例，将河阴县教谕改为河阴乡学教谕。其岁、科两试取进名数，及帮补廪、增，出贡选拔，均循其旧。生童试卷，另编为乡学字样。

乾隆三十七年议准：河南内黄县应试童生，仅三百余人。汤阴县应试童生六百余人，文风较胜。应将内黄进额裁减三名，增入汤阴县两学额数。均各取进十五名。

注释：
① 临颍，原文误为"临颖"，径改。此误以下尚有一处，不再注出，径改。

185

卷五十二　山东学额

济南府学，额进二十名，廪生四十名，增生四十名，一年一贡。历城县学、章邱县学，各额进二十名，廪生二十名，增生二十名，二年一贡。邹平县学、淄川县学、长山县学、新城县学、长清县学、齐东县学、济阳县学、平原县学，各额进十五名，廪生二十名，增生二十名，二年一贡。齐河县学、禹城县学、临邑县学、陵县学、德平县学，各额进十二名，廪生二十名，增生二十名，二年一贡。德州学，额进二十名，廪生三十名，增生三十名，三年两贡。德、左二卫学，额进十五名，廪生三十名，增生三十名，三年两贡。

泰安府学，额进二十名，廪生四十名，增生四十名，一年一贡。泰安县学、莱芜县学，各额进二十名，廪生二十名，增生二十名，二年一贡。新泰县学、肥城县学，各额进十二名，廪生二十名，增生二十名，二年一贡。东平州学，额进①二十名，廪生三十名，增生三十名，三年两贡。东阿县学，额进十五名，廪生二十名，增生二十名，二年一贡。平阴县学，额进八名，廪生二十名，增生二十名，二年一贡。

武定府学，额进二十名，廪生四十名，增生四十名，一年一贡。惠民县学、阳信县学、海丰县学、乐陵县学、商河县学、利津县学、霑化县学，各额进十五名，廪生二十名，增生二十名，二年一贡。滨州学，额进二十名，廪生三十名，增生三十名，三年两贡。青城县学、浦台县学，各额进十二名，廪生二十名，增生二十名，二年一贡。

兖州府学，额进十八名，廪、增各四十名，一年一贡。滋阳县学②、滕县学，各额进二十名，廪、增各二十名，二年一贡。曲阜县学，额进十六名（内圣庙乐舞生取进四名。），廪、增各二十名，二年一贡。四氏学③，额进二十名，廪、增各四十名，一年一贡。宁阳、邹县、金乡、阳谷县学④，各额进十五名，廪、增各二十名，二年一贡。泗水县学，额进八名，廪、增各二十名，二年一贡。峄县学⑤、寿张县学，各额进十二名，廪、增各二十名，二年一贡。

济宁州学，额进二十名，廪、增各三十名，三年两贡。鱼台县学，额进二十名，廪、增各二十名，二年一贡。汶上县学，额进十五名，廪、增各二十名，二年一贡。嘉祥县学，额进十二名，廪、增各二十名，二年一贡。又拨兖州府学旧额二名，一名定为州额，一名三县轮拨。

沂州府学，额进二十名，廪、增各四十名，一年一贡。兰山县学，额进十五名，廪、增各二十名，二年一贡。郯城县学、费县学、蒙阴县学、沂水县学，各额进十二名，廪、增各二十名，二年一贡。莒州学，额进十五名，廪、增各三十名，三年两贡。日照县学，额进十五名，廪、增各二十名，又归并安东卫额进八名，廪、增各二十名，俱二年一贡。

曹州府学，额进二十名，廪、增各四十名，一年一贡。菏泽县学、单县学、曹县学，各额进二十名，廪、增各二十名，二年一贡。城武县学、定陶县学、钜野县学、郓城县学，各额进十五名，廪、增各二十名，二年一贡。濮州学，额进二十名，廪、增各三十名，三年两贡。范县学、观城县学、朝城县学，各额进十二名，廪、增各二十名，二年一贡。

东昌府学，额进二十名，廪、增各四十名，一年一贡。聊城县学，额进二十名，廪、增各二十名，二年一贡。堂邑县学、茌平县学、馆陶县学、恩县学，各额进十五名，廪、增各二十名，二年一贡。高唐州学，额进二十名，廪、增各三十名，三年两贡。博平县学、清平县学、莘县学、冠县学，各额进十二名，廪、增各二十名，二年一贡。

临清州学，额进十五名，廪、增各三十名，三年两贡。邱县学、夏津县学、武城县学，各额进十二名，廪、增各二十名，二年一贡。又拨东昌府学旧额二名，一名定为州额，一名三县轮拨。

青州府学，额进二十名，廪生四十名，增生四十名，一年一贡。益都县学、临淄县学、昌乐县学，各额进十五名，廪生二十名，增生二十名，二年一贡。博山县学，额进八名，廪生二十名，增生二十名，二年一贡。博兴县学、高苑县学、乐安县学、临朐县学，各额进十二名，廪生二十名，增生二十名，二年一贡。寿光县学、安邱县学、诸城县学，各额进二十名，廪生二十名，增生二十名，二年一贡。

莱州府学，额进二十名，廪生四十名，增生四十名，一年一贡。掖县学，额进二十名，廪生二十名，增生二十名，二年一贡。平度州学，额进十二名，廪生三十名，增生三十名，三年两贡。潍县学、高密县学，各额进十五名，廪生二十名，增生二十名，二年一贡。胶州学，额进二十名，廪生三十名，增生三十名，三年两贡。又归并灵山卫额进五名，廪生十二名，增生十二名，二年一贡。昌邑县学，额进十二名，廪生二十名，增生二十名，二年一贡。即墨县学，额进十五名，廪生二十名，增生二十名，二年一贡。又归并鳌山卫额进八名，廪生二十名，增生二十名，二年一贡。

登州府学，额进二十名，廪生四十名，增生四十名，一年一贡。蓬莱县学、莱阳县学，各额进二十名，廪生二十名，增生二十名，二年一贡。黄县学、福山县学、招远县学，各额进十二名，廪生二十名，增生二十名，二年一贡。栖霞县学，额进十五名，廪生二十名，增生二十名，二年一贡。宁海州学，额进十五名，廪生三十名，增生三十名，三年两贡。文登县学，额进十五名，廪生二十名，增生二十名，二年一贡。荣成县学、海阳县学，各额进十六名，廪生二十名，增生二十名，二年一贡。

雍正二年遵旨题准：山东之泰安、德、武定、滨、济宁、曹、东平、沂、高唐、濮、胶十一州，滋阳、滕、鱼台、单、曹、聊城、益都、寿光、安邱、诸城、掖、蓬莱、莱阳十六县⑥，及四氏学，照府学额，各取进童生二十名。宁海、莒二州，新城、济阳、长清、阳信、海丰、乐陵、商河、利津、霑化、宁阳、邹、城武、定陶、钜野、郓城、汶上、东阿、阳谷、堂邑、茌平、馆陶、临淄、昌乐、日照、高密、即墨、栖霞、文登二十八县，改为大学，各十五名。峄、费、观城、高苑、蒙阴五县，改为中学，各十二名。

雍正五年议准：山东复州、金州二卫，归并奉天府，现由府丞考试。此二卫民留居山东莱州府者，不过数家，即入莱州府民籍考试。现在二卫生员，改归莱州府学，裁二卫入学原额。卫学廪、增额缺，亦停其顶补。至二卫廪生，既归并莱州府学，若仍每年一贡，未免壅滞。应将莱州府学每年贡二名，莱州府学廪生出贡一名，金、复二州廪生轮贡一名。俟二卫出贡完日，仍照旧每年一贡。

雍正八年议准：山东东平等四州，改为直隶州。所属文、武生员，在府学者，应查明籍贯，改归本州县学。其廪、增，俱改为候廪、候增，与本州、县学生员照考案间补，较其食饩年分，一体出贡。至济宁州、郓城县，仍归兖辖。嗣后，该州、县学新进童生，仍照例拨入府学。又济南等府，既经分设直隶、泰安等州，将济南府学减六名，归于泰安等三州；兖州府学减六名，归于曹州等三州；东昌府学减四名，归于高、濮二州；青州府学减二名，归于莒州。

雍正十二年议准：山东灵山卫归并胶州，卫籍童生应试，仍编卫字号，照旧取进八名。

雍正十三年议准：山东沂州升府，又新设兰山一县，并管辖莒州及郯、费等五县。应将沂州府学取进童生二十名，即于所属各州、县内取拨。设廪、增各四十名，俟十二年后，廪额补足时，照府学例，一年一贡。其兰山县取进童生十五名，设廪、增各二十名。于现在沂州学之廪、增各三十名内，酌留县学二十名，余十名归入府学。其廪生照县学例，二年一贡。如遇拔贡之年，沂州府学选拔二名，兰山县学一名。至沂州学现在文、武生员，应照武定府改府设县之例，府、县各半，分隶肄业。其从前兖州府学拨入沂州、青州府学拨入莒州、东昌府学拨入高唐州各入学童生二名，仍归兖、青、东三府，均以文到之日为始。兖州府学，取进童生十六名。青州府学，取进二十名。东昌府学，取进十八名。

又议准：山东武定州升为府，又新设惠民一县，并管辖滨州及阳信等八县。应将武定府学取进童生二十名，即于所属各州、县内取拨。设廪、增各四十名，俟十二年后廪额补足时，照府学例，一年一贡。其惠民县取进童生十五名，设廪、增各二十名，于现在武定州学之廪、增各三十名内，酌留二十名，余十名归入府学。其廪生照县学例，二年一贡。如遇拔贡之年，武定府学选拔二名，惠民县学一名。至武定州学，现在文、武生员，府、县各半，分隶肄业。再济南府学，原取进童生二十名。先因分设泰安、武定、滨三直隶州，减府学六名拨入三州学各二。今武定州升府，滨州复隶武定，原拨入二州之入学童生共四名，应仍归济南府学，取进童生十八名。

又议准：山东益都县新分博山一县，又将淄川、莱芜两县村庄拨入博山，照小学例，取进童生八名，设廪、增各二十名。其由益、淄、莱三县改隶博山之实廪、实增，即按原补年月拨入新设额内。候廪、候增与本学生员论考案名次，新旧间补。益都县学，照旧二年一贡。博山县初设廪额，人数未足，应俟廪额补足之日，照县学例出贡。其益都县原取进文童二十名，武童十五名，今既分出新县，文童应减去五名，取进十五名；武童应去三名，取进十二名。至益、淄、莱改隶博山之文、武生监⑦，均以划分居址为界，不许两地冒考。

乾隆元年议准：山东曹州升府，又新设附郭首县⑧并原属三县，又改拨兖州三县、濮州一州、三县⑨。曹州府学应取进文、武童生各二十名，即于所属各州、县内取拨。设廪、增各四十名，俟十二年后廪额补足时，照例一年一贡。新设附府之菏泽县，取进文童二十名，武童十五名，设廪、增各二十名。于原设曹州学之廪、增各三十名内，酌留二十名于县学，余十名拨入府学，照县学例二年一贡。如遇拔贡之年，曹州府学选拔二名，菏泽县学一名。原州学文、武生员，府、县各半分隶。至从前曹州增额二名，系兖州府学减拨，应仍归兖州府学。濮州增额二名，系东昌府学减拨，今已归曹州府管辖，应仍归东昌府学。

又议准：泰安州升府，又添设附郭一县⑩，并东平州暨东阿、平阴、莱芜、新泰、肥城共七州县。泰安府学应取进文、武童生各二十名，即于所属各州、县内取拨。设廪、增各四十名，俟十二年后，廪额补足时，照例一年一贡。新设附府之泰安县，取进文童二十名，武童十五名。设廪、增各二十名，于原设泰安州之廪、增各三十名内，酌留二十名于县学，余十名拨入府学，照例二年一贡。如遇拔贡之年，泰安府学选拔二名，泰安县学一名。原设州学文、武生员，府、县各半分隶。至从前泰安州增额二名，系由济南府学减拨，应仍归济南府学。东平州增额二名，系兖州府学减拨，应仍归兖州府学。

乾隆十六年议准：山东胶州学取进灵山卫童生八名，今卫籍应试人少，减去三名，仍存五名。原设卫籍廪、增各二十名，应各减八名，酌留年深者各十二名，余为候廪、候增，照考案新旧间补。仍照旧例，二年一贡。倘裁减后，该卫文风日盛，仍准该学政题复旧额。

又议准：山东威海、靖海二卫生员，归并文登县学。文登额设廪、增各二十名，威、靖二卫归并各二十名，作为候廪。人多额少，挨补无期。两年一贡，壅滞尤甚。应准照金、复二卫归并莱州府学之例，一年一贡。首文登县本籍廪生，次威海卫归并廪生，次靖海卫归并廪生，周而复始。俟二卫廪生贡完，仍照县学例，两年一贡。

乾隆四十一年议准：兖州、东昌二府，既经分出济宁、临清二直隶州并州属各县，应于兖州府学额内，以二名拨入济宁州；东昌府学额内，以二名拨入临清州。所有各该州拨给二名，应以一名定为州额，其余一名于所属三县按次轮拨。其武童亦照文童之例，一体拨入。至济宁、临清及所属各县，从前拨入兖州、东昌二府者，应查明籍贯，改归各州、县学。其廪、增生员，俱改为候廪、候增，与各本州、县生员，照考案先后挨次间补，较其食粮年分，一体出贡。

注释：
① 额进，原文误为"额准"，径改。
② 滋阳县学，原文"滋阳县"后脱一"学"字，径补。

③ 四氏学，封建帝王崇奉儒学，专为孔、颜、孟、曾四姓分别设立学馆。《续文献通考·学校四》："元世祖中统二年九月立孔、颜、孟三氏学……（明）神宗万历十五年又益以曾氏，改铸四氏学印给之。"清沿其制，并特设四氏学教授一人，学录一人，专管教授四姓子弟。见《清通典·职官十》。

④ 宁阳、邹县、金乡、阳谷县学，按，此处体例误，应为"宁阳县学、邹县学、金乡县学、阳谷县学"，或为"宁阳、邹、金乡、阳谷县学"。

⑤ 峄县学，原文"峄县"后脱一"学"字，径补。

⑥ 十六县，原文称"十六县"，实则只有十三县。

⑦ 文、武生监，从上下文看，当为"文、武生员"之误。

⑧ 附郭，属县。首县，旧指省治或府治所在之县。

⑨ 按，《清史稿·地理八》"山东曹州"条下于此记载为："初沿明制，为兖州属州。雍正二年直隶，仍领县二。八年，钜野、嘉祥自兖割隶。十三年为府，置附郭。降濮并所领县三，又割兖之单、城武、郓城来属；而嘉祥还旧隶。"

⑩ 附郭一县，即府治所在县泰安县。

190

卷五十三　山西学额

太原府学，额进十七名，廪生四十名，增生四十名，一年一贡。阳曲县学、榆次县学、文水县学，各额进二十名，廪生二十名，增生二十名，二年一贡。太原县学、太谷县学、祁县学、徐沟县学、清源乡学、交城县学、兴县学，各额进十二名，廪生二十名，增生二十名，二年一贡。岢岚州学，额进八名，廪生三十名，增生三十名，三年两贡。岚县学，额进八名，廪生二十名，增生二十名，二年一贡。平阳府学，额进十七名，廪生四十名，增生四十名，一年一贡。临汾县学、襄陵县学、洪洞县学、曲沃县学、太平县学、翼城县学，各额进二十名，廪生二十名，增生二十名，二年一贡。浮山县学，额进十二名，廪生二十名，增生二十名，二年一贡。吉州学，额进十二名，廪生三十名，增生三十名，三年两贡。岳阳县学、汾西县学、乡宁县学，各额进八名，廪生二十名，增生二十名，二年一贡。

潞安府学，额进二十名，廪生四十名，增生四十名，一年一贡。长治县学，额进二十名，廪生二十名，增生二十名，二年一贡。长子县学、屯留县学、襄垣县学、黎城县学、壶关县学，各额进十二名，廪生二十名，增生二十名，二年一贡。潞城县学、平顺乡学，各额进八名，廪生二十名，增生二十名，二年一贡。

汾州府学，额进二十名，廪生四十名，增生四十名，一年一贡。汾阳县学、介休县学，各额进二十名，廪生二十名，增生二十名，二年一贡。平遥县学、临县学，各额进十五名，廪生二十名，增生二十名，二年一贡。孝义县学，额进十二名，廪生二十名，增生二十名，二年一贡。永宁州学，额进十二名，廪生三十名，增生三十名，三年两贡。石楼县学、宁乡县学，各额进八名，廪生二十名，增生二十名，二年一贡。

大同府学，额进二十名，廪生四十名，增生四十名，一年一贡①。大同县学，额进十五名，廪生二十名，增生二十名，二年一贡。应州学、浑源州学，各额进十二名，廪生三十名，增生三十名，三年两贡。怀仁县学、山阴县学、灵邱县学、广灵县学、阳高县学、天镇县学，各额进八名，廪生二十名，增生二十名，二年一贡。

朔平府学，额进十五名，廪生三十名，增生三十名，三年两贡。右玉县学，额进十五名，廪生二十名，增生二十名，二年一贡。朔州学，额进十五名，廪生三十名，增生三十名，三年两贡。马邑县学、左云县学、平鲁县学，各额进八名，廪生二十名，增生二十名，二年一贡。

宁武府学，额进十五名，廪生三十名，增生三十名，三年两贡。宁武县学、神池县学、五寨县学，各额进八名，廪生二十名，增生二十名，二年一贡。偏关县学，额进十五名，廪生二十名，增生二十名，二年一贡。

泽州府学，额进十五名，廪生四十名，增生四十名，一年一贡。凤台县学、高平县学、阳城县学，各额进二十名，廪生二十名，增生二十名，二年一贡。陵川县学、沁水县学，各额进十二名，廪生二十名，增生二十名，二年一贡。

蒲州府学，额进十五名，廪生四十名，增生四十名，一年一贡。永济县学、猗氏县学，各额进二十名，廪生二十名，增生二十名，二年一贡。临晋县学，额进十五名，廪生十名，增生十名。虞乡县学，额进十名，廪生十名，增生十名。临晋、虞乡，二年轮贡一名。荣河县学、万泉县学，各额进十二名，廪生二十名，增生二十名，二年一贡。

辽州学，额进十五名，廪生三十名，增生三十名，三年两贡。榆社县学，额进十二名，廪生二十名，增生二十名，二年一贡。和顺县学，额进八名，廪生二十名，增生二十名，二年一贡。

沁州学，额进十五名，廪生三十名，增生三十名，三年两贡。沁源县学，额进八名，廪生二十名，增生二十名，二年一贡。武乡县学，额进十二名，廪生二十名，增生二十名，二年一贡。

平定州学，额进十五名，廪生三十名，增生三十名，三年两贡。乐平县学、寿阳县学，各额进十二名，廪生二十名，增生二十名，二年一贡。盂县学，额进十五名，廪生二十名，增生二十名，二年一贡。

忻州学，额进二十名，廪生三十名，增生三十名，三年两贡。定襄县学，额进十二名，廪生二十名，增生二十名，二年一贡。静乐县学，额进八名，廪生二十名，增生二十名，二年一贡。又拨太原府学旧额内入学②一名，在忻州属各学，凭文取进。代州学，额进二十名，廪生三十名，增生三十名，三年两贡。五台县学、繁峙县学，各额进十二名，廪生二十名，增生二十名，二年一贡。崞县学，额进十五名，廪生二十名，增生二十名，二年一贡。又拨太原府学旧额内入学二名，在代州属各学，凭文取进。

保德州学，额进十二名，廪生三十名，增生三十名，三年两贡。河曲县学，额进八名，廪生二十名，增生二十名，二年一贡。

解州学，额进二十名，廪生三十名，增生三十名，三年两贡。安邑县学，额进二十名，廪生二十名，增生二十名，二年一贡。夏县学，额进十五名，廪生二十名，增生二十名，二年一贡。平陆县学、芮城县学，各额进十二名，廪生二十名，增生二十名，二年一贡。

绛州学，额进二十名，廪生三十名，增生三十名，三年两贡。稷山县学、绛县学，各额进十五名，廪生二十名，增生二十名，二年一贡。闻喜县学，额进二十名，廪生二十名，增生二十名，二年一贡。河津县学、垣曲县学，各额进十二名，廪生二十名，增生二十名，二年一贡。

隰州学，额进十二名，廪生三十名，增生三十名，三年两贡。大宁县学、蒲县学、永和县学，各额进八名，廪生二十名，增生二十名，二年一贡。

霍州学，额进十二名，廪生三十名，增生三十名，三年两贡。赵城县学、灵石县学，各额进十二名，廪生二十名，增生二十名，二年一贡。

康熙五十九年议准：山西太平县，改为大学，取进童生十五名。浮山县，改为中学，取进童生十二名。

雍正二年遵旨题准：山西之忻、代、蒲、解、泽、绛六州，阳曲、榆次、文水、临汾、洪洞、曲沃、翼城、闻喜、汾阳、介休、长治、临晋、猗氏、安邑、高平、阳城、太平、襄陵十八县，照府学额，各取进童生二十名。蔚、朔、辽、沁、平定五州，绛、临、大同、孟③、崞、夏、稷山七县改为大学，各十五名。保德、吉、隰三州，黎城、壶关、繁峙、兴四县，改为中学，各十二名。又太原府、平阳府，已分设直隶诸州，属府辖者止各存十一州县，不便将州辖童生拨入府学。应将府学二十名，即于府属各州、县拨入。其蒲州等十二州县，除闻喜县已属平阳府，拨入府学外，其余州、县照旧例，听往运学考试。

雍正四年议准：山西新设朔平、宁武二府，照山西大学例，取进童生十五名，设廪、增各三十名，两年一贡。右玉县系两卫归并，偏关县系两所归并，各取进十五名。左云、平鲁二县，及大同府新设阳高、天镇二县，均照旧卫额，各取进八名。以上六学廪、增及出贡，均照县学之例。宁武府属之宁武关，新设县学，照小学例，取进八名。廪、增出贡，俟十年后，题请再议。新设神池、五寨二县，取进童生各六名，俟人文充盛，题请议增。

雍正七年议准：山西临晋县，原额取进童生二十名。今既分为两县，应各取进十名，将临晋县训导一员分拨新设之县，办理学务。

雍正九年议准：临晋分设虞乡，原议将学额二十名两县平分，但临邑钱粮倍于虞乡，仅取进十名，未免偏枯。应将临晋照大、中学之例，加增五名，共取进十五名。

雍正十三年议准：山西太原府学，原取进童生二十名，酌减三名，以一名归直隶忻州，二名归直隶代州。其太原府学额数，除减去三名外，应存留十七名。又蒲州升府，应准其设立府学，于平阳府取进童生二十名内，拨分三名，共取进十五名。又泽州升府，应照蒲州府例，准其设立府学，取进童生十五名。

乾隆二年议准：山西朔平、宁武改府已久，人文渐盛。应照州学例，加设廪、增各十名，足三十名之数，照例三年两贡。又神池、五寨二县，文、武童生原议取进六名，近来人文充盛，应各加取二名，以符小学八名之额。与宁武县学均设廪、增各二十名，两年一贡。其添设廪、增，照例于岁、科两考，将优等合例生员每案添补各四名。俟廪额补足后，方准较其年分之浅深，挨次出贡。

乾隆二十九年议准：山西徐沟、清源两县，原设学额各十二名，廪生各二十名。今清源归并徐沟，应照直隶魏县裁并大名等县之例，将裁汰之清源县学改为清源乡学④，文、武生童另编乡学字样。岁、科考试名数及帮补⑤廪、增，出贡选拔，均照旧办理。徐沟县训导，移驻清源乡学，董率清源乡学士子。

又议准：山西平顺县，归并潞城、黎城、壶关三县管理。应照直隶裁并大名等县之例，将原隶平顺住址之文、武生童，另编平顺乡学字样。岁、科取进名数及帮补廪、增，出贡选拔，均照旧例办理。已裁之平顺县训导，仍留乡学，管理乡学事宜，即隶潞城县管辖。

又议准：山西宁武府偏关县教谕裁汰，仍留训导一员，驻劄县城，专司督课。

注释：

① 一年一贡，原文"年"前为空白，据上潞安府学、汾州府学之体制补出"一"字。

② 入学，原文误为"人学"，径改。

③ 盂，原文为"孟"，误，径改。按，孟县在河南省，清直隶州平定则有盂县。参《清史稿·志三十五·地理七》。

④ 乡学，指乡村学塾。

⑤ 帮补，即候补。《初刻拍案惊奇》卷十："好文字！好文字！就做个案元帮补也不为过，何况优等。"

卷五十四　湖北学额

武昌府学，额进二十名，廪生四十名，增生四十名，一年一贡。江夏县学、武昌县学，各额进二十名，廪生二十名，增生二十名，二年一贡。咸宁县学、崇阳县学、通城县学，各额进十二名，廪生二十名，增生二十名，二年一贡。嘉鱼县学、蒲圻县学、大冶县学，各额进十五名，廪生二十名，增生二十名，二年一贡。兴国州学，额进二十名，廪生三十名，增生三十名，三年两贡。通山县学，额进八名，廪生二十名，增生二十名，二年一贡。

汉阳府学，额进二十名，廪生四十名，增生四十名，一年一贡。汉阳县学、汉川县学，各额进十五名，廪生二十名，增生二十名，二年一贡。黄陂县学、孝感县学，各额进二十名，廪生二十名，增生二十名，二年一贡。沔阳州学，额进二十名，廪生三十名，增生三十名，三年两贡。

黄州府学，额进二十名，廪生四十名，增生四十名，一年一贡。黄冈县学、蕲水县学、黄梅县学，各额进二十名，廪生二十名，增生二十名，二年一贡。麻城县学、黄安县学、广济县学，各额进十五名，廪生二十名，增生二十名，二年一贡。罗田县学，额进十二名，廪生二十名，增生二十名，二年一贡。蕲州学，额进十五名，廪生三十名，增生三十名，三年两贡。

安陆府学，额进二十名，廪生四十名，增生四十名，一年一贡。钟祥县学、潜江县学，各额进十五名，廪生二十名，增生二十名，二年一贡。京山县学、天门县学，各额进二十名，廪生二十名，增生二十名，二年一贡。荆门州学，额进十五名，廪生三十名，增生三十名，三年两贡。当阳县学，额进十二名，廪生二十名，增生二十名，二年一贡。

德安府学，额进二十名，廪生四十名，增生四十名，一年一贡。安陆县学、云梦县学、应城县学，各额进十五名，廪生二十名，增生二十名，二年一贡。随州学，额进十五名，廪生三十名，增生三十名，三年两贡。应山县学，额进十二名，廪生二十名，增生二十名，二年一贡。

荆州府学，额进二十名，廪生四十名，增生四十名，一年一贡。江陵县学、公安县学、石首县学、监利县学，各额进二十名，廪生二十名，增生二十名，二年一贡。松滋县学、枝江县学，各额进十二名，廪生二十名，增生二十名，二年一贡。宜都县学、远安县学，各额进八名，廪生二十名，增生二十名，二年一贡。

襄阳府学，额进二十名，廪生四十名，增生四十名，一年一贡。襄阳县学，额进二十名，廪生二十名，增生二十名，二年一贡。枣阳县学、宜城县学，各额进十五名，廪生二十名，增生二十名，二年一贡。南漳县学、光化县学，各额进八名，廪生二十名，增生二十名，二年一贡。谷城县学，额进十二名，廪生二十名，增生二十名，二年一贡。均州学，额进十二名，廪生三十名，增生三十名，三年两贡。

郧阳府学，额进二十名，廪生四十名，增生四十名，一年一贡。郧县学，额进十五名，廪生二十名，增生二十名，二年一贡。房县学、郧西县学，各额进十二名，廪生二十名，增生二十名，二年一贡。保康县学、竹山县学、竹溪县学，各额进八名，廪生二十名，增生二十名，二年一贡。

宜昌府学，额进二十名，廪生四十名，增生四十名，一年一贡。东湖县学，额进十五名，廪生二十名，增生二十名，二年一贡。归州学，额进十二名，廪生三十名，增生三十名，三年两贡。长阳县学、兴山县学、巴东县学，各额进八名，廪生二十名，增生二十名，二年一贡。鹤峰州学，额进八名。长乐县学，额进七名。（鹤峰、长乐二学，俟岁、科考第四次，廪、增各设四名。）

施南府学，额进八名。恩施县学，额进十二名，廪生十二名，增生十二名，二年一贡。建始县学，额进七名，廪生二十名，增生二十名，二年一贡。利川县学，额进四名，廪生八名，增生八名。（现在由恩施拨回之廪，仍与恩施学较年出贡。）宣恩县学、来凤县学、咸丰县学，各额进三名。（以上三县及府学，俟乾隆四十六年为始，各设廪、增二名。食饩十年，方准出贡。以后四年一贡。）

康熙四十四年题准：湖广黄梅县改复大学，云梦、桂阳二县改复中学，照例考取。

康熙五十四年议准：湖北安陆府首邑钟祥县，向未设学，诸生附府学考课。今建立学宫，设教谕、训导各一员。

雍正二年遵旨题准：湖北之兴国、沔阳二州，江夏、武昌、黄冈、蕲水、黄梅、黄陂、京山、天门、孝感、江陵、公安、石首、监利、襄阳十四县，照府学额，各取进童生二十名。大冶、云梦二县，改为大学，各十五名。应山县，改为中学，取十二名。

雍正七年议准：湖北施州卫改为恩施县，应照各县学例，将原设廪、增各四十名之数，各裁去二十名，留二十名，二年一贡。

雍正八年议准：黄陂、孝感二县，改隶汉阳府。其原拨入黄州、德安二府各生，照例改归汉阳府学。廪、增各生，俱以候廪、候增，与汉阳府学生员照考案先后，挨次间补。较其食饩年分，一体出贡。从前黄州、德安二府学内，有黄陂、孝感生员，科考前列，应行批补者，不得在黄州、德安二府顶补。

乾隆元年议准：湖北宜昌升府，取进童生二十名，设廪、增各四十名。俟十二年后，廪额补足时，照府学例，一年一贡。彝陵州改东湖县①，取进童生，照彝陵州原额十五名，设廪、增各二十名。于原设彝陵州学廪、增各三十名内，酌留二十名于东湖县学，余十名归于宜昌府学。照县学例，二年一贡。如遇拔贡之年，宜昌府选拔二名，东湖县一名，俱凭文拔取，宁缺无滥。至彝陵州学文、武生员，令宜昌府与东湖县各半分隶。其从前彝陵州拨入荆州府学生员，改归宜昌府学。

乾隆四年议准：湖北施南府属之宣恩、来凤、利川、咸丰四县，原系土司改设。今应童子试者，已百余人。应将四县童生，准其暂附宜昌府考试，另编新字号。四县共酌取童生一二名，暂归恩施县学管辖。其设学增额，应俟人文繁盛之时，再行题请。

乾隆二十七年议准：湖广沔阳州②，分设文泉县。所有沔阳州原额取进二十名，嗣后岁、科两试，州取十二名，县取八名。额廪三十名，亦准其州补十八名，县补十二名，二年一贡。仍较食饩年分，照例挨补。沔阳州训导，即改为新县训导。

乾隆二十九年议准：湖广沔阳州，前议分设文泉县。应行裁汰，仍复旧制，归隶沔阳州管辖。

乾隆三十二年议准：湖北鹤峰州及长乐县，自改土归流③以后，现在人文颇有可观。应准其设学，照湖南保靖等县之例。鹤峰州岁、科两试，准其取进文童八名，长乐县取进文童七名。其廪、增额数，俟人文充盛之日，再行题请增设。至武童，既无就试之人，应毋庸置议。长阳县训导，改为鹤峰州训导。兴山县训导，改为长乐县训导。

乾隆三十六年议准：湖北施南府属宣恩、来凤、咸丰、利川四县，于乾隆元年改土归流。嗣于乾隆四年议准，另编新字号考试。四县共酌取进童生一二名，暂归恩施县学管辖，并未按县置学。现今人文充盛，应照该省鹤峰州、长乐县并湖南之永顺府暨保靖诸县之例，分设学额。嗣后，宣恩、来凤、咸丰三县，准其各取进三名；利川县取进四名。至施南府，设立府学，应将府属恩施县学原十五名内量减三名，建始县学原额八名内量减一名，拨入府学。此外，于六县中酌取四名，定为学额八名。仍令该学政于岁、科两试时，严慎校阅。如佳卷不敷，宁缺无滥。至各学廪、增额数，并考试武童，亦准其照鹤峰、长乐二州县之例。俟将来人文再盛时，另请增设。并将宜昌府训导拨改施南府学，东湖县训导拨改来凤县学，巴东县训导拨改咸丰县学，归州训导拨改利川县学，恩施县训导拨改宣恩县学，以专训迪。

乾隆三十九年议准：湖北施南府属宣恩、来凤、咸丰、利川四县，自乾隆三十六年各设学额，所有旧附恩施考试各生，业经拨归各学管辖，但未设有廪、增额数。查利川人文较盛，拨回之生已有六十余名。内实廪八名，候廪三名。应将恩施县原额廪、增各二十名，俱减为十二名，以八名拨入利川。即以拨回之现廪八名补实。遇有缺出时，以候廪三名收补。增缺八名，除将候增补实外，余以拨回之生，照考案序补。其府学及宣恩、来凤、咸丰三学，俟设学十年后，自四十六年为始，各设廪、增二名。现在考试各童，来凤、咸丰均有候廪二名。即令认保，至设廪之年，准其先与补实。宣恩责令拨回之附生暂行认保。该四学，均照定例，设廪后，必食饩十年，方准出贡。以后四年一贡。至拨回之实廪、候廪，在恩施食饩已久，应仍准其与恩施学较年出贡。俟届该本学应贡之期，再将未贡之生，归于本学出贡。再武童应于恩施量减三名，建始量减一名，作为府学四名。其宣恩、来凤、利川、咸丰四学，各取进二名。又宜昌府属之鹤峰、长乐二州县学，例向来未设廪、增。每考试各童，暂令教官认保，殊非核实杜弊之道。查该学已经岁、科考两次，应俟岁、科三次以后，自第四次为始，各设廪、增四名。其未设廪前，即令本学生员认保。其武童，各取进二名。

注释：

① 彝陵州改东湖县，按，《辞海》等工具书中仅收"夷陵"，未见"彝陵"。据《清史稿·志四十

二·地理十四》载："宜昌府"，"顺治初，沿明制，为夷陵州，属荆州府。雍正十三年升为府，更名，属湖北布政司，置东湖为治。"又"东湖"条下载："旧为夷陵县。明省入夷陵州。雍正十三年复置，更名。"

② 湖广沔阳州，原文中"沔"字将"丏"旁误为"丐"，本卷中尚有多处，径改。

③ 改土归流，明清两代在少数民族地区废除世袭土司制度，以中央任命之流官进行统治，即所谓改"土"归"流"。

卷五十五 湖 南 学 额

长沙府学，额进二十名，廪生四十名，增生四十名，一年一贡。长沙县学、善化县学、益阳县学、攸县学、湘潭县学，各额进二十名，廪生二十名，增生二十名，二年一贡。湘阴县学、宁乡县学、湘乡县学，各额进十五名，廪生二十名，增生二十名，二年一贡。浏阳县学、醴陵县学、安化县学，各额进十二名，廪生二十名，增生二十名，二年一贡。茶陵州学，额进二十名，廪生三十名，增生三十名，三年两贡。

岳州府学，额进十五名，廪生四十名，增生四十名，一年一贡。巴陵县学、华容县学，各额进二十名，廪生二十名，增生二十名，二年一贡。临湘县学，额进十五名，廪生二十名，增生二十名，二年一贡。平江县学，额进十二名，廪生二十名，增生二十名，二年一贡。

衡州府学，额进十七名，廪生四十名，增生四十名，一年一贡。衡阳县学、清泉县学，各额进十名，廪生十名，增生十名，二年两县轮流一贡。耒阳县学、衡山县学，各额进二十名，廪生二十名，增生二十名，二年一贡。常宁县学，额进十五名，外额进新童三名，廪生二十名，增生二十名，二年一贡。安仁县学，额进十二名，廪生二十名，增生二十名，二年一贡。酃县学，额进八名，廪生二十名，增生二十名，二年一贡。

永州府学，额进二十名，廪生四十名，增生四十名，一年一贡。零陵县学、祁阳县学，各额进二十名，外各额进新童三名，廪生二十名，增生二十名，二年一贡。东安县学，额进十二名，外额进新童一名，廪生二十名，增生二十名，二年一贡。道州学，额进十五名，外额进新童三名，廪生三十名，增生三十名，三年两贡。宁远县学，额进十二名，外额进新童五名，廪生二十名，增生二十名，二年一贡。永明县学，额进十二名，外额进新童一名，廪生二十名，增生二十名，二年一贡。江华县学，额进八名，外额进新童三名，廪、增各二十名，二年一贡。新田县学，额进八名，外额进新童三名，廪、增各二十名，二年一贡。

宝庆府学，额进二十名，廪生四十名，增生四十名，一年一贡。邵阳县学，额进二十名，外额进新童三名，廪生二十名，增生二十名，二年一贡。武冈州学，额进二十名，外额进新童三名，廪生三十名，增生三十名，三年两贡。新化县学，额进二十名，廪生二十名，增生二十名，二年一贡。新宁县学，额进十二名，外额进新童三名，廪生二十名，增生二十名，二年一贡。城步县学，额进八名，外额进新童三名，廪生二十名，增生二十名，二年一贡。

辰州府学，额进十八名，廪生四十名，增生四十名，一年一贡。沅陵县学，额进十五名，廪生二十名，增生二十名，二年一贡。泸溪县学，额进八名，廪生二十名，增生二十名，二年一贡。辰溪县学，额进十二名，廪生二十名，增生二十名，二年一贡。溆浦县学，额进十五名，外额进新童三名，廪生二十名，增生二十名，二年一贡。凤凰厅学，额进八名，廪生六名，增生六名，二年一贡。乾州厅学、永绥厅学，各额进八名，廪生四名，增生四名，二年一贡。（永绥厅于乾隆三十八年起设廪、增。应再俟十年，始照例出贡。）

常德府学，额进二十名，廪生四十名，增生四十名，一年一贡。武陵县学、桃源县学，各额进二十名，廪生二十名，增生二十名，二年一贡。龙阳县学，额进十二名，廪生二十名，增生二十名，二年一贡。沅江县学，额进八名，廪生二十名，增生二十名，二年一贡。

沅州府学，额进十五名，廪生三十名，增生三十名，三年两贡。芷江县学，额进十五名，外额进新童三名，廪生二十名，增生二十名，二年一贡。黔阳县学，额进十二名，外额进新童三名，廪生二十名，增生二十名，二年一贡。麻阳县学，额进八名，廪生二十名，增生二十名，二年一贡。

永顺府学，额进十二名，廪生十名，增生十名，二年一贡。永顺县学、保靖县学、龙山县学、桑植县学，各额进八名，廪生六名，增生六名，三年一贡。郴州学，额进二十名，廪生三十名，增生三十名①，三年两贡。永兴县学，额进十五名，廪生二十名，增生二十名，二年一贡。宜章县学、桂阳县学，各额进十五名，外各额进新童三名，廪生二十名，增生二十名，二年一贡。兴宁县学，额进十二名，外额进新童三名，廪生二十名，增生二十名，二年一贡。桂东县学，额进八名，廪生二十名，增生二十名，二年一贡。

靖州学，额进二十名，外额进新童三名，廪生三十名，增生三十名，三年两贡。绥宁县学，额进十五名，外额进新童三名，廪生二十名，增生二十名，二年一贡。会同县学，额进二十名，廪生二十名，增生二十名，二年一贡。通道县学，额进八名，外额进新童三名，廪生二十名，增生二十名，二年一贡。

丰州学，额进二十名，廪生三十名，增生三十名，三年两贡。安乡县学，额进十五名，廪生二十名，增生二十名，二年一贡。石门县学，额进八名，廪生二十名，增生二十名，二年一贡。慈利县学，额进八名，廪生十四名，增生十四名，二年一贡。安福县学，额进十二名，廪生二十名，增生二十名，二年一贡。永定县学，额进八名，廪生十二名，增生十二名，二年一贡。又拨岳州府学额进五名，归于澧州及所属，凭文取进。

桂阳州学，额进十五名，廪生三十名，增生三十名，三年两贡。临武县学，额进十二名，廪生二十名，增生二十名，二年一贡。蓝山县学，额进十二名，外额进新童三名，廪生二十名，增生二十名，二年一贡。嘉禾县学，额进八名，廪生二十名，增生二十名，二年一贡。又拨衡州府学额进三名，归于桂阳州及所属，凭文取进。

凡湖南苗民、猺民②应考为新童，虽立进额，凭文录取，宁缺毋滥。

顺治十六年题准：湖南辰州五寨，照例设学，令辰州府训导分摄。取进童生七名，设廪膳生六名，增广生八名，二年贡一人。

康熙三十二年议准：湖广五开卫，照中学例，取进童生十二名。即令靖州学教官兼摄。其廪、增及出贡，俱照中学例。

康熙四十三年议准：湖南各府、州、县，熟苗童生许同民籍应试。其取进名数，即入该学定额。

康熙四十四年题准：湖广桂阳县，改复中学，照例考取。

康熙五十三年议准：湖广辰州府属之乾州镇溪所修建学宫，照五寨司例，取进童生八名，以泸溪县训导就近兼摄。

康熙五十四年题准：湖南衡、永、宝、辰、郴、靖六府州属苗、猺，另编字号，于正额外量取一二名。

康熙五十五年议准：湖广岳州府湖西六属，限隔洞庭。嗣后，于澧州另建考棚。其原拨府学文、武旧生，令府学教官清查，分造二册。将府学训导改驻澧州。考试时，湖东四属，令教授造册送考。西六属，令训导造册送考。文、武童生，照直隶州例，令澧州知州考送。学臣拨进府童，即于本地发案。廪、增额数，各分一半。出贡亦各轮贡一年。

雍正二年遵旨题准：湖南之茶陵、武冈、澧、郴、靖五州，长沙、善化、湘潭、攸、益阳、衡阳、衡山、耒阳、零陵、祁阳、邵阳、新化、巴陵、华容、武陵、桃源、会同十七县，照府学额，各取进童生二十名。湘乡、宁乡、常宁、安乡、溆浦、永兴、桂阳七县，改为大学，各十五名。辰溪县改为中学，取十二名。

雍正三年议准：湖南衡、永、宝、辰、郴、靖六府州所属苗、猺，向例取一二名。嗣后岁、科考试，增取三名。

雍正四年议准：湖广辰州府属之镇溪所，自康熙五十四年设学，取进童生八名。今应酌设廪、增各四名。俟补廪十年后，照例两年一贡。

雍正七年议准：湖南九溪、永定二卫，原均系小学。今既合为一县，照大学例，取进童生十五名。

又议准：湖南镇溪所，应试土童无几，不便取足八名额数。应于考试时，择文理通顺者，酌量取进。俟人文日盛，取足八名。

雍正十年议准：湖南九溪、永定二卫，归并安福县学。因二卫文、武旧生散在澧州等处，前经议准，附近新县者拨归新县，远在各属者拨归各属。但永顺、桑植二县，尚未设有学校，其拨归永顺之生员四十名，无学可归。应令其暂附安福县学，与本学生员一体考试，分别等第。仍将拨归之生，另造清册，送部查核。其拨归永顺之廪生，照旧注册。应出贡者，准其一体出贡。其增、附生，有考居前列者，与本学生员照考案先后，挨次间补。

又议准：湖南澧州改为直隶州，应将澧州六属前后拨入③。岳州府学各生，按其籍贯，令州籍者归州学，县籍者归县学。其廪、增，改为候廪、候增，与本州、县学生员，照考案先后，挨次序补。较其食饩年分，一体出贡。其岳州府学，原分廪、增出贡，一半额数应仍归岳州府学。又九溪、永定二卫，归并安福县。应将二卫原额廪、增各二十名，尽先补者。每卫存实廪、实增各十名，以符县学二十名之数，余俱改为候廪、候增。其廪生，照县学二年一贡之例，挨次轮贡。其二卫旧生，散在澧州等处者，照依户口田粮，附近新县者拨归新县，远在各属者拨归各属。

雍正十三年议准：湖南岳州府学，原额二十名内减去五名，归于澧州属。衡州府学，原额二十名内减去三名，归于桂阳州属。

又议准：湖南永顺府，自设府分县以来，文风渐盛。应于永顺府城内建立考棚一所，府学添设教授一员。永顺、龙山、保靖、桑植四县，各添设训导一员。府学取进童生十二名，于所属各县内取拨。其所属永顺、龙山、保靖、桑植四县，各取进八名。该学政于按试时，凭文取进，宁缺毋滥。至府县廪、增额数，以及出贡年分，俟人文充盛之日，题请再议。又永顺县有永定卫归并户口，桑植县有慈利县归并户口，均有生童，现附澧州考试。今永顺府既设考棚，应令各归本籍考试。即于永顺、桑植额设各八名内，将归并户口各取进二名。其余各六名，于两县土民内取进。其永、慈童生，不准顶冒。

乾隆三年议准：湖广永定县设廪生六名。其慈利县拨归之生，既改为候廪，则永定县生员考居优等者，未免人多额少，难于帮补。且两学旧管生员，既属相等，其廪额亦应酌量均平。应将慈利县学额设廪生二十名内拨出空廪六名，归永定县学。又永定县学未设增生，应将慈利县学拨出空增六名，归永定县学。嗣后，慈利县学设廪、增各十四名，永定县学设廪、增各十二名。两学均准于本届科案廪、增补足时，下次岁考后，两年一贡。

又议准：湖南沅州升府，设立附郭一县，分拨黔、麻二县。府学取进童生，应照沅州原额取进十五名。又沅州府所属止三县，廪、增额数，照府学例减十名，各设三十名。俟十二年后，廪额补足时，照州学例，三年两贡。又从前沅州黔阳、麻阳拨入府学之廪增附生、武生均归沅州府学。新设附府之芷江县，取进童生十五名，苗童三名，设廪、增各二十名。将州学原设廪、增各三十名内酌留二十名于芷江县学，余十名归沅州府学，两年一贡。如遇拔贡之年，沅州府学选拔二名，芷江县学一名。又辰州府学既拨去沅州及黔阳、麻阳二县，止存沅陵、泸溪等四县、二厅，酌减入学童生二名，存十八名。

乾隆五年议准：城步县文、武生童，向在宝庆府棚内考试。今既改隶靖州，自应改附靖州棚。其原拨入宝庆府学实廪一名，候廪一名，增生二名，附生二十名，武生五名，均准拨归该县，就近约束应试。现在拨归之廪、增，改作候廪、候增，仍与该县学生员照考案挨次间补。其廪生，通较食饩年分，一体出贡。

乾隆七年议准：宝庆府属之城步县，拨归靖州管辖之后，文、武生童改附靖棚考试。今城步县既仍归宝庆府管辖，除从前自宝庆府学拨归该县之文、武生员，毋庸复归府学外，准于本届岁考为始，城步生童仍改就宝庆府考试。一切报部册案就入宝庆府属文、武新生，仍照例凭文拨取府学数名。

乾隆十三年议准：湖南永顺府，自雍正十二年设学以来，缘系新辟苗疆，文风究未能与中州相侔。且合计五学文童，仅三百五十余名。分隶府、县，为数无多。应照小学例，设廪、增各十名。所属之永顺、龙山、保靖、桑植四县，各设廪、增各六名，俟人文充盛，再议加增。新设廪生，俟十二年后，府学二年一贡，县学三年一贡。

乾隆二十一年议准：湖南所属苗、猺土人应试，均著改为新童。

又议准：湖南衡阳县学，原额取进童生二十名。今分设清泉县，应照原额各分一半，衡阳取进十名，清泉取进十名。原额廪、增各二十名，亦应各半分隶。仍令二年一贡，通较食饩深浅，两县轮流间出。衡阳县训导，改为清泉县训导。

乾隆二十四年议准：湖南绥宁县，取进新生送部册内，注明原系苗籍、猺籍字样，以符分额取进之例。

乾隆二十五年议准：湖南辰州府属之乾州、凤凰、永绥三厅，皆新辟苗疆。乾、凤二厅，已于雍正十年间设学取士。惟永绥未经设学，应照乾、凤二厅之例，设学取进童生八名，宁缺毋滥。设廪、增各四名，俟十年后，准其食饩补廪。再十年后，照例题请出贡。将辰溪县训导裁汰，改设永绥厅儒学训导。

乾隆二十九年复准：湖南永顺府，于雍正十二年建立考棚，迄今已历三十年。业经添设廪、增，并节次考取恩、岁贡。本年正届选拔之期，应将永顺府学及所属永、保、龙、桑四县学廪、增、附生，准其一体选拔。

又复准：湖南衡州府属之衡阳县，于乾隆二十一年，分设清泉县。将衡阳原定学额，分拨两县各取进童生十名。查雍正四年，江南苏、松、常三府新分元和等十三县，原系长洲等旧县分设，学额俱未加增。而每逢拔贡之期，各县均得酌取一名。今衡阳分设清泉一县，正与江省之例相符。嗣后，拔贡应于衡、清两县内凭文酌取一名。

乾隆三十六年议准：湖南衡、永、宝、辰、郴、靖等府州，所属猺童，向例另编字号，于正额外各量取一二名。嗣于雍正三年，因额少人多，定议增为三名。今永州府属之东安、永明二县，每试猺童不过数人，而宁远县则有百余名不等，多寡悬殊。均属取进三名，未免无所区别。应将东安、永明猺童进额，各减二名，定为一名。如无佳卷，仍照宁缺毋滥之例办理。至宁远县，应试猺童既多，应于东安、永明二县所减四名内，酌拨二名，作为定额五名。

注释：

① 增生三十名，原文为"增生二十名"，误。依其体制，州学廪、增生应各为三十名，径改。

② 猺民，按，本卷内原文诸"猺"字"缶"旁均缺一撇。

③ 应将澧州六属前后拨入，按，据《清史稿·志四十三·地理十五》中"岳州府"条载："初沿明制，领州一，县七。雍正七年，澧升直隶州，石门、安乡、慈利割隶。"又"澧州直隶州"条下载："旧为岳属州，雍正七年升，割石门、安乡、慈利来隶，并置安福。"

卷五十六 陕甘学额

西安府学，额进二十名，廪生四十名，增生四十名，一年一贡。咸宁县学、长安县学、泾阳县学、富平县学、临潼县学、咸阳县学、盩厔县学、鄠县学、醴泉县学、兴平县学、渭南县学，各额进十五名，廪生二十名，增生二十名，二年一贡。三原县学，额进二十名，廪生二十名，增生二十名，二年一贡。高陵县学，额进十二名，廪生二十名，增生二十名，二年一贡。耀州学，额进八名，廪生三十名，增生三十名，三年两贡。蓝田县学、同官县学，各额进八名，廪生二十名，增生二十名，二年一贡。

同州府学，额进二十名，廪生四十名，增生四十名，一年一贡。大荔县学，额进二十二名，廪生二十名，增生二十名，二年一贡。朝邑县学，额进十六名，廪生二十名，增生二十名，二年一贡。韩城县学、郃阳县学、蒲城县学，各额进二十名，廪生二十名，增生二十名，二年一贡。华州学，额进二十名，廪生三十名，增生三十名，三年两贡。澄城县学、华阴县学，各额进十五名，廪生二十名，增生二十名，二年一贡。潼关厅学，额进九名，廪生十五名，增生十五名，三年一贡。白水县学，额进八名，廪生二十名，增生二十名，二年一贡。

凤翔府学，额进二十名，廪生四十名，增生四十名，一年一贡。凤翔县学、宝鸡县学，各额进十五名，廪生二十名，增生二十名，二年一贡。岐山县学、扶风县学、郿县学、汧阳县学，各额进十二名，廪生二十名，增生二十名，二年一贡。陇州学，额进十二名，廪生三十名，增生三十名，三年两贡。麟游县学，额进八名，廪生二十名，增生二十名，二年一贡。

汉中府学，额进二十名，廪生四十名，增生四十名，一年一贡。南郑县学、城固县学、洋县学，各额进十五名，廪生二十名，增生二十名，二年一贡。褒城县学、西乡县学、沔县学①，各额进十二名，廪生二十名，增生二十名，二年一贡。宁羌州学，额进十二名，廪生三十名，增生三十名，三年两贡。略阳县学、凤县学，各额进八名，廪生二十名，增生二十名，二年一贡。

延安府学，额进十八名，廪生四十名，增生四十名，一年一贡。肤施县学，额进十五名，廪生二十名，增生二十名，二年一贡。宜川县学、安定县学，各额进十二名，廪生二十名，增生二十名，二年一贡。甘泉县学、延长县学、延川县学、安塞县学、保安县学、靖边县学、定边县学，各额进八名，廪生二十名，增生二十名，二年一贡。

榆林府学，额进十二名，廪生四十名，增生四十名，一年一贡。榆林县学、怀远县学、神木县学、府谷县学，各额进八名，廪生二十名，增生二十名，二年一贡。葭州学，额进十二名，廪生三十名，增生三十名，三年两贡。

商州学，额进十五名，廪生三十名，增生三十名，三年两贡。雒南县学、镇安县学、山阳县学、商南县学，各额进八名，廪生二十名，增生二十名，二年一贡。

乾州学，额进十六名，廪生三十名，增生三十名，三年两贡。武功县学，额进十六名，廪生二十名，增生二十名，二年一贡。永寿县学，额进八名，廪生二十名，增生二十名，二年一贡。

邠州学，额进八名，廪生三十名，增生三十名，三年两贡。三水县学，额进十二名，廪生二十名，增生二十名，二年一贡。淳化县学、长武县学，各额进八名，廪生二十名，增生二十名，二年一贡。

兴安州学，额进十五名，廪生三十名，增生三十名，三年两贡。平利县学、洵阳县学、汉阴县学、紫阳县学、石泉县学、白河县学，各额进八名，廪生二十名，增生二十名，二年一贡。

绥德州学，额进二十名，廪生三十名，增生三十名，三年两贡。清涧县学，额进二十名，廪生二十名，增生二十名，二年一贡。米脂县学，额进十二名，廪生二十名，增生二十名，二年一贡。吴堡县学，额进八名，廪生二十名，增生二十名，二年一贡。

鄜州学，额进十三名，廪生三十名，增生三十名，三年两贡。洛川县学，额进十六名，廪生二十名，增生二十名，二年一贡。中部县学、宜君县学，各额进八名，廪生二十名，增生二十名，二年一贡。兰州府学，额进二十名，廪生四十名，增生四十名，一年一贡。皋兰县学，额进十五名，廪生二十名，增生二十名，二年一贡。狄道州学，额进十五名，廪生二十名，增生二十名，三年两贡。渭源县学、靖远县学、金县学，各额进八名，廪生二十名，增生二十名，二年一贡。河州学，额进十二名，廪生三十名，增生三十名，三年两贡。

平凉府学，额进二十名，廪生四十名，增生四十名，一年一贡。平凉县学、镇原县学，各额进十二名，廪生二十名，增生二十名，二年一贡。泾州学、固原州学，各额进十五名，廪生三十名，增生三十名，三年两贡。静宁州学，额进十二名，廪生三十名，增生三十名，三年两贡。华亭县学、崇信县学、隆德县学、灵台县学、庄浪县学，各额进八名，廪生二十名，增生二十名，二年一贡。

巩昌府学，额进十七名，廪生四十名，增生四十名，一年一贡。陇西县学、安定县学、会宁县学、通渭县学、伏羌县学，各额进十五名，廪生二十名，增生二十名，二年一贡。宁远县学、漳县学，各额进十二名，廪生二十名，增生二十名，二年一贡。西和县学，额进八名，廪生二十名，增生二十名，二年一贡。洮州厅学，额进八名，廪生四十名，增生四十名，一年一贡。岷州学，额进八名，廪生三十名，增生三十名，三年两贡。

庆阳府学，额进二十名，廪生四十名，增生四十名，一年一贡。安化县学，额进十五名，廪生二十名，增生二十名，二年一贡。宁州学，额进十二名，廪生三十名，增生三十名，三年两贡。合水县学、环县学，各额进八名，廪生二十名，增生二十名，二年一贡。正宁县学，额进十二名，廪生二十名，增生二十名②，二年一贡。

宁夏府学，额进二十名，廪生四十名，增生四十名，一年一贡。宁夏县学、宁朔县学，各额进十七名，廪生二十名，增生二十名，二年一贡。灵州学，额进十四名，廪生三十名，增生三十名，三年两贡。中卫县学，额进十四名，廪生二十名，增生二十名，二年一贡。平罗县学，额进八名，廪生二十名，增生二十名，二年一贡。

西宁府学，额进十二名，廪生三十八名，增生三十八名，一年一贡。西宁县学、碾伯县学，各额进八名，廪生二十名，增生二十名，二年一贡。大通县学，额进二名，廪生二名，增生二名，六年一贡。

凉州府学，额进二十名，廪生四十名，增生四十名，一年一贡。武威县学、镇番县学，各额进十五名，廪生二十名，增生二十名，二年一贡。永昌县学、平番县学，各额进十二名，廪生二十名，增生二十名，二年一贡。古浪县学，额进八名，廪生二十名，增生二十名，二年一贡。

甘州府学，额进二十名，廪生四十名，增生四十名，一年一贡。张掖县学，额进十五名，廪生二十名，增生二十名，二年一贡。山丹县学，额进二十名，廪生二十名，增生二十名，二年一贡。

安西州学，额进六名，廪生四名，增生四名，六年一贡。敦煌县学、玉门县学，各额进六名，廪生二名，增生二名，六年一贡。

阶州学，额进十七名，廪生三十名，增生三十名，三年两贡。文县学，额进十五名，廪生二十名，增生二十名，二年一贡。成县学，额进十三名，廪生二十名，增生二十名，二年一贡。

秦州学，额进二十名，廪生三十名，增生三十名，三年两贡。秦安县学，额进二十名，廪生二十名，增生二十名，二年一贡。清水县学，额进九名，廪生二十名，增生二十名，二年一贡。礼县学、徽县学，各额进十二名，廪生二十名，增生二十名，二年一贡。两当县学，额进八名，廪生二十名，增生二十名，二年一贡。

肃州学，额进十二名，廪生二十名，增生二十名，三年两贡。高台县学，额进十五名，廪生二十名，增生二十名，二年一贡。

镇西府学，额进三名；宜禾县学、奇台县学，各额进四名，廪生未设。

迪化州学、昌吉县学、阜康县学，各额进四名，廪、增未设。

康熙四十四年议准：陕西平凉卫，原无专学，又不能入州、县学考试，应将平凉府学改为大学，增取八名，专取拨平凉卫童生。（不必另立卫学，其廪、增及出贡不分民卫，俱照考案先后及年月浅深为序。）③

康熙五十九年议准：陕西凉州并古浪所，取进童生十二名，人多额少。嗣后增取八名，即附凉州卫学肄业。

雍正二年遵旨题准：陕西之蒲城县及宁夏等卫，照府学额，各取进童生二十名。同、乾、兴安、泾四州，咸阳、武功、鄠、兴平、肤施、洛川、清涧、宝鸡、城固、安化、会宁、文、伏羌、秦安十四县，改为大学，各十五名。商、葭二州，三水、安平、汧阳、沔、镇原、盛宁、礼七县，改为中学，各十二名。华阴县向系中学，今将潼关卫并入；凤翔、庆阳二府学，向止取十五名，今均照府学额，各二十名。镇番卫向系小学，今人文最盛，改为大学，取十五名。平凉府向系中学，但平凉卫向取进八名，今裁卫附府，准照府学额，取二十名。凉州卫向系中学，今改照大学，取十五名。古浪所向取进八名，今附入凉学，再增八名。凉学廪、增，旧止二十名。今增古浪所八名，准加廪、增各十名。其出照州学例，三年两贡。

雍正五年议准：陕西潼关卫，前经归并华阴县，改华阴中学为大学。今卫改为县，华阴仍照中学旧额，取进童生十二名。所改潼关县学，应照该卫原额，取进十二名，设廪、增各二十名。出贡之年，亦照县学例，两年一贡。

雍正十二年议准：陕西商、兴二州属之镇安、山阳、商南、平利、紫阳、石泉、白河七县，均系小学。从前因应试人少，取不及额。今文风日开，仍各照原额，取进童生八名。廪、增亦应仍照原额二十名之数，俟岁、科两试考居优等者补足。又紫阳、山阳、商南三学，廪生已敷原额。自本年起，应准其二年一贡。石泉、镇安二学，现在廪生十四名、十三名不等，暂准其三年一贡。平利、白河二学，现在十名、九名不等，暂准其四年一贡。此四学，统俟廪生陆续补足二十名之数，仍准照例，二年一贡。

雍正十三年议准：陕西西安、延安、巩昌三府，分设直隶耀、同、华、乾、鄜、秦六州。酌减西安府学文童五名，一归耀属之白水，一归同属之朝邑，一归华属之蒲城，一归乾属之武功④。又减入学武童一名，归武功。延安府学减文、武各三名，归鄜州。巩昌府学减文、武各三名，归秦州。该学政于按试时，统于各该州并所属县内凭文取进，仍照定例，宁缺毋滥。

乾隆元年议准：陕西同州升府，取进童生二十名，设廪、增各四十名。俟十二年后，廪额补足时，照府学例，一年一贡。新设之大荔县，取进文童二十名，武童十五名。设廪、增各二十名，于原设州学廪、增各三十名内，酌留二十名于县学，余十名归入府学。照例二年一贡。再雍正十三年，将西安府文童入学数内，拨入耀州属之白水县、同州府属之朝邑县、华州属之蒲城县、乾州并所属之武功县各一名。又拨给武功县武童入学一名。今白水、朝邑、蒲城均归同州府管辖，已另设额数。原拨入三县之入学文童各一名，仍归西安府学。又陕省各府入学皆二十名，西安府学文童额止十八名，武童额止十九名，仍属偏枯。应加文二名，武一名，以符府学之例。

乾隆二年议准：陕西葭州并所属之府谷、神木二县，复改隶榆林府。从前延安府童生入学额内拨入葭州一名，应仍归延安府学。延安府学取进童生十八名。如葭州、府谷、神木三州县，人文较盛，应于榆林府学额进十二名内，同榆林、怀远二县酌量取进。

又议准：甘肃口外安西、沙州、靖逆、柳沟、赤金五卫所，迩来生齿日繁，未经设学。应将安西五卫所生童，准其赴肃州随棚⑤考试，取进童生十名，暂附肃州学管辖。俟人文增盛之时，再行题请设学。其西宁府属之大通卫，取进童生一名，附入府学。

乾隆三年议准：甘肃移驻临洮府，照该省府学例，取进童生二十名。狄道县升州，照该省州学例，取进童生十五名。皋兰县照中学例，取进童生十二名。

乾隆四年议准：甘肃皋兰，虽改州为县，其土地、人民、读书应试者如故，学额未便议减，仍应照兰州原额，取进童生十五名。

乾隆五年议准：陕西宁夏府属新渠、宝丰二县，既经裁汰，查二县之民，从前原隶灵州、宁夏、宁朔、中卫、平罗五州县，令仍归本籍。其户口原不加多。若将新、宝两县入学二十四名旧额，尽数拨增，未免太浮。令该学政按试时，于五州县内视人文多寡，酌量增取八名，分隶各学。再将八名拨入宁夏府，以符该省之大府之额。其武童，亦照文童之例考取。

　　乾隆八年议准：甘肃口外安西、沙州、靖逆、柳沟、赤金五卫生员，向隶肃州学管辖。但去肃千有余里，稽察莫及。应于五卫适中之安西卫，增设教授一人。五卫生员，均拨归该教授管辖。五卫设廪、增各三名，俟十二年后，六年一贡。

　　乾隆十一年议准：甘肃兰州原设学额十五名，廪额三十名。自乾隆三年，改为皋兰县，减去廪额十名，童生进额三名。嗣于乾隆四年，准复学额三名，照旧取进十五名。至廪生额数，定例府学四十名，州学三十名，县学二十名。今兰州既改为皋兰县，应将原补之廪生三十名，令该学政查明年分深者存留二十名，以符县学之额。其余十名，改为候廪，与新案考居优等生员新旧间补。并照县学例，二年一贡。

　　乾隆十二年议准：潼关县既经裁汰，原设学额十二名，应一半归于厅学，每试取进六名。其余六名，拨入屯户最多之华阴、朝邑各二名；同州府学二名，通融取进。现在之实廪，存留厅学出贡。虚廪存留厅学挨补。其余生童，悉归坐落之该厅、州、县应试。再潼关县学，原设廪、增各二十名，其廪生例应两年一贡。今既改为厅学，止取进童生六名，此后廪、增各缺及出贡年分，不得仍照旧例。应令该督、抚会同学政，定议酌减咨部。至从前旧有之廪生，仍照县学例，两年一贡。

　　乾隆十三年议准：陕西华阴县屯⑥籍士子，向居潼关一县之半。今潼关县裁归同知管辖，华阴屯户统归经理。朝邑应试童生无几，前议学额，华、朝各分二名，稍觉不均。应将原潼关县取进童生十二名，酌留九名于厅学，余三名，以二归大荔县，一归朝邑取进。潼关原设廪、增二十名，各减去五名，仍留厅学各十五名，以食饩年深者十五名为实廪，余作候廪，照考案新旧间补。县学现在之虚廪、实廪，留于厅学，两年一贡。俟三次岁考后，存廪十五名，三年一贡。

　　又议准：西安肤施县屯民，改隶宜、保、靖三县管辖。应试童生，不便仍向肤施收考。嗣后，肤施县改隶宜、保、靖三县屯民，令其各归该县考试。至屯民应考人数无多，宜、保、靖三县学额，无庸议增。肤施县学额，亦无庸议减。补廪、挨贡，仍照往例办理。

　　乾隆二十七年议准：陕西华亭县属之瓦亭驿并附近之十三村庄，归并固原州管辖。所有文、武生员，准其拨入固原州管束。内有实增改归者，应作候增，照考案与固原州学一体间补。

　　又议准：甘肃大通卫，取进童生一名，向系拨归府学。今改为大通县，又将西宁县北川一十八堡居民一千余户拨归管理。文、武童生，较前实已加增。应将大通县岁、科两试各增取文童一名，岁试增取武童一名。共取进文童二名，武童二名。毋庸拨府，一并归县学管理。俟将来人文渐盛，再行题请开设廪、增。

乾隆二十八年议准：大通卫改县设学，从前已进之生员，均拨入大通县学管束。其实廪，俱改为候廪。俟设廪、增时，照例新旧间补。

乾隆三十三年议准：大通自改县后，拨归庄堡生齿日繁，人文渐盛。应将西宁府学廪、增各四十名额内，各拨二名，归入大通县学作缺，六年一贡。

乾隆三十四年议准：乌鲁木齐⑦地方，仰蒙圣恩加意抚绥，驻兵屯田，招徕开垦，生齿繁盛，渐如内地。自设立义学以来，兵民子弟俱各踊跃。现在读书、习弓马者，均有成效。照安西、敦煌等县之例，设立学额，以示鼓舞，于新疆自有裨益。应将迪化、宁边二厅兵民子弟内岁、科两试，每厅各取进文童四名，岁试取进武童四名，交与两厅管束。其考试事宜，及生童取进各卷册，均照安西之例，归于陕甘学政，咨部办理。但查乌鲁木齐距肃驾远，诸童应试维艰，应令陕甘学政，按临肃州之前，将考试文、武生童题目封固，预行密送驻劄大臣。俟厅、道将录取应试文童名册呈送到日，驻劄大臣严行扃试。试毕，仍将试卷封固，移送学臣，按额取进。其武童外场弓马技艺，由厅、道录送驻劄大臣考试，分别等次造册，并俟考试策论毕，将册及试卷一并移送学臣。于弓马技艺册列上等而策论文理亦能通顺者，按额取进。如文、武童生试卷不能足额，均照例宁缺毋滥。其设立训导，及帮补廪、增，出贡年分，俟人文充盛，生员数满百名之后，再后题请。

乾隆三十八年议准：巴里坤地势延衺，幅员辽阔。在昔仅为关外藩屏，今自新疆式廓⑧以来，拓地万有余里，巴里坤为四面适中之区。迩年，城郭民屯繁庶，久同内地。兼之属国来往，商贾辐辏，实为边陲一大都会。应遵旨将巴里坤改设为府，即以乌鲁木齐为属州，所有哈密辟展木垒及附近设有职官之处，并归管辖。查巴里坤厅属兵民子弟，教书讲射，渐已蔚然可观。向随安西所属三县，赴肃州考试，往返四千余里，难以跋涉。应照乌鲁木齐迪化、宁边二厅封题考试之例，专设学额，岁、科两试取进文童各四名，岁试武童取进四名。俟人文渐盛，另请加设廪、增。令陕甘学政，按临肃州之前，将文、武童生试题封固密行安西道，将该府、县录送童生严密扃试，封送学政，按额取进。其武童外场弓马技艺，由府、县录送，该道会同驻劄大臣考试，分别等次造册，并考试策论，将试卷一并移送学臣，按额取进。如试卷不能足额，均照例宁缺毋滥。其余悉照乌鲁木齐之例办理。

又议准：安西府学，原由渊泉、玉门、敦煌三县取拨。今安西府改为直隶州，裁汰渊泉县，除已进之生员改拨各学管辖外，其原设学额，未便议裁。应将安西州及玉门、敦煌二县，各取进童生六名，以符旧额。再安西府及渊泉县两学，原设廪生各二名，今既裁改，应准拨归新改州学，照旧食饩。

乾隆三十九年议准：安西府改为直隶州，并裁汰渊泉县。府、县两学，原设廪生各二名，前经题准，拨归新改州学。其原设增缺，亦应一体拨入州学帮补。现在廪、增各生，本隶渊泉者，拨入州学，即以实廪、实增注册。其籍隶玉门等处者，改归原籍各学，应作为候廪、候增。遇县学有缺，新旧间补。至现在取进镇西府属童生，暂发宜禾县督课。俟该督题定后，再为分拨。

又议准：迪化州改为直隶州，宁边州同改为昌吉县。其所设学额，应照原议。岁、科两试，准其各取进文童四名，岁试取进武童四名。令陕西学政按临肃州之前，将题目密送巴里坤道，严行扃试。仍将试卷封送学政，按额取进。再查迪化州，初议为镇西府属州，曾经议请照内地州、县酌拨府学之例，于迪化州岁、科两试文、武生童内，酌拨府学各一名。今迪化州改为直隶州，宁边州同改为昌吉县，已不由镇西府管辖。其文、武生童，无拨府之例。应将该州、县应试童生照额取进，各归本学收管。毋庸酌拨府学。

又议准：巴里坤改为镇西府，附府设宜禾县。岁、科考试，原议令该学政于按临肃州之前将试题封固，密行安西道扃试。仍将试卷封送学政，按额取进。武童弓马技艺，由该道会同驻劄大臣，分别等次，移送学政，按额录取。但该道现已移驻乌鲁木齐，距巴里坤路途遥远。而新设之直隶迪化州及昌吉县文、武生童，现议由学政封题密送该道扃试。若照原议，将宜禾县文、武生童仍令安西道扃试，不惟道路遥远，往返需时，且口外各处设学，学政考试，系一时封发题目，恐该道亦不能分身兼理。嗣后，宜禾县考试童生，先由该府、县录取造册，呈送陕甘学政。俟学政按临肃州之前，将题目封发镇西府严密扃试。并将试卷密送学政，按额录取。其武童外场弓马技艺，由该府会同巴里坤镇考试，分别等次造册。并将考试策论同试卷一并封送学政阅取。至镇西府学，应于所属宜禾县生童内岁、科两试各拨府学文童二名，岁试拨武童二名。

乾隆四十一年议准：甘肃特纳格尔等处，改设奇台、阜康二县。专设学额，岁、科两试。奇台、阜康二县，各取进文童四名，岁试取进武童四名。奇台县系镇西府管辖，应照内地之例，拨入府学文童一名，武童一名。查镇西府所辖宜禾县，原定拨府学二名。今奇台并隶镇西府，定为拨府学额三名，于所属宜禾、奇台二县凭文拨取。其阜康县，系直隶迪化州管辖。取进文、武生童，各归本学收管，毋庸酌拨府学。学政按临肃州之前，将考试文、武生童题目，密送镇西府并巴里坤道严密扃试。封送学政，按额取进。如试卷不能足额，照例宁缺毋滥。

注释：
① 沔县学，原文"沔"字中"丏"旁误为"丐"，径改。
② 增生二十名，原文"二"字后掉一"十"字，径补。
③ 按，原文中"不必另立卫学，其廪、增及出贡"为小字注文，其后换页之首行"不分民卫，俱照考案先后及年月浅深为序"为大字正文。然细味其意，自"不分民卫"之后应仍为小字注文，径改。
④ 原文称"酌减西安府学文童五名"，其下又称："一归耀属之白水，一归同属之朝邑，一归华属之蒲城，一归乾属之武功"，尚缺一归属，文中有误。按，与其下"乾隆元年议准"条中"乾州并所属之武功县各一名"相对照，此处在"一归华属之蒲城"后，当缺失"一归乾州"之句。
⑤ 随棚，"棚"，指考棚。原文误为"随栅"，径改。
⑥ 屯，即屯田，旧指利用戍卒或农民、商人垦殖荒地。汉以后，历代政府沿用此措施取得军饷和税粮。有军屯、民屯、商屯之分。
⑦ 乌鲁木齐，原文为"乌噜木齐"。按，《清史稿·志五十一·地理二十三》"迪化府"条载："乾隆

二十年，平准噶尔，始内属，改名乌鲁木齐，筑土城。"

⑧ 式廓，规模，范围。《诗经·大雅·皇矣》："上帝耆之，憎其式廓。"朱熹《集传》："式廓，犹言规模也。"

卷五十七 四川学额

成都府学，额进二十名，廪生四十名，增生四十名，一年一贡。成都县学、华阳县学，各额进十二名，廪生十五名，增生十五名，二县轮流三年两贡。简易学、崇庆州学，各额进十五名，廪生三十名，增生三十名，三年两贡。汉州学，额进十二名，廪生三十名，增生三十名，三年两贡。郫县学、崇宁县学，各额进八名，廪生十名，增生十名，二县轮流二年一贡。温江县学，额进十二名，廪生二十名，增生二十名，二年一贡。金堂县学，额进九名，廪生二十名，增生二十名，二年一贡。新都县学、灌县学、什邡县学，各额进八名，廪生二十名，增生二十名，二年一贡。新繁县学、彭县学，各额进八名，廪生十名，增生十名，二县轮流二年一贡。新津县学、双流县学，各额进八名，廪生十名，增生十名，二县轮流二年一贡。

重庆府学，额进二十名，廪生四十名，增生四十名，一年一贡。巴县学、江津县学，各额进十二名，廪生二十名，增生二十名，二年一贡。长寿县学、大足县学、永川县学、荣昌县学、綦江县学、南川县学、璧山县学、定远县学、铜梁县学、安居县学（安居县先经裁汰，其学未裁，后归铜梁县管属。），各额进八名，廪生二十名，增生二十名，二年一贡。合州学、涪州学，各额进十二名，廪生三十名，增生三十名，三年两贡。保宁府学，额进二十名，廪生四十名，增生四十名，一年一贡。阆中县学、南部县学，各额进十五名，廪生二十名，增生二十名，二年一贡。广元县学，额进十二名，廪生二十名，增生二十名，二年一贡。苍溪县学、昭化县学、通江县学、南江县学，各额进八名，廪生二十名，增生二十名，二年一贡。巴州学、剑州学，各额进十二名，廪生三十名，增生三十名，三年两贡。

顺庆府学，额进二十名，廪生四十名，增生四十名，一年一贡。南充县学、西充县学、营山县学、渠县学，各额进十二名，廪生二十名，增生二十名，二年一贡。蓬州学、广安州学，各额进十二名，廪生三十名，增生三十名，三年两贡。仪陇县学、大竹县学、邻水县学，各额进八名，廪生二十名，增生二十名，二年一贡。岳池县学，额进八名，廪生十名，增生十名，三年一贡。

叙州府学，额进二十名，廪生四十名，增生四十名，一年一贡。宜宾县学、富顺县学，各额进十二名，廪生二十名，增生二十名，二年一贡。南溪县学、长宁县学、隆昌县学、庆符县学、筠连县学、高县学、珙县学、兴文县学，各额进八名，廪生二十名，增生二十名，二年一贡。屏山县学，额进十五名，廪生二十名，增生二十名，二年一贡。

夔州府学，额进十四名，廪生三十四名，增生三十四名，三年两贡。奉节县学，额进八名，廪生十三名，增生十三名；大宁县学，额进四名，廪生七名，增生七名，二县轮流二年一贡。巫山县学、云阳县学、万县学、开县学，各额进八名，廪生二十名，增生二十名，二年一贡。石砫厅，童生考试，由同知录送学政，即于夔州府学额内取进。

龙安府学，额进十五名，廪生四十名，增生四十名，一年一贡。平武县学、江油县学、石泉县学，各额进八名，廪生二十名，增生二十名，二年一贡。彰明县学，额进五名，廪生十名，增生十名，四年一贡。松潘厅学，额进六名，廪生十五名，增生十五名，三年一贡。

宁远府学未设。西昌县学，额进十五名，廪生二十名，增生二十名，二年一贡。会理州学、盐源县学，各额进十二名，廪生二十名，增生二十名，二年一贡。冕宁县学，额进八名，廪生二十名，增生二十名，二年一贡。越嶲厅学，额进六名，廪生十五名，增生十五名，三年一贡。

雅州府学，额进二十二名，廪生三十名，增生三十名，三年两贡。雅安县未设学。名山县学、荣经县学、芦山县学，各额进八名，廪生二十名，增生二十名，二年一贡。清溪县学，额进六名，廪生十名，增生十名，四年一贡。天全州，童生取进者入府学额内。

嘉定府学，额进十五名，廪生二十名，增生二十名，二年一贡。乐山县学，额进二十名，廪生二十名，增生二十名，二年一贡。峨眉县学、犍为县学，各额进八名，廪生二十名，增生二十名，二年一贡。洪雅县学、夹江县学，各额进十二名，廪生二十名，增生二十名，二年一贡。荣县学、威远县学，各额进六名，廪生十名，增生十名，二县轮流二年一贡。

潼川府学，额进十五名，廪生二十名，增生二十名，二年一贡。三台县学、射洪县学、盐亭县学、遂宁县学，各额进十二名，廪生二十名，增生二十名，二年一贡。中江县学、蓬溪县学、安岳县学、乐至县学，各额进八名，廪生二十名，增生二十名，二年一贡。

眉州学，额进十二名，廪生二十二名，增生二十二名，三年两贡。彭山县学、青神县学，各额进六名，廪生十一名，增生十一名，四年一贡。丹稜①县学，额进八名，廪生二十名，增生二十名，二年一贡。

邛州学，额进十五名，廪生三十名，增生三十名，三年两贡。大邑县学、蒲江县学，各额进八名，廪生二十名，增生二十名，二年一贡。

泸州学，额进十五名，廪生三十名，增生三十名，三年两贡。江安县学、合江县学、纳溪县学、九姓司学，各额进八名，廪生二十名，增生二十名，二年一贡。

资州学，额进十二名，廪生二十五名，增生二十五名，三年两贡。仁寿县学、资阳县学，各额进九名，廪生二十名，增生二十名，二年一贡。井研县学，额进十名；内江县学，额进十二名，各廪生二十名，增生二十名，二年一贡。

绵州学，额进十四名，廪生三十名，增生三十名，三年两贡。德阳县学，额进七名，廪生十名，增生十名，四年一贡。安县学、绵竹县学，各额进八名，廪生二十名，增生二十名，二年一贡。梓潼县学，额进十名，廪生二十名，增生二十名，二年一贡。茂州学、汶川县学、保县学，各额进八名，廪生二十名，增生二十名，二年一贡。

达州学，额进十四名，廪生三十名，增生三十名，三年两贡。东乡县学、太平县学，各额进八名，廪生二十名，增生二十名，二年一贡。新宁县学，额进八名，廪生十五名，增生十五名，与梁山县学三年轮流两贡。

忠州学，额进十二名，廪生三十名，增生三十名，三年两贡。酆都县学、垫江县学，各额进八名，廪生二十名，增生二十名，二年一贡。梁山县学，额进八名，廪生十五名，增生十五名，与新宁县学三年轮流两贡。

酉阳州学、黔江县学、彭水县学，各额进八名，廪生二十名，增生二十名，二年一贡。秀山县未设学。

叙永厅学、永宁县学，各额进十二名，廪生二十名，增生二十名，二年一贡。

康熙二十八年议准：四川奉节县为夔府首邑，又兼大宁归并，人文渐盛。应复建学，照小学例，取进童生八名。

康熙五十九年议准：四川东川府，自六十年为始，取进童生十五名。其补廪、出贡，俟人文渐盛，再行具题。

雍正二年遵旨题准：四川省之嘉定州，照府学额，取进童生二十名。崇庆、简、眉、雅、邛、泸六州，成都、阆中、南部、遵义四县，改为大学，各十五名。温江、新繁、新津、郫、巴、江津、南充、宜宾、富顺、奉节、绥阳、洪雅、遂宁十三县，改为中学，各十二名。

雍正六年议准：四川黎大所，原为州治。自兵燹之后，生童寄籍于各府、州、县、卫、所应试。今生齿日繁，文风渐盛，宜专设一学。自雍正五年为始，取进童生六名。其补廪、出贡，俟人文日盛，题请再议。

雍正七年议准：四川复设华阳县，系由成都县分出。应将成都县额进童生十五名，并额设廪、增各二十名，分半归华阳县学。其现在附生、武生，各按居址分隶两县。至岁、科取进童生拨入府学之数，亦令两县分派量拨。再查成都县学，原系二年一贡。今既分拨两县，自应轮贡。前二年，成都县贡一人。后二年，华阳县贡一人。照此轮转。又威州原取童生十二名，保县八名。查威州僻处边荒，人文未盛，向来间有缺额之时。今既裁归保县，应将保县照中学，取进童生十二名。廪、增出贡，俱照县学例，廪、增各二十名，二年出贡一名。至威州，旧有之廪生三十名，即附于保县食饩，暂照州学例，三年出贡二人。所出廪缺，不准顶补。内有候廪者，亦照年分挨贡。增、附生，于归并后考列优等，与保县学生员序补廪、增。又马湖府已经裁汰，所属屏山县，归叙州府，并未设学。应将马湖府学改为县学，取进童生十五名。其府学旧设廪生四十名，暂准照旧食饩，每年出贡一名，缺出不准顶补。俟扣至二十名之时，方准补缺，并即照县学二年一贡之例。以上各学取进，俱以雍正八年为始。

雍正八年议准：四川新设十四县，除大定、璧山、定远、安岳四县，先年裁县未经裁学，应照旧遵行外，应将新津、郫、新繁三县原取进童生十二名，原设廪、增各二十名，与新设之双流、崇宁、彭三县平分，各取进六名，廪、增各分十名。仍照县学二年一贡之例，新旧两县轮流出贡。德阳、梁山二县，原取进童生各八名，原设廪、增各二十名，与新设之罗江、新宁二县平分，各取进四名，廪、增各分十名。亦照县学二年一贡之例，两县轮流出贡。至绵州分设彰明一县，将原额取进童生十二名，绵州得七名，彰明得五名。原额廪、增各三十名，以二十名归绵州，以十名归彰明。照州学三年两贡之例，于应贡之年，州贡二名后县贡一名，周而复始。眉州分设青神、彭山二县，将原取进童生十五名，眉州得七名，青神、彭山各得四名。原额廪、增各三十名，以十四名归眉州，青神、彭山各分八名。仍照州学三年两贡之例，州贡一名后青神县贡一名，州再贡一名后彭山县贡一名，亦周而复始。又荣县原系小学，人文称盛。今分设威远一县，将荣县、威远均改作中学之半，取进童生各六名，廪、增各分十名，照县学二年一贡之例，两县轮流出贡。又奉节原系中学，今分设大宁一县，人数仅三分之一。应将原取进童生十二名，奉节得八名，大宁得四名。原额廪、增各二十名，以十三名归奉节，以七名归大宁，仍照县学二年一贡之例，两县轮流出贡。以上分设新旧各县，均照旧额分拨取进。应俟人文充盛之日，学政具题再议。

雍正九年议准：四川茂州羌民，准其与汉民一体应试，取额不必加增。

雍正十年议准：四川成都、华阳原系两县，又系省会首邑，与他处分设者不同，均照中学例，每县各取进童生十二名。

雍正十二年议准：四川夔州府，原属之达州梁山，地广人众。今达州既升直隶州，梁山又拨入直隶忠州，应于夔州府学额进童生二十名内减去六名，以四归梁山，二归达州。于该州及所属县内，凭文分取。

雍正十三年议准：黔省毕节县属之赤水河北地方，拨归永宁县，统归川省管辖。所有钱粮户口，业经造册归川。惟考试一事，赤水河北地方应考童生，自永邑归川之后，即赴永宁考试入学，已逾三年。而文、武生员岁、科两试，至今仍赴黔省，殊属未便。应将毕节县河北地方之文、武生员，逐一查明，改归永宁县应试约束。仍令该学政将拨归之文、武生员备造清册，送部查核。并严饬改归之子弟，以永宁县之籍贯考试，不得两地冒考。

又议准：州省②各属土司苗童，与汉童一并凭文去取，卷面不必分别汉、苗，取额不必加增。

乾隆六年议准：四川嘉定、潼川自改设府治以来，迄今七载，宜分设学校，以隆作育。应将嘉定府之乐山县学，改为嘉定府学。其乐山县学，即附于嘉定府学内。潼川府之三台县学，改为潼川府学。其三台县学，即附于潼川府学内。均无庸另建学官。嘉定、潼川府学额，照龙安、夔州二府之例，各取进童生十五名。至廪、增出贡，向例新设进额之府、州、县学，统俟岁、科数次之后，人数日众，方准议设。惟新旧改拨之学，乃有旧学廪、增年分浅者拨进新学之例。查乐山、三台二县，原系州学，设廪、增各三十名。改县以来，因未设府学，尚仍其旧。今府学既设，应将二县学廪、增各三十名内，择其充补年分浅者，各以十名拨入各府学。其本学各留二十名，以符县学定制。

所有拨入府学之廪生十名，仍按其在原学应行出贡之期，挨次出贡。此外添设廪、增及出贡之处，照例岁、科数次之后，人数渐多，再行酌议增设。

乾隆十二年议准：四川岳池县，设学已久，文风渐盛。应照小学例，设廪、增各十名。新补廪生，俟十二年后，准三年一贡。

乾隆十七年议准：四川眉川，原系中学，取进童生十二名。自雍正二年改为大学，取十五名。嗣因分设彭山、青神两县，于雍正八年，将州学额十五名，以七名归眉川；八名归两县，各分四名。其原额廪、增三十名，以十四名归州；十六名归县，各分八名。照州学三年两贡例，一州两县轮流出贡。今眉州、彭山、青神人文日盛，应准量为加增。嗣后，眉州学，加取进童生三名，定为十名。彭山、青神二县学，各加取二名，定为六名。其廪、增额数，各量加三名。眉川定为十七名，两县各定为十一名。俟岁、科两试后，准以新加之额顶补。其廪、增，既经酌加，出贡亦宜略为变通，应照各州、县学之例，一体挨贡。

乾隆十八年议准：四川绵州及德阳、罗江、新津、双流、新繁、彭、郫、崇宁等八县，自雍正八年分设，迄今二十余载，化洽人众。从前分拨取进学额，诚属过隘。嗣后，绵州学，加取进童生三名，定为十名。德阳、罗江二县，各加取二名，定为六名。新津、双流、新繁、彭、郫、崇宁六县学，各加二名，定为八名。其廪、增额数，及出贡年分，均照旧办理。

又议准：成都、华阳二县学，均加廪、增各五名，定为十五名。合两县廪额，正符州学廪生三十名，三年两贡之例。嗣后，三年之内，令两县轮流各贡一人。

乾隆二十年议准：四川眉州学，三年两贡。彭山、青神二县学，二年一贡。均未免太优。嗣后，眉州学，照资州之例，改为二年一贡。彭、青二县，照清溪之例，四年一贡。

乾隆二十一年议准：四川巴县，缙云山岭以西，分归璧山县管辖。所有文、武童生，即令赴璧山县应试。两县均系重庆府属，学政临考时，酌量于府学额内，将璧山、巴县文、武童生凭文拨取数名，毋庸更定额数。至巴县嘉陵江以北，分归江北镇同知管辖，文、武童生，仍归巴县考试，毋庸设学改额。

乾隆二十六年议准：四川之直隶茂州及所属保县，直隶松潘厅，宁远府之越巂卫等处，均属边徼地瘠，向学寥寥。而取进额数，茂州、保县各十二名，松潘、越巂各八名。人少额宽，徒滋冒滥。至直隶资州，直隶眉州，直隶达州之新宁县等处，应考童生自七八百名至千余名不等。而取进额数，资州八名，眉州十名，新宁四名。人多额少，较之茂州等处，不无偏枯。应将茂州、保县二学取进生员，各减四名。松潘、越巂二学，各减二名。即以减去之数，于资州酌加四名，眉州酌加二名，均足十二名之数。新宁原额四名，酌加四名。尚有减去之二名，应俟松、茂等处人文稍盛之日，奏请增给。其取进武童，及廪、增额数，均照此增减。仍行令该学政另行查办，报部核准备案。

又议准：松潘厅改为直隶同知。嗣后，松潘所属生童，准其附入成棚考试。

乾隆二十七年议准：四川之茂州，原额廪、增各三十名，三年二贡。应减去廪、增各十名，二年一贡。松潘、越嶲，原额廪、增各二十名，二年一贡。应减去五名，三年一贡。保县原额廪、增各二十名，二年一贡，正合小学之例，仍照旧例办理。至茂州、松潘、越嶲现有之廪生，暂准其照旧食饩出贡，俟岁、科两次之后，照新议减定之例办理。所有减去之廪、增二十名，准于资川加五名，为二十五名。眉州加五名，为二十二名。新宁加五名，为十五名。余剩五名，查新宁与梁山，系雍正八年两县分学各四名，廪、增各十名，轮流四年各贡一名。嗣于雍正十三年，将夔州府学额内拨四名归于梁山，以足原额八名之数。而廪、增额数，并未加增。今应加入梁山五名，为十五名。其资州、眉州，现在廪生无多，暂照旧例二年一贡。俟岁、科两次之后，三年两贡。新宁、梁山合照州贡之例，三年两县轮流各贡一名。

乾隆二十九年议准：四川嘉定、潼川二府，设学已久。先经议准，俟岁、科数次，人数渐多，再行添设廪、增。今两府拨补取进生员，各有二百余名，是人数已多。而廪、增仅设十缺，殊于府学定例未协。应准其各添廪、增十名。至出贡之期，在从前由乐山、三台二县拨府之廪生十名，固应仍按其原学挨次出贡。而此后陆续帮补之别县廪生，自未便与乐山、三台二学分年出贡。应将嘉、潼二府廪生，定为两年一贡。其乐山、三台二县，现在廪、增各二十名，已符县制，亦应两年一贡。俱于乾隆三十九年起，各归各学办理。

又议准：四川叙州府属之屏山县，多有可垦地亩，移驻通判管理。所有文、武生童，仍附入屏山县考试。俟文风大盛，再行题请设学。

乾隆三十年议准：四川夔州府学，原额取进童生二十名，廪、增各四十名。嗣于雍正十二年裁减进额，以四名归梁山，二名归达州。而廪、增额缺，未经议裁。该学人文不能相称，应裁汰廪、增各六名，定为三十四名，照州学例，三年两贡。

乾隆三十五年议准：四川罗江县裁并绵州，又将绵州地方分拨四分之一改隶梓潼县。应于罗江县学原额六名内，分拨绵州四名。嗣后，绵州连原额十名，共取进十四名。其二名，拨入梓潼县学，连原额八名，共取进十名。绵州廪、增原额各二十名，与彰明县轮流出贡。罗江县廪、增原额各十名，与德阳县轮流出贡。今罗江县廪、增额数归并绵州，廪、增各三十名，与州学定额相符。应照州学例，三年两贡，毋庸与彰明、德阳二县轮贡③。彰明、德阳二县，廪、增各额数，均止有十名。应照清溪县之例，四年一贡。梓潼县，廪、增额数及出贡年分，仍循旧例。

乾隆三十八年议准：四川资州所属之资阳、仁寿二县学，现在应试人多，原额各进八名。井研县学，文童较少，原额进十二名。应将井研额内酌减二名，以一名拨入资阳，一名拨入仁寿，均作为定额。再成都府所属之金堂县，原额进八名；绵州所属之德阳县，原额进六名。今人文日起，童试人数渐多，未免限于名额。应将乾隆二十七年议裁松潘等处学额所余二名，分拨金堂、德阳二学，各给一名。

注释：

① 丹稜，按，《清史稿·志四十四·地理十六》"眉州直隶州"条中则为"丹棱"。《辞海》等工具书中亦只收"丹棱"。

② 州省，据上"雍正十三年议准"条中文意，当为"川省"之误。

③ 轮贡，按，原文"轮"字中右偏旁下误为"朋"，《康熙字典》无此字。

卷五十八 广东学额

广州府学，额进三十六名，廪生四十名，增生四十名，一年一贡。南海县学、番禺县学、东莞县学、顺德县学、香山县学，各额进二十名，廪生二十名，增生二十名，二年一贡。新会县学、增城县学、三水县学，各额进十五名，廪生二十名，增生二十名，二年一贡。新宁县学，额进十二名，廪生二十名，增生二十名，二年一贡。龙门县学、从化县学、新安县学、清远县学，各额进八名，廪生二十名，增生二十名，二年一贡。花县学，额进七名，廪生十五名，增生十五名，二年一贡。

韶州府学，额进二十一名，廪生四十名，增生四十名，一年一贡。曲江县学、英德县学，各额进十五名，廪生二十名，增生二十名，二年一贡。乐昌县学、仁化县学、乳源县学、翁源县学，各额进八名，廪生二十名，增生二十名，二年一贡。

南雄府学，额进二十二名，廪生四十名，增生四十名，一年一贡。保昌县学，额进十五名，廪生二十名，增生二十名，二年一贡。始兴县学，额进十二名，廪生二十名，增生二十名，二年一贡。

惠州府学，额进二十七名，廪生四十名，增生四十名，一年一贡。归善县学、博罗县学、龙川县学，各额进十五名，廪生二十名，增生二十名，二年一贡。河源县学、和平县学、永安县学，各额进十二名，廪生二十名，增生二十名，二年一贡。连平州学，额进十二名，廪生二十名，增生二十名，三年两贡。海丰县学、陆丰县学，各额进十名，廪生二十名，增生二十名，二年一贡。长宁县学，额进八名，廪生二十名，增生二十名，二年一贡。

潮州府学，额进二十五名（内南澳同知①录送拨入一名。），廪生四十名，增生四十名，一年一贡。海阳县学，额进十六名，廪生二十名，增生二十名，二年一贡。潮阳县学、揭阳县学，各额进十八名，廪生二十名，增生二十名，二年一贡。澄海县学，额进二十名，廪生二十名，增生二十名，二年一贡。饶平县学，额进十五名，廪生二十名，增生二十名，二年一贡。大埔县学、惠来县学，各额进十二名，廪生二十名，增生二十名，二年一贡。普宁县学，额进十名，廪生二十名，增生二十名，二年一贡。丰顺县学，额进八名，廪生二十名，增生二十名，二年一贡。

肇庆府学，额进二十八名，廪生四十名，增生四十名，一年一贡。高要县学、阳江县学，各额进十五名，廪生二十名，增生二十名，二年一贡。恩平县学，额进八名，廪生二十名，增生二十名，二年一贡。阳春县学、四会县学、新兴县学、高明县学，各额进十二名，廪生二十名，增生二十名，二年一贡。开平县学，额进九名，廪生十五名，增生十五名，二年一贡。广宁县学，额进八名，廪生十五名，增生十五名，二年一贡。德庆州学，额进八名，廪生三十名，增生三十名，三年两贡。封川县学，额进八名，廪生二十名，增生十四名，二年一贡。开建县学、鹤山县学，各额进八名，廪生十五名，增生十五名，二年一贡。

高州府学，额进二十三名，廪生四十名，增生四十名，一年一贡。茂名县学，额进十五名，廪生二十名，增生二十名，二年一贡。电白县学、吴川县学，各额进十二名，廪生二十名，增生二十名，二年一贡。化州学，额进十二名，廪生三十名，增生三十名，三年两贡。信宜县学，额进十名，廪生二十名，增生二十名，二年一贡。石城县学，额进八名，廪生二十名，增生二十名，二年一贡。

雷州府学，额进二十一名，廪生四十名，增生四十名，一年一贡。海康县学，额进十二名，廪生二十名，增生二十名，二年一贡。遂溪县学、徐闻县学，各额进八名，廪生二十名，增生二十名，二年一贡。

廉州府学，额进十二名，廪生三十一名，增生二十一名②，三年两贡。合浦县学，额进八名，廪生二十名，增生十三名，二年一贡。钦州学，额进八名，廪生九名，增生十八名，四年一贡。灵山县学，额进八名，廪生十三名，增生十三名，二年一贡。

琼州府学，额进二十四名，廪生四十名，增生四十名，一年一贡。琼山县学，额进十五名，廪生二十名，增生二十名，二年一贡。儋州学，额进十五名，廪生三十名，增生三十名，三年两贡。崖州学、万州学，各额进十二名，廪生三十名，增生三十名，三年两贡。澄迈县学、临高县学、文昌县学、定安县学、会同县学、乐会县学，各额进十二名，廪生二十名，增生二十名，二年一贡。陵水县学、昌化县学、感恩县学，各额进八名，廪生二十名，增生二十名，二年一贡。

连州学，额进十名，廪生三十名，增生三十名，三年两贡。阳山县学、连山县学，各额进八名，廪生二十名，增生二十名，二年一贡。

嘉应州学，额进二十四名（内二名在四县凭文酌拨。），廪生三十名，增生三十名，三年两贡。兴宁县学，额进十五名，廪生二十名，增生二十名，二年一贡。长乐县学，额进十六名，廪生二十名，增生二十名，二年一贡。平远县学、镇平县学，各额进十二名，廪生二十名，增生二十名，二年一贡。

罗定州学、东安县学，各额进十二名，廪生二十名，增生二十名，二年一贡。西宁县学，额进十名，廪生二十名，增生二十名，二年一贡。

康熙五十五年议准：广东各卫、所，照各省卫学例，将广州、前右、南海、清远、肇庆、惠州、碣石、潮州八卫及南雄、龙川二所，各取进童生二名。其余三十六卫、所，各取进一名。不必设学设官，拨入各府，学官督率其廪、增及出贡。即附入各府学额内。

雍正二年遵旨题准：广东之南海、番禺、东莞、顺德、新会、香山、海丰、海阳、潮阳、揭阳、澄海十一县，照府学额，各取进童生二十名。儋州及三水、增城、保昌、英德、兴宁、长乐、龙州、程乡、饶平十县，改为大学，各十五名。新宁、和平、永安、大埔、惠来、平远、镇平、开平、吴川、东安、西宁十一县，改为中学，各十二名。

雍正九年议准：广东新会、开平二县界，分设鹤山一县。于新会县原取进童生二十名内，分拨五名；开平县学原取进童生十二名内，分拨三名，共八名，归鹤山县取进。

雍正十三年议准：粤省各卫、所、屯军籍童生，额多人少，且军民两籍混冒，控讦不已。应照直隶河间等卫裁并归县之例，将粤省各卫、所、屯童生，一并归入现在住居办粮之州、县民籍内应试。所遗各军籍，拨入各该府学文、武童生额数，悉由各该属州、县民籍内一体凭文拨取。

乾隆元年议准：广东嘉应州属之兴宁、长乐二县，前隶惠州府；平远、镇平二县，前隶潮州府，皆有拨府之入学童生。今四县属嘉应州，应将惠州府学减三名，归兴宁、长乐二县；潮州府学减二名，归平远、镇平二县。凭文考取，拨入州学。其嘉应州武童，原额止十二名，原未加增，亦应于潮州府学武童内再减二名，拨归嘉应州学。又连州前属广州府，虽拨府甚少，而近来文风日盛，又改为直隶州，应于广州府学减一名，归连州学。

又议准：广东普宁县，取进童生八名。自雍正十年，将潮阳县之㴖水③、全都、洋乌、贵山等处，割附普宁。应于潮阳额进文童二十名内酌拨二名，武童十五名内酌拨一名，归普宁县。文童岁、科两考，各取进十名。武童岁考，取进九名。

乾隆三年议准：广东设嘉应州以来，入学额数已照大学例，取进二十名。廪、增尚仍旧，额二十名。该州人文日盛，应加廪、增各十名，以符州学之数。

乾隆五年议准：广东新设之封顺县，照小学例，取进童生八名。于海阳县学额进之文童二十名、武童十五名内，各减四名；揭阳县之文二十名、武十五名，嘉应州之文二十名、武十二名内，各减二名，归丰顺县取进。至海阳县原额文童，既拨出四名，应额进十六名；武童拨出四名，应额进十一名。嘉应州、揭阳县文童，既各拨出二名，应各额进十八名。其武童，嘉应州既拨出二名，应额进十名；揭阳县拨出二名，应额进十三名。再丰顺县学，照例设廪、增各二十名。其由嘉应州，海阳、揭阳、大埔三县④，随地拨归丰顺县学之实廪，照例食饩。候廪照考案新旧间补。至出贡年期，应将改拨之旧廪，按年先准出贡。其新补廪生，俟十二年后，准三年一贡。

又议准：广东鹤山县，设学有年，应设廪、增额数。但该学生员，现在不满八十名。内尚有新、开二县⑤拨入旧廪四名、旧增五名。若遽准额设廪、增各十五名，未免太优。应照新设小学之例，设廪、增各十名，先尽新、开二县原拨之旧廪四名、旧增五名补实。余以考列优等者序补。至出贡，亦将旧廪四名，按其补廪年分，应出贡者先尽挨次出贡。其新补廪生，照新设小学例，俟十年后，三年一贡。将来人文加盛，题增额廪之日，再照县学例，二年一贡。遇拔贡之年，照例一体选拔。

乾隆十五年议准：广东廉州府学，廪生三十一名，一年一贡。罗定州学，廪生二十名；钦州学，廪生九名，皆三年两贡。与定例未协。嗣后，廉州府学，三年两贡。罗定州学，两年一贡。钦州学，四年一贡。

又议准：鹤山县学，加设廪、增各五名，共设廪、增各十五名。俟补足廪额后，照县学例，二年一贡。

乾隆二十年议准：广东鹤山县，自雍正十年新设，其时有广州府民人一百五户，愿捐修城工。经部议，给还捐项，以为垦荒筑室工本，许其子弟入籍应试。但事关户籍，必须地方官确查办理。应令广东巡抚转饬确查。此百五户民人，曾经筑垦，现居鹤山者，仍准应试。其余户丁，必俟其筑室住耕呈明地方官，给有门牌，列入烟册，方准应试。仍移知原籍，不得两处重考。其本籍现有庐墓田粮，不愿徙居鹤山者，令即在本籍应试。

乾隆二十四年议准：广东嘉应州，原额取进文童十九名，又于所属之兴宁、长乐二县取拨三名，平远、镇平二县取拨二名，统于州学，共二十四名。该州人文益盛，而州属之兴、平、长、镇四县童生，不及该州之半，文平人少。嗣后，该州岁、科两试，将县属所拨州学之五名，酌减三名，添补州学。其余二名，仍合四县凭文酌拨。

注释：

① 南澳同知，按，据《清史稿·志四十七·地理十九》中"南澳厅"条载："本南澳镇地。分四澳。云、青二澳隶闽之诏安，隆、深二澳隶粤之饶平。雍正十年置海防同知，为南澳厅治，深澳来属。"

② "廪生三十一名，增生二十一名"，原文如此。本条内以下还有两处廪、增名额明显不一情况。

③ 浉水，浉，音蓄，水流貌。原文中将"浉"字偏旁"戌"误为"戌"，《康熙字典》无此字。

④ "其由嘉应州，海阳、揭阳、大埔三县"，据《清史稿·志四十七·地理十九》载，海阳、揭阳、大埔三县均属潮州府。

⑤ 新、开二县，即本卷前"雍正九年议准"条中所载"新会、开平二县"。

卷五十九　广西学额

桂林府学，额进二十名，廪生四十名，增生四十名，一年一贡。临桂县学，额进二十名，廪生二十名，增生二十名，二年一贡。灵川县学、兴安县学、灌阳县学，各额进十五名，廪生二十名，增生二十名，二年一贡。阳朔县学，额进十二名，廪生二十名，增生二十名，二年一贡。永宁州学，额进十二名，廪生二十名，增生二十名，二年一贡。永福县学，额进八名，廪生十四名，增生十四名，二年一贡。义宁县学，额进八名，廪生十二名，增生十二名，二年一贡。全州学，额进二十名，廪生三十名，增生三十名，三年两贡。

平乐府学，额进二十名，廪生二十名，增生二十名，一年一贡。平乐县学，额进十五名，廪生十三名，增生十三名，二年一贡。永安州学，额进十五名，廪生六名，增生六名，三年一贡。恭城县学，额进十二名，廪生十五名，增生十五名，二年一贡。富川县学、贺县学，各额进十五名，廪生二十名，增生二十名，二年一贡。修仁县学，额进八名，廪生六名，增生六名，三年一贡。荔浦县学，额进八名，廪生十名，增生十名，二年一贡。昭平县学，额进十二名，廪生十名，增生十名，二年一贡。

梧州府学，额进十八名，廪生三十三名，增生三十三名，一年一贡。苍梧县学、怀集县学，各额进二十名，廪生二十名，增生二十名，二年一贡。藤县学，额进十二名，廪生二十名，增生二十名，二年一贡。容县学，额进八名，廪生十五名，增生十五名，二年一贡。岑溪县学，额进八名，廪生七名，增生七名，二年一贡。

浔州府学，额进二十名，廪生二十四名，增生二十四名，一年一贡。桂平县学、贵县学，各额进十五名，廪生二十名，增生二十名，二年一贡。平南县学，额进十二名，廪生二十名，增生二十名，二年一贡。武宣县学，额进八名，廪生十四名，增生十四名，二年一贡。

南宁府学，额进二十名，廪生三十八名，增生三十八名，一年一贡。宣化县学，额进二十名，廪生二十名，增生二十名，二年一贡。隆安县学，额进十五名，廪生十三名，增生十三名，二年一贡。横州学，额进二十名，廪生二十六名，增生二十六名，三年两贡。永淳县学，额进十五名，廪生十名，增生十名，二年一贡。上思州学，额进十五名，廪生十名，增生十名，三年一贡。新宁州学，额进二十名，廪生十名，增生十名，三年两贡。

太平府学，额进二十名，廪生二十五名，增生二十五名，一年一贡。崇善县学，额进八名，廪生四名，增生四名，四年一贡。左州学，额进十二名，廪生十名，增生十名，四年一贡。养利州学，额进十二名，廪生七名，增生七名，四年一贡。永康州学、宁明州学，各额进十五名，廪生八名，增生八名，四年一贡。太平土州学，额进四名，廪生二名，增生二名，四年一贡。

泗城府学，额进十二名，廪生四名，增生四名，三年一贡。西隆州学，额进六名，廪生四名，增生四名，四年一贡。西林县学，额进四名，廪生二名，增生二名，四年一贡。

镇安府学，额进十二名，廪生六名，增生六名，三年一贡。归顺州学，额进四名，廪生二名，增生二名，四年一贡。

柳州府学，额进二十名，廪生三十四名，增生三十四名，一年一贡。马平县学，额进十二名，廪生二十名，增生二十名，二年一贡。雒容县学，额进十二名，廪生十三名，增生十三名，二年一贡。柳城县学，额进十二名，廪生十一名，增生十一名，二年一贡。罗城县学，额进八名，廪生七名，增生七名，三年一贡。融县学，额进十五名，廪生十八名，增生十八名，二年一贡。怀远县学，额进八名，廪生十名，增生十名，二年一贡。来宾县学，额进八名，廪生八名，增生八名，三年一贡。象州学，额进十五名，廪生十七名，增生十七名，三年两贡。庆远府学，额进二十名，廪生十九名，增生十九名，一年一贡。宜山县学，额进十五名，廪生十六名，增生十六名，二年一贡。天河县学，额进八名，廪生八名，增生八名，三年一贡。河池州学，额进十二名，廪生七名，增生七名，三年一贡。思恩县学，额进八名，廪生五名，增生五名，四年一贡。东兰州学，额进四名，廪生二名，增生二名，四年一贡。

思恩府学，额进二十名，廪生二十二名，增生二十二名，一年一贡。武缘县学，额进二十名，廪生十六名，增生十六名，二年一贡。宾州学，额进二十名，廪生三十名，增生三十名，三年两贡。上林县学，额进二十名，廪生十六名，增生十六名，二年一贡。迁江县学，额进八名，廪生十名，增生十名，三年一贡。

郁林州学，额进二十名，廪生三十名，增生三十名，三年两贡。博白县学、北流县学，各额进十二名，廪生十六名，增生十六名，二年一贡。陆川县学，额进八名，廪生二十名，增生二十名，二年一贡。兴业县学，额进八名，廪生十八名，增生十八名，二年一贡。又拨梧州府学旧额内入学五名，在郁林州属各学凭文取进。

康熙五十年议准：广西西隆州，自改流以来，从①未建学。今已建学官。嗣后，岁、科两考取进文生各六名，岁考取进武生六名。拨武缘县儒学训导移驻西隆州，以专督课。

康熙五十二年议准：广西西隆州学，设廪生四名，增生五名，三年两贡。

雍正元年议准：广西太平土州，设立学官，令生童就近肄业。以养利州训导移驻，专司督课。自雍正二年为始，考取童生四名。

雍正二年议准：广西西林县，久同西隆州改土归流。照康熙五十年西隆州建学定额例，取进童生四名。即以思恩府训导一员移驻西陵县，专司督课。

又遵旨题准：广西之全、横、宾、郁林四州，临桂、苍梧、怀集、宣化、新宁、上林六县，照府学额，各取进童生二十名。灵川、兴安、灌阳、桂平、贵、隆安、永淳、武缘八县，改为大学，各十五名。平南县，改为中学，取十二名。

雍正三年议准：广西西林县、太平土州，初行设学，不便遽补廪、增。俟两经岁、科考后，生员额多，照西隆州例，量设廪二名，增三名。其出贡，俟补廪十年后，照县学例，两年一贡。

又议准：广西思明府，额廪不满十名，一年一贡；左州额廪十名，养利州、永康州额廪不满十名，年半一贡，未免太骤。与各省府、州、县出贡定例不符。俟后，均令四年一贡。

又议准：广西崇善、荔浦二县，原属土司。今改流已久，照西林县例，取进童生四名。

雍正十一年议准：广西镇安既改为府，统辖各属，又有新经改隶之湖闰、下雷二处，应设立府学。取进童生十二名，并设教授一员，以董学务。将从前文、武生童查明拨归。至泗城府，虽向无定额，但现设教授一员，又所有辖州、县，应照钱安府例取进。又庆远府属改流之东兰州，镇安府属改流之归顺州，均应各设学正一员，取进童生四名。又思明府改为土州，归宁明州管辖。应将思明府学改为宁明州学，照大州学例，取进童生十五名。

雍正十三年议准：广西郁林州及博白、北流、陆川、兴业四县，旧隶梧州府。雍正三年，郁林升为直隶州，兼辖博白、北流、陆川、兴业四县。郁林额进童生止二十名，较梧属之苍梧、怀集等县，卷数犹多。陆川、兴业额进八名，较梧属容、岑二县，卷数亦多。而容、岑有府学可拨，郁林及陆、兴无拨学之例。应将梧州府童生入学之数，酌减文五名、武三名，拨归郁林州属。统于该州并所属各童生内，一体较阅取进。

又议准：广西崇善县，为太平府首邑。未经设学以前，崇邑文、武童生取附府学。其生员考居优等者，即于府学帮补廪、增。自雍正三年设学以来，未定廪、增额数，优等者无由帮补。应设廪、增各四名，俟十年后，方准出贡。俟后挨年出贡，应准其照左、养、永三州之例，四年一贡。

又议准：广西太平府属之太平土州学，泗城府属之西林县学，补廪人少。应将初补首廪，照新设崇善县廪额之例，俟十年后，方准出贡。嗣后，俱四年一贡。

乾隆元年议准：广西西隆州学，额廪四名，现在三年两贡。思恩府学，额廪五名，现在两年一贡。未免太骤。应照左、养、永之例，四年一贡。又上思、河池、永安、修仁、来宾、罗城、天河、迁江八县及永宁州，额廪多未补足，且人文未盛，若照州、县学例出贡，实属太骤。应均照奉天府学满字号之例，三年一贡。

乾隆五年议准：广西泗城、镇安二府学，均设廪、增各四名。归顺州学，设廪、增各二名。其新补廪生，俟十年后，府学三年一贡，州学四年一贡。

乾隆十七年议准：广西永宁州，原设廪、增各三十名。从前因寄籍改归本籍，存廪无几，改为三年一贡。但廪额未裁，仍陆续补足，出贡必致阻滞。嗣后，有病故、斥革者，即扣去不补，渐次裁至二十名而止。俟该州人文充盛时，该学政会同该督、抚查明具题，照各省州学全设廪额，仍复三年两贡，以昭画一。

乾隆二十年议准：广西东兰州学，准照归顺州学之例，设廪、增各二名，于岁、科试优等生员内挨次帮补。即责成保结童生，稽查冒籍。其首廪，俟食饩十年后出贡。嗣后，四年一贡。镇安府学，加设廪、增各二名，并前设四名，定为廪、增各六名。

又议准：广西柳州府，向辖马平、宾州、迁江、上林、武宣等十二州县。该府学额设廪、增四十名。思恩府，惟武缘一县，及各土司，向止设廪额十六名。自雍正十年，将宾州、迁江、上林一州两县，改入思恩府管辖，则柳属已减三分之一。思属所添辖宾州、上林，又系人之繁盛之区②。两郡廪、增，未便仍循旧额。应将柳州府学原额廪生四十名内，拨出六名，添入思恩府学。其柳州府学所裁六缺，作为候廪，照考案次序，按例挨补。其思恩府学所添六缺，将优等生员照例挨补，仍照旧一年一贡。

又议准：广西永宁州学，从前额廪三十名，照例三年两贡。嗣因拨回寄籍生员，本籍生员出贡太易，改为三年一贡。复又裁去廪额十缺，尚留廪生二十名，三年一贡，未免迟滞。该州额廪二十名，正符县学之数。应照临桂等县之例，准其两年一贡。

又议准：查定例，各省府、州、县学，增缺多寡，原与廪缺相同。间有新设之学，设廪而未即设增，或两学改拨之时，拨廪而增未全拨，以致偶有参差。今粤西各学，或廪多增少，或廪少增多，与各省定例，未能画一。应令该学政查明通省廪、增额数，总以现在廪额为断。增多者裁缺候补，增少者以优等补足报部。

乾隆三十年议准：广西桂林府属永宁州，庆远府属河池州，太平府属左州、养利州，人文较少，应各减进额三名，添入思恩府属武缘县五名，太平府属崇善县四名，梧州府三名。又怀远、迁江二学，廪缺稍多。应各减去四缺，增入思恩府属上林县、郁林州属北流县二学，各为额廪十六缺。增生额数，亦照此增减。所裁廪、增各缺，俟有事故，即作为裁缺，毋庸详补。至上林、北流二县所增廪饩，应照该二县廪饩额足之数，在于地丁银③内除归存留支给。其怀远、迁江二县，每县裁减银两，解司充饷。

注释：

① 从，原文"從"字将"从"旁误为"竹"旁，《康熙字典》无此字。
② 人之繁盛之区，按，据本卷前各条原文，当为"人文繁盛之区"。
③ 地丁银，地丁，清"摊丁入地"后田赋和丁银之合称。明初，赋、役分别征收。行一条鞭法后，徭役折成丁银，逐渐并入田赋，但丁银和田赋仍是两个税目。清"摊丁入地"后，地丁合一，从此统称"地丁"或"地丁钱粮"。

卷六十　云 南 学 额

云南府学，额进二十名，廪生四十名，增生四十名，一年一贡。昆明县学、宜良县学，各额进二十名，廪生二十名，增生二十名，二年一贡。富民县学、罗次县学、禄丰县学、易门县学，各额进十二名，廪生二十名，增生二十名，二年一贡。呈贡县学，额进十五名，廪生二十名，增生二十名，二年一贡①。晋宁州学、安宁州学，各额进二十名，廪生三十名，增生三十名，三年两贡。昆阳州学、嵩明州学，各额进十五名，廪生三十名，增生三十名，三年两贡。

曲靖府学，额进二十二名，廪生四十名，增生四十名，一年一贡。南宁县学，额进二十名，廪生二十名，增生二十名，二年一贡。霑益州学、陆凉州学，各额进十五名，廪生三十名，增生三十名，三年两贡。马龙州学、罗平州学，各额进十二名，廪生三十名，增生三十名，三年两贡。寻甸州学，额进二十名，廪生三十名，增生三十名，三年两贡。平彝县学，额进十二名，廪生二十名，增生二十名，二年一贡。宣威州学，额进八名，廪生二十名，增生二十名，二年一贡。

临安府学，额进二十名，廪生四十名，增生四十名，一年一贡。建水县学、石屏州学，各额进二十名，廪生二十名，增生二十名，二年一贡。阿迷州学、宁州学，各额进十五名，廪生三十名，增生三十名，三年两贡。通海县学、河西县学，各额进二十名，廪生二十名，增生二十名，二年一贡。嶍峨县学，额进十二名，廪生二十名，增生二十名，二年一贡。蒙自县学，额进十五名，廪生二十名，增生二十名，二年一贡。

澂江府学，额进二十名，廪生四十名，增生四十名，一年一贡。河阳县学，额进二十名，廪生二十名，增生二十名，二年一贡。新兴州学，额进二十名，廪生三十名，增生三十名，三年两贡。路南州学，额进十二名，廪生三十名，增生三十名，三年两贡。江川县学，额进十二名，廪生二十名，增生二十名，二年一贡。

广西州学，额进十八名，廪生三十名，增生三十名，三年二贡。弥勒县学，额进十五名，廪生二十名，增生二十名，二年一贡。师宗县学，额进十二名，廪生二十名，增生二十名，二年一贡。

元江州学，额进十五名，廪生三十名，增生三十名，三年二贡。新平县学，额进八名，廪生二十名，增生二十名，二年一贡。

开化府学，额进二十名，廪生四十名，增生四十名，一年一贡。文山县，未设学。

广南府学，额进十五名，廪生三十名，增生三十名，三年两贡。宝宁县，未设学。

昭通府学，额进十名，廪生八名，增生八名，四年一贡。恩安县，未设学。镇雄州学，额进十名，廪生八名，增生八名，四年一贡。永善县学，额进十名，廪生八名，增生八名，四年一贡。

东川府学，额进十名，廪生八名，增生八名，四年一贡。会泽县，未设学。

楚雄府学，额进二十名，廪生四十名，增生四十名，一年一贡。楚雄县学，额进二十名，廪生二十名，增生二十名，二年一贡。镇南州学，额进十五名，廪生三十名，增生三十名，三年两贡。南安州学，额进十二名，廪生三十名，增生三十名，三年两贡。广通县学，额进十二名，廪生二十名，增生二十名，二年一贡。定远县学，额进十五名，廪生二十名，增生二十名，二年一贡。黑盐井学、琅盐井学，各额进八名，廪生八名，增生八名，四年一贡。姚州学，额进二十名，廪生三十名，增生三十名，三年两贡。大姚县学，额进二十名，廪生二十名，增生二十名，二年一贡。白盐井学，额进十二名，廪生八名，增生八名，四年一贡。

武定州学，额进二十名，廪生三十名，增生三十名，三年二贡。禄劝县学，额进十四名，廪生二十名，增生二十名，二年一贡。元谋县学，额进十二名，廪生二十名，增生二十名，二年一贡。

景东厅学，额进二十名，廪生四十名，增生四十名，一年一贡。

大理府学，额进二十名，廪生四十名，增生四十名，一年一贡。太和县学、浪穹县学，各额进二十名，廪生二十名，增生二十名，二年一贡。赵州学、邓川州学，各额进二十名，廪生三十名，增生三十名，三年两贡。云南县学，额进十五名，廪生二十名，增生二十名，二年一贡。宾川州学，额进十五名，廪生三十名，增生三十名，三年两贡。云龙州学，额进十二名，廪生三十名，增生三十名，三年两贡。鹤庆州学，额进二十名，廪生三十名，增生三十名，三年二贡。剑川州学，额进二十名，廪生三十名，增生三十名，三年两贡。

永昌府学，额进二十名，廪生四十名，增生四十名，一年一贡。保山县学，额进二十名，廪生二十名，增生二十名，二年一贡。永平县学，额进十二名，廪生二十名，增生二十名，二年一贡。腾越州学，额进二十名，廪生三十名，增生三十名，三年两贡。

顺宁府学，额进十二名，廪生三十名，增生三十名，三年二贡。云州学，额进十二名，廪生三十名，增生三十名，三年两贡。顺宁县学，额进八名，廪生十名，增生十名，四年一贡。

蒙化厅学，额进二十名，廪生四十名，增生四十名，一年一贡。

永北厅学，额进二十名，廪生四十名，增生四十名，一年一贡。

丽江府学，额进八名，廪生二十名，增生二十名，二年一贡。丽江县学，额进七名，廪生十名，增生十名，四年一贡。

普洱府学，额进十五名，廪生十二名，增生十二名，二年一贡。宁洱县，未设学。

镇沅州学，额进八名，廪生十名，增生十名，四年一贡。恩乐县学，额进八名，廪生八名，增生八名，四年一贡。

右②开化、广南、昭通、东川、顺宁、丽江、普洱等府，俱有亲辖地方，不属州、县。岁、科两考，学政即由各该府所录送亲辖童生内，取入③府学充附，不于州、县拨取。

康熙二十二年题准：云南土官族属子弟及土人应试，附于云南等府，三年一次。共考取二十五名。附于各府学册后，解部察核。

康熙三十一年议准：云南自平定以来，人文渐盛。将师宗州复设学正一员；元谋、定边二县，复设训导各一员，以专训迪。各照小学例，取进童生八名。马龙州、宁州、呈贡县，各照中学例，取进童生十二名。其廪、增及出贡，俱各照州、县学例。

雍正元年议准：云南丽江府，于康熙四十四年设学，止设廪生三十名，不便照府学廪四十名、每年贡一名之例。应照州学例，三年贡二人。

雍正二年遵旨题准：云南之安宁、晋宁、寻甸、建水、石屏、新兴、赵、邓川、剑川、腾越十州，昆明、宜良、南宁、通海、河西、河阳、太和、浪穹、保山、楚雄十县，照府学额，各取进童生二十名。陆凉、霑益、宁、阿迷、宾川五州，呈贡、蒙自、云南三县，改为大学，各十五名。和曲州，改照中学，十二名。再黑、白、琅三井④，另为设学，照小学额，各取进八名。

雍正三年议准：云南威远地方，夷人子弟，令就元江府附考。于府学定额外，加取二名。

雍正四年议准：东川府改归云南，应试人少，酌取进童生十名。其补廪、出贡，及加增学额，俟人文渐盛，题请再议。

雍正五年议准：云南东川府土童，有能作文艺者，该抚具题到日，照湖广考取苗、猺例，另编字号考试。于东川府学额数内，酌量分拨一二名。

雍正六年议准：云南乌蒙府、州、县⑤，取进童生各十名。

雍正七年议准：云南普洱既改为府，照小学例，取进童生八名。俟人文渐盛，再议加额。所设教职，即在元江府学调拨训导一员，以司启迪。其从前附入⑥元江府学各生，俱令拨入普洱府学，该学政另造清册报部。

雍正十年议准：云南镇沅府及恩乐县，新经改土归流。均照小学例，取进童生八名，分定土著、寄籍各四名。其设立廪增、出贡之处，俟人文充盛之日，题请再议。

乾隆四年议准：云南宣威州，自雍正八年设学，额进童生八名。又由贵州威宁州拨归生员一百四十余名，内原有廪生二十余名，自应准设廪额。但该学生员未及二百人，尚非人文⑦充盛之地。应照县学例，设廪、增各二十名，将现由威宁拨归之实廪充补。其虚廪与本学生员，照考案名次，新旧间补。增生亦照此例。其出贡年分，亦照县学例，两年一贡。查新设之学，初补首廪，俟食饩十年始行出贡。今宣威州学，既有威宁拨归之旧廪，应查明年分深者，先准出贡。其余陆续挨贡。遇拔贡之年，亦照县学例选拔，如无佳文，宁缺无滥。又云州额进童生十二名，额廪三十名，惟出贡照县学之例，两年一贡。嗣后，应照州学例，三年两贡。

又议准：云南威远土州，从前附元江府考试。于元江府额进二十名外，加取二名。今威远土州，改隶镇沅府。其从前元江府加额二名，应拨归镇沅。于府学取进定额外，加取威远童生二名。

乾隆九年议准：云南东川、昭通二府，及镇雄州永善县，自雍正五年设学，至今人数已多。每学酌设廪、增各八名，于岁、科两试优等内序补。新设廪生，俟十二年后，府学三年一贡，州、县学四年一贡。

乾隆十三年议准：云南镇沅、普洱二府，及恩乐县，黑、白、琅三盐井，均设学已久，文风日盛。镇沅府学，准设廪、增各十名。黑、白、琅，普洱，恩乐等五学，均准设廪、增各八名。新设之廪生，俟十二年后出贡。

乾隆二十三年议准：云南东川、昭通二府，及镇雄州永善县，于乾隆九年每学设立廪生八名，俟十二年后，准其起贡。今已届起贡之期。嗣后，应照广东钦州学之例，四年一贡。

乾隆二十五年议准：云南黑、白、琅三井，普洱，恩乐等五学，于乾隆十三年开设廪、增各八名。镇沅府亦于是年开设廪、增各十名。原议俟十二年后准其起贡。今届起贡之期，准照昭通、东川二府属出贡之例。嗣后，四年一贡。

乾隆三十一年议准：普洱自改府之后，又设有宁洱一县。府、县止有训导一员，士子难资启迪。准其改为教谕，以专训课。

乾隆三十六年议准：云南之永北、蒙化、景东三府，各改为直隶厅。仍照原额，各取进文生二十名，武生二十名。原设廪、增及出贡年分，俱毋庸裁改。元江府原额文、武生各二十名，系与他郎通判合取。今改府为直隶州，他郎改归普洱府，应将元江直隶州学额改为文、武生各十五名。广西府原额文、武生各二十名，系与五嶆通判合取。今改府为直隶州，五嶆改归曲靖府，应将广西直隶州学额改为文、武生各十八名。所减二名，作为五嶆之额，拨归曲靖府。元江、广西各原设廪、增各四十名，今改为各三十名，三年二贡。镇沅府原额文生十名，内有威远同知拨入二名，武生八名。今改府为直隶州，威远改归普洱府，应将镇沅直隶州学额改为文生八名。其武生八名，及廪、增额数，出贡年分，俱毋庸议改。⑧

普洱府原额文、武生各八名，今威远拨归文生二名，他郎拨归文、武生各五名，应增为文生十五名，武生十三名。原设廪、增各八名，今增为十二名，二年一贡。武定府原额文、武生各二十名，系和曲、禄劝二州及元谋县分拨。今改府为直隶州，裁汰同城之和曲州，应将和曲州本额文生十二名，并拨府十名；武生八名，并拨府十名，归入⑨武定直隶州。仍照大学之例，定为文、武生各二十名。武定原设廪、增各四十名，今改为各三十名，三年二贡。至禄劝州改为县，本额文、武生各八名，并拨府文、武生各六名，应定为禄劝县学额进文生十四名，武生十四名。原设廪、增各三十名，今改为各二十名，二年一贡。元谋县本额文、武生各八名，并拨府文、武生各四名，应为文生十二名，武生十二名。原设廪、增及出贡年分，俱毋庸议改。

姚安府原额文、武生各二十名，系拨姚州、大姚县文生各八名，白井文生四名；拨姚州武生十一名，大姚武生九名。今该府既裁，应将府学原额酌归姚州、大姚县文生各八名，武生各八名；白井文生四名，武生四名。姚安府原设廪、增，应行裁汰。姚州、大姚、白井各原设廪、增，及出贡年分，俱毋庸议改。

鹤庆府原额文、武生各二十名。今改府为府属州，仍取进文生二十名。其武生二十名，应改为十五名。原设廪、增各四十名，今改为各三十名，三年二贡。弥勒、师宗、建水三州，均改为县。弥勒县照原额取进文、武童生各十五名；师宗县照原额取进文、武童生各十二名；建水县照原额取进文生二十名，武生十五名。弥勒、师宗、建水各原设廪、增各三十名，今改为各二十名，二年一贡。顺宁府原额文、武生各二十名，今新设首县，应将府学裁去文、武生各八名，作为顺宁县学。府学原设廪、增各四十名，今改为各三十名，三年二贡。丽江府原额文、武生各十五名，今新设首县，应将府学裁去文、武生各七名，作为丽江县学。府学原设廪、增各三十名，今改为各二十名，二年一贡。顺宁、丽江二县，均设廪、增各十名，四年一贡。各府、州所裁廪、增，应归于现在所隶本籍，作为候廪、候增。岁、科两试，各按考案新旧间补。

乾隆三十八年议准：云南元江直隶州新平县训导，改为普洱府宁洱县训导，移驻他郎，专司约束训课。

注释：

① 二年一贡，原文误为"二十一贡"，径改。

② "右开化、广南、昭通、东川、顺宁、丽江、普洱等府"，"右"，此处为"上"、"前"之意。即指上文先后所提及开化等七府。

③ 取入，原文误为"取八"，径改。

④ 黑、白、琅三井，即前"楚雄府学"条中之"黑盐井学"、"白盐井学"、"琅盐井学"。

⑤ 乌蒙府、州、县，按，据《清史稿·志四十九·地理二十一》中"云南"条载："（雍正）五年，以四川乌蒙、镇雄二府来隶。六年，降镇雄为州，属乌蒙。""九年，改乌蒙为昭通府。"其内"昭通府"条则载："雍正五年，改隶云南。六年，设流官，置恩安、永善两县，降镇雄府为州，并属府。九年，改今名。"由此可知，雍正六年，乌蒙府时辖镇雄一州和恩安、永善两县。

⑥ 附入，原文误为"附八"，径改。

⑦ 人文，原文误为"人交"，径改。

⑧ 本条中各段落为标点校注者所分。

⑨ 归入，原文误为"归八"，径改。

卷六十一 贵州学额

贵阳府学，额进二十名，廪生四十名，增生四十名，一年一贡。贵筑县学，额进二十名，廪生二十名，增生二十名，二年一贡。定番州学，额进十二名，廪生三十名，增生三十名，三年两贡。贵定县学、修文县学，各额进十二名，廪生二十名，增生二十名，二年一贡。广顺州学、开州学，各额进八名，廪生三十名，增生三十名，三年两贡。龙里县学，额进八名，廪生二十名，增生二十名，三年一贡。

安顺府学，额进二十名，廪生四十名，增生四十名，一年一贡。普定县学、清镇县学、安平县学，各额进十二名，廪生二十名，增生二十名，二年一贡。镇宁州学，额进十二名，廪生三十名，增生三十名，三年两贡。永宁州学，额进八名，廪生三十名，增生三十名，三年两贡。

南笼府学，额进十二名，廪生三十名，增生三十名，一年一贡。永丰州学，额进四名，廪生二名，增生二名，四年一贡。普安州学，额进十二名，廪生三十名，增生三十名，三年两贡。普安县学、安南县学，各额进八名，廪生二十名，增生二十名，二年一贡。

平越府学，额进二十名，廪生四十名，增生四十名，一年一贡。平越县学、余庆县学，各额进八名，廪生二十名，增生二十名，二年一贡。黄平州学，额进十五名，廪生三十名，增生三十名，三年两贡。瓮安县学、湄潭县学，各额进十二名，廪生二十名，增生二十名，二年一贡。

都匀府学，额进十八名，廪生四十名，增生四十名，一年一贡。都匀县学、清平县学，各额进八名，廪生二十名，增生二十名，二年一贡。独山州学、麻哈州学，各额进八名，廪生三十名，增生三十名，三年两贡。荔波县学，额进四名，廪生二名，增生二名，四年一贡。

镇远府学，额进二十名，廪生四十名，增生四十名，一年一贡。镇远县学，额进八名，廪生二十名，增生二十名，二年一贡。施秉县学、天柱县学，各额进十二名，廪生二十名，增生二十名，二年一贡。

思南府学，额进二十名，廪生四十名，增生四十名，一年一贡。安化县学，额进十二名，廪生二十名，增生二十名，二年一贡。印江县学、婺川县学，各额进八名，廪生二十名，增生二十名，二年一贡。

思州府学，额进十六名，廪生四十名，增生四十名，一年一贡。玉屏县学、青溪县学，各额进八名，廪生二十名，增生二十名，二年一贡。

石阡府学，额进十七名，廪生四十名，增生四十名，一年一贡。龙泉县学，额进八名，廪生二十名，增生二十名，二年一贡。

铜仁府学，额进十二名，廪生四十名，增生四十名，一年一贡。铜仁县学，额进八名，廪生二十名，增生二十名，二年一贡。

黎平府学，额进二十名，廪生四十名，增生四十名，一年一贡。开泰县学，额进十二名，廪生二十名，增生二十名，二年一贡。锦屏县学、永从县学，各额进八名，廪生二十名，增生二十名，二年一贡。

大定府学，额进二十三名（内水城厅额进五名。），廪、增各四十六名（内水城厅额定廪、增各六名。），一年一贡。威宁州学，额进二十名，廪、增各三十名，三年两贡。黔西州学，额进十五名，廪、增各三十名，三年两贡。平远州学，额进十二名，廪、增各二十四名，三年两贡。毕节县学，额进十五名，廪、增各二十名，二年一贡。

自大定府以上十二府，知府均有亲辖地方，不属州、县。岁、科两考，即将所亲辖地方童生录送学政，拔入府学充附，不于州、县拨取。

遵义府学，额进十八名，廪、增各三十六名，一年一贡。遵义县学，额进十五名，廪、增各二十名，二年一贡。正安州学，额进十二名，廪、增各三十名，三年两贡。绥阳县学，额进十二名，廪、增各二十名。桐梓县学，额进八名，廪、增各二十名。仁怀县学，额进六名，廪、增各十六名。均二年一贡。仁怀厅学，额进四名，廪、增各八名，四年一贡。

顺治十六年题准：贵州省属大学，取进苗生五名。中学三名，小学二名。均附各学肄业。廪额大学二名，中、小学一名。至出贡，原照州学，三年贡二人。但现在苗生新进尚少，暂令附大学者三年一贡，附中、小学者五年一贡。俟入学人多，另照州学例。

康熙二十二年题准：贵州土官族属子弟及土人应试，附于贵阳等府，三年一次。共考取二十五名，附于各府学册后，解部察核。

康熙二十八年议准：贵州贵筑县，系两卫归并之县。人文渐盛，照小学例，取进童生八名。儒学事务，即令新贵学教官兼摄。其廪、增及出贡，俱照县学之例。至永宁、独山、麻哈、普定、平越、都匀、镇远、安化、龙泉、铜仁、永从十一州县，向未设学。应试之人，于附近州、县考试。入学额数，仍于各原额内考取，册内注明系何州、县人报部。

康熙三十一年议准：贵州安化县，系思南府首邑。照贵筑县例，取进文、武童生各八名。儒学事务，即令府学教官兼摄。其廪、增及出贡，俱照县学例。

康熙四十四年议准：贵州苗民，照湖广例，即以民籍应试，进额不必加增。

康熙五十四年议准：贵州安顺府南笼厅，照湖广镇溪所例，设立学校。取进文、武童生各八名，分普安县训导专司学务。

康熙五十九年议准：贵州平越府属之黄平州，向与兴隆卫为两中学。因裁卫学，归并黄平为一中学。今应试人多，将黄平改为大学，取进童生十五名。

雍正二年遵旨题准：贵州之贵阳、威宁二府学，向各止取十五名。镇远府学，向止取十六名。今均准如各府学额，各取进童生二十名。贵筑县，照府学额，取二十名。毕节县，改照大学，十五名。贵定、清镇、普定、瓮安、安化五县，改为中学，各十二名。

雍正三年议准：贵州南笼厅，设学已经十年，人文繁盛。照例设廪额二十名。

又议准：贵州苗童应试，准于各府、州、县定额外，加取一名。

雍正九年议准：贵州大定府，原系州学，额取童生十五名。威宁州，原系府学，额取童生二十名。今大定改州为府，照府学例，取进二十名。威宁虽改府为州，然读书向学者多，仍旧考取，免其减额。

雍正十年议准：开泰、天柱二县，向隶湖南，苗童定额取进三名。今二县改隶贵州，应试仅八九人，取进三名，额多人少。应酌量取进，宁缺无滥。

雍正十二年议准：贵州南笼府属永丰一州，虽属苗疆，归化已久。其子弟从师义学者，亦多俊颖。顶冈、长壩、泽亨、罗解等处，学习《诗》、《书》者均出应考。应将永丰州照荔波县设学之例，取进童生四名。如文理未顺，宁缺无滥。又黎平府所属之古州，虽未设学，然地方辽阔，田土殷饶，苗民繁庶，子弟皆喜向学。亦应照天柱、开泰两县从前增设苗童考取之例，择文理通顺者，酌取一二名，附入府学苗童之后，以示鼓励。

乾隆三年议准：贵州南笼改厅为府，应照中学例，取进童生十二名。廪、增照州学例，各设三十名。

乾隆四年议准：凡贵州归化未久之苗，有能读书赴考者，准照加额取进。其归化虽经百年，近始知读书者，亦准与归化未久之苗童报名应试，于加额内取进。其余归化年久，在未经题请加增苗额之先，已同汉童考试者，仍与汉童同照原额取进。

乾隆七年议准：贵州南笼府属之永丰州，自雍正十二年建学，至今未设廪、增。应准其各设二名。其初补之廪，俟十年后，准四年一贡。

乾隆十六年议准：贵州各属苗民，岁、科两试，仍与汉童一体合考。不必分立新童，加额取进。

乾隆二十七年议准：贵州荔波县，于雍正十年由广西拨入黔省，原额取进文童四名。向未设有廪、增。应照永丰州之例，自乾隆二十八年为始，准其开设廪、增各二名。其初补之廪，俟食饩十年后，方准其出贡。以后四年一贡。

乾隆三十年议准：贵州遵义府，额进二十名，俱系所属五州县内分派①拨入。向来附府之遵义县，拨取十名；正安州、绥阳县各拨三名；桐梓县、仁怀县各拨二名。原非定例，现在文风，或有此优彼绌。该学政当一秉至公，不必拘某学应拨几名之例，惟择其文佳者拨取。如无佳文，宁缺无滥。

乾隆四十一年议准：仁怀改设直隶，同知专设学校。其入学额数，于遵义府、仁怀县两学进额内各拨二名，定为厅学四名。并将遵义府、仁怀县额设廪、增缺内各拨四名，定为厅学廪生八名、增生八名。所有从前实系厅籍取入遵义府并仁怀县学各生，均查明拨归厅学专管，与此后取进之生，统归该训导董率训迪。其拨归生员内，原系廪、增，即作为该厅实廪、实增。除拨归廪、增外；所余额数，以考列优等之生挨补。如拨归廪、增各生已浮于八名之数，仍以八名定为实廪、实增。其余帮补在后者，作为候廪、候增。俟有缺出，与新案相间挨补。至出贡年分，应于廪额补足时，照永丰州等学

234

之例，四年挨贡一名。俟十二年后选拔之期，拔取一名。如无文行兼优之士，照例宁缺无滥。

又议准：平远州所辖之时丰、岁稔、崇信三里②，准其拨归水城通判管辖。该厅旧辖二里，额定进学二名，附入大定府学。平远州旧辖九里，额进十五名。今以三里裁归厅辖，亦应裁去州额三名，即于该厅所辖五里内，定为额进五名，附入府学。

乾隆四十二年议准：平远州廪、增，各拨六名作为水城厅额缺，归入大定府学。

注释：

① 分派，原文为"沠"，误。按，据《康熙字典》："沠，《字汇补》：与'沠'同。""沠，《玉篇》：古文'流'字。"

② 三里，"里"，旧时县以下基层行政单位。唐以百户为一里，置里正一人。明以一百十户为一里，设里长一人。

卷六十二　商籍学额

直隶商籍，额进八名。灶籍①，额进七名。廪生二十名，增生二十名，二年一贡。（属天津府学兼管。）

江南商籍，额进十四名。泰灶，额进三名；通灶，额进三名。（拨扬州府学。廪、增无额，与民籍凭文考补。）

浙江商籍，额进五十名。（内拨杭州府学二十名，仁和县学十五名，钱塘县学十五名。廪、增无额，与民籍凭文考补。）

山东运学②，额进八名，廪生五名，增生五名，五年一贡。（属济南府学兼管。）

山西运学，额进十二名，廪生二十名，增生二十名，二年一贡。（运城专设学官督课教训。）

陕西商籍，额进八名，廪生五名，增生五名，二年一贡。（属宁夏府学兼管。）

广东商籍，额进二十名，廪生十五名，增生十五名，二年一贡。（属广州府学兼管。）

顺治十一年题准：商籍入学，直隶、江南、浙江俱照大学考取，山东、陕西照小学考取，山西照大学考取。

康熙六十年议准：广东盐商子弟，照准、浙、河东之例③，取进童生二十名。

雍正二年议准：山东运学，止取文童八名，并无武学。文、武事同一体，嗣后，山东商籍准照例取进武童八名。

雍正九年议准：山西运学，将民籍冒入之生员并其子弟，改归原籍。现在应试人数甚少，应照中学之例，于原额二十名之内减去八名，取进童生十二名。原额廪、增各四十名，亦应减去一半。尽先补者留实廪、实增二十缺，余俱改为候廪、候增。照县学例，二年一贡。

雍正十年题准：直隶天津、沧州二州县，改隶天津府。其商、灶二籍，另立商学，照例取进。商籍，文八名，武七名。灶籍，文七名，武六名。其现在河间府学之商、灶籍生员，悉行改归天津府学，额设廪、增各二十名。其廪、增，膏火有资，无庸给与廪饩。仍尽先补者各留二十名，余俱改为候廪、候增。岁、科两试，考居优等者，准其照例补实。遇出贡之年，仍准照例出贡。

乾隆三年议准：广东商籍生员，向系分拨广、南、番三学。所补廪、增，即在三学民籍廪、增之内，有妨民籍。应照直隶天津府例，将三学商籍生员悉归商学。原额广州府八名，南海、番禺二县各六名，仍照旧取进。设商籍廪、增各十五名，自行帮补，无庸给与廪饩。若应拨现补之实廪、实增浮于额设之数，先尽年深者补足十五名，余作为候廪、候增。俟将来考居优等，与优等附生新旧间补。

又议准：广东商籍廪生，其贡额，应照天津商、灶学之例。遇挨贡、拔贡之期，俱照民籍县学例，挨次选拔。

乾隆八年议准：山东运学原系小学，与天津府商学照大学例不同。应量设廪、增各五名，以符各学定制。俟岁、科两试，考居优等者，照例帮补。仍照天津商学廪生之例，毋庸给与廪饩。其新补廪生，应俟十二年后，五年一贡。

注释：

① 灶籍，即灶户，指煮盐为业的人户。《清会典·户部三·尚书侍郎职掌五》："凡民之著于籍，其别有四：一曰民籍，二曰军籍，三曰商籍，四曰灶籍。"原注："灶户即为灶籍。"

② 运学，按，本卷内"雍正二年"条中将山东"运学"与"商籍"对应，可知此"运"必属于"商"。据《辞海》"运商"条云："清盐商的一种，为取得运销食盐特权凭引在专岸运盐行销的盐商。"故"运学"当指专为运销食盐之商人子弟所办学校。

③ 照准、浙、河东之例，按，据本卷内"顺治十一年"条中"题准"：江南、浙江、山西均"照大学考取"。"河东"，山西之代称。据《汉语大辞典》"河东"条云："黄河流经山西省境，自北而南，故称山西省境内黄河以东的地区为'河东'。"《左传·僖公十五年》："于是秦始征晋河东，置官司焉。"

卷六十三 增广学额

康熙三十八年奉上谕：江南、浙江，人文称盛。入学名数，前已加增。今著于府学、大学、中学、小学各增取五名，举行一次，以示奖励。

康熙六十一年恩诏：直省各儒学，大学加取七名，中学加取五名，小学加取三名。（举行一次。）

雍正元年议准：直省各府学，遵照恩诏，内大学例加取七名。又盛京、奉锦二府，满、合字号，六名者加六名，四名者加四名。其余各学，并视原额加取一倍，后不为例。

又遵奉恩诏议定：满洲、蒙古，照两大学，广额十四名。汉军，照一大学，广额七名。（举行一次。）

雍正十三年恩诏：各省儒学，大学加七名，中学加五名，小学加三名。（举行一次。）

乾隆元年遵奉恩诏议定：奉天府学满字号，照中学例加五名。锦州府学、复州学合字号，照小学例加三名。其辽阳州等学，原额七名、五名者加二名，四名、二名者加一名。

乾隆十三年①奉上谕：国家崇儒重道，尊礼先师。朕躬诣阙里，释奠庙堂。式观车服礼器，用慰仰止之思。念鲁国诸生素传礼教，应加恩黉序②，广励人材。山东通省入学额数，著增广一次。府学、大学增取三名，中学二名，小学一名，以广圣泽，以光文治。

又复准：山东省钦奉恩诏，增广学额。查灵山卫附并胶州，鳌山卫附并即墨县。应仍照前例，胶州、即墨县之童生，照大学例，各增广三名。灵山、鳌山之卫籍童生，照小学例，各增广一名。其沂州府属之安东卫，附并日照县考试，卷面仍填原卫字号。名虽一学，而补廪、出贡，及入学额数，仍系两学原制。亦应照灵山、鳌山二卫例，将日照县童生照大学例，增广三名。安东卫籍童生，照小学例，增广一名。

乾隆十六年奉上谕：朕问俗观风，南巡江浙。清跸所至，广沛恩膏。更念三吴、两浙，为人文所萃。皇祖圣祖仁皇帝屡经巡幸，嘉惠胶庠③；试额频加，覃敷教泽。朕法祖省方，銮舆斯莅；式循茂典，用示渥恩。所有江苏、安徽、浙江三省本年岁试文童，府学及州、县大学著增取五名，中学四名，小学三名，举行一次。该部传谕各该学政，慎加蒐择，拔取真材，副朕育才造士至意。

乾隆二十二年奉上谕：朕敬承祖德，问俗观风；嘉惠黎元，培植士类。今者乘春布令，载莅东南；济济青衿④，来迎道左。因念三吴、两浙，民多俊秀。加以百年教泽，比户书声。应试之人日多，而入学则有定数，甚有皓首而困于童子试者，其无遗珠之惜耶？宜循旧典，再沛渥恩，将江苏、安徽、浙江三省本年岁试文童，照乾隆十六年例，府学及州、县大学增取五名，中学增取四名，小学增取三名。各该学政其慎加甄录，称朕乐育人才之至意焉。

乾隆二十七年奉上谕：三吴、两浙，文风素盛。前此清跸时巡，嘉惠胶庠，频增试额。兹朕敬奉皇太后安舆⑤，载莅南服。仰惟慈庆之绵臻益广作人之雅化，宜循旧典，以示渥恩。其将江苏、安徽、浙江三省本年应试文童，府学及州、县大学增取五名，中学增取四名，小学增取三名。各该学政，务宜详加校阅，遴拔真才，称朕乐育甄陶之意。

又奏准：前奉恩旨，将江苏、安徽、浙江等三省增取学额，以昭盛典。今浙江本年科试文童，惟杭州等五府尚未考试，现在遵行增取外，其宁波等六府，未奉文之前，先已考竣。应请留俟下届岁考，补行增取。

乾隆三十年奉上谕：向来选拔贡生定例，惟府学准选二名，州学、县学均系额取一名。其江苏、安徽二省，有分设各县，仍统于新、旧两学中汇拔，贡入成均肄业。兹当翠华临幸⑥，正值选拔之年。因念分设各邑，版籍既繁，胶庠亦盛。仅令两学拔取一人，怀才者或不免拘于常格，无以昭鼓励而广甄陶。著加恩将江苏、安徽二省，所有分设各县准于本年选拔时，每学各取一人，俾得均沾惠泽。该学政其悉心秉公遴选，务取文行兼优之士，用副广励学宫至意。

又奉上谕：三吴、两浙，文风素盛。昨于起銮之先，已特降恩谕，将江南分设各县，准于本年选拔时，每学各取一人，以广教泽。兹当翠华莅止，因念成均既多予拔尤⑦，而黉序亦宜增试额，用循旧典，以示渥恩。其将江苏、安徽、浙江三省本年应试文童，府学及州、县大学增取五名，中学增取四名，小学增取三名。该学政务宜慎加遴选，详悉校阅，副朕乐育作人至意。

乾隆三十二年奉上谕：畿辅为首善之区，人文渐被，多士蔚兴。兹因循览河堤水利，临幸天津。业已恩施黎庶，而观风所莅，并宜嘉惠士林，用光黉序。所有直隶本年入学名数，大学增额五名，中学增额四名，小学增额三名。该学政其悉心甄录，务拔其尤，以副朕乐育人材之意。

又复准：直隶省遵奉恩诏，增广学额。查顺天府暨宛平、大兴二县，一学实分三学。应照三大学例，各增五名。其宝坻县分设宁河县，俱系小学。应照小学例，各增额三名。魏县归并大名县，改为大名乡学，与大名县学俱系中学。应照中学例，各增额四名。

乾隆三十五年奉上谕：畿辅为首善之区，人文渐被，多士蔚兴。上届临幸天津，曾加恩广额，用光黉序。乃者慈禧普被，欢洽敷天。业已特开乡、会恩科，汇征叶吉。而鸾辂经临，推恩行庆，并宜嘉惠士林。所有直隶通省本年入学名数，大学增额五名，中学增额四名，小学增额三名。该学政其悉心甄录，务拔其尤，以副⑧乐育作人至意。

乾隆三十六年奉上谕：朕因东省大吏之请，祇奉皇太后恭诣岱岳拈香，并顺道躬谒阙里。恩施所被，遍洽群黎。更念齐鲁为弦诵之邦，地切近光，人文蔚起，并宜式敷教泽，嘉惠胶黉。所有山东省本年入学名数，大学著增额五名，中学增额四名，小学增额三名。该学政其悉心蒐录，遴拔真才，副朕乐育人材至意。

又复准：山东省遵奉恩诏，增广学额。查灵山卫业已归并胶州，并非各为一学，且于乾隆十六年减去进额三名。若胶州既照大学例，增额五名；灵山卫复照小学例，增额三名，未免浮滥。应于胶州增额五名内，酌与灵山卫一名。

注释：

① 乾隆十三年，原文"十三"后无"年"字，径补。

② 黉序，古时学校。《北齐书·文宣帝纪》："诏郡国修立黉序，广延髦俊，敦述儒风。"

③ 胶庠，古时学校。《礼记·王制》："周人养国老于东胶，养庶老于虞庠。"郑玄注："东胶亦大学，在国中王宫之东。"《孟子·滕文公上》："设为庠、序、学、校以教之。庠者养也，校者教也，序者射也。夏曰校，殷曰序，周曰庠，学则三代共之，皆所以明人伦也。"

④ 青衿，代指学生。《诗·郑风·子衿》："青青子衿。"毛传："青衿，青领也，学子之所服。"明清时专指秀才。

⑤ 安舆，即安车。舆，本谓车箱，因即指车。《老子》："虽有舟舆，无所乘之。"安车，古代一种小车，可以安坐，故名。《礼记·曲礼上》："大夫七十而致事……适四方，乘安车。"郑玄注："安车，坐乘，若今小车也。"孔颖达疏："古者乘四马之车，立乘。此臣既老，故乘一马小车，坐乘也。"《新唐书·赵隐传》："懿宗诞日，宴慈恩寺，隐侍母以安舆临观。宰相方率百官拜恩于廷，即回班候夫人起居，搢绅以为荣。"

⑥ 翠华临幸，指皇帝驾临。翠华，本为皇帝仪仗中一种以翠鸟羽作饰之旗。《汉书·司马相如传》："建翠华之旗。"后用以指代皇帝车驾。杜甫《韦讽录事宅观曹将军画马图歌》："忆昔巡幸新丰宫，翠华拂天来向东。"

⑦ 拔尤，尤，特异者，突出者。《庄子·徐无鬼》："夫子，物之尤也。"王先谦《集解》引宣颖云："言其出类拔萃。"韩愈《送温处士赴河阳军序》："朝取一人焉，拔其尤；暮取一人焉，拔其尤。"

⑧ 副乐育作人至意，按本卷上下体例，此处"副"后当缺一"朕"字。

卷六十四 顺天事例

康熙三十九年定：顺天考试，大、宛两县①审音不详，草率送试者，照收考、送考官例降级。其行查不据实呈报者，照出结官例革职。

雍正九年议准：顺天府考试童生，例由大、宛两县严加审音。的系本籍童生，然后造册，由府送院。嗣后，令府尹不时稽察。如大、宛两县于审音时，视为具文，不行确查，朦胧申送，照徇庇例议处。如既经送院之后，不肖廪保有借端索诈，混行攻讦者，俱照例治罪。

又议准：大、宛两县考棚，僻在通州。以知州为提调，两县童生非其统属，不能弹压。应改并贡院，与八旗童生分作两日考试。顺天府治中专司提调，与府丞一同稽察顶冒代替等弊。其中旗民，应令各编字号，毋致混淆。

雍正十年议准：嗣后，顺天学政考试，地方官册送之皂役，在堂上伺候者，不必点用，亦不必收地方供给。场外合用巡逻、搜检等项人役，仍照旧例，由地方官拨用。至学政所带随行人役，既令场内办事，日久不无弊生。务宜严加约束，不许擅自出入，与生童交通语言。仍令提调官查验封锁，不时稽察。

又议准：顺天所属童生，除大、宛两县外，其余二十三州县童生，州、县考后，俱由霸昌道录取送院。但该道驻劄昌平，各州、县隔远有多至数百里者。而该道事繁，不能按期考试。童生赴试遥远，守候需时。查四路同知，分辖各州、县，道里适均。嗣后，二十三州县童生，于州、县考后，令四路同知各按本辖之州、县，就近分考，录取送院。该同知于驻劄地方酌设考棚，关防慎密，按期考试。

雍正十二年议准：凡他学贡监生员，重考入顺天学，及他学廪生重入顺天学补廪者，于两月内，令其自首。该学政查明，除去顺天学内之名，咨明本籍。其贡监生员，仍准存留。倘过期不首发觉，两处衣顶尽皆斥革。嗣后，岁、科两试，如有仍蹈前辙，两处冒考之人，必重究其冒考之罪。

又议准：大、宛两县童生送府，向例止凭审音。该县既不考试文章，笔迹无从磨对，以致冒顶等弊莫可稽察。嗣后，大、宛两县文、武童生，于岁、科两试，亦照例由县审音考试。试毕发案，造册送府丞处。府考发案，造册送院。其县、府原卷，照例粘连，以备查对。如童生内有不经由府、县两试者，该学政不得滥行收试。

乾隆四年议准：从前冒籍顺天生员，除康熙六十年、雍正十三年，两次勒令改归后，或仍有实系南人，认宗冒考；或本系南生，重考入学者。统以一年为限，令该教官逐一详报学政及府丞，并许该生自首，俱准改归原籍。如逾限不改，查出斥革。仍令该教官出具并无冒籍印结，申详存案。务期秉公据实，无许借端苛求，需索扰累。若诸生中隐匿过犯，改名入学者，照例治罪。嗣后考试，应仍令该学臣严饬该教官、廪生等，于应试童生，务须逐一认识，出具保结。该县及该府丞，于府、县考之前，详加审音。

倘仍有前项认宗冒考等弊,除本人治罪外,仍将不行详查之各该管官以及廪保等,照例分别议处。

乾隆十年议准:冒籍顺天考试之人,除入籍二十年,并无原籍可归外,其未满二十年,及已满二十年,而实有原籍可归者,统以文到一年为限,由科甲出身之现任官,及候选之进士、举人、贡监②,具呈大、宛两县,申顺天府;廪、增、附生员,呈该学教官,申顺天府。转申学政,均咨归本籍。仍报明吏、礼两部注册。其生员食饩挨贡,悉照旧例,按年分次序。倘逾限不改,一经查出,生、监、举、贡即行斥革。现任官员,照规避例革职。奉行不力之该管官,照枪手日久潜归,而原籍地方官漫无觉察,仍听应考例,住俸一年。自行查出者免议。冒籍既清,恐应试者少。该学政于考试时,照例凭文录取。倘有不足,宁缺无滥。

又议准:嗣后每逢考试,令大、宛两县知县、教官,将素行优谨之廪生,申送府丞查核,方准临期认保。于府试审音前,该府丞移咨都察院,奏派满、汉御史各一员,会同审音。如有冒籍情弊,将本生廪保照变乱版籍律杖八十,革去衣顶。受财冒保,计赃从重论。教官如婪赃,应革职,计赃定罪。至直隶各州、县,皆有冒籍之弊,应令该督、该学政转饬各属,一体凛遵。如有徇情瞻庇者,查参议处。各直省凡大、小官员,由冒大、宛两县籍贯入学中式出身,若非入籍已满二十年,并无原籍可归者,俱一体呈报各该上司,改归原籍。仍咨吏部存案。如逾限不首,查出,一体照例议处。

乾隆十一年议准:顺天府学,既准大、宛二县与四路所属各州、县,一体凭文酌拨,若两棚考试先后不齐,难以通盘计算。且前经督臣奏准,以东路同知为提调,则弹压稽察,专责有人。应将大、宛两县童生,仍归通州并考,以便通同校阅,取拨府学。

又议准:顺天大、宛两县拨入府学之生,专责顺天府教官督率外,其外州、县拨入者,应于拨府后,令府学教官查明年貌、经书、籍贯,造册申送府丞,分发各属教官,就近约束。其举报优劣,应令本籍教官会同府学查报。本籍教官如有徇庇失察等情,该学政题参议处。至帮补廪、增,须凭考案之名次。出贡,必按食饩之年分。各本籍无从查核,应仍令府学教官办理。

乾隆十三年议准:直隶之遵化、玉田、丰润一州二县,文、武生童改附永平府考试。

乾隆二十一年议准:本科由北皿、北贝中式之举人,内有南人冒捐北监,及冒入北贝者,于填写亲供时,俱令自行首明更正。其冒籍中式之举人,若仅令首明改归,实不足以示惩。应俱罚停会试一科,以儆冒滥。又有久经中式,应改归原籍之人,其现为职官者,照违令笞五十私罪律,罚俸一年。仍令查明各原籍,照例改归,以清户籍。又本科冒籍举人,其父兄现任职官,于子弟冒籍不能觉察者,亦属不合。应照违令笞五十公罪律,罚俸九个月。所有从前各科,南人冒捐北监,冒入北贝中式之举人、进士,并已登仕籍者,除入籍二十年,无原籍可归者,照例免议外,其余年例未符,及有原籍可归者,举人以来春会试前期为限,令其首明该管处,咨回本籍,起文会试。报明礼部存案。③

候选进士，及在京官员，俱以一月为限，令赴吏部具呈。其已回本籍，及外任官员，于文到之日，各按定限，申明该督、抚咨部，俱一一改归本姓、本籍。倘逾限不行呈改，或被科、道④纠参，或经督、抚查出，均照例斥革议处。其冒籍未经中式之贡监生员，令该督、顺天学政、府尹，责令各地方官及各学教官详查。均照乾隆十年之例，文到勒限一年，查明改正咨回。如地方官奉行不力，该督、抚即指名参处。此番清查之后，将自首改归之例停止。如再有南人冒捐北监、冒入北贝者，查出即行斥革。仍行顺天府，查明收考之员，照例议处。

乾隆二十二年议准：贡监内，南人冒捐大、宛籍贯者，自定限清查之后，届今茫无影响。若行至届限，概行斥革，徒启地方官卸过之端，于立法详查之意，殊未允协。应请敕令顺天府尹，督率大、宛两县，逐一详查烟户册籍、送考文案。并出示晓谕各该生速为呈报。如果散处在外，亲族人等皆可代为呈首。该县即据呈申报，不必又取京官印结，致滋吏胥抑勒需索之弊。倘大、宛二县，从前不实力稽查，届限混请斥革，该府尹即照原议参奏，照审音不实，降一级调用例议处。至于既经清查之后，土著若干，冒籍改正若干，皆有的确总数。应令两县按数造册，送部查核外，并汇申府尹奏闻，以杜草率完结之弊。

其查无踪迹，并不首明之冒籍，既逾定限，自必俟另案发觉，问其原籍何处，即行照例斥革，以儆冒滥。再查改归之贡监，例得换给执照，改注本籍、本姓。应令各该原籍地方官，确查申送，咨部换照给发。户部仍知照礼部存案。至将来凡用大、宛两县籍贯，报捐贡监者，令该府尹严饬二县，于奉到部文之后，即将报捐之人，按名清查。实系土著，及例准入籍者，俱取具邻族甘结申送。如果亲族子弟全无，以及并无坟墓庐舍可考，即行报部斥革，毋得仍前滥行入册。

乾隆二十八年议准：大、宛文童考试，往往有不肖廪生，串通书役，觅倩本地稍知文艺之人，倖取府名，预为将来院考卖名⑤之计。又或本生遇有事故，将府名售与冒籍之人，以充院考。此种弊端，即为冒籍潜滋暗引之路。查旧例，学臣于院试取进之后，将县、府所取之卷连三比对，笔迹相符，方准入泮。其字画前后不同，中有疑窦者，指名究治。请敕交顺天学政，于考试大、宛两县时，务将取进之卷连三比对，稍有不符，即行指摘按究。

乾隆三十年议准：查顺天乡试，凡已经录取诸生，俱令赴学具文。一申学政衙门查验，一申顺天府察核投卷。其未经录取，例赴学臣罗试之生，则令该学各给罗文申送。在立法之初，不过为计算实到人数，以定续取之额。但科举定额已久，以下科比照上科，即可核数，无需查对验文。且取录之后，学臣汇册送顺天府，据册投卷，已为周密。临场复给验文，不特于事繁复，亦恐启书吏需索之端。应将学院及顺天府验文概行停止。至例赴罗试生员，固应由该学给文申送。但人给一文，亦属琐屑。嗣后，凡愿应罗试者，统令本生先期报名，查无事故，与起送之例相符，统造年、貌清册，备文呈送学政收考。取录之后，该学政将名册知照顺天府投卷。

乾隆三十五年议准：嗣后，大、宛两县童生，令知县、教官，遵例慎选素行优谨、众所共信之廪生，申送府丞。该府丞临时复实心察核，如有滥选、妄保诸弊，听其随时查办。如稽核不实，事后发觉者，除将本生、廪保治罪，教官、知县议处外，并将该府丞一并议处。

乾隆三十八年议准：查顺天寄籍人员，既令呈明更正，其子弟内多有牵连入籍、报捐应试者，自应彻底清厘。除入籍已逾二十年外，其有实非土著，从前寄籍顺天之举、贡、生、监，俱勒令一体改归。统限一年内，著落⑥本生自首，咨回原籍，仍取具各该本籍地方官及儒学⑦印结，送部查核。如逾限不首，及此后仍有诡寄冒混诸弊，应不准拨回，即行黜革究治。至大、宛两县童生考试，遵例慎选素行优谨之廪生，申送该府丞察核。如奉行不力，听该府尹指名参奏，照例议处。

注释：

① 大、宛两县，据《清史稿·志二十九·地理一》内"顺天府"条，即大兴、宛平二县。

② 贡监，科举制度中监生名目之一。明清时代以贡生资格入国子监读书者称为贡监。

③ 因原文较长，据文意试为分段。本卷下同。

④ 科、道，明清六科给事中与都察院各道监察御史之合称。明代通称两衙门。

⑤ 卖名，按《辞海》释"卖名"为："炫耀自己，以猎取名声。"又引《庄子·天地》文云："独弦哀歌以卖名声于天下者乎？"此则指出售府名以渔利。

⑥ 著落，犹安排，安置。《元典章·刑部十八·孛兰奚》："本省去都四千余里，诚恐沿路瘦损倒死……若不早为著落，岁月既久，死损更多。"

⑦ 儒学，元、明、清在府、厅、州、县设立学校，供生员读书，称儒学。

卷六十五　各省事例

雍正六年议准：伏读上谕：福建、广东人，多不谙官话，著地方官训导。仰见皇上睿虑周详，无微弗照。欲令远僻海疆，共臻一道，同风之盛。查五方乡语不同，而字音则四海如一。只因①用乡语读书，以致字音读惯。后虽学习官话，亦觉舌音难转。应令该督、抚、学政，于凡系乡音读书之处，谕令有力②之家，先于邻近延请官话读书之师，教其子弟，转相授受。以八年为限。八年之外，如生员、贡监不能官话者，暂停其乡试，学政不准取送科举。举人不能官话者，暂停其会试，布政使不准起文送部。童生不能官话者，府、州、县不准取送学政考试。俟学习通晓官话之时，再准其应试。通行凡有乡音之省，一体遵行。

雍正七年议准：台湾地在海外，其贡监事关督、抚者，必俟申详督、抚，始行审理。则地方官畏其往返稽迟，从轻归结，以致贡监恃符，无所畏惧。诚属未便。嗣后，台属贡监，令各该县预造清册，申送学政衙门。其有应行褫革者，就近详请兼理学政褫革追照，以便速行审理，详报督、抚结案。仍令该学政将褫革缘由即移咨督、抚，查核报部。

乾隆元年议准：粤东乡音，不可通晓。近令有力之家，延请官音之师，教其子弟。如八年之外，不能官话者，举人、贡监、生童俱暂停其考试。遵照在案。但偏方士子溺于土俗，转瞬限满，而问以官话，多属茫然。请于八年之期，再为展限，以俟优游之化。现在闽省业经奉行，粤东亦应准其展限三年。倘嗣后仍延乡音教书之师，不肯学习官音，则三年之后，师生皆停考试，以示明罚。

乾隆二年议准：查福建语音不正，屡奉世宗宪皇帝谕旨肫③切训诲。雍正六年，奏准定限八年学习改正。雍正十二年，钦奉谕旨，令再展限四年。设额外正音教职，于浙江、江西举、贡内，捡选送补。乃迄今已逾两载，而通晓官话者，寥寥无几。是福建土音，屡经设法教正，而外省人员，处一傅众咻④之地，实难成功。应将两省咨送教职撤回。查州、县为亲民之官，而教官有董率士子之责。应行令该督、抚、学政，转饬各州、县，凡校士、课农，与士民相见之时，常以官音相劝示。而教官于月课生童时，逐一实心教导。务期通晓官音，不使狃⑤于积习。其有能厘正一州、一邑者，该督、抚遇有保荐之时，一并叙入政绩。其漫不经心者，记过示惩。但不必勒定年限，以俟从容之化。至各府、州、县之原立义学，务令慎择师儒，实心训勉，毋得视为具文。

乾隆九年议准：云南东川、昭通二府生童，岁、科两次，远赴曲靖考试。高山密箐，跋涉艰难。准照陕西榆林等棚岁、科连考之例，令学臣按试曲靖，即将东川、昭通二府，镇雄州、永善县等四学生童，岁、科接连考试。

乾隆十年议准：湖南永顺府属，在万山丛簇中。由辰州至永顺，三百里悬崖鸟道，水程百余里，逆挽而上，须行五六日，实属陡险。应准其岁、科连考，以免跋涉之苦。

又议准：四川酉阳州，僻处川省极东，向来未有考棚。俱赴重庆府棚应试，往返二千余里，视夔、宁为尤甚，孤寒苦于资斧。应准照夔州、宁远二府之例，岁、科连考。

又议准：四川邻近番夷，若不立法稽查，诚恐不肖生员，潜入苗疆，以启边衅。嗣后，边庠士子，有游学内地者，必呈明本学教官，牒行州、县，取具地邻甘结，详明学政，候批准遵行。仍令该州、县注册，归日销案。如有不呈报本学，私自他出者，即将本生斥革究治。如已报明，而教官不牒州、县，及州、县不即转详学政者，将该州县、教官，分别查参议处。

又议准：闽省士民，不谙官音。雍正七年间，于省城四门设立正音书馆，教导官音。但通省士民甚多，一馆之内，仅可容十余人。正音固难遍及，况教习多年，乡音仍旧，更觉有名无实。应照乾隆二年裁彻额外教职之例，将四门正音书馆裁汰。仍责成州、县教职实力劝导，通晓官音，毋使狃于积习。

乾隆十一年议准：陕甘地方辽远，岁、科连试之处，业已因地制宜。则文、武先后之间，亦可通融办理。凡该省岁、科连考之棚，发岁试文案后，即接行科试。文场已毕，再出演武场。其武生童内外先后，仍照现行例办理。

乾隆十四年议准：安徽颍州府考棚一所，准其改建。工竣之日，册送工部查核。

又议准：广西思恩府，士子来应府考者，依托草蓬，多受瘴毒，非所以示体恤。嗣后，岁、科府考，令该府先赴宾州，在学政考棚内，编号扃试，录取童生，以待学政按临。

乾隆十六年议准：广东罗定州及所属二县，距肇庆不过三百余里，实为近便。应将罗定一州、二县，岁、科仍旧分考，准归肇庆府棚考试。又南雄一府，究系府治，向无两府并棚考试之事，应仍循旧例，各府各棚，毋庸归并韶州考试。

乾隆十七年奏准：台湾考试拔贡，例由巡视之汉御史考拔，移送福建学臣，会同该督、抚复试验看。今台郡学政，既交道员管理，其拔贡考试，亦应交该道，照议准定例遵行。

乾隆十八年议准：福建除延、建、汀、邵、福宁等五府考棚宽裕，原可一场考试，毋庸另议；其福州、兴化、泉州、漳州等四府，永春、龙岩等二州，或绅士捐修号舍、添建考棚，或院落搭棚凑足，或借用寺、观、衙署，每县考试，俱令统作一场，不必另分两场。则重卷之弊，不禁自除。

乾隆二十一年议准：广东罗定州及所属东安县、西宁县生童，俱仍归州治原棚考试。

乾隆二十三年奏准：凤、颍、泗三府州，现在开挑河道，办理赈济。府、县各官，俱奉差委，势难兼行考试。再生童内家计贫乏者，现蒙赈恤。若令跋涉道途，未免拮据。请将凤、颍、泗岁考暂缓。俟巨工告竣，秋稼庆成，县官差务完后，再行府考。来岁考至凤、颍、泗三处，先将岁考办讫，接连考试，以符岁、科两考之例。

乾隆二十四年议准：四川夔州府属石砫司，文、武童生岁、科两考向由土司录送。今将夔州府同知移驻石砫司，办理土司事务。所有该土司所属文、武童生，即令同知录送府试，汇送学政收考。

乾隆二十六年议准：各省童生，例由州、县录取，申府、州复考，转送学政考试。其直隶州所属，系知州径行录送。惟滇省有专设之知府，即代州、县之任，不另设州、县者；亦有知府与知县各管地方者；又有知府与同知、通判分管地方而无州、县者。所属童生，即以府属之教授录考送府，于考规不能画一。应将昭通府之童生，照开化等府例，于府城之二县⑥考试。其广西、元江、鹤庆、顺宁、镇沅等五府，不与州、县同城。应饬调所属最近之州、县，赴府考试。至永北府，但有同城之同知；丽江府，但有不同城之同知、通判。应将永北府童生，饬归同知考试。丽江府童生，饬该同知、通判，赴府考试。均照州、县例，造册送府。至蒙化、景东二府，均以同知掌知府印，其体制正与直隶州相等。应照直隶州之例，责令掌印同知考试，申送学臣。无庸调取别属，亦不必令教授先行考试。

又议准：松潘厅改为直隶同知。嗣后，松潘所属生童，准其附入成棚考试。

乾隆二十七年复准：查优贡定例，大省无过五六名，中省无过三四名，小省无过一二名。湖南乡试，录取科举，虽照大省例举行，而南北分闱取中额数，系属小省。所有该省举报优生，应照小省之例举行。

又议准：直隶宣化府，从前相沿岁、科连考，原非成例。嗣后，宣化一棚，准其岁、科分考。其府、州、县考试，亦分作两次录送。

乾隆二十八年议准：贵州都匀府，准其设立专棚，以乾隆二十八年岁考为始，令学政按临该府新棚考试。

乾隆三十三年议准：四川雅州府，人文日盛。应与邛州分棚考试，准其另立一棚。邛州照旧自为一棚。学政以次按临考试。所有雅州考棚，该督既称旧有空房、堂宇、号舍，悉皆修葺齐全，毋需动支公项，亦应照议办理。

乾隆三十四年议准：云南永北府，既改为掌印同知，并无府佐、州、县等官，其考试童生，应照蒙化、景东二府之例，即令掌印同知考试，申送学政录取。

又议准：乌鲁木齐⑦设立学额，其文童考试，令陕甘学政按临肃州之前，将题目封固，密送驻劄大臣，严行扃试。试毕，封送学政，按额取进。但乌鲁木齐距肃州往返六千余里，若专员解送试卷，不特于该员有旷职守，而往返经时，徒滋扰累。应令该驻劄大臣于扃试后，将试卷逐包严密印封，用箱盛贮，照例由驿递送。其学政封发试题，及送回进卷之处，亦照例办理。至生童弥封红号簿，由驻劄大臣另封，递送肃州提调。发案时，拆封填案，仍于科考册内，将岁进名字签出，以免重复取进。其厅、道连三卷存留驻劄大臣处。俟取进卷到日，逐一磨对，并传集该生，默写首艺七八行。如文气、笔迹不符，即移咨该学政除名。学政于取进各童后，将岁、科原卷同题目咨驻劄大臣，严加复试。不必将复卷再行解送。所有生童应需韵纸，学臣按册报人数，随题照例封送。武童外场，仍用双好、单好字样，以凭区别取进。现在两场取进童生，应照以岁作科之例，各依名次，一体准予入场乡试。

乾隆三十八年议准：查四川⑧夔州、宁远二府，于雍正八年议准岁、科连考。嗣于乾隆八年复准忠州道路崎岖，人烟星散，程途遥远，应援照夔、宁二府之例，岁、科连考在案。现在雅州府属为军兴总路，应照忠州例，此次暂行通融连考。不日军务告竣，仍照定例，分棚考试。

又议准：巴里坤改为镇西府，专设学额。应令陕甘学政按临肃州之前，将文、武童生试题封固，密行安西道扃试。将试卷封送学政，按额取进。其武童外场，该道会同驻劄大臣考试，分别等次造册，将试卷一并移送学政录取。其余考试事宜，悉照乌鲁木齐之例办理。

乾隆三十九年议复福建学政汪新条奏该省士子入学年未三十者，责令学习官音，学臣于岁、科两考传集审办，分别等第一折：查五方乡语不同，在有志向上者，学习官音，无待有司之督责。若乡曲⑨愚民，狃于所习，虽从前屡经设法，而一傅众咻，仍属有名无实。且士子岁、科两试，正以等第之高下，定其学业之优劣。如文业优长，断无音韵聱牙之理。若不论文艺，而以官音之能否分别等第，既无以示考校之公；在学臣关防扃试，乃于未考之前传集该生等，逐一辨⑩审官音，于政体亦未允协。至该省义学、乡学，务延请官音读书之师，原有成例，不必另立科条，所奏毋庸议。

又议准：安西道现已移驻乌鲁木齐，距巴里坤路途遥远。新设之镇西府宜禾县，文、武童生不便仍照原议，令安西道扃试。嗣后，学政按临肃州之前，将题目封发镇西府严密扃试，封卷呈送学政阅取。其武童外场，亦由该府会同巴里坤镇考试，照例办理。

乾隆四十一年议准：热河七厅生童，仍赴通州应试。其乡试之年，一体编入北贝字号取中。

又议准：热河本无土著，凡流寓民人，身家清白，寄籍二十年者，俱准考试。令各厅查明收考、取定名数，申送道考。由道转送学政，考取入学。其有现在口外居住，业于密云等处原籍入学者，准其报明各厅，改归热河学册应试。其中有现系廪生，应即令其各保本厅童生。如该厅现无改归廪生，饬取地邻保结，该厅查明收考。俟该处补有廪生，仍照例令廪生保结，将地邻保结之例停止。

又议准：济宁、临清二州，改设直隶州。其岁、科两试文、武童生，由本州考取，径送学院考试。济宁州属之汶上等三县，临清州属之武城等三县，各文、武童生，由县考定，送州复考，转送学院按试录取。并于各该州城另建考棚。其未建考棚之先，暂附兖州、东昌二府考棚应试。

乾隆四十二年议准：四川雅州一府，生童往返险阻，该学政咨请岁、科连考。应准其永为定例。但事关更改条例，未经具题，仅咨部议办，殊有不合，将该学政交部察议。⑪

注释：
① 只因，原文为"祗因"，误，径改。
② 有力，此处之"力"字漫漶难辨，据下文"乾隆元年议准"条中"有力之家"补出。

③ 肫，诚恳。肫肫，同忳忳。《礼记·中庸》："肫肫其仁。"郑玄注："肫肫，读如'诲尔忳忳'之'忳忳'。忳，恳诚貌也。"

④ 一傅众咻，"咻"，音休，喧扰。《孟子·滕文公下》："一齐人傅之，众楚人咻之。"

⑤ 狃，音纽，习以为常，不复措意。

⑥ 二县，据《清史稿·地理二十一·云南》中"昭通府"载，应为恩安、永善二县。

⑦ 乌鲁木齐，原文为"噜"，径改。下同。

⑧ 四川，原文为"四用"，误，径改。

⑨ 乡曲，原文之"乡"字模糊不清，据义断。

⑩ 辡，按《康熙字典》释云："《集韵》：平免切，从辩，上声。《说文》：罪人相讼也。"从上下文意看，当为"辨"字之误。

⑪ 按，原文从 p. 1311 至 p. 1312 "又议准：济宁、临清二州……将该学政交部察议"处，p. 1313 至 p. 1314 又重出一次，故删除。

卷六十六　旗 学 事 例

顺治八年题准：满洲、蒙古子弟，内院①、礼部会同考试。通清、汉文者，翻译汉字文一篇。通清文者，作清字文一篇。汉军子弟，令顺天学院考试，与民童一体出题。

顺治十四年奉旨：停止八旗考试。

康熙六年题准：八旗有愿作汉文考试者，各都统开送礼部，移送顺天学院。满洲、蒙古另编一号。汉军与汉人同场考试，文优者即入顺天府汉生员额数内。

康熙九年题准：满洲、蒙古、汉军应试者，照汉童生例，礼部转劄顺天府丞，先行录取，移送学院考试。

康熙十二年题准：八旗照汉生童岁、科两考例，一体考试。

又题准：盛京八旗子弟通习汉文者，与民童同试汉文。

康熙十五年议准：停止八旗考试。

康熙二十六年恩诏：八旗准同汉人一体考试。

又议准：盛京八旗乡、会试，即编入在京满洲、蒙古、汉军数内，一并考试。

康熙二十八年议准：考取满洲生员，宜试骑射。不能骑射者，不准考试。

康熙二十九年题准：考试盛京八旗，令奉天将军、副都统等验射马、步箭，能射者，交与该府丞考试。

康熙三十三年题准：上三旗内府满洲佐领、内管领及五旗王公府属满洲佐领子弟，归并八旗满洲、蒙古考试。上三旗内府旗鼓佐领及五旗王公府属旗鼓佐领子弟，归并八旗汉军考试。

康熙三十四年题准：盛京考取生员，增添八旗内府满洲、汉军佐领子弟。

康熙三十五年题准：守陵千丁家有佐领品级者，有监生部用以年满考职者，其子弟许在盛京八旗汉军内一体考试。

康熙三十六年题准：盛京内府佐领下子弟，嗣后停其考取生员。

康熙五十五年议准：昭陵千丁子弟，照三十五年福陵千丁子弟例，在盛京八旗汉军内考试。

康熙五十七年议准：永陵千丁子弟，照福陵、昭陵例，入奉天汉军内考试。

雍正元年奉上谕：八旗满洲、蒙古秀才内，有在护军执事人披甲上行走②者，俱每月给银二两、米二斛，著令读书。

又题准：盛京内府佐领下子弟，仍准同满洲、蒙古、汉军一体考试。

雍正二年议准：八旗生员，特恩给与钱、粮赡养读书。若无考校，恐或怠于诵读。令该旗都统于岁考前，将领钱、粮生员备造清册咨部，转送学政，严加校阅。考居前等者，照常领给。居四等以下者，停其给发。遇下次考居一等、二等、三等，照汉廪生开复例，仍给原领钱、粮。如四等不愿再考，即将学册除名，听其复归护军骁骑当差。

又议准：嗣后，令八旗都统遇岁考之年，将各佐领生员，严催赴考。学臣照考汉生员例，优等补廪、补增，劣等降青、降社。至年老有疾，亦准给衣顶。无故临考不到，径行除名。如丁艰告假、患病缘事及随任等情，据实呈教官，申报提学，仍照例补考。但八旗生员有考箭之例，文理兼长为难。如无甚荒谬，不必苛求定置后等。武生俱照此例。

雍正四年议准：八旗生员，汉教官不能管摄，以致怠忽，并不鼓励读书。嗣后，于顺天府学设立满教授一人，训导一人。令满洲进士、举人、贡生赴礼部具呈，考取文理优通者，拟定正、陪，送吏部引见。其进士、举人授为教授，恩、拔、副榜挨贡授为训导。令其每月将八旗生员考试一次，并以时教令骑射。如有文理不通、行止不端者，即行详革。如该教官怠忽废弛，有玷厥职，许顺天学政题参。

雍正五年议准：盛京幅陨③广阔，满、合④诸生，散处千里之内，而总属奉天府学。教官训诲不周，稽察未便。现在满、合诸生一百十九人，查明居址，拨归各相近之州、县学，令该教官与本学民籍生员一体管束。每遇岁、科正考，即由该学申送府丞考试，一案发落，按其名次补增、补廪、出贡。其现在府城及承德县界居住者，仍隶府学。嗣后，满、合童生考试之前，先令该将军将各童居址开送府丞，以凭入学时分拨附近之州、县学。

雍正七年议准：八旗送考童生，照外省考试例，由本佐领考试过，送本参领考取，再报都统，咨送学院。入场之日，各该佐领亲率领催点名、搜检。或生童等仍前代考、夹带，或参佐不秉公考试，查出一并治罪。

又议准：嗣后，八旗考试文生员、举人、进士，于四个月以前，礼部即行文该旗，移取名册。该旗于文到日，将应试之人姓名、年貌备造清册，于两月以前移送到部。由部会同兵部，将应试名册校对清楚。如该旗故意迟延，两月以前不将应试名册送到部者，礼部据实题参。如礼、兵二部不详校名册，以致遗漏舛错者，监射大臣查明题参。仍将遗漏舛错之人姓名补行改正，入于册内，准其考试。再查乡试之年，该学政六七月间始行科试。生员于八月入闱，为时无多，不便拘定四月、两月之限。应于科试考取后，该旗速行造册送部，转送兵部考试骑射。又旧例，八旗考试，本旗各派参领识认送考，以防假冒顶替等弊。但参领一员，不能遍认一旗应试之人。况包衣⑤、庄头⑥子弟，俱散居屯庄，其识认尤难。嗣后，考试每旗派出参领各一员，每参领下派贤能章京一员。本佐领内管领下，派头目、领催各一名，带领应试之人，送参领等官看验。于骑射时，公同送考。并将派出之参领、章京、头目、领催等职名与应试人名册，一并移送礼部注册。礼、兵二部查对名册时，亦传集伊等公同对阅，毋致遗漏舛错。射箭后入场之时，亦令原派出之参领、章京、头目、领催等识认送考。如有对册、考箭、入场之时，派出之参领、章京等本身不到者，即行题参议处。

又议准：盛京礼部所属千丁之子弟，照三陵千丁子弟庄头之例，准其一体考试。

雍正十年议准：八旗童生遇考试之年，礼部行文到日，各参领遍传各佐领下童生，汇齐造册，申请本旗都统，拟定考试日期，行文翰詹衙门。咨取科甲出身满官一员，在该旗公所，会同参领、佐领考试。应考童生，于试日黎明，齐赴该旗公所，听各该佐领点名识认，以杜顶冒等弊。试竣，将录取童生数目，呈明都统。造具三代履历、年貌满、汉清册，移送礼部，转送兵部考箭。其试卷钤印弥封、巡逻、搜检等项，俱交与各该旗委员办理。

雍正十二年议准：八旗人材，当加意振兴，不可任其优游自便。嗣后，八旗生员，遇岁、科两试，务令各该旗都统，饬令参、佐领及满教官，严传赴考。如果驻防各省，随任远方，及实系患病，一时不能赴考者，本生预呈该教官，加具印结，申报学臣存案。仍令八旗都统饬令参领、佐领，于学臣按试文到之前，将各本旗有事故不能到之生员，逐一查明缘由，出具印结，申报该都统行文知照学臣。并饬发教官，令其造具清册，注明某生驻防某省，某生随任某处，或某生实系患病，验明加具印结，申报学臣存案。如该旗都统既无知照，教官又无文申报，一任该生捏词托故，抗不赴考，而该旗各官及该学教官扶同徇隐者，一经察出，将本生照例除名外，仍将该管各官照徇庇例一并议处。

又奉上谕：清厘八旗岁考不到生员，原以杜规避之弊。然不肖旗员，或借此生事苛求，亦未可定。著该都统转饬参领、佐领秉公办理，倘有徇情蒙混⑦，及需索苦累等事，该都统即行查参。

雍正十三年议准：八旗开户人等，来历不一。我朝定鼎之初，有投充者，有养育者，有俘掠者。伊等本系良民，既经开户，即犹之复籍，自应准其居官，并与考试。至于旗下累世家奴，实属出身微贱。若准其一体考试，似非慎重名器之意。嗣后，但许由旗下别途进身，其本身及子孙考试之处，应永行禁止。

乾隆三年议准：满洲、汉军考试，各有一定籍贯，不容混淆。惟包衣人员，有投充庄头子弟，隶内务府管辖，编入上三旗者。又有旧汉人在内管领下，及下五旗王公所属包衣旗鼓佐领内者。此等原系汉人，并非满洲。因考试之时，俱由满洲都统咨送，是以从前每有在满洲额内入学中式者。嗣于雍正十一年内，吏部奏准，令各该旗将应考人员分别满洲、汉军，开注明晰，咨送顺天府注册考试。如有汉军冒籍满洲额内中式者，一经查出，将咨送之该旗都统、佐领等官，照蒙混造册例，分别议处。该员照冒考例，革退举人。定例本属严明，但迄今日久，包衣人员或有不知此例者。应行文内务府并八旗满洲都统，将雍正十一年后，有包衣旧汉人，误在满洲额内入学出贡，应归入汉军额内考试者，定限三月查明，取具该参、佐领印结，造册送部存案。嗣后，包衣人员考试之时，务须严饬该管官，逐一查明。除实系满洲、蒙古人员，于本人名下注明满洲、蒙古字样册送外，其投充庄头子弟及内管领、旗鼓佐领之旧汉人，俱注明缘由，另册送部，归入汉军额内考试。其有将汉军造入满洲册内咨送者，察出，即行参奏。照原议将该管都统、佐领分别议处。

又议准：八旗生员遇亲丧，二十七个月停其考试。

乾隆四年议准：向来外省生员，俱系随棚补考。而满学生员，不便于他处补试，是以未经定有成例。嗣后，学臣岁试满学生员，如有患病事故，不能应试者，定限于科考

252

时补考。即科考时，仍有患病事故，未能补考者，定限于下次岁试补考。统令该管官，详细查明，并严加传催，务于限内补试。至实有事故，不能赴考，由该旗、该学造册填注，加结申送学臣。如该生托故不到，即行斥革。该管官扶同徇庇，一并议处。应俱照旧例遵行。再查各省驻防、随任⑧之生员，距京遥远，原与在籍诸生不同。若概令赴京岁考，其中多有未便。若听其竟不岁考，亦属与例不符。今酌议驻防、随任各生，有来京乡试者，即令补行岁试，以符定制。其因路远及有事故不能乡试者，仍照原议，令该教官造具清册，注明某生驻防某省，某生随任某处，加结申详学臣存案。但不许止应乡试而不补岁试，致滋规避之弊。该旗员及该学教官，亦不许借端苛索。倘有混称驻防、随任及已经考过仍复羁留者，明属徇情蒙混，该都统即行查参。至随任回旗之生，仍查明欠考次数，照例补试。

又奉上谕：朕从前降旨，将代赔祖、父亏空，已奉恩免人等，停选、停补者，准归入伊等班次铨用。其应追赔祖、父亏空，革职之员，亦准其一体开复。今朕念旗人有因代赔祖、父亏空，力不能完，治以枷责之罪者，此等人员，与本身亏空及缘事枷责者究属有间。概行摈弃，情亦可悯。伊等如愿考试，著该旗查明，除原案内载有不准考试字样外，俱准一体考试。俾各奋勉自新，以昭朕格外加恩之至意。

又议准：旗人有因祖、父亏空，力不能完，治以枷责之罪者，除闲散人等，准其照例考试外，其已经出仕，及进士、举人、贡监、生员等，如愿考试，亦照闲散人等，准其一体应童子试，并与旗下翻译等项考试，以图上进。但不得借考试之端，希图开复。如查系曾经发遣，并入辛者库（即内管领）赦回，其罪原不止于枷责者，其本身应仍不准考试。

乾隆六年议准：凡八旗远年开户人等，内除从前奉旨准其考试之举贡生监，仍准考试，及从前契买之人委系家奴，其本身及子孙考试之处，仍永行禁止外；至投充、养育、俘掠人等，历年久远，未经开户以前，在伊主家身供役使，曾有主仆之分，今若准令考试，究于名分有关。嗣后，投充、养育人等，虽经开户，其本身及子孙考试应永行禁止。每逢考试之时，各该旗详加查核，毋得开送。八旗另记档案人户，其中来历不一，内有抱养民人，另记档案者，本系良民，应准其考试。及从前奉旨准其居官考试者，原系恩加本身，应仍准其居官考试。其有奉旨后考中举贡生员，并捐纳贡监者，若并行斥革，亦未允协。应将伊等仍留举贡生监顶带终身。至伊等子孙，及一切另记档案人等考试之处，概行禁止。

乾隆九年议准：嗣后，八旗乡试，礼部先期行文八旗，将应考生监人等造册送部。咨送兵部，考试马、步箭合式者，造册劄发顺天府。仍劄行顺天学政，传八旗生员前赴科考及录遗。并劄国子监，传示贡监一体录科。造册移送顺天府，该府尹查明科册、箭册俱有名者，方准入场。如科册有名，而箭册无名，及箭册有名，而科册无名者，俱不准应试。

乾隆十年议准：盛京工部五六品官，并司匠所属之千丁，与四品官所属之千丁并无差别。向惟四品官属下千丁，得与三陵及户、礼二部千丁一体考试。而五六品官等所属未得与考，殊未平允。今应照例，准其一体考试，入于奉天八旗汉军内，凭文取录。

乾隆十八年酌归简易案内奏准：考试翻译童生，旧例由顺天府先行考试，合式者方准送院。后经各旗咨取翰林院詹事府科甲出身之满官，赴各旗考试。其实并无去取，事属虚文。请仍照旧例，由顺天府考试，其八旗咨取翰詹⑨赴旗考试之处，应行停止。

乾隆十九年奏准：嗣后，翻译生员，仍照前考试，留为伊等考取中书⑩、笔帖式⑪之地。其乡、会二试，应永停止。至将来考取翻译生员时，但作清文论二篇，翻译之是否已可概见，不必仍取翻译，徒滋记诵陋习。

乾隆二十年奉上谕：八旗陈满洲⑫，因到京年久，向有考试之例，故姑从而留之。东三省新满洲乌拉齐，与在京满洲等不同，正宜熟习骑射，为国家之用。嗣后，东三省满洲乌拉齐等考试之处，著永行停止。

乾隆二十二年奉旨：八旗童生、生员，遇科岁考、乡试时，停其考试骑射。由举人考试进士时，仍照旧兼试马、步箭。

又议准：今八旗另记档案人等，俱令出旗为民。应照各该旗造送之册，将此项另记档案文武举人、贡生、生员、监生，翻译举人、生员，仍照从前旧例。原系另户抱养民人为子者，归入民籍，仍准考试。如本系家奴，开户另记档案者，其本身系举贡生监，止准顶带终身，不准再行考试。至其子孙，应各照该籍民人例，一体办理。

乾隆二十三年奏准：厘正八旗学册事宜，现将无故不到人数，分别满洲、蒙古、汉军，注明各佐领名下，咨与各该旗都统，按名查核，自然易为清理。再八旗不到生员中，有自康熙五十年间，及雍正七八年以前入学者，计其年力衰老，久与给顶之例相符。请敕下各都统，传齐验看。凡年老有疾者，即行给与衣顶，于学册内除名。如生员中或有已故者，或有荒废愿告退者，或有已经别项出身者，无所稽考，亦请一体饬令各都统查明，按名咨复，以便开除。其实有丁忧、事故不到者，准其呈明。俟下届科考时，一例补考。如复不到者，径行除名黜革。自此番彻底澄清之后，将来岁考之期，预行严切晓谕。凡有事故者，必令赴学呈明详核。不到者，径行黜革。倘教官不实力稽查，即行参究议处。

又奉上谕：御史汤世昌参奏学政庄存与考试满洲、蒙古童生，因不能传递，拥挤闹堂一案，朕以满洲、蒙古童生，皆世受豢养之人，乃不知遵奉教约，恣效外省恶习。此于八旗风俗，大有关系，不可不严行。根究始意，亦不过欲究明情节，将为首者发巴里坤，为从者发拉林种地，以示惩创。乃派出查实之大臣等，于案内情事并未严行穷究，而拟罪之处，又不允当。所审皆旗人，故不能不掣肘。而朕岂肯一任其意存瞻徇，而颟顸⑬了事耶？当经亲临复试，随获夹带如许之多，因复亲加鞫讯，务得实情。而童生海成系包揽传递，首先倡议闹场之犯。一闻复试，辄将闹场时带出之卷，倩人补作，捏饰投递，希图狡脱，已属刁顽。至在场放鸽传递，包揽受贿各情，业经罗保等供证确凿。乃于朕前又复挟仇诬陷和安，肆其狡狯，抗不吐实。及加严讯，而狂悖无礼，竟有何不杀之之语！满洲世仆中，有此等败类，断不可留矣。因降旨将伊正法。其附和闹场之罗保、和安、即得奚纳，并搜出怀挟，又复强辨之纳拉善，俱著发往拉林种地。至随从闹场，及挟带草稿字片之乌而希苏等四十人，本应如议发遣，但既经责训示惩，俱从宽令其在旗披甲，永远不准考试。满学教授旺衍，系专管伊等之人，临时已不能约束，而大臣等询问，伊尚摸棱⑭含糊，不肯吐实，著发往热河披甲。⑮

满洲风俗，从来淳朴。八旗子弟，务以学习国语，专精骑射为事。即欲学习汉文，亦当潜心诵读，量力应考。若自揣不能成文，而徒以传递怀挟，妄冀侥幸功名，是方其学习汉文时已视为玩法舞文之具，人品心术尚可问耶？即如正黄旗童生廷瑞，年甫十岁，前经朕亲试，观其气质，将来未始不可当差效力。乃为之祖父者，不思导之以正，转令入场传卷，而所延馆师江宁人胡君治，又代为作文，托人传进。此外，如海成倩作文字之庄焕等，俱以南省之人，在京潜住，诱人子弟，以饱囊橐。此辈文本平庸，在原籍既不能自取科第，又不能为枪手作弊。而代旗童倅中，则固属游刃有余，黩法⑯网利，蠹害人心，尤属不浅。应审明按律重拟，以绝根株。

今旗童闹场，本案已经审明完结。以后满洲、蒙古现任三品以上大臣之子孙，及亲兄弟子侄，有应试者，俱令自行奏明，必国语、骑射皆有可观者，方准入场考试。并照乡试之例，请派监试御史，及监场都统各员，前往弹压。此次庄存与所录，尚属秉公而交卷之人，非闹场之人可知，著加恩仍准作生员。再京城旗童考试，既多沿习弩名，则盛京应试，亦可概见。著交该将军、礼部侍郎及府丞，详悉定议具奏。向有不识事体者，往往以各省驻防子弟应随地准令赴考，以博乐育人材之名。所见尤为乖谬，断不可行。使朕沾名从之，则其为弊，将必甚于辇毂之近，岂可胜言耶？又向来直省童子初应试，俗称观场。地方官亦视为无足重轻，滥行收录。以致府、县考案，漫无节制。且今之犯案者，即若辈也。殊不知小考即士子始进之阶。乡、会试甄拔进士、举人，初不出院考所取生童之内。使府、县送考人数过滥，学政看卷亦易为所混淆，岂详慎取士之道耶？嗣后，各直省府、县考试，毋得滥行收录。俱著酌量按照地方人数，核实取录，以昭慎重。其临试时，并著遵照条例，严立关防，审择考校，从此陋习可除。而各该学政亦得从容阅卷，不致鱼目混珠之弊，其于学校甚为有益。著将此通行晓谕知之。

又奏准：嗣后，盛京满洲、蒙古八旗内，若有三品⑰以上大臣之子孙，及亲兄弟子侄应者，亦照京城之例，遵旨令其自行奏明。必国语、骑射皆有可观者，方准考试。其三品以下官员，及闲散之子弟，俱由本佐领保结，转送将军衙门。先考国语、骑射，务使俱有可观，再送治中考试汉文，严加甄别去取，不得滥行录送。临场之时，除照例咨明将军，派协领一员弹压外，并咨礼部侍郎，派委司官一员。将军、礼部侍郎仍亲身前赴学院衙门，会同府丞搜检弹压。

又议复御史德宁条奏考试旗童，于进额外多取一半为备卷，如复卷与原卷不符，及字迹不对者，不准取进，在备卷中另取一折：查定例，学政考试文、武童生，照定额选取佳卷，招复出案，不得于额外多取复试。原以防学臣暗通消息，临时更换之弊。至复试时，有文艺不符，字迹不对者，大率由传递代作，学臣正须从此跟究情弊，惩一儆百，岂得仅如该御史所奏，黜退另取，容隐了事？且因复试除去一二名，如无佳卷，例得宁缺毋滥。所奏应毋庸议。

乾隆二十四年议准：查学政考试童生，点名时，先行搜检，俟给卷归号坐定，然后封门出题。今顺天考试八旗童生，遵旨奏派御史。应令会同学臣，在至公堂严行搜检。其头门、二门点名，仍照例交大、宛两县及治中办理。封门之后，童生各归号桌，一切换卷、窜号、代倩、传递等弊，御史同该学政严行稽查。其有喧哗不遵场规等事，均令都统弹压。至场外巡逻人役，仍令治中等严行查察，以专责成。再卷面戳用红号，向例系提调官办理。今既派用监试御史，应于考试先一日入场，监视用戳红号底簿。该御史密封交提调官收掌，以昭慎重。其监试御史，应令该学政预期行文都察院，奏派满、汉御史各一员，并行文兵部。钦遵谕旨，照例按左右翼，每翼题请钦点副都统各一员，参领、章京各二员，入场弹压。该副都统、御史、参领、章京等，于考试日净场后，俱各散归，不得留宿场内。

又奉上谕：上年降旨，令八旗三品以上大臣，有子弟应试者，自行奏明，方准入闱。特因旗童在场喧闹滋事，是以为伊父兄示之节制，俾知崇实黜浮，破除积习，非概从禁制遏其进取之途也。乃今年乡试届期，伊等既不遵旨自奏，礼部又为含糊具请。似此巧为尝试，将使故智益萌，伊于胡底？我八旗淳朴素风，娴国语，习骑射。其人果有足录，均可量能擢用。若科目者，特备储材一格耳。今乃艳心诡遇，又从而钓弋其名，渊薮其弊。是以国家启迪后生之途，转为蠹坏人材之具！可乎？且我朝开国以来，名臣硕辅，莫不志秉忠忱，才优韬略。初非从事占毕者。即仕跻大僚，内而大学士、尚书，外而总督、巡抚，勋名气节，指不胜屈。大约皆非出于甲、乙两榜。即近时大臣在科第中有名者，不过如鄂尔泰、尹继善二人而已。然其见用，实以其心地材干，初不以其文也。其他忝列科名，而名实不副者，亦指不胜屈。若奉宽、国柱者流，以满洲本色论之，皆不能至骁骑者，而乃托名斯文，平日又不肯潜心力学，惟事希心袭取，视为功名捷径，甚至怀挟夹带，无弊不作。即立法严行搜检，而所派大臣非亲即故，俗称官官相护，亦复有名无实。此所关乎风俗人心者甚巨，朕安得不力为振刷，以挽颓风？伊等至此，尚不思痛自湔改⑱，一似窜身入闱，即可侥幸万一，势必欲朕尽停旗人乡、会试而后已乎？所有礼部单开不循例自奏，遽任子弟册送考试之尹继善等，著将该部及该旗曾否抄录前奉谕旨，行文知会伊等之处，令该部、旗及伊等本人据实明白回奏，再行降旨。至僧保住、傅岩乃系内务府人员，进身岂患无阶？而亦令子弟骛名科举，又显违旨不奏，尤为庸妄。著将僧保住、傅岩革职，并将伊子弟革去生监，在内务府库使笔帖式上效力行走，不准给俸。俟五年无过，该管官奏明，另请批差。其朦混奏请之礼部堂官伍龄安等，著交部严察议奏。

乾隆三十年奉上谕：前经降旨，八旗三品以上大臣子弟，果有娴熟国语、练习弓马者，遇考试之期，该父兄自行奏明，准其入闱。原因八旗淳朴素风，近来未免沾染虚浮，艳心诡遇，且从而钓弋其名，渊薮其弊。是以示之节制，俾知崇实黜华，非概从禁制遏其进取之途也。乃迩年来八旗大臣，竟无奏请子弟应试者，未免多生顾虑，因噎废食。伊等既不潜心力学，而于国语、骑射，又未见专攻娴习，顿觉出色无自。不如兼收并进，犹可为造就之资也。我国家满洲世臣，宣力赞政者多，原不藉文章一途。但承平百余年，满洲词臣，文藻黻饰⑲，亦不可少。大臣子弟中，果能于国语、骑射之外兼习文艺，在伊等延请师资，扩充闻见，较之寒素之家，成材自易。嗣后，所有八旗大臣子弟，仍准一体考试，无庸奏明请旨。倘伊等仍不以实学就考，如前怀挟；或进身之后，仍蹈虚浮陋习，托名斯文，无裨实用，朕又何难随时惩治，俾知所儆惕乎？可将此通谕知之。

乾隆三十一年议准：八旗生员内，有汉军及驻防满洲文、武各生，人数众多，远近散处不一。仅以满洲教官二员统理，一切稽察考课，实属有名无实。嗣后，除在京八旗文、武生员，仍责成满洲教官实心督课，严加管束外，其在外屯居及各驻防文、武各生，应令满洲教官查明，造册申送学臣。按其住址，分发各州、县教官，照民籍例就近考课约束。其举报优劣，并岁科、帮补、出贡事宜，仍移会满洲教官查办。如果州、县教官徇庇失察，照例议处。至生员告给衣顶之后，学册业已除名，考课亦行停止。其中优劣，该教官自难查察。嗣后，告顶文、武各生，亦应照贡监归地方官约束之例。凡在京者，令该教官查明造册，申送本旗都统管束。其屯居及驻防者，该教官造册申送地方官，会同理事同知就近约束。如有违犯，随时惩治，报部查核。

乾隆三十五年议复盛京兵部侍郎富德条奏各驿站丁，请照户、礼、工三部所属壮丁之例，一体考试。童生中式后，仍照常在驿当差一折：查雍正八年盛京兵部侍郎永福具奏站丁援例考试生员，奉上谕：事虽应行，但此途一开，俱各染于汉习。而于汉仗⑳武艺，正项差使，恐不无懈弛之处。此事尔会同驻剳盛京文、武大臣等悉议具奏。钦此。经会同议复：驿站人等，关系紧要。若准其考试，则有力之家，尽以读书考试为名，规避差遣，必致有误驿站事务。应将奏请考试之处毋庸议。奉旨：依议。交部注册。钦遵在案。嗣于乾隆九年，据盛京兵部侍郎兆惠奏请将各站丁令其考试，复经奉旨议驳。是此项人丁，既系在驿当差，无论人丁多寡，终以汉仗武艺为重。原不得藉应试为名，有旷正项差使。况向例，既准考补驿丞，本有进身之阶，更无需必习文艺。且如该侍郎所奏，考试取进之后，仍令在驿当差，是以生员兼充驿丁，更与体制未协，应毋庸议。

乾隆三十七年议准：奉天府属满、合生员，散居各州、县者，于雍正五年议令拨归各该学，与民籍诸生一例收管。乃历年考试时，该将军既未将各童居址查明，造册移送；至入学后，该府丞复未行查分拨，均属不合。应将不行遵办之该将军及府丞咨部查议。所有现在满、合诸生居址，应即交与该将军，查造清册，咨送府丞衙门。其补廪、补增、出贡等项，由府丞查明，檄行各该学申送。仍令奉天府学照例注册。再查向来该府丞造报满、合各生清册，惟将旗分、佐领填注册内。嗣后，应于各名下注明某州、县字样，送部查核。

乾隆三十八年奏准：考试翻译生员，照学臣录取文童之例，先由该本旗都统严行扃试。奏派大臣复考取录。点名时，加派御史二员，于东、西两砖门分旗点进，并派王、大臣逐名搜检。围墙以外，责成步军统领衙门加意巡逻。

乾隆四十年议复奉天府府丞李绶条奏奉天满、合字号生员，分拨各该生居住之十二州县学，应酌定考试章程一折：据称各学满、合生员格眼册应由提调造送等语。查奉天满、合生员，拨归居址相近之各州、县学，一体管束。每遇岁、科正考，即由该学申送府丞考试。原以该生等平时既归各学管束，则考试造册，即由各学分办，于稽核始为详密。若不责之原有管束之教官，而委之素不相习之提调，转多未便。且查格眼册内，年貌、经书，例应各生赴学自行填写。倘改由提调造册，势必于未考之前，概令诸生先赴提调衙门填册。则预期传集，事更涉于纷扰。

又称各学申送满、合生员，试卷不能一律。嗣后，应由提调衙门备办。卷面上填满、合字号生员，不填州、县学字样等语。查奉天满、合生员，既散居各州、县，其岁、科试卷由各学申送，本属应行承办之事。至试卷，例应各照定式置办，不许长短不齐。久经著有明文。今满、合卷，幅长短、阔狭尚有参差不一者。此自由该衙门不能饬属遵例所致。若如该府丞所奏将各学应办试卷章程另议更张，而易一提调备办之条，转增一书吏需索之弊，于事理殊未妥协。该府丞既为严密关防起见，应令遵照定例，将试卷式样檄发各该府、州、县学，依式造办，不得长短互异，致便检查。其各学散处之生，考试等第，例系统归一案发落，则卷面止应填满、合字号，原不应填州、县字样。其现有一二学填写之处，应令该府丞饬行禁止，以符体制。

又称考试满、合生员，锦州所属四学，皆应归治中一体提调，其帮增、补廪、出贡等事，俱由学政关行治中转饬办理等语。查满、合生员考试册卷，奉天所属八学，由治中呈送。而锦州四学，则径申府丞。原因隔府辽远，人数亦复无多。该府丞据各学所送册卷，逐一详查，并无贻误。至考试届期，锦州四学与奉天八学，同日合考。该治中专司提调，自应一并稽查，何得以册卷由学径详，致有区别？查现年解部满、合试卷，其中锦州所属之学，亦径钤盖奉天府治中关防，是隔府诸生，临场点名、给卷之事，未尝不由治中经理，并非专管奉天八学考试也。至出贡、补廪等项，由该府丞查明，檄行各该学申送，仍令奉天府学照例注册，立法至为简当。若不径行各学，而必由治中转饬，于事体既涉纷繁，而沉搁勒索，弊端百出，更非整饬㉑学校之道。

又称考试满、合生员，应调取锦州四学教官，赴省送考等语。查生员应试，各该教官例应送考，以便稽查顶冒诸弊。惟奉天满、合各生，住居锦州府属州、县者，于该府丞调考时，该学教官俱不送考。诚以各学教官，于本籍诸生训课约束，是其专责。若因该处满、合生员就近管束，即饬令赴省送考，既恐以跋涉、资斧，开扰累之端；而于本任职守，转滋旷误。且查满、合生员，分隶锦州者，每学或仅有十数人，或仅有数人不等。该府丞于校试之余，果能留心察核，何虑耳目难周！况各生平日虽系分拨各州、县学管束，而岁、科两试，仍赴省候考，与奉天府学生员无异。其有无假冒违碍等情，原可责令该府学一体查察，并非各该教官不行送考，遂致无人弹压。所奏均毋庸议。

注释：
① 内院，指内三院，清官署名。清天聪十年，置内国史院、内秘书院、内弘文院，各设大学士一人。合称"内三院"。康熙九年改为内阁。
② 行走，即人值办事之意。清制，调充某项职务即称在某处或某官上行走，如南书房行走、总理各

国事务衙门行走、御前大臣上行走、军机大臣上行走等。

③ 幅陨，犹幅员也。幅员，地广狭称幅，周围为员（圆），合指疆域。如：幅员广大。按《诗·商颂·长发》："幅陨既长。"郑玄笺："陨当作圆，圆谓周也。"原文"陨"字左偏旁作"巾"，当误，《康熙字典》中无此字。

④ 满、合，清八旗考生编号。按《清史稿·志八十三·选举三》载："乡试中额，顺治八年，定满洲、汉军各五十，蒙古二十，嗣减满洲、汉军各五之一，蒙古四之一。康熙八年，编满、蒙为满字号，汉军为合字号，各取十名。"

⑤ 包衣，据《辞海》云，系满语"包衣阿哈"之简称。亦作"阿哈"。"包衣"即"家的"；"阿哈"即"奴隶"。汉译为"家奴"、"奴隶"、"奴仆"或"奴才"。历史上满族社会之最低阶级。为满族贵族所占有，没有人身自由，被迫从事各种家务劳动和生产劳动。来源有战俘、罪犯、负债破产者和包衣所生子女等。清朝在全国范围内建立统治后，包衣有因战功等而置身显贵者，但对其主子仍保留奴才身份。

⑥ 庄头，中国封建社会中地主阶级所设田庄管理人。近代庄头本身也是地主或二地主。庄头往往只交定额地租给庄主，但对庄客或奴仆却尽可能压榨和奴役，以取得更多剥削收入。

⑦ 蒙混，原文为"濛混"，误，径改。下同。

⑧ 随任，原文为"随住"，误，径改。

⑨ 翰詹，即上文翰林院詹事府之简称。

⑩ 中书，官名。清代沿明制，于内阁置中书若干人。掌撰拟、记载、翻译、缮写。或由举人考授，或由特赐。若进士经朝考后以内阁中书任用者，并可充乡试主考差。翰官阶为从七品。

⑪ 笔帖式，官名。清代在各衙署中所设之低级官员。掌理翻译满、汉章奏文书，以满洲、蒙古和汉军旗人担任。笔帖式为满语士人之义（一说为汉语"博士"音译）。

⑫ 陈满洲，与本条下文中"新满洲"相对。"陈"，原有、旧有之义。"满洲"，清代满族自称。满族原为女真人后裔，初称女真（明和清初文献作诸申），清天聪九年（1635年），清太宗皇太极废旧有族名，改称满洲。辛亥革命后，通称为满族。

⑬ 颠顸，糊涂，不明事理。

⑭ 摸棱，亦作"模棱"。对事情正反两面含糊其辞，态度不明确。《旧唐书·苏味道传》："（苏）尝谓人曰：'处事不欲决断明白，若有错误，必贻咎谴，但摸棱以持两端可矣。'时人由是号为'苏摸棱'。"

⑮ 因原文过长，在此据文意试为分段。本卷下同。

⑯ 骩法，枉法。骩，音委，本谓骨弯曲，引申为枉曲。《新唐书·李憕传》："（河南）尹萧炅内倚权，骩法植私，憕裁抑其谬，吏下赖之。"

⑰ 三品，原文"品"处为空白，据上下文意补出。

⑱ 湔改，湔，音煎，义为洗涤。湔改，谓涤除旧有恶习。

⑲ 黻饰，黻，音弗，古代礼服上黑与青相间之花纹。黻饰，借喻文采之美。

⑳ 汉仗，按《汉语大词典》释云："谓体貌雄伟。清梁章钜《退庵随笔》卷十三：'选将之法，与选士不同，智勇固所在先，而汉仗亦须兼顾。'"

㉑ 整饬，即整顿。《三国志·蜀志·许靖传》："整饬元戎。"原文"整"上为"敝"，误，《康熙字典》无此字。

卷六十七　商　学　事　例

顺治十一年题准：商籍生员，长芦①盐运使司所属在直隶者，附河间府学。两淮所属，附江南扬州府学。两浙所属，附浙江杭州府学。在山东者，附济南府学。陕西所属，附宁夏府学。山西有河东运城，另设运司学。

康熙六十年议准：广东盐商子弟取进童生，分拨府学及南海、番禺二县学。

雍正十年题准：直隶天津县、沧州，既改隶天津府，其商、灶二籍取进童生，不必另设教官，即令天津府儒学督课。

乾隆三年议准：广东商籍生员，向分拨广州府及南、番二县学肄业。应照直隶天津府例，将三学商籍生员悉归广州府儒学考课。

乾隆八年议准：商童考试，例由盐道衙门录送。虽有廪保，仍以甲商保结为凭。但穷商射利，或有招致冒籍，假充子侄冒考，致生顶替代情诸弊。嗣后，如有甲商混保冒籍者，即将该商斥革，照不应律治罪。

乾隆十六年议准：广东商籍生员，册开二百余名，其应岁、科考者，仅百余名，余皆入游学、患病项下。至乡试之时，始赴补考录遗。平时半回本籍，并非真正商人子弟相依不能远离者可知。请敕下该督、抚、学政及本管之盐运使，严加查核。必实系商人子弟，在行盐地方居住，不能回籍应试者，方准入商籍应试。如商人子弟中佳卷不敷学额，宁缺毋滥。倘查出虽系商人一族，而不住行盐地方，及他姓冒入商籍，即将保送之该商照例议处。

乾隆十七年议准：嗣后，本官由民籍中式者，其子孙应于民籍内编入官卷，不得复冒商籍。已经入学者，查明勒限改归。未入学者，不得复应商童之试。违者，照例治罪。若本官原由商籍中式者，其子孙应于商籍内编入官号，亦不得复于本籍重编官卷。其同胞兄弟之子，与本官同籍者，照例编为官卷。若与本官民、商异籍，不得借名改归，以图侥幸。

乾隆二十年议准：广州府商学生员，有并非商人嫡属者。准照雍正六年广州府等学隔府、隔县混冒入学者，许其呈首，改归本籍之例，令该督、抚、学政转饬盐运使，将商学生员彻底清查。内有他姓冒入商籍，及虽系商人一族，而不住行盐地方者，悉令改回原籍。该学政仍造册报部查核。自此次清查后，倘仍有冒考滥结，及学臣宽纵等弊，一经发觉，照例分别议处。

乾隆二十二年议复顺天学政庄存与咨呈天津府灶籍内，有山东武定府属之海丰、乐陵、阳信三县生童，缘伊等盐场俱属长芦运司管辖。其考试，俱归天津灶籍。今海丰、富民、海闰等场，虽现在并不开场煎盐，但实系纳课灶丁，应否仍作灶童，抑或改入民籍等语：查人户以籍为定。凡军民驿灶，不得变乱版籍。是灶户之定为灶籍，律载甚明。原与行盐商人不住行盐地方，其子弟不准应考商籍之例不同。今该处灶童，应归灶籍考试。遵照定办理。

乾隆二十三年议准：寄籍下江之徽商，与原籍不远。其子弟既得回籍应试，而行销浙盐，在浙省杭州府复设有商学，准其考试，不便重占扬州商籍，以滋冒考之弊。嗣后，除徽郡之人挈家入籍者，地方官遵照入籍定例办理外，其应考商籍者，应令该学政及盐运使遵奉定例，严加察核，不得徇纵。至于考试商籍，务以引名为据，不得凭捐照所开之寄籍，借以为子弟冒考之端。其从前以寄籍报捐者，均应查明，令其改归原籍，咨部换照。

乾隆二十七年议复广东学政郑虎文条奏商籍事宜一折：查粤东商籍，自康熙六十年开设以后，凡商人嫡属子弟，均令入试。今该学政请将士商子弟已经取入商学者，尽行改归民籍，不得复以商籍冒应童试，似属清厘冒籍之意。但童生应试，原以入学为中式之地。查粤东商籍乡试，其应试者不下百余名，定额止取中一名，较之民籍，难易迥殊。若勒令概归民籍，则凡各省商人之在粤者，转可借土商名色，朦胧影射，希图民籍中式。是欲清厘商籍，反致引商人民，弊端由此滋甚。于粤东学政，殊无裨益。倘有重考冒籍等弊，例禁本严。惟在该学政于临考时，责成教官、廪保及保商等切实稽查，自可杜弊。②

又奏称埠商子弟，即有该省人充当者，埠设该省，粤本无居，请勒归本籍应试等语。查广西、江西、福建、湖南四省，既系行销粤盐，则伊等均系办商子弟，自应编入商籍，未便禁其考试。况清厘籍贯，但当分别其为商、为民，不应于商人之中又为区别，反致偏枯。所有广西等四省埠商嫡属子弟，应仍照旧例，与江、浙等省商人子弟一体考试。

又奏称应试商童，预年报名，运司给与执照。每岁春秋二季，验照一次，亦即扃试文艺，以核其真伪、优劣等语。查商童应试，本由运司考试申送。果有顶替等弊，总在临考时实力稽察厘剔。若令赴司验照，又令扃试文艺，在运司为盐务总汇，办理未免琐屑。而给照之后，其人之年貌相似者，仍可顶替，究亦难凭。防弊之法，实属毋益。所奏均毋庸议。至所称请停父兄保认之例，令运司于总商中择其品行端方者，专其保认之处。查定例，商人子弟考试，即令该商出结保送。如有捏饰情弊，一经察出，即将保结之商人照例议处。是保商之扶同捏饰，定例綦严，而究系伊等父兄亲族，其中保无捏饰情弊。嗣后，考试之期，应令运司于总商中择老成殷实者数人，充当保商。于收考时，查明应考商童，出结保送。运司严加考试录取，造册申送学臣。其保商倘有徇情滥保贿嘱等弊，查出，仍照例严行治罪。

乾隆四十一年议准：两淮商籍，现在额多人少，自不应仍照原额取进，以滋冒滥。亦不便以商、灶之额摊入民额，致启混淆之弊。酌定商、灶每十名各取进一名。其尾零过半者，亦准取一名。照例附入扬州府学。嗣后，商、灶倘人文复盛，仍于原额内通计酌取，总不得过原额二十名之数，以示限制。仍令该学政每届考竣之期，开造清册。并将商、灶应试各若干名，即于文内声明，呈送礼部查核。如考试童生虽与取进额数相符，而佳卷不敷，仍照宁缺无滥之例办理。

注释：

① 长芦，即长芦盐区，在河北省、天津市渤海沿岸，为北起山海关南至黄骅县盐场的总称。元始设河间盐运司，明初改名长芦，以运司驻在长芦镇（今沧州市）而得名。清康熙后运司移驻天津，而长芦之名不改。

② 因原文较长，在此据文意试为分段。下同。

卷六十八　卫学事例（学例分载各省）

顺治十六年题准：直隶山海、宣府各卫学，边远无可归并，仍准照旧。其怀来、永宁二卫，归并延庆州。保安卫，归并保安州。龙门所，归并开平州。昌平卫，归并昌平州。嗣后，童生应试，俱取州、县官印给廪生保结，不必另立卫册。凡各卫学归并府、州、县者，皆照此例。

顺治十七年议准：湖广平、清、偏、镇四卫，附贵州省考试。

康熙二十六年议准：直隶怀来、永宁、保安三卫，仍照额取进童生。其廪、增及出贡，亦照各县例。至三卫学务，仍令保安州学、延庆州学兼摄。

康熙二十七年议准：湖广平溪、清浪二卫学，因改隶武昌，相距二千五百里，中隔洞庭，赴试维艰，仍照旧令黔省提学考试。

康熙三十二年议准：湖广五开卫，入学额数及廪、增、出贡，均照中学例，即令靖州学教官兼摄。

康熙四十四年议准：陕西平凉卫，原无专学，又不能入州、县学考试，应将平凉府学改为大学，增额取拨平凉卫童生，不必另立卫学。其廪、增及出贡，不分民、卫，俱照考试案先后及年月浅深为序。

康熙五十三年议准：湖广辰州府属之镇溪所，修建学宫，照五寨司例，定额取进。以泸溪县训导就近兼摄。

康熙五十五年议准：广东各卫所，照各省卫学例，均定额取进，不必设学、设官，拨入各府学官督率。其廪、增及出贡，即附入各府学额内。

康熙五十九年议准：陕西凉州并古浪所，人多额少，应增额取进，即附凉州卫学肄业。

康熙六十年议准：直隶保定等卫军户，历年甚久，即系土著。恐不肖之徒，假冒卫籍。着严饬该府、县及教官，查明出具保结。中式后，有顶冒等弊，本身照假官例治罪。送考及出结官①，照徇庇例处分。廪保黜革。

雍正二年议准：陕西潼关卫，既经裁汰，其生童归华阴等州、县考试。

雍正三年议准：黎平、永从二学，半系五开卫人，不便尽拨回籍。故学臣请照平、清二卫例，附黔考试。今奉旨，五开、铜鼓归黔管辖。其生童就黔考试，无庸置议。至黎平、永从二学，自卫改县治，画清地界为始，隶府属者，归府考试；隶卫属者，归县考试。仍将分隶之处报部。

又议准：广东广州左卫十二卫，东莞等二十六所，军户田粮，俱归并附近州、县。其卫所军童入学，原有定额名数。今一卫所户口屯粮有收入附近数州、县者，若各就屯粮归并之州、县考试，则送考零星，难以考试。嗣后，仍归从前原考之州、县考录申送。

雍正四年议准：陕西潼关卫，前经归并华阴县，改华阴中学为大学。今卫改为县，华阴仍照中学旧额。所改潼关县学，照该卫原额取进。

又议准：平凉卫附近屯民，编列卫籍，准附平凉县考试。照旧拨府学兼管。岷州卫西固所附近屯民，亦准赴岷州厅考试。其归德所，向系河州统辖②。今河州卫虽裁，而生童考试，归并河州。其归德所生童，亦照例附入河州考试。

又议准：辰州府属之镇溪所，自康熙五十四年设学，考取生员。今应酌设廪、增。俟补廪十年后，照县学例出贡。

又议准：山西威远卫，现在廪、增、附生，拨入朔平府学。老营所，拨入宁武府学。其神池、利民、八角三堡，先进宁武学者，改归神池学。镇西卫，先进岢岚州学者，改归五寨学。其余卫所，原额廪、增、附生，俱照改设新县拨入县学，造册送部。

乾隆五年议准：直隶延庆卫，已复设训导。该卫童生，自下次岁试为始，改入附近昌平州考试。照例由北路同知录送学臣，与顺天府属各州、县、卫生童一体在通州考校。

乾隆八年议准：山东安东卫屯丁，向居卫城。今卫城既归并日照，应将该卫文、武生童，均归日照考试。另编字号，照原额取进。其在诸城县居住之屯丁，准其隶入诸城。如有应试子弟，即与诸城民童一例考取，毋庸另增额数。

又议准：甘肃口外，安西、沙州、靖逆、柳沟、赤金五卫生员，向隶肃州学管辖。但去肃千有余里，稽察莫及。应于五卫适中之安西卫，增设教授一员，五卫生员，均拨归该教授管辖。

乾隆九年议准：安徽凤阳府属之凤阳、凤中、长淮三卫，与考童生，并上江③所属卫学，俱准照新安等卫例。责令该卫守备按名稽查，造具印册，印卷考试，录送提调。提调考试，录送学政。其童生保结，即令该卫廪生认保。如无廪生，准该卫增、附生员互相识认保送。倘有枪、冒等弊，即将该卫守备照例议处。互结生员，一体治罪。凡有卫学考试之处，一体遵行。

乾隆十年议准：直隶唐山屯，原属正定卫管辖。自裁汰正定卫后，屯内地粮，归并顺德府之唐山、任二县。其新进童生，则拨入正定府学。体制固属未符，且又舍近就远。应将唐山屯额进文、武童生，并从前拨入正定府学之文、武生员，改隶顺德府学管辖。其改隶之生，现系廪、增者，作为候廪、候增，与顺德府生员照考案先后，新旧间补。较食饩年分，一体出贡。再唐山屯地方，隶唐山县者十之七八，隶任县者十之二三，亦应移少就多。嗣后，岁、科两考，将隶任县之童生统归唐山县考试，由顺德府录送学政。即用府学之唐山屯廪生暨唐山县学之廪生，公同保结。

乾隆二十年议准：浙江鄞县所属之大嵩城，前隶定海卫管辖。定海卫指挥，驻劄镇海。自该卫裁后，地已归鄞。而城内生童，仍赴镇海应试，殊与版籍不符。嗣后，大嵩城童生，应改归鄞县考试，与该县童生凭文取进。前在镇邑入学之生员，亦应拨归鄞县儒学注册。其帮补廪增、出贡，均与该学生员一体照例办理。

又议准：山东兖州府属之东平所，未经改隶泰安管辖之前，生童向随泰安府属之东平州考试。今东平所户口钱粮既改隶泰安府管辖，其生童自应仍随东平州考试。至兰山县之元霄屯，因距兰二百余里，归并泗水县管辖。嗣后，如有生童应考，亦应附入泗水县，凭文酌取。

乾隆二十五年议准：查江南松江府金山卫学军卫来历，有勋军、屯军之分。勋军乃前明指挥使镇抚千百户之后，屯军即系耕种军田、现在佥丁领运之户。自我朝裁汰指挥等官，其子弟均散为民。虽有卫备管辖，向系散处各州、县。相沿已久，民、卫易滋混冒。今据江苏学政查明该卫勋、屯户口，及坐落各县。应责成卫备汇造清册，分送学政、布政司、松江府存贮。嗣后，考试卫童，将此册核对。如有不符，即行剔除，并将混冒之人治罪。仍令苏抚转饬，每届编审之年，将前项勋、屯户口另造一册，并取具该备并无遗漏印结送部，以便查核。至从前民冒军籍之生，即令改归民籍。其军冒民籍者，亦一并收回。嗣后，子弟俱随父兄之籍考试。倘敢仍前混冒，据册查出，即行重究。再查金山卫军户，散处华、娄、上、南④地方，而考试则统归华亭。该县莫由稽查，殊为无益。应照乾隆九年议准安徽之凤阳等三卫照新安等卫之例，一体责令该卫守备录送提调，转送学政。其童生保结，令该卫廪生认保。如无廪生，准该卫增、附生员互相认识保送。倘有枪、冒等弊，即将该卫备照例议处，互结生员一体治罪。仍责令松江府查察，以专责成。该卫童生考试，准其在周浦收粮公所，以免远涉之艰。该卫生员既经清查，改归民籍者逾半。现在廪、增学额，均宜酌减。

乾隆二十六年议准：延庆卫，归并延庆州管辖。其延庆卫训导一员，照蔚县归并蔚州之例，改为延庆州乡学训导。取进入学额数，及考补廪、贡，悉照旧制办理。文、武生童，另编乡学字样，归并宣化府考试。

乾隆三十三年议准：湖北黄州府蕲州所辖之小江口地方，原属蕲州卫军地，改归江西九江府德化县管辖。所有岁、科两试童生，令廪保先期报县，核明收考。不准临期始行投卷。并令学臣考试时另编军籍，取入府学，以免混淆。

乾隆三十八年议准：苏松所属苏州、太仓、镇海、镇江四卫军童，均已各归坐落州、县应试。其金山卫旧有守备，因事简议裁，归并镇海卫管理，久无金山卫之名。应将该卫学名目裁汰，各就生童住址，改归各县考试。将取进原额，查明各生童居住各县，人数多寡，均匀分拨。岁、科两考，照苏、太等卫之例，于册卷填明卫籍字样。其已进之廪、增、附生，俱拨归住居之县学教官，就近管束。嗣后，每届四年编审时，将屯军、勋军滋生新丁一体编查造报。临期考试，各该县按册较对。如有不符，即行剔除查究。仍责成卫廪生认保画结。如无卫廪生之县，准卫籍增、附生互相认识保送。

乾隆四十一年题复安徽学政奏卫籍丁童，由各土著州、县确核收考一案：查江苏等省卫、所军童，节经议准，各归坐落州、县考试。今该学政所奏安省卫籍丁童，亦由各土著州、县确核收考，与别省事同一例。应如所请办理。惟查该学政所称不论离卫远近，由卫报名核定，移送各州、县之处，查丁童考试，既归各州、县，不便于临考之前，复令其赴卫报名。应令各卫将本管军籍，预行造具户口印册，移送土著州、县存案。至考试届期，即令各本童径赴州、县报名，填注卫籍字样。该州、县按照本卫原册，详细核对。如有本童隐匿卫籍及廪保扶同出结者，照例治罪。倘该州、县等失于查察，并照例议处。至取进卫童，均拨入本州、县学，以便管束，毋庸拨入府学。其从前由卫录取之廪、增、附生，亦令填明卫籍，改归各土著州、县学册之处，应如该学政所请办理。

注释：

① 出结官，原文为"出结宫"，误，径改。

② 向系河州统辖，原文为"向系河州纯辖"，误，径改。

③ 上江，旧多指长江上游地区。如《资治通鉴·唐高祖武德元年》："朕方欲归，正为上江米船未至，今与汝归耳。"胡三省注："夏口以上为上江。"又因长江从安徽流入江苏，故旧称安徽为上江，江苏为下江。

④ 华、娄、上、南，据《清史稿·志三十三·地理五》内"松江府"条载，即华亭、娄、上海、南汇四县。

卷六十九 土苗事例（学额分载各省）

顺治十五年题准：土司子弟，有向化愿学者，令立学一所。行地方官，取文理明通者一人充为教读，训督猺童。其猺童中有稍通文理者，听土官具申本县，转申提学收试，以示鼓舞。入学名数，提学凭文酌定。其教读，每年给饩银八两，灯油、纸、笔银二十四两，地方官动用钱粮支给。

顺治十六年题准：湖南辰州五寨，界接苗、猺。今向化归诚，照例设学，定额取进，令辰州府训导分摄。

又议准：贵州苗民，向化归顺，广示教训。令该地方官，查苗民中有稍通文理者，开送学道考试。择其优者，量取送附近府、州、县、卫学肄业。不许各处土民冒考。仍令该学道酌量所取名数。准其补廪、出贡，随将定额报部存查。

顺治十七年题准：贵州省属苗生，分大、中、小学定入学、补廪额数，俱附各学肄业。另立一册，勿与府、州、县、卫学额数相混。

顺治十八年题准：云南省土司应袭子弟，令各该学立课教训，俾知礼义。俟父兄谢事之日，回籍袭职。其余子弟，并令课读。该地方官，择文理通者，开送提学考取。

康熙二十二年题准：贵州、云南各土官族属子弟及土人应试，贵州附于贵阳等府，云南附于云南等府。各三年一次，定额取进。俱另行开列，附于各府学册后。照例解部察核。其土司无用流官之例，考取土生不准科举及补廪、出贡。如不愿考试，亦不必勒令应试。

康熙二十五年议准：各土司官子弟，有愿读书者，准送附近府、州、县学，令教官训课。学业有成者，该府查明，具题奖励。

康熙三十六年议准：贵州黎平府，文、武生员七十四名，除三名实系民籍，与部册相符外，余七十一名皆为土司族属，即系土司。照黔省例，将黎平府每考应取土司生员额数抵算完日，再行考取。其从前未经分晰，违例送考之官，查参议处。廪保邻佑，交该抚惩黜。

康熙四十年议准：广西土官、土目①子弟，有愿考试者，先送附近儒学读书，确验乡音，方准报名应试。若土官滥送读书，教官不行详察收送，试官竟行收考；及实系土目子弟，情愿考试，土官禁遏与试者，该抚题参，交部严加议处。

康熙四十三年议准：湖南各府、州、县熟苗童生，许同民籍应试。其取进名数，即入该县定额。

康熙四十四年议准：贵州苗民，照湖广例，即以民籍应试。进额不必加增，卷面不必分别。土官、土目子弟，及三十六年取进土司文、武生七十一名，仍准一体考试。广西土司之民人子弟，亦照此例。

又题准：贵州仲家苗民子弟，一体入学肄业，考试仕进。

康熙五十四年题准：湖南衡、永、宝、辰、郴、靖六府州属苗、猺，另编字号，于正额外酌量取进

康熙五十九年议准：广西土属共五十处，各设义学一所，教读土属子弟。如有文理精通者，先令就近流官州、县附考取进。其名数，俟该抚酌量人文多寡，具题定议。

雍正元年议准：广西太平土州，设立学校，令生童就近肄业。以养利州训导移驻，专司督课。其建学之资，祀典之费，俱出该土州，不得派累土民。自雍正二年为始，岁、科两考定额取进。

雍正三年议准：湖南衡、永、宝、辰、郴、靖六府州所属苗、猺，陶淑既久，额少人多。嗣后岁、科考试，增定额数。

又议准：云南威远地方，彝人子弟在义学诵习。有粗通文义者，就元江府附考，于府学加额取进。

又议准：黔省苗人子弟，各赴该管府、州、县义学诵习。有文理通顺者，准于各府、州、县岁科两试加额取进。

雍正五年议准：云南东川府土人，设立义学。俟教化有成，土童能作文艺之时，该抚具题到日，照湖广考取苗、猺事例，另编字号考试。按人数多寡，果有可取之卷，于东川府学额内酌量分发，以示鼓励。

雍正八年议准：四川建昌府，四面②环夷③，复有熟番杂处其中。应建学舍，延师训课。俟通晓文义之后，准其报名应试，地方官照例收考。

雍正九年议准：四川茂州地方，编户载粮，原系汉羌各半，杂处城乡。向时，羌民习陋人顽，未娴声教，是以汉民不许其子弟与试。今值遐方向化，户遍弦歌，茂州羌民久列版图，载粮入册，与齐民④无异。应准其与汉民一体应试，卷面不必分别汉、羌，取额不必加增，凭文去取，一体科举、补廪、出贡。俟人文蔚起，岁、科两试再请增额。其所属汶、保二县羌民，果能观感兴起，亦照此例。

雍正十年议准：嗣后，苗童应试，用汉廪生一名，苗生一名，不论廪、增、附生，公同联名保结。其应试苗童，亦照定例，用五童互结。如有民童冒入苗籍应试者，一经查出，即将保结各生究问斥革。教职等官滥行收试者，题参议处。

又议准：嗣后，各属苗童，俱改为新童，苗卷改为新卷。

又议准：贵州开泰、天柱二县，向隶湖南。苗童定额，取进三名。今二县改隶黔省，应试仅八九人，额多人少。应令该学政酌量取进，如无佳文，宁缺无滥。

雍正十三年议准：川省各属土司苗童，与汉民文、武童生一并凭文去取。卷面不必分别汉、苗，取额不必加增。通行各省，俱照此例。

乾隆四年议准：嗣后，凡贵州归化未久之苗，有能读书赴考者，准其与新童报名应试，照加额取进。其归化虽经百年，近始知读书者，亦准与归化未久之苗童报名应试，于加额内取进。其余归化年久，在未经题请加增苗额之先，已同汉童考试者，仍与汉童照原额取进。地方官不得因其祖籍苗民，仍以新童送试。汉童亦不得以既定有苗额阻抑。

又议准：湖北宣恩、来凤、利川、咸丰四县，原系土司改设。今应试者已百余人，暂附宜昌府考试。另编新字号，四县酌量取进，归恩施县学管辖。

又议准：云南威远土州，前附元江府考试。今既改隶镇沅府，应将从前所加元江府学额拨归镇沅，取进威远童生。

乾隆七年议准：江西省之土司，改土为流迄今十有余年。俱各安分执业，且田庐坟墓，已在江省。诵诗读书，实与汉民无异。应准其照湖广等省苗、猺之例，一体入籍考试。至改土为流之彭肇槐已回原籍吉水县，其子弟应试，亦照此例。

又议准：广东崖岭等七州县，各于黎峒相近之区设立义学。俟三五年后，果有能通文义者，照苗学之例，另编黎字号考试。每州、县定额录取，许其一体乡试。

乾隆十年议准：湖南苗、猺生员应岁、科两试，弥封后，另于卷面填注苗、猺字样，以便学政阅卷时与民籍生员相较，酌量位置。

乾隆十一年议准：三齐等三十六寨番民，归隶茂州管辖。其子弟，准送义学读书。如果渐通文理，照土司苗、猺之例应试。

乾隆十六年议准：贵州各属苗民岁、科两试，仍与汉童一体合考，不必分立新童加额取进。学臣亦不得以粗浅之苗卷，滥行录取。

乾隆二十一年议准：湖南所属苗童应试，著改为新童。其猺人、土人二种，亦应照例，准其一体改正。

乾隆二十四年议准：湖南绥宁县取进新生，送部册内，注明原系苗籍、猺籍字样，以符分额取进之例。

乾隆二十五年议准：湖南辰州府属之乾州、凤凰、永绥三厅，皆新辟苗疆。乾、凤二厅，已于雍正十年间设学取士。惟永绥未经设学。该地民、苗童生，现在义学肄业堪以应试者，实有三百余人，自应一体设学。将辰溪县训导裁汰，改设永绥厅学训导。照乾、凤二厅之例，定额取进，宁缺毋滥。俟十年后，准其食饩补廪。再十年后，照例题请出贡。其录送考试，应照例由厅录送府，转送学政。至该厅系初次考试，并无廪保识认，应令该苗童互相结保。如有冒考者，即行举首，照例治罪。俟开考取进后，即令生员识认保考。岁、科数次，食饩有人，照例令其廪保。

乾隆二十九年议准：土司未经袭职之先，原许其读书应试。既有生员袭职，如能不废课读，亦可造就成材。若平日混厕⑤生员，袭职之后，又藉口地方事务繁多，屡行欠考，有名无实，殊非慎重名器之意。嗣后，土司由生员袭职者，如事务繁多，自揣不能应试，准其告退。其愿应试者，饬令如期应试，不得托故避考。违者，该学政查照定例斥革。其边省凡有土司地方，均行一体遵照。

乾隆三十三年议准：广西土民，佃种土官之田，向听土司役使充兵。若准其应试，一经上进，势必不服差徭。其果有志向上，退还所佃之田，实无原籍可归者，方准令土司送考。如退佃准考之后，仍隐占土官田地，托避徭役，该地方官严查究处。

乾隆三十六年议准：湖南永州府属之东安、永明二县，猺童应试，不过数人，与宁远县多寡悬殊，应将学额酌量增减。

注释：

① 土目，土司所属员司之称号。世袭，兼理文武，职守权力因时因地而不同。

② 四面，原文为"日面"。"日"，从上下文意看，当为"四"字之误。

③ 环夷，原文作"环夸"。按，《康熙字典》释"夸"云："《说文》：夷本字，平也。从大从弓。东方之人也。"《辞海》释"夷"云："①中国古代对东方各族的泛称，亦称'东夷'。如夏至周朝有九夷之称。郭璞《尔雅注》：'九夷在东。'中国古代有时也用以泛指四方的少数民族，如汉时总称西南少数民族为'西南夷'。"

④ 齐民，旧指平民。《汉书·食货志下》："世家子弟富人，或斗鸡走狗马，弋猎博戏，乱齐民。"颜师古注引如淳曰："齐，等也。无有贵贱，谓之齐民，若今言平民矣。"

⑤ 厕，置，参加。如：厕身。《史记·乐毅列传》："厕之宾客之中。"

卷七十　官学事例上

宗学

顺治十年题准：每旗各设宗学。每学选取满洲生员一人为师，给与七品顶带。凡宗室子弟十岁以上，俱入宗学教习清书。其汉书，听自延师教习。

雍正二年定：设立宗学，左右两翼，满、汉学各一。择宗室内分尊齿长者，令掌教习。奉上谕：朕惟睦族敦宗，务先教化，特立义学。简选尔等教习，随其资质，劝学兴行。有不遵教训者，小则尔等自行惩戒，大则揭报宗人府①，会同奏闻。其行止端方，精勤好学者，无论年齿长幼，即行保奏。从来立教之术，莫要于奖善惩恶。善不奖不能使之劝，恶不惩不能使之改。尔等既膺简任，务期勤慎黾勉②，恪恭厥职，以副朕笃厚宗亲、殷勤教育之至意。

雍正三年议准：王公将军及闲散宗室子弟，十八岁以下愿就学读书，及十九岁以上已曾在家读书，情愿就学者，均令入宗学分习清、汉书。学内兼置箭道，学习骑射。

又议准：每学以王公一人总其事，设总管二人，副管八人。选宗室中分尊年长者，拟定正、陪，引见补授，令其轮流值日。清书教习二人，选罢闲满官及进士、举贡、生员善翻译者充补。骑射教习二人，选罢闲官及护军、校护军善射者充补。汉书，每学生十人设教习一人，令礼部考取举贡充补。

又议准：总管给七品官食俸，副管给八品官食俸。读书子弟，月给银三两、米三斗、川连纸一刀、笔三枝、墨一笏。自十一月朔至正月底，各给炭百八十斤。每学自五月朔至七月底，日给冰一块。满、汉教习，每月给银二两、米二斛，每年棉衣、纱衣一次，三年内皮衣二次。骑射教习，每月给银一两。五年如果成就多人，总管、副管系闲散宗室，以府主事用；系将军等品级，量加议叙。教习骑射者，咨本旗以应升官即用。其满、汉教习，三年期满，分别等第。一等者由府引见，交部照例叙用。平等者留学，再教习三年，方准录用。不称职者参处。

雍正十一年奏准：两学各以翰林官二人董率课程，分日入学，讲解经义，指授文法。每月给公费银，与各馆纂修官同；给米，与本学教习同；四季给衣亦如之。

乾隆三年议准：两学设总稽课程各二人，每月试经义、翻译及射艺各一次。钦命满、汉京堂官充之。

又议准：宗学生徒，每岁季秋由府奏请，试以翻译及经义、时务策各一道。钦命学士等官阅卷。考列一等，赏笔二十枝、墨十笏。二等，笔十枝、墨五笏。三、四等，留学肄业。五等，教戒，仍许留学。六等，黜退。

乾隆四年议准：通计宗室在学生徒，按十名派设教习一员，以专责成。其未满十名者，即均派在各教习名下训课，毋庸另议添设。

乾隆九年议准：五年奏请钦命大臣合试左右翼学生。凡本年考取一、二等，及往年考取一等，并在家肄业愿观光者，咸准与考。拔取佳卷，进呈御览，恭候钦定名次。由府引见，以会试中式注册。俟礼部会试之年，习翻译者，与八旗翻译贡士同引见，赐进士。以府属额外主事用习汉文者，与天下贡士同殿试，赐进士甲第有差。

乾隆十一年奏准：左翼学生定数，以七十人为准。右翼，以六十人为准。

乾隆二十一年奏准：裁宗学汉教习九人，改为翻译教习。其教习骑射，每翼各止二人，应各增一人。再在学肄业宗室，年满考列一、二等者，例以府属笔帖式补用。需次无期，别无效力之路。请于此内择其人去得者，照部院贴写笔帖式之例，授为宗人府贴写笔帖式。二三年后，如果行走勤慎，办事好者，引见以笔帖式坐补。其贴写之时，仍给与在学应得公费，仍于岁终视其行走，于恩赏宗室银内酌量赏给，以示鼓励。至骑射教习，从前并未定予劝惩。嗣后，骑射教习，尽心者给以一等考语，咨行各该旗于应升处列名；懒惰者参奏治罪。其学舍箭道，应修理者即行修理。俾肄业学生，皆精通翻译，谙练骑射。

乾隆二十八年奏准：嗣后，考试宗学、觉罗学满教习，准令各部院衙门笔帖式与翻译生员一体考试，按名补用。三年期满，由该管王、大臣分别等第，带领引见，交吏部照咸安宫教习期满之例，议叙升用。其翻译生员议叙之处，仍照原例办理。至笔帖式，既准考充教习，应照例仍食原俸，毋庸开缺。

乾隆三十九年奉上谕：朕昨派宗室公宁盛额前往东陵，更换崇尚。召见时，宁盛额竟不能说清语！若谓畏惧，伊并无罪谴，有何畏惧之处？此皆素日全不学习，只图安逸之所致，甚属不堪。朕向因满洲不学清语，曾不时训饬。乃宁盛额身为宗室，且系公爵，竟亦如此，朕实觉惭愤！王公等宁不愧乎？宁盛额著罚公俸一年，以为宗室不学清语者戒，并令伊至陵寝时，用心学习清语。如再不能，定行治罪。清语原非难事，设平日善为教导，亦何至全不通晓？此皆由伊等父兄，自幼不曾教训所致。即如寻常宗室子弟，尚令其学习清书、清语、骑射，何王公等子弟，反不令其学习乎？著宗人府查明王公等子弟内，如尚能延师之家，仍各任其在家学习。其不能延师者，俱令入宗学，加意教训。伊等入学读书后，务以清语为要，不可仍似从前塞责。著宗人府王公不时详察，如有懒惰不加意教训者，即行参处。仍每月考察一次，考察时，由宗人府请旨，朕派阿哥③及大臣等，会同伊等考察。值考试时，其在家读书者，亦一并入考。若此后尚有不能清语者，经朕察出，其在学读书者，将宗人府王公及教习等一并治罪；其在家读书者，将伊父兄一并治罪。并著宗人府王公等详察在学勤惰，一年之内，何人常到学，何人不到学，其不到学几日，并因何不到缘由，俱著注明。照稽查王公等祭祀、斋戒、朝期之例，缮写清单，于每年终汇奏一次。

觉罗学④

顺治十一年议准：觉罗荫生⑤，令送国子监读书。俟期满，与官员荫生一体照品铨授。

雍正七年议准：八旗各择官房一所，立为衙署。旁设满、汉学各一。觉罗子弟，自八岁至十八岁，有志读书；及十九岁以上，已读书愿就学者，均准入学。总管王公一人，由府奏请钦点。每学选觉罗二人为副管，拟定正、陪，引见补授。以满进士、举贡、生员善翻译者一人，教习清书。以本旗善射者一人，教习骑射。以考取汉举贡教习汉书，每生徒十人设教习一人。以满、汉京堂官八人，稽察课程。五年教有成绩，其副管由该管王公保送到府。系闲散觉罗，奏给八品官食俸。有品秩者，量加议叙。其教习骑射者，咨本旗升用。教习清、汉书者，三年引见，交部叙用。不称职者参处。

又议准：觉罗读书子弟，令该管王公等，每年春秋考验。三年，钦命大臣会府考试。优者，记名奖劝。次者，留学教训。劣者，黜退。学成，与旗人同应岁、科及乡、会试，并考用中书、笔帖式等官。

又议准：觉罗学副管、教习及学生，每月给银、米、纸、笔、墨。冬给炭，夏给冰，岁给衣服，均与宗学同。

又议准：觉罗学生额数，镶黄旗六十一名，正黄旗三十六名，正白旗四十名，正红旗四十名，镶白旗十有五名，镶红旗六十四名，正蓝旗三十九名，镶蓝旗四十五名。左翼共百五十五名，右翼共百八十五名。

咸安宫学

雍正七年奏准：设立咸安宫官学。汉书十二房，每房设汉教习一人。清书三房，每房设满教习一人。再设教射三人，教国语三人。按各房教授，其简选学生，于八旗及内府三旗满洲贡监、生员、官学生及闲散人内，择其俊秀者充补，每旗不得过十人。所用满、汉教习，如景山官学考取之例。

雍正十一年奉上谕：咸安宫教习内，疏懒怠忽，并不实心训课者居多。尔等将现今年满实在勤慎者，拣选带领引见。其余仍令效力三年。嗣后，若不实心训课，即行参奏重处。将此旨传谕管理两学官员、教习等知之。

雍正十二年议准：咸安宫官学诸生，若不限年考试，无以昭示劝惩。除陆续后进学生内不能应考者，不令考试外，其应考之学生，令管理官学官员查明送考。其考试官，由吏部开列职名，奏派大臣一员，司官一员，内务府司官一员。分为三日考试。第一日，考试汉文，拟以《四书》二题。第二日，考试翻译、楷书、清字，拟以上谕各一段，均于掌仪司衙门。第三日，考试骑射、步射于正黄旗侍卫教场。其监察官员、内务府护军统领一员、护军参领二员，仍酌派护军巡察。所需桌、凳、纸卷等项，内务府派员料理。应考之学生，定为三等。一、二等者，由考试大臣具奏将伊等作何录用之处，内务府请旨定夺。三等者，仍留学肄业。其年长资钝，不能上进者，径行革退。嗣后，汉教习内，三年期满，如果实心训课，行走优勤者，内务府出具考语，咨部带领引见，以应升之缺补用。其训课平等，仍留三年。俟六年期满，照例补用。如不实心训课者，即行参奏议处。其教习清话、骑射、步射之员，五年期满，教授尽心，行走勤慎者，于应升之处列名。不及者，即革退另补。其不尽心教授者，参奏议处。以此著为定例，五年一次，派员考试，永远遵行。

又议准：查咸安宫，原设清话、骑射、步射、教习九员，今学生内现有稍知翻译之人，应于原设教习九缺内扣除三缺，改补翻译教习三员。此翻译教习，亦照八旗助教之例，由部考取，令其教习翻译。五年期满，交部议叙。

乾隆元年议准：咸安宫教习，向例于举、贡内考取充补。嗣后，应于新科进士内传问，有愿充考，令其报名，礼部会同吏部拣选引见，陆续充补。三年期满，该总管将称职之员，分别等第引见。或授为主事，或授为即用知县，恭候钦定。

又奏准：八旗废员，及告退笔帖式，并从前效力军前年老有疾就闲之人，不无精于翻译而人品老成者。嗣后，考取满教习，令与八旗举、贡、生员一并考试。

又奏准：凡考试满教习，由部行文八旗，咨取翻译进士、举人、生员，并恩、拔、岁、副贡生通晓翻译愿考者，年逾三十以上，造册送部。奏请钦命大臣，在午门内请题考取，挨次补用。

乾隆二年奏准：嗣后，咸安宫汉教习，仍于新进士内加以考试选取。不足，于明通榜举人及各省举人内考取充补。三年期满，分别等第引见。进士仍以主事、知县即用，举人以知县、教职即用。

又议准：咸安宫学生，除考列一、二等，奉旨以七品、八品笔帖式补用外，其余考列一等者，赏官用缎一疋，笔二十枝，墨十笏；二等，官用缎半疋，笔十枝，墨五笏。

乾隆十年奏准：八旗废员等，不能翻译者，只考国语、清书，于各学生徒无益，应将废员内不能翻译者不准考试。

乾隆十二年奉旨：嗣后，考列一、二等者，著照前例减半赏给。

乾隆二十二年奏准：咸安宫满教习，准将各部、院衙门现任笔帖式内精通翻译者，与应考之翻译进士、举人一体考试，仍食原俸，毋庸开缺。

乾隆二十六年奏准：咸安宫汉教习十二缺内，裁汰三员，改为翻译教习之缺。嗣后，翻译教习定为六员，汉教习定为九员。

乾隆三十一年议准：考试各项汉教习，照现在拔贡朝考之例，用书艺一篇，五言八韵唐律一首。其书题、诗题，临时仍照例奏请钦命。

乾隆三十二年奏准：内务府现任笔帖式，原不在应行考试之例。请嗣后遇考教习时，如系内务府人员，概不准考，以归画一。

乾隆三十四年议准：考试教习等项，人数在五十名以内，仍在午门考试。若人数至五十名以外，于贡院内聚奎堂，清排号次，列坐考试。

乾隆三十五年议准：咸安宫官学教习，例由八旗翻译进士、举人，部、院笔帖式考补。查从前翻译进士，俱已陆续就选。其翻译举人及笔帖式两项，应考人数，亦属无几。应将通晓翻译之文举人、贡生、生员，翻译生员，俱准一体收考。再废员人等，既得考补宗学、觉罗学，则咸安宫教习，亦可一体准考，以备选用。又各学教习，应考人员既属相同，嗣后应归并考试，礼部奏请钦点阅卷大臣，一体阅取。复试后，会同监试御史，酌量各处教习应用人数，照弥封坐号，掣签分项将试卷进呈，交部各按名次补用。至八旗贡生、生员及翻译生员，既均准考咸安宫教习，嗣后期满，即照八旗义学、觉罗学各教习例，以笔帖式选用。其废员考补咸安宫教习期满，应照废员充补各学教习期满之例。如果教导有成，列为一等者，该员系革职主事、知州以上等官，给以七品职衔。系革职小京官、知县以下等官，给以八品职衔。如再留学教习，三年期满后，仍列为一等者，系七品职衔，以七品京官用；八品职衔，以笔帖式用。较奉旨日期，先后选用。其列为二等者，仍留教习三年。如果教导有成，再行奏请议叙。再八旗通晓翻译之文举人，考补教习者，三年期满，即照翻译举人教习之例办理。

乾隆三十八年奏准：凡遇考试中书笔帖式及缮本贴写笔帖式时，恩监、例监皆得一体收考。至各学教习一项，向无准考之例，是以人数愈少，选取愈难。嗣后，考取各学教习，八旗恩监、例监俱准一体送考。

景山学

康熙二十四年奉上谕：看来内府竟无能书、射之人！应设学房，简选材堪书、射者，令其学习。视其所学，简选好者录用。顽劣不及者，即行革退。其学房，著在朕常见处设立。学习人等，自然尽心。著即议奏。遵旨议准：北上门两旁，有官房三十间，设立清、汉书官学。将内府佐领、内管领下闲散幼童，简选三百六十名。清书三房，每房各设教习三人，于内府执事人及闲散人内选取老成可为师范者补授。汉书三房，每房各设教习四人，移咨礼部，于生员内考取文理优通者补授。再委府属司官五人，管理学房事务，督率骁骑四名，看守六房。设服役人十二名，以备洒扫。凡内府人有家贫不能读书者，听其入学肄业。应用器物，于各该处支取。

康熙二十九年奉旨：简选内阁善书、射之中书三人，补授满教习。令教清书，照常食俸。其内府选取之教习，给以执事人钱粮。

康熙三十四年奏准：内府三旗，每满洲佐领下，各选取学生八人；旗鼓佐领下，四人；内管领下，六人。共定为三百八十八人。

康熙五十二年奉旨：于新科进士内简选老成者，充教习。

康熙六十年议准：以新进士考补教习，遇有内阁中书缺出补用。

雍正元年议准：新进士除选庶吉士⑥外，拣选学问好者，令为内、外教习，年满照例补用。

雍正三年议准：教习阙⑦，由礼部移咨吏部，将候选举人，并移咨国子监。将选拔副榜贡生，奏请钦命大臣考取充补。三年期满，由内务府总管引见。得旨：咨送吏部，分班铨选。

雍正十二年议准：景山官学生，应照咸安宫学限年考试之例，令管理官学官员等，将应考之学生开送，一同考试，分别等第，另折具奏。如有考在一、二等者，另行请旨录用。其满、汉教习等，亦照咸安宫例，分别录用。

乾隆四年议准：兼管官学司官五人内，专委二人，令其每日在学稽察学务。除应办司务外，停其外差。

又议准：学生月给银一两。三年一次，奏委官考试。一等，以笔帖式用；二等，以库使、库守用；三等，仍留学读书；四等，革退。

乾隆十八年题准：景山教习缺出，照宗学、咸安宫之例，由内务府径咨礼部取补。

盛京官学

康熙三十年题准：盛京左右两翼，各设官学二所。各旗选取俊秀幼童十名，每翼四十名。满学内各二十名，教读满书。汉学内各二十名，教读汉书。均教马、步箭。盛京各部衙门，有笔帖式、库使缺出，照例补用。满学内，设满文助教各一员；汉学内，设通满、汉文助教一员。俱由吏部考授。其汉学，于盛京生员内才学优长者，令奉天府尹各选二名。令其教读，学舍由盛京工部拨给。

又议准：盛京官学，除读汉书官生外，其余幼童，十岁以上者，每佐领内各选一人。满洲、汉军旗分，学习满书、满语；蒙古旗分，兼学习满洲、蒙古书，满洲、蒙古语。均教习马、步箭。仍令各佐领骁骑校稽察。

又议准：盛京汉学教习，府尹于盛京生员内选取。如系廪生，既充教习，应照八旗教习之例，给仓米十二石，停止廪饩，其廪缺另行拔补。乡试之年，仍照例准其乡试。

雍正二年议准：盛京八旗教习，旧例于奉、锦二府属生员内考取。今各学生员就考者少，著将奉、锦二府属恩、拔、岁、副各贡生，并生员一体与考，遴选才学优长者充补。三年期满，咨送吏部，仍照旧叙用。

雍正十年议准：奉天八旗汉军，每两旗合立一学，共设立四义学。每学只用清文教习一员，专司训课。其教习之钱粮廪米⑧，俱于盛京户部支领。委派协领一员，不时稽察。如该教习视为虚文，不实心训导，查出，即行题参议处。如果尽心教导，三年之内，读书士子有通晓文义者，视其成就之多寡，该将军等分别等次，具奏请旨，交部议叙。其拣选之清文教习人等，移送礼部，带领引见，令其充补教习。其拣选能射者，教习义学子弟射箭并考用笔帖式之处，俱照从前原议。

乾隆二年定：盛京照京师例，宗室、觉罗，共设立一学。凡二十岁以下，十岁以上，情愿入学读书者，准其入学。分清、汉书肄业，兼习骑射，不限以额数。于盛京宗室、觉罗族长、教长、将军，及闲散宗室、觉罗内，选择分尊年长、行止端方者，充宗学总管二人，副管四人。其由闲散宗室充者，总管定为七品官，副管定为八品官，送府引见补授。觉罗学副管四人，报府注册。其宗学总管，兼管觉罗学事。于现任司官笔帖式内，简选长于翻译者四人，教习清书。于闲散官员以下，领催骁骑以上，选善于骑射者四人，教习骑射。于奉天府举、贡内，选学问优长者四人，教习汉书。

又议准：读书之宗学、觉罗等，交与将军、府尹，每年会同宗学总管稽考。将清汉书、骑射优劣，分为等次注册。俟宗室读书人数加增，应行考试之时，该将军等报府，将领府事王公及盛京五部侍郎，开列职名，请旨钦点二三人，公同考试。如果清汉书、骑射优长，会府奏⑨闻，有情愿来京，与选侍卫、笔帖式者，与京学肄业宗室一例录用。其觉罗子弟，肄业五年，交与将军、府尹考试，分别等第奏闻，以盛京三陵及五部将军等衙门，省城口外等处笔帖式录用。至满教习，与骑射教习，五年期满，分别等第。果能成就多人者，满教习交部议叙；骑射教习交本旗以应升即用。汉教习，令将军、府尹等出具考语，给咨赴部引见，恭候钦定。不称职者，即行参革⑩。

盛京宗室、觉罗学生，除年未及岁⑪外，其已食岁满钱粮，在学肄业者，令该将军于每岁秋冬围猎时，将情愿随围之学生携带同往，俾骑射并加娴习。至总管、副管、教习及学生等，每月应支银、米、纸、笔、墨、炭，咸与京师宗学、觉罗学同。

乾隆八年奏准：盛京宗学，令府丞专司稽察。

乾隆二十八年议准：查盛京左右两翼官学，左翼四旗内，满洲官学生三十六名，汉军官学生四名，包衣官学生三十名。右翼四旗内，满洲官学生三十四名，蒙古官学生二名，汉军官学生四名，包衣官学生三十名。左翼内并无蒙古之缺。应将左翼满洲官学生定为三十四名，所裁二缺，改为蒙古，以昭画一。

附 默尔根等各学

康熙三十四年题准：镇守黑龙江等处将军所辖官兵内，有新满洲西楞索伦达祜里等，应于默尔根地方，两翼各设学一处。每翼设教官一员，将新满洲西楞索伦达祜里及上纳貂皮达祜里等，每佐领选取俊秀幼童各一名，教习书义。应补教官之人，该将军选择才学优长者，将姓名咨送吏部。其教习官，照京师例，补为助教。学舍该将军拨给。

雍正元年奏准：归化城土默特两旗，每旗设立学堂一处，教导兵丁子弟满洲、蒙古翻译。

乾隆八年奏准：绥远城，每翼设立学堂一所。于土默特两旗内，有通晓蒙古语言翻译者，拣选二人为教习。

又奏准：绥远城设立学堂。兵丁子弟内有聪俊者，每学拣选十名，入学教读。

乾隆十一年议准：绥远城八旗左、右翼，各设满教习一人，在右卫八旗举贡生监、另户兵丁并罢闲旗员内，考试充补。

注释：

① 宗人府，据《清史稿·志八十九·职官一》："顺治九年，设宗人府，置宗令一人；亲王、郡王为之。左、右宗正，贝勒、贝子兼摄。宗人，镇国公、辅国公及将军兼摄。后择贤，不以爵限。俱各二人。"其宗令职责为："掌皇族属籍，显祖宣皇帝本支为宗室，系金黄带。旁支曰觉罗，系红带。革字者，系紫带。以时修缉玉牒，奠昭穆，序爵禄"，"丽派别，申教诫，议赏罚，承陵庙祀事。宗正、宗人佐之。"

② 黾勉，勤勉，努力。《诗·小雅·十月之交》："黾勉从事，不敢告劳。"

③ 阿哥，清代皇子通称。清代不立太子，只按排行，称几阿哥。到成丁时，才授以爵号。

④ 觉罗学，清初为皇族子孙所设学校名。除教习满汉文字、经史文艺外，兼教习骑射。按觉罗为清室宗族人称号。《清会典·宗人府·宗令宗正宗人职掌》："显祖宣皇帝本支为宗室，伯叔兄弟之支为觉罗。"此为官觉罗。又，宋徽、钦二宗后裔，居于三姓（今黑龙江依兰）等处，清初编入八旗者，亦称觉罗，为民觉罗。此觉罗译言为赵氏。

⑤ 荫生，封建时代凭借上代余荫取得之监生资格。清代凡现任大官或遇庆典所给则称为恩荫，由于先代殉职而所给则称为难荫。通称荫生。

⑥ 庶吉士，明初置，始分设于六科，练习办事，永乐以后专属翰林院。清代沿其制，翰林院设庶常馆，选新进士之优于文学书法者，入馆学习，称为翰林院庶吉士。三年后（亦有提前举行者）举行考试，成绩优良者分别授以翰林院编修、检讨等官，其余分发各部任主事等职，或以知县优先委用，称为"散馆"。庶吉士通常称为"庶常"。

⑦ 教习阙，"阙"，通"缺"，此指官位之空缺。

⑧ 廪米，原文"米"字上部漫漶，据上下文意补出。明沈德符《野获编·礼部·廪生追粮》："比者提学薛瑄，以生员有疾罢斥者，追所给廪米。"
⑨ 奏闻，原文"奏"字下部空白，据其下文"奏闻"补出。
⑩ 因原文较长，在此据文意分段。
⑪ 年未及岁，"及岁"，犹"及龄"，即达到所规定之成人年龄。

卷七十一　官学事例 下

八旗官学

顺治二年题准：满洲子弟就学肄业，分为四处，每处用十人教习。每十日，赴国子监考课一次。

又定：酌取京省生员，教习八旗子弟。每月给米二斛，以资赡养。二年内果教习有成，由监咨吏部考用。

顺治十一年题准：八旗每佐领下，留官学生一名，礼部会同国子监察验。如学业无成者，退归佐领，仍于本佐领下选补。以后三年一次察验，永为定例。

顺治十二年议准：停取八旗教习生员。礼部会同国子监，于监生中严加考试选补。教习有成，从优录用。

顺治十四年奉上谕：八旗满洲、汉军，每佐领送官学生一名读书。蒙古，两佐领送官学生一名读书。

顺治十六年题准：教习既改用监生，今后考选教习，令本监自行取用。

顺治十七年议准：考选教习，止用恩、拔、副、岁贡生。其准贡、例贡，不准考取。

顺治十八年奉上谕：满洲、汉军，每佐领各增官学生一名，共送子弟二人。一习清书，一习汉书，止许武官及甲兵子弟开送。文官子弟，不准开送。

康熙元年定：八旗官学生，每月赴监讲书一次、翻译一次。五日射箭一次。

康熙三年议准：八旗教习，将在监恩、拔、副、岁贡生，齐集阄补。

康熙四年奏准：停止恩、拔、副、岁教习，于官荫、准例监生内未经考职者，考试补用。

康熙六年议准：教习阙人①，先尽恩、拔、副、岁、官荫等生。如无此项，仍将准例监生考取。

又议准：举人愿就教习者，与恩、拔、副、岁、官荫、准例监生一体严加考试。凡遇阙人，于五日内，传集应考诸生，弥封试卷，封门出题，即日取定。不许将文理荒疏者充数。

又题准：官学生除国子监考课外，每年礼部严考一次，送部录用。如肄业怠废，即开助教、教习职名参处。

康熙九年题准：八旗官学生，不论文武官员子弟，令本佐领送监选补。

康熙十一年题准：每佐领下裁官学生各一名，于所留官生内，均分学习清、汉书。

康熙十二年议准：八旗教习，应仍照旧例，令恩、拔、副、岁贡生考充。其举人、官荫、准例监生，停其用。

又定：恩、拔、副、岁贡生考充教习者，连坐监期，积三十六月报满。

康熙十六年题准：官学生以生员俊秀充补。如本佐领下无生员俊秀，方选补闲散人。

雍正元年奏准：于八旗蒙古护军、领催骁骑内，有通晓经籍、明白翻译、熟练国语蒙古语者，选取蒙古教习十有六人，分旗在学，与助教一同教习蒙古官学生。

雍正二年议准：设立官学，原欲清、汉兼优，以备部、院衙门补用。令满汉祭酒、司业②，转饬助教、教习等官，每日亲临督课。祭酒、司业，不时稽察，劝勤儆惰。每月传至国子监考试一次，分别优劣。优者奖赏，劣者戒惩。

雍正四年奉旨：满助教一官，有教训士子之责。若只考字，则虽少年不学，但工缮写者，皆可入选。可传谕各部、院衙门，将满洲笔帖式内为人老成有行止者，保举引见。其应考翻译者，仍照例考试。

雍正五年奏准：翻译举人，准其与八旗文举人、副榜贡生一例考试，取补助教。

又议准：每旗额设官学生，满洲六十人，蒙古、汉军各二十人。满洲额内，以三十人在满洲书房习清字，三十人在汉军书房习汉字。凡有学生阙数，该旗不必拘定佐领，通择聪明俊秀子弟，申送本旗都统验看，交国子监当堂考录。年幼者，令学清文。稍长者，令学汉文。

又议准：向来每旗官学，共十三四间不等，实属狭隘。应将见在官房交还，每旗别给官房一所，二十余间，量可容百人诵习者。著该旗修理，俾诸生聚处其中。

又议准：就八旗教养兵额数内，拨出满洲三十名，蒙古、汉军各十名。将所有钱粮，分给官学生。计满洲、蒙古学生每月银一两五钱，汉军学生月银一两，由本旗阙领。

又议准：官学生习汉字者，每旗设教习五人，轮流更代，功课难以稽察。令该教习每人分定学生若干人，日处学中，专心训导。每人月廪银二两、米二斛，在户部支领。每年人给夏秋衣一袭，二年人给冬衣一袭，在工部支领。

又议准：汉教习入馆后，本监堂官不时稽察。懒惰者即行斥退。其勤谨无过者，三年期满，照例咨吏部，以知县序选。如有善于诱诲者，再留三年，俟六年期满，咨部以知县即用。

雍正十年奏准：八旗汉军记名旧家大臣子孙内，无力延师者，左翼二十一人，右翼十有一人。每人月给银二两，令其就各本旗官学该助教与教习等，课读清、汉书。再于两翼满洲内，选教射、教习各一人，间日赴学，教国语并马、步射，每人月给银三两。

乾隆元年议准：八旗世爵，年二十以下者，分拨各旗官学，一同教习。三年期满，该旗大臣逐加考试，分别等第，引见录用。每学各增汉教习一人，各拨教射、教习一人。其应给月费等项，照例支领。

乾隆三年奏准：八旗子弟，选取入学。三年之内，令其专诵经书，朝夕讲课。三年后，监臣考验，择其材质聪颖、有志力学者，归汉文班分隶教习，令其专心讲诵。其年齿已长，愿学翻译者，归满文班，分隶助教，令其专心翻译。

又奏准：学生归汉文班者，不必专读《四书》，亦使讲求经史，为有用之学。每三年一次，监臣录其可以应考者，奏请钦点大臣来监考验。取其明通者，授为监生，由官学而升大学，使与拔贡人等明经治事。期满，择尤异者一同保举，考选录用。

又奏准：八旗世爵，在官学学习，三年期满，引见录用。其虽满三年，而年未及二十岁者，仍留学读书。俟满二十岁，然后请旨考试。

乾隆六年奏准：官学生归汉文班者，迩年以来颇知奋勉。但诸生年幼，度其资力，止能于《四书》外专治一经。史册浩繁，乍难责其研究。见在加意教导，至明年八九月间，择其可以应考者，缮折奏闻，请钦点大臣试以经文一篇，论一道。其中文理明顺者，酌量拔作监生，令该旗注册，咨送本监，与汉书监生一同肄业，讲求明经治事之学。期满，果有尤异者，准予保举。

乾隆八年奏准：官学汉教习，每人给印册二本。该教习将三年内所教学生若干名，并学业功课详细填注。俟期满时，一册交新教习收存，照例填注。一册呈送监臣察核，慎重分别。如有实心训课，著有成效者，列一等。其训课勤谨，稍获成效者，列二等。出具考语，缮单引见。一等者，可否用为知县？并二等者或用知县，或用教职，恭候钦定，仍归原班铨选。其列一等者，如在学再行教习三年，果实心实力，始终如一，将教习成效，叙入折内，再行引见。准以知县即用。

乾隆十年奏准：嗣后，蒙古教习酌以五年期满，监臣详加考核。实不能教导者，斥令归旗当差。如有为人明白，实心训课者，分别等第，填注考语，引见恭候简用。记名注册，以应升之护军校、骁骑校补用。仍留在学行走，由监行文该旗。遇有员阙，与在旗应升人员分班间补。

乾隆十一年奏准：满洲助教员阙，除举人及恩拔副岁贡生，仍照旧考试外，其见任笔帖式等，止准举人及恩拔副岁贡生、生员出身之笔帖式坐补。至考试时，于请翻译题一道之外，再请汉文论题一道。钦点大臣，严加考试。如果清、汉兼优，方准录取引见，充补教习。

乾隆十五年奏准：考试满助教，准多取数人，咨呈吏部，一同引见。俟记名后，遇有员阙，挨次补用。

乾隆十六年奏准：向来官学汉教习员阙，例由监臣将肄业之恩、拔、副、优、岁各贡生考取充补。嗣后，先期请命大臣一二人至监，会同监臣，公同考取，将试卷弥封详阅。

乾隆十七年奏准：八旗世爵，既经于两翼设立官学教导，将现在官学肄业之世爵子弟咨回各旗外，所有八旗官学各增设之汉教习一人，应行裁汰。教射教习，亦咨回本旗行走。

又奏准：教射教习，既经咨回，则每学教射，未有专员。蒙古教习，每学见设二人，但蒙古学生止二十人，内有他处行走，例不开缺，实在不过十数人，无庸二人教习。嗣后，止以一人教习字话，以一人教习骑射。行文该旗，遴选语音娴熟、弓马可观者充补。

乾隆二十八年议复御史王绂条奏考试教习，归入贡院一折：查乾隆九年奉上谕：向来乡、会试及考试生童，俱在贡院。其余考取中书，及笔帖式、誊录、教习，贡监考职，俱在午门等处朝考。自雍正七年以后，陆续改入贡院者，原为易于防范稽察起见。然文武乡、会试，派有内外巡绰员役，防范周密。而今科乡试，尚有怀挟、代倩种种弊端。其余考试，又未便照乡、会试之例，多派员役搜查。伊等入场③，不过各归本号，并无稽查之人。转不若朝考有护军人等监看，可以除传递、代作等弊也。嗣后，除文武乡、会试，并考试生童，仍在贡院外，其余各项考试，著各该部查照从前午门等处朝考旧例办理。仍于取中之后，再行严加复试。钦此。钦遵在案。今该御史所奏，与原奉谕旨不符，应毋庸议。至国子监八旗教习，与各处教习事同一例，嗣后亦应在午门内朝房考试，以慎关防。其试卷为数无多，钦派大臣足资办理。国子监堂官毋庸会阅。

乾隆三十一年议准：八旗官学，每旗额设满助教二员，蒙古助教一员，蒙古教习一名，汉教习五名，弓箭教习一名。每学额设官学生满洲六十名，蒙古二十名，汉军二十名。但官学生内，习翻译及清书者居多，以助教二员教习数十人，诚恐不能周遍。应于每学添设满教习一名，俾其协同满助教，专训翻译及清书。汉教习名下既已拨出翻译学生，应裁减一缺。倘各学生有文理不通、经书不熟，责成汉教习。翻译及清书平常，责成满助教及满教习。所改添满教习，请照考取觉罗学满教习之例，由八旗文进士、举人，翻译进士、举人，恩、拔、副、岁贡生，文生员，翻译生员，废员及笔帖式内，该监请旨考试。其应给公费米石，即将裁汰汉教习之项给与。至八旗官学生，在学肄业，按月给与钱粮，仍免挑别项差使。若不严定章程，恐日久反启规避之渐。嗣后，官学生挑取十八岁以下者肄业。统以十年为率，习汉文者不能进学，习翻译及清文者不能考取中书、笔帖式、库使，概令咨回本旗，另挑差使。其现在在学诸生，即令该监查明办理。如有扶同隐讳，照例处分。

八旗义学

雍正七年议准：满洲、蒙古每参领下，各设学舍一所。十二岁以上幼丁，均准入学，习清文国语。蒙古学生并习蒙古语。其教习于前锋护军、领催骁骑内，择其人老成、通晓清文者二人充补。每参领下，委官一人，或骁骑校一人，教导伦理、骑射。该旗都统、参领等，仍不时稽察，每年考试一次。能教训者，其教习系官，记录；系兵丁，注册。遇有应升之处列名。

又定：八旗汉军子弟学习清文，原属紧要。应令各在本旗就近地方，设立学舍一所。每佐领下，简选一二人，专教习清文。其教习，交与各该旗满洲都统，会同本旗汉军都统，于满洲散秩官并笔帖式或因公罣误④革职、降调人员内，择其堪膺训导之任者二人。又于汉军本旗内，择善射者一二人，教习弓箭。并令本旗参领一人，不时稽察。如子弟文理精通，情愿考试翻译者，于吏部考取。笔帖式，即系闲散，亦准考取。其教习三年内，果能教导有成，该旗都统按人数之多寡，分别等次，请旨议叙。

乾隆八年奏准：考取八旗义学翻译教习，例由该旗将举、贡、生员咨送。但教习为人师范，务择其年逾三旬、行无匪僻者，具结送部验明考试。至教习内有教导国语之教习，亦照此例送考。

乾隆十年奏准：蒙古官学生教习，五年期满，详加考核。不能教导者，令归旗当差。人明白，实心训导者，分别等次引见，恭候记名注册，仍留在学。遇有该旗应升之缺，与应升人员分别简补。

乾隆十一年奏准：八旗义学满洲教习内原食钱粮之人，停给教习公费米。未食钱粮之人，仍给与公费米。

乾隆十二年奏准：八旗旧营房教习，于营房兵丁内选取充补。令营房居住之旗员并管营房之参领，不时稽察。

世职官学

乾隆十七年议准：八旗未及岁之世爵食半俸者，原有移送官学读书之例。而就学者甚少。此辈幼童，或因过于溺爱，不习技艺；或恃身已为官，任意作为；或现食俸禄，为匪人诱惑。成丁后，长进者少，不肖者居多。现在未及岁之世爵一百七十人，请于八旗两翼各设官学二所，交工部以米局官房作速修理。简命一、二品大臣，专管教训。设教习国语及骑射之人。学内所用薪、炭等物，统交管学大臣，察例具奏。凡八旗世爵内，十岁以上，均送官学，教习国语骑射。三年期满，管学大臣请旨，特简王公大臣考试已及岁世爵之国语、骑射，分别等第奏闻。列为一等者引见，或在部行走，或授为侍卫，候旨简用，以示鼓励。二等者，在该旗印房学习行走，优者对品补用。三等仍留学教导，照常支给半俸，三年再行考试。倘仍无造就之机，即行革退，将世爵于应袭人员内别行承袭。

又奏准：八旗现在年幼世爵一百七十人内，未及十岁者二十六人，十岁以上堪习技艺之世爵一百四十四人。今各按该旗适中地方，择得左翼镶黄旗、汉军镶白旗蒙古米局，右翼镶蓝旗、蒙古镶红旗满洲米局官房二所，行文工部作速修葺，设立官学。每翼委参领二人，轮流整饬，掌管学内一应事宜。每学委领催二名、骁骑八名，看守房屋听差。管理大臣仍不时赴学，稽察学业，无致怠惰偷安。教习国语之人，照选汉军教习之例，于本旗满洲散秩官、笔帖式、因公罣误废员、降级调用之人员内选补。每翼选补四人。见任职官，每月支银二两；无禄人，支银二两，米一斛，折银支给。每学设教习二人，教习骑射。亦于满洲护军校、前锋、护军内，每翼选四名，照国子监助教例，每月支公费银一两五钱。每学月支公费银四两，以为购买⑤冰、炭、薪块之用。均于该旗房租银内动支。用过银数，该旗统于岁终奏销。再教习国语及骑射，每旗各一人。该旗都统择人品端方、可以为师者，送学教习。三年期满议叙，不善教授者，即行驳回更换。官则送部察议，兵则革退。

附礼部义学

雍正二年议准：八旗于左右两翼公所，各立学堂二所。设汉书教习各二员，满汉书教习各二员。八旗人内有家贫不能延师者，随所愿读书，入各学堂，一体肄业。其汉书教习，于吏部咨取守部举人，于国子监咨取恩、拔、岁、副贡生。其满汉书教习，于八旗咨取举人，恩、拔、岁、副贡生，考选才学优长、清汉精通者充职。照内教习例，给与月钱廪米。三年期满，咨送吏部，举人照留京进士教习例，以应补之缺即用。贡生照国子监教习例，以应补之缺补用。其书桌、椅凳等项，交工部置办。倘学习之人，不率教诲，呈报礼部，不许复入学堂。其教习行止不端，亦著礼部察访参处。

雍正六年议准：义学四处，系两旗公共。人苦路远，赴学寥寥。应再添设学堂四所，设满、汉教习共十六人。

乾隆四年议准：八旗义学师生，终年果诵⑥。应酌量加恩，以示鼓励。于每学每月各给银三两，以为茶水、煤炭之资。

乾隆五年议准：稽察八旗义学，礼部司官以生徒优劣，定教习之勤惰。于期满日，照例出具考语引见。惰者即行退出。

又议准：八旗义学功课，除委礼部司官，每日稽考外，仍令诸生每季到部，考课翻译经义，背书写字。皆详登册籍，岁终分优劣以定去留。

乾隆十一年奏准：查从前考取八旗义学满教习内，有家贫原当前锋、护军⑦领催、马甲⑧者，各食本身钱粮，又支教习银米，未免过优。嗣后，满教习如有原食钱粮者，应停给教习银米。宗学、觉罗学满教习，亦俱照此例办理。

乾隆二十三年奉上谕：国家设立学校，原欲教育人材。乃自设立义学以来，不过仅有设学之名，无教育人材之实。且既设有咸安宫、国子监官学，复加恩于左右两翼，各设教训世职官学。则八旗有志读书者，尽可于此等官学内肄业。似此有名无实之义学，适足为贻误旗人之地。所有义学，著即行裁去。

注释：
① 阙人，"阙"，通"缺"，此为缺少之意。
② 祭酒，学官名。汉代有博士祭酒，为博士之首。西晋改设国子祭酒，隋唐以后称国子监祭酒，为国子监主管官。清光绪三十一年（1905年）废国子监，设学部，改国子监祭酒为学部尚书。司业，学官名。隋以后国子监置司业，为监内副长官，协助祭酒，掌儒学训导之政。至清末废。
③ 入场，原文为"人场"，误，径改。
④ 罣误，"罣"，同"挂"。挂误，贻误，牵连。
⑤ 购买，原文为"搆买"，误，径改。
⑥ 果诵，观上下文意，当为"课诵"之误。课，按照规定内容和分量教授或学习。如：课诵；课徒。白居易《与元九书》："苦节读书，二十已来，昼课赋，夜课书，间又课诗。"
⑦ 前锋、护军，疑此为清军队建制"前锋营"、"护军营"之省称。详参《清史稿·志九十二·职官四》。
⑧ 马甲，清八旗制兵丁种类之一。清魏源《圣武记》卷十一："然惟骁骑营之马甲、领催、匠役隶之。"原注："满洲、蒙古每佐领下马甲二十人……汉军每佐领下马甲四十二人。"按《辞海》"骁骑营"条释云："顺治时详定军制，以骁骑营为八旗都统的直属部队。所辖有马甲、领催（从马甲中挑选，管理册籍俸饷）、匠役（弓箭、鞍、铁等匠），均从各佐领所属人丁中抽调。汉军骁骑营另有炮甲、藤牌兵、异鹿角兵。"

卷七十二　书 院 事 例

　　雍正十一年奉上谕：各省学校之外，地方大吏每有设立书院，聚集生徒讲诵肄业者。朕临御以来，时时以教育人材为念。但稔闻书院之设，实有裨益者少，而浮慕虚名者多，是以未曾敕令各省通行。盖欲徐徐有待而后颁降谕旨也。近见各省大吏渐知崇尚实政，不事沽名邀誉之为，而读书应举之人，亦颇能屏去浮嚣奔竞之习。则建立书院，择一省文行兼优之士读书其中，使之朝夕讲诵，整躬励行，有所成就，俾远近士子观感奋发，亦兴贤育才之一道也。督、抚驻劄之所，为省会之地，著该督、抚商酌举行，各赐帑金一千两。将来士子群聚读书，豫为筹画，资其膏火，以垂①永久。其不足者，在于存公银内支用。封疆大臣等，并有化导士子之职。各宜殚心奉行，黜浮崇实，以储国家菁莪、械朴②之选。如此，则书院之设，有裨益于士习③民风而无流弊，乃朕之所厚望也。

　　乾隆元年奉上谕：书院之制，所以导进人材，广学校所不及。我世宗宪皇帝命设之省会，发帑金以资膏火，恩意至渥也。古者，乡学之秀，始升于国。然其时诸侯之国，皆有学。今府、州、县学并建而无递升之法，国子监虽设于京师，而道里辽远，四方之士不能胥会。则书院即古侯国之学也。居讲席者，固宜老成宿望，而从游之士，亦必立品勤学，争自濯磨。俾相观而善庶④，人材成就，足备朝廷任使，不负教育之意。若仅攻举业，已为儒者末务，况藉为声气之资，游场之具，内无益于身心，外无裨于民物。即降而求文章成名，足希古之立言者，亦不多得，宁养士之初旨耶？该部即行文各省督、抚、学政，凡书院之长，必选经明行修足为多士模范者，以礼聘请；负笈生徒，必择乡里秀异沉潜学问者，肄业其中。其恃才放诞、佻达不羁之士，不得滥入书院中。酌仿朱子白鹿洞规条立之仪节，以检束其身心。仿分年读书之法，予之程课，使贯通乎经史。有不率教者，则摈斥勿留。学臣三年任满，咨访考核。如果教术可观，人材兴起，各加奖励。六年之后，著有成效，奏请酌量议叙。诸生中材器尤异者，准令荐举一二，以示鼓舞。

　　又议复广韶学政王丕烈条奏书院教长宜保举分发一折：查书院之设，原以造就人才。我世宗宪皇帝特赐帑金，以资膏火。我皇上谕令督、抚、学臣慎选师儒，以董其事。六年之后，若有成效，酌量议叙。此诚振兴文教、加意作人之盛事。应行令督、抚、学臣悉心采访，不拘本省与邻省，亦不论已仕与未仕，但择品行方正、学问渊博，素为士林所推重者，以礼相延，厚给廪饩，俾得安心训导。仍令于生徒学业时加考核，并宽其程期，以俟优游之化。如果六年著有成效，该督、抚、学臣遵旨，酌量题请议叙。不得视为具文，并混行题请。如此，则选择既当责任，复专于造士之道自有裨益。至于所请九卿保举分发邻省之处，诚恐一时不得其人，不无需延时日。即各举所知以时分发，而该省书院，或未必需人，又不无守候之苦，所奏应毋庸议。

乾隆三年议准：查各学政举荐书院优生到部，其作何奖励之处？向来未有成例。嗣后，应照学政汇题通省优生之例，廪、增生准作岁贡，附生准作监生，俱劄监肄业。

乾隆四年奉上谕：闻浙江敷文书院内，生童众多，每岁帑金租息仅四百余两，不敷廪饩。著加赐帑金一千两，交该抚经理，岁取息银，以资诸生膏火。

乾隆五年议准：台湾士子远隔重洋，未能前赴鳌峰书院肄业。今台地现有海东书院。据贡生施士安愿捐⑤水田千亩，以充膏火之资。应照省会书院之例，每学各保数人，择其文堪造就者，送院肄业。令该府教授兼司训课，酌量田租多寡，以供书院之用。至该府教授缺出，令该抚于通省现任教授内，由进士、举人出身，择其文理优长者，具题调补。照例三年报满。如果著有成效，将该员酌量议叙。倘不实心训课，即行题参。

乾隆九年议准：书院诸生，宜严加甄别。令驻省之道员专司稽察。

又议准：嗣后，书院肄业之人，令各州、县秉公选择报送。各布政使会同专司稽察之道员，再加考验。其果才堪造就，质非佻达者，方准留院肄业，毋得擅行收送。

乾隆十年议准：书院肄业士子，应令院长择其资禀优异者，将经学、史学、治术诸书留心讲贯，而以其余功兼及对偶、声律之学。其资质难强者，当先工八股，穷究专经，然后徐及余经，以及史学、治术、对偶、声律。至每月之课，仍以八股为主，或论、或策、或表、或判，听酌量兼试能兼长者，酌赏以示鼓励。

乾隆三十年奉上谕：据杨应琚奏甘省兰山书院，于去岁延请丁忧在籍之府丞史茂来主讲席一折，此甚非是！史茂系回籍守制之员，理应闭户家居，以尽三年之礼。至读礼之余，或在家课训子弟，自属分所当为。古人尚有庐墓终制者，即不能取法，亦当杜守里门。若竟住居省会书院，教授生徒，与地方官长宾主应酬，则与居官何异？此不过冀得膏火以资赡给，遂置礼制于不问，微特人子之心难安，其又何以为多士表率乎？督、抚有维持风教之责，缙绅中积学砥行，足备师资者，谅不乏人，何必令丁忧人员觍居讲席？是应聘者固不能以礼自处，而延请地方大吏亦复不能以礼处人。于风化士习颇有关系！恐他省不无类此者，特为明切晓示，通谕知之。

注释：

① 垂，原文为"乖"，误，径改。

② 菁莪，《诗·小雅·菁菁者莪》："菁菁者莪，在彼中沚。既见君子，我心则喜。"《诗序》云："乐育材也。君子能长育人材，则天下喜乐之矣。"旧时用"菁莪"典故，皆喻教育人材。棫朴，《诗·大雅·棫朴》："芃芃棫朴，薪之槱之。济济辟王，左右趣之。"芃芃，木盛貌。棫、朴，二木名。旧解多谓诗颂统治者用人有方，人材众多。

③ 士习，原文"士"字上部漫漶，故似"工"字，据意改之。

④ 善庶，"善"，使动用法，使之善。

⑤ 捐，原文为"损"，据意改之。

卷七十三 义 学 事 例

顺治九年题准：每乡置社学一区①，择其文义通晓、行谊谨厚者，补充社师。免其差役，量给廪饩养赡。提学按临日，造姓名册申报查考。

顺治十五年题准：土司子弟有向化愿学者，令立学一所，行地方官，取文理通明者一人，充为教读，以司训督。岁给饩银八两，膏火银二十四两，地方官动正项支给。

康熙二十五年议准：社学近多冒滥，令提学严行查革。

康熙四十一年议准：京师崇文门外，设立义学。颁赐御书"广育群才"匾额。五城各设一小学，延塾师教育。有成材者，选入义学。计义学、小学每年廪饩共三百两，于府、县按月支给。

康熙四十四年议准：贵州各府、州、县设立义学，将土司承袭子弟送学肄业，以俟袭替。其族属人等，并苗民子弟愿入学者，亦令送学。该府、州、县复设训导，躬亲教谕。

康熙四十五年议准：黔省府、州、县、卫，俱设义学。准土司生童肄业，颁发御书"文教遐宣"匾额奉悬各学。

康熙五十二年议准：令各省府、州、县多立义学。延请名师，聚集孤寒生童，励志读书。

康熙五十四年奉上谕：朕每年春行幸水淀。近见民生粗安，但移风易俗，莫过读书。况畿辅之地，王化所先，宜穷乡僻壤皆立义学。该抚即遍示庄村，俾知朕崇文好学深意。

康熙五十九年议准：广西土属共十五处，各设义学一所。该抚选择本省之举人、贡生学品兼优者，每属发往一员教读。土属愿学子弟，如有文艺精通者，先令就近流官州、县附考。取进其名数，俟该抚酌量人文多寡定额，具题定议。至义学师儒，果能兴行教化，人才蔚起，该抚据实保荐，酌量议叙。

雍正元年奉上谕：各直省现任官员自立生祠、书院，令改为义学，延师授徒，以广文教。

又议准：州、县设学多在城市，乡民居住辽远，不能到学。照顺治九年例，州、县于大乡、巨堡各置社学，择生员学优行端者补充社师。免其差役，量给廪饩。凡近乡子弟年十二以上，二十以内有志学文者，俱令入学肄业。仍造名册，于学臣按临之日申报查考。如社学中有能文进学者，将社师从优奖赏。如怠于教习，钻营充补，查出褫革。并该管官严加议处。务期启发蒙童，成就俊乂②，以备三代党庠术序③之法。

雍正三年议准：云南威远地方，设立义学。令彝人子弟有志读书者，入塾诵习。

又议准：黔省苗人皆有秀良子弟，令各府、州、县设立义学。嗣后，苗人子弟情愿读书者，许各赴该管府、州、县报名，送入义学，令教官严加督察。

雍正五年议准：云南东川府土人，设立义学。择本省贡生、生员熟习风土、品学兼优之士，令其实心教诲。俟教化有成，其教习贡生、生员，该督、抚酌量奖赏。

雍正八年议准：四川建昌府，僻处边隅，四面环彝，复有熟番杂处其中。未知礼教，应延塾师训习。但蛮童不解官语，塾师不能译语，训习似难遽通。应于汉境内择大村、大堡，令地方官照义学之例，捐建学舍。选择本省文行兼优之生员，延为塾师。令附近熟番子弟来学，日与汉童相处，薰陶渐染，宣讲圣谕《广训》④。俟熟习之后，再令诵习经书。其应需经书、食用等项，令该抚照例备办，毋得派累里民。俟熟番子弟学业有成，令往教训生番子弟，至熟习通晓之后，准其报名应试。该地方官照例收考，申送该学政，以应岁、科两试。其乡学塾师，应照乌蒙设学之例，以六年为期。如果教导有成，准作贡生。如三年无成，将该生发回，另行选择。

雍正十年议准：湖南永绥六里，每处设立义学二所。令苗童入学肄业，每所延师二人。在乾、凤两厅所属之苗生中，择其谨厚读书、通晓文义者，令其教导苗童，宣讲圣谕《广训》。使苗童渐知礼义，然后课以经书。至建立学舍，及塾师每年应给廪饩等项，应于本省公费银两内酌量动支。

雍正十三年议准：粤东凡有黎、猺之州、县，悉照连州，一体多设官学。饬令管理厅员督同州、县，于内地生员内选择品行端方、通晓言语者为师，给以廪饩。听黎、猺子弟之俊秀者入学读书，训以官音，教以礼义，学为文字。每逢朔望，该学师长率其徒众，亲诣附近约所，恭听宣讲圣谕《广训》，申明律例，务令通晓，转相传诵。俟其观摩日久，渐通文字，该督、抚另行酌量题请设学，以示鼓励。

又议准：广东潮属地方，于设立约正⑤值月之外，应照黎、猺设立官学之例，多设官学。仍饬令地方官于该村附近生监内，另选学行素优者为师，酌量给以廪饩。听零星村落之子弟，入学讲书，训以官音，教以礼义，学为文字。饬令该地方官，不时稽查，务期实力奉行。

乾隆元年议准：义学之设，原以成就无力读书之士。应令顺天府尹，转饬大、宛两县，清理义学基址，酌量扩充，葺旧建新，俾生徒得以聚处。该府尹遴选文行兼优之士，延请为师。凡愿就学者，不论乡城，不拘长幼，俱令赴学肄业。其中倘有奋志读书，而贫乏无力者，该府尹酌给薪水，以多方成就之。至建修房屋，师生膏火等费，应于存公银两内酌量奏请。再造士之典，务须经久。应令该府尹查勘所属官地，量拨数顷，以资逐年之用。

乾隆二年议准：社学之设，著有成例。其黔省地处偏僻，或有未经设立之处。应再行该督，遵照雍正元年定例，饬令州、县官酌量举行。至量加廪饩，动何钱粮，令该督随地酌办。

乾隆五年议准：贵州除古州、八寨、威远、永丰、册亨、罗斛等六处，当设立社师；其大小丹江、清江、旧施、秉摆顶等处，均应速饬设立外，所有长寨、大塘、水城、都江、三脚坉、荔波县、凯里、松桃、丙妹、朗洞、台拱、邛水、柳霁等处，应各设社学一所。永从县在城、在乡设立社学二所。于附近生员内，选择文行兼优者，令其教导，照例以六年为期。果能教导有成，文学日盛，将训课之生，准作贡生。如三年尚无成效，发回另行选择。仍令驻劄该地方之同知、通判等官，不时稽察。至修建社学，应令该督转饬地方官酌量办理。其社师，每年各给修脯银⑥二十两，统于公费银内动支，入于该年册内报销。并令于学政按临之日，将各学师生姓名造册申核。

乾隆七年议准：广东崖岭等七州县，各于黎峒相近之区，准设义学一十三所。择本地品学兼优之贡生、生员，令其实心教诲。每年各给修脯银二十两，统在公项内支给。如黎童有能识字成诵者，量赏纸笔。三五年后，果有能通文义者，该督咨明礼部，移送学臣。照苗学之例，另编黎字号考试。每州、县录取一名，许其一体乡试。其课读之贡生、生员，著有成效者，奖以匾额。如虚糜廪饩，有名无实，地方官即行斥逐。

乾隆十年议准：湖广城绥、九峒并青坡、司猛寨等十处，各于适中之地设立义学一处。于所属生员内，择其文行兼优者充补馆师，以司教读。每年各给廪饩银一十六两，在地丁银内动支。应需馆舍，准将绝产房屋查明拨给。

乾隆十一年议准：三齐等三十六寨番民，归隶茂州管辖。该寨番民，如有子弟秀异，通晓汉话、有志读书者，准送州、县义学，从师受业。如果渐通文理，准照土司苗、猓子弟应试。

乾隆十六年议准：查贵州苗疆设立义学。原期化其犷野，渐知礼义，以昭圣朝声教之盛。但在士子稍知自爱者，必不肯身入苗地设教。而佻佹尝试之徒，既不能导人以善，转恐其相诱为非。且苗性愚蠢，欲其通晓《四书》义理甚难。而识字以后，以之习小说邪书则甚易。徒启奸匪之心，难取化导之效。应将新疆各社学所设社师，已满三年者，均以无成淘汰⑦。未满三年者，届期亦以无成发回。渐次停撤岁、科两试，仍与汉童一体合考，不必分立新童，加额取进。学臣考试，不得以粗浅之苗卷滥行录取。

乾隆二十六年奏准：滇省各府、州、县，每年将义学师生姓名，馆谷⑧、修金额数，有无教习成效，各于年终汇报学政，以凭查核。其延请教习，如系举人、副榜、拔贡、廪贡四项，多属文理本优，听各随便延请册报外，其生员，饬令该教官，将文理优通、品行纯笃者，保送地方官。该印官复加访核亲试，然后延请。仍令该教官不时稽查。如有荒废学课、生徒游荡者，随时呈报本府、州、县，即行更换。其岁、科两试，即照籍贯、经书格式，将系某处教习注明卷面。若该教官滥将无学行之人混行充选者，听学臣记过，咨明督、抚存案。其教习文理优长，而又董课有成效者，亦听学臣随棚量加奖赏，以示鼓励。其别途初学之辈，不许延请。

乾隆四十一年议准：热河地方，仰蒙恩旨，令设义学，教育振兴，以广造就。每厅各设义学一处，延请品学兼优之士，分司训课。

注释：

① 一区，"区"，一定的地域范围。亦可用如量词，如，《汉书·扬雄传上》："有宅一区。"

② 俊义，"义"，音义。俊义，谓才德出众者。《书·皋陶谟》："翕受敷施，九德咸事，俊义在官。"孔传："谓天子如此，则俊德治能之士并在官。"

③ 党庠，指古代乡学。语出《礼记·学记》："古之教者，家有塾，党有庠。"术序，"术"，古代行政区划。《管子·度地》："故百家为里，里十为术，术十为州，州十为都。""序"，古代学校名。《礼记·学记》："古之教者……术有序，国有学。"按《汉书·儒林传序》云："三代之道，乡里有教，夏曰校，殷曰庠，周曰序。"

④ 《广训》，即本书前卷二"雍正三年"条中《广训万言谕》之简称。

⑤ 约正，旧时地方基层组织之头目。清严如熠《三省边防备览·策略》："既无约正等人为之稽查，兵役巡逻亦所不及。"

⑥ 修脯银，"修"，通脩，干肉。"脯"，干肉。《礼记·内则》："牛脩鹿脯。"旧时称送给老师之礼物或薪金。清冯桂芬《改建正谊书院记》："以万金置田，以岁租为脩脯膏火资。"

⑦ 淘汰，原文为"陶汰"，径改。

⑧ 馆谷，旧时称送给幕友或塾师之酬金。

卷七十四 讲约事例

顺治九年，颁行《六谕卧碑文》于八旗、直隶、各省。

钦定六谕文：

孝顺父母　　恭敬长上　　和睦乡里

教训子孙　　各安生理　　无作非为

顺治十六年议准：设立乡约，申明六谕，原以开导愚氓。从前屡行申饬，恐有司视为故事。应严行各直省地方牧民之官与父老子弟，实行讲究。其六谕，原文本明白易晓，仍据旧本讲解。其乡约正、副，不应以土豪、仆隶、奸胥、蠹役充数，应会合乡人，公举六十以上，经告衣顶、行履无过、德业素著生员统摄。若无生员，即以素有德望，六七十岁以上平民统摄。每遇朔望，申明六谕，并旌别善恶，实行登记簿册，使之共相鼓舞。

康熙九年奉上谕：朕惟至治之世，不专以法令为事，而以教化为先。其时人心醇良，风俗朴实，刑措不用，比屋可封，长治久安，茂登上理。盖法令禁于一时，而教化维于可久。若徒事法令而教化不先，是舍本而务末也。近见风俗日敝，人心不古，嚣凌成习，奢滥多端，狙诈之术日工，狱讼之兴靡已①。或豪富凌轹孤寡，或劣绅武断乡曲，或恶衿出入衙署，或蠹棍诈害良善。萑苻之劫掠时闻，雠忿之杀伤叠见。陷罹法网，刑所必加。诛之，则无知可悯；宥之，则宪典难宽。念兹刑辟之日繁，良由化导之未善。朕今欲法古帝王，尚德缓刑，化民成俗。举凡敦孝弟以重人伦，笃宗族以昭雍睦，和乡党以息争讼，重农桑以足衣食，尚节俭以惜财用，隆学校以端士习，黜异端以崇正学，讲法律以儆愚顽，明礼让以厚风俗，务本业以定民志，训子弟以禁非为，息诬告以全善良，诫窝逃以免株连，完钱粮以省催科，联保甲以弭盗贼，解雠忿以重身命等项，作何训迪劝导？及作何责成内外文武该管官督率举行？尔部详察典制，定议具奏。

遵旨议准：应将特颁上谕通行晓谕八旗包衣佐领，并直隶、各省督、抚，转行府、州、县、乡、村人等，切实遵行，务使军民咸知尚德缓刑之至意。

康熙十八年，浙江巡抚将上谕十六条②衍说，辑为《直解》，缮册进呈。通行直省督、抚，照依奏进《乡约全书》刊刻各款，分发府、州、县、乡、村，永远遵行。

康熙二十五年议准：上谕十六条，令直省督、抚转行提、镇等官，晓谕各该营伍将弁兵丁，并颁发土司各官，通行讲读。

康熙五十二年议准：直省老人庆祝万寿圣节③，赐宴后恭奉上谕，应载入上谕十六条内，行令直省府、州、县及凡土司地方，照例于月朔并行讲解。

谕直省老人：帝王治天下，发政施仁，未尝不以养老尊贤为首务。今日之会，特出此意。若孝弟之念少轻，而求移风易俗，其所厚者薄矣！尔等皆是老者，比回乡井，各晓谕邻里须先孝弟。倘天下皆知孝弟为重，此诚移风易俗之本也。昨甘霖大沛，朕心欢悦，尔等无负农时，速回本地。

雍正二年，御制《圣谕广训万言》，颁发直省督、抚、学臣，转行该地方文武教职衙门，晓谕军民生童人等，通行讲读。

雍正七年奏准：令直省各州县大乡、大村，人居稠密之处，俱设立讲约之所。于举、贡、生员内，拣选老成者一人，以为约正。再选朴实谨守者三四人，以为值月。每月朔望，齐集乡之耆老、里长及读书之人，宣读《圣谕广训》，详示开导。务使乡曲愚民，共知鼓舞向善。至约正、值月，果能化导督率，行至三年，著有成效，督、抚会同学臣，择其学行最优者，具题送部引见。其诚实无过者，量加旌异，以示鼓励。其不能董率，怠惰废弛者，即加黜罚。如地方官不实力奉行者，该督、抚据实参处。

乾隆元年议准：令直省督、抚严饬地方官，将约正、值月宣讲圣谕之处，实力奉行，不得视为具文。

又议准：令直省各州、县于各乡里民中，择其素行醇谨、通晓文义者，举为约正，不拘名数，令各就所近村镇，恭将《圣谕广训》勤为宣讲，诚心开导。并摘所犯律条，刊布晓谕。仍严饬地方官及教官，不时巡行讲约之所，实力宣谕，使人人共知伦常大义。如有虚立约所，视为具文者，该督、抚即以怠荒废弛题参，照例议处。

乾隆二年议准：约正、值月，原令州、县官于各乡举行。不论士民，不拘名数，惟择其人，以行化导之事。自宣讲《圣谕广训》之外，并将钦定律条刊布晓谕。比年以来，屡经严饬地方官及教官实力奉行。但恐各省之内，尚有未及刊布之处。应再行令直省，转饬各州、县，摘取简明律例，并和睦乡里之上谕，汇刊成册，酌量大小各乡村遍行颁给。仍令州、县各官，董率约正、值月，勤为宣讲。该督、抚严加查察，毋使视为具文。

乾隆三年议准：本年三月初五日，户部钦奉上谕一道。恭绎旨内事理，原因民间富厚之家囤积钱米，希图网利，为富不仁。并八旗之人，不知撙节④，无补生计。上厪⑤圣怀，反复开导。业经户部刊刻，颁发八旗各衙门，并五城内外通衢出示晓谕，俾人人触目警心。应令八旗、五城及顺天府，转饬所属州、县，每逢朔望，宣讲《圣谕广训》之后，再将所奉上谕明白讲解，切实晓示。俾兵民人等，俱得领会。庶可触发其天良，以副皇上谆切训诲之至意。

乾隆五年奉上谕：从来为治之道，不外教养两端。然必衣食足而后礼义充。故论治者，往往先养后教。朕御极以来，日为斯民筹衣食之源、水旱之备。所期薄海蒸黎，盖藏⑥充裕，俯仰有资，以为施教之地。而解愠阜财之效，尚未克副朕怀。第思维皇降衷，有物有则。衣食以养其身，教化以复其性。二者相成而不相妨，不容偏废。正如为学之道，知先行后，然知行并进，非划然两时、判然两事。又安得谓养之之道未裕，遂可置教化为缓图也？今学校遍天下，山陬海澨之人，无不挟《诗》、《书》而游庠序。顾学者徒以文艺弋科名，官司以课试为职业。于学问根本，切实用功所在，概未暇及。司牧者，尽心于簿书筐篚。或进诸生而谈举艺，则以为作养人材、振兴文教。其于闾阎小民，则谓是蚩蚩者，不足与兴教化。平时不加训迪，及陷于罪，则执法以绳之。无怪乎习俗之不淳，而诟谇嚣凌之不能禁止也。朱子云：圣人教人，大概只是说孝弟、忠信，日用常行的话。人能就上面做将去，则心之放者自收，性之昏者自明。此深探立教本源，至为切实！盖心性虽民之秉彝，而心为物诱则放，性为欲累则昏。存心养性，非知道者不足与几⑦。若夫事亲从兄，则家庭日用，人人共由。孩提知爱，少长知敬，又人人同具，不待勉强要之。尧舜之道，不外乎是。即如得一食，必先以食父母；得一衣，必先以衣父母，此即是孝。能推是心，而凡所以顺其亲者无不至，则为孝子。父之齿随行，兄之齿雁行⑧，此即是弟。能推是心，而凡所以敬其长者无不至，则为悌弟。一人如此，人人从而效焉；一家如此，一乡从而效焉，则为善俗。孟子曰：人伦明于上，小民亲于下。又曰：人人亲其亲，长其长，而天下平。由是道也，惟在上者不为提撕⑨警觉，则习而不察，而一时之明不胜。夫积习之渐染，重昏⑩锢蔽，日入于禽兽而不自知，任君师之责者，奚忍不为之申重而切谕之也！⑪

我圣祖仁皇帝颁圣谕以教士民，首崇孝悌。皇考世宗宪皇帝衍为《广训》，往反周详，已无遗蕴。但朔望宣讲，只属具文⑫；口耳传述，未能领会。不知国家教人，字字要人躬行实践，朴实做去。人伦日用，正是圣贤学问至切要处。尧舜之世，比户可封，只是能尽孝弟。放僻邪侈，触陷法网，只为不知孝弟。记曰将为善，思贻父母，令名必果；将为不善，思贻父母，恶名必不果。诚能如此存心，岂复有纵欲妄行之事？苟不从此处切实做起，虽诵读诗书、高谈性命，直谓之不学可耳。凡有牧民、课士之责者，随时、随事切实训诲。有一事之近于孝弟，则从而奖劝之；一事之近于不孝、不弟，则从而惩戒之。平时则为之开导，遇事则为之剖晰。如此则亲切而易入，将见父诏兄勉。日积月累，天良勃发，率其良知、良能，以充孝弟之实。蔼然有恩，秩然有义，豫顺积于家庭，太和翔于宇宙。亲逊成风，必从此始。凡吾赤子，其敬听诸！凡厥司牧，其敬奉诸！

又议准：豫省民愚，易诱少壮习于拳棒，恐被邪教之人煽骗入伙。宜严查申禁，兼于每月朔望宣讲圣谕之时，该地方官亲身劝导，将律内所载邪教妖言等各条定例分晰讲解，并将雍正五年所奉严禁学习拳棒谕旨朗畅宣读，俾知所警惕而不敢为非。

又议复云南按察使张坦熊条奏令州、县教官宣讲圣谕《广训》，化导愚民一疏：查约正、值月，原于举、贡、生员内拣选，即古闾师党正之遗意。至教官，虽有化导之责，但各州、县所辖乡、村、镇、市势难遍及。且训课诸生，尚有不时讲课之事。若令每季周行村镇，必至不能兼顾。应照原议，令约正等勤加宣讲。仍饬地方官与教官不时巡行稽察，毋庸更易章程。至大小各官，凡遇士民吏役聚集之时，公事毕后，俱照前委曲开导。兵丁，令该管官弁于操演之暇，详切教训。并各省义学行令教习，于生童课试之日，亦谆谆训诲，实力奉行。

乾隆十一年议准：三齐等三十六寨番民，归隶茂州管辖。应于该寨适中地方，设立讲约处一所。每月朔望，该州暨儒学等官轮流前往，督率在城约正，带同通事⑬，至该寨传集番民宣讲圣谕《广训》。其整饬地方利弊文告及律例，仍择取数条翻译讲解，务令家喻户晓，咸知畏法。

乾隆二十三年议准：导民当祛其所惑，禁恶在先，绝其源。应令各直省督、抚转饬所属州、县，嗣后宣讲圣谕，务须实力奉行。除每月朔望二次宣讲外，或于听讼之余，以及公出之便，随事、随时加以提命。不妨以土音、谚语，敬谨诠解，明白宣示。并将现禁一切邪教等律例，刊板刷印，遍贴晓谕。俾知奉公守法，各安耕凿⑭。倘仍有奸民敛钱赛会⑮、私立淫祀或托言用符治病、诱民远方入会等弊，即严行查拿，按例治罪。

注释：

① 靡已，原文为"靡巳"，径改。

② 上谕十六条，即本卷前"康熙九年"条中"敦孝弟以重人伦……解雠忿以重身命"等十六项要求。

③ 万寿圣节，即万寿节，封建时代指君主生日。清昭梿《啸亭续录·万寿节》："本朝万寿节，王公大臣文武职官等，咸蟒袍补服，于黎明时排班圆明园之正大光明殿前。"

④ 撙节，抑制。《礼记·曲礼上》："是以君子恭敬撙节退让以明礼。"孙希旦集解："有所抑而不敢肆谓之撙，有所制而不敢过谓之节。"现一般用作节省之意。

⑤ 廑，亦作"廑"，勤劳，殷勤。《汉书·扬雄传下》："其廑至矣。"颜师古注："廑，古勤字。"

⑥ 盖藏，储藏。《礼记·月令》："（孟冬之月）命百官，谨盖藏。"郑玄注："谓府库困仓有藏物。"

⑦ 非知道者不足与幾，"幾"，查察。《周礼·地官·司关》："国凶札，则无关门之征，犹幾。"

⑧ 按，此引用《礼记·王制》语："父之齿，随行；兄之齿，雁行。"雁行，意谓兄长弟幼，年齿有序，如雁之平行而有次序。

⑨ 提撕，《诗·大雅·抑》："言提其耳。"郑玄笺曰："亲提撕其耳。"提撕，拉也，引申为提醒。《朱子全书·存养》："只要常自提撕，分寸积累将去，久之自然接续，打成一片耳。"

⑩ 重昏，亦作"重昬"，昏暗至极，引申为愚昧。明宋濂《题金书〈法华经〉后》："盖将放如来之慧光，破众生之重昏也。"

⑪ 因原文过长，本处据文意分段。

⑫ 只属具文，"只"，原文为"衹"，误，径改。

⑬ 带同，犹带领。《水浒传》第十九回："且说晁盖、公孙胜，自从把火烧了庄院，带同十数个庄客，来到石碣村。"通事，旧指翻译人员。《官场现形记》第五十二回："那个买矿的洋人又来了，后头还跟着一个通事。"

⑭ 耕凿，耕田凿井，代指百姓辛勤劳动。语出上古《击壤歌》："日出而作，日入而息，凿井而饮，耕田而食，帝力于我何有哉？"

⑮ 赛会，旧俗用仪仗、鼓乐、杂戏，迎神出庙，周游街巷，称"赛会"。

卷七十五　乡饮酒礼

顺治元年定：京府及直省府、州、县，每岁于正月十五日、十月初一日举行乡饮酒礼，设宾、介、主人、众宾之席。顺天以府尹为主。直省，府以知府、州以知州、县以知县为主。大宾，择乡里年高有德之人，位于西北；介以次长，位于西南；三宾以宾之次者为之，位于宾席之西。众宾序齿列坐。司正，以教职为之，主扬觯①以罚失仪者。赞礼读法，以生员为之，以申明朝廷之法，敦序长幼之节。

顺治二年定：顺天府详查乡饮酒礼旧制，移送礼部，题请施行。嗣后，每岁由顺天府具题，将所举宾、介等姓名、履历呈部存案。

又定：乡饮酒读律令曰：律令，凡乡饮酒，序长幼，论贤良。年高有德者居上，其次序齿列坐。有过犯者不得干与，违者罪以违制。失仪，则扬觯者以礼责之。

康熙元年定：奉天府州、县，行乡饮酒礼仪，与顺天同。

康熙四年定：锦州府州、县，行乡饮酒礼仪，与奉天同。

雍正元年奉上谕：乡饮酒礼，乃养老尊贤之古制。近闻年久视为具文，所备筵宴，亦甚草率。应加谨举行。（嗣后，每逢京兆举行之时，礼部堂、司官前往监看，敬谨成礼。）

乾隆二年议准：嗣后，乡饮酒礼坐次，悉依定序。并先刊刻《仪注》，分给宾、僎②、执拨事人等。遵照行礼，应读律令。即开载于《仪注》之后，令读者照例讲读。其在省会，令督、抚派委大员监礼。各府、州、县，亦令该地方官实心奉行。有违条越礼者，依律惩治。又乡饮之典，重在宾、僎得人，方可以示观感而兴教化。若该地方官，徇情滥举固属不职，乃亦有实系齿德兼优之人，而一种不肖之徒，于未举之先设计需索，及举行之后，又复索瘢求疵，声言冒滥，希图讹诈。以致地方官亦多瞻顾，每不举行，致旷大典。应令该督、抚通行严饬。嗣后，所举宾、僎，务择齿德兼优之人。如地方官滥举，题参议处。倘所举得人，而不法之徒，或有藉端阻挠者，严行究治。

乾隆十八年议准：各省举行乡饮，事不画一，且竟有频年阙略不举，至旷大典者。应令各省督、抚，转饬所属府、州、县，每岁遵照定例，于正月、十月举行二次。其宾、介之数，据《会典》所载乡饮酒图，有大宾、介宾、一宾、二宾、三宾、众宾，与大僎、一僎、二僎、三僎之名。按《仪礼》：宾若有遵者，诸公大夫。则既一人举觯，乃入。《注》言：今文遵为僎。又曰：此乡之人仕至大夫者，来助主人乐宾，主人所荣而遵法者也。或有无，来不来，用时事耳。又曰：不干主人，正礼也。谓之宾者，同从外来耳。大国有孤，四命③谓之公。又《疏》言：一人举觯，为旅酬始。乃入，即是作乐前入。又《戴记》：坐僎于东北，以辅主人。所谓席于宾东，助主人乐宾者也。其言主人亲速宾④及介，而众宾自从之，至于门外；主人拜宾及介，而众宾自入；三揖至于阶，三让以宾升，拜至献酬、辞让⑤之义繁，及介省矣。至于众宾，升受、坐祭、卒饮，不酢⑥而降，皆无一言及僎者，所谓不干主人正礼者也。⑦

嗣后，应令顺天府及直省府、州、县，先期访绅士之年高德劭⑧者一人为宾，次为介，又次为众宾。皆由州、县详报，府尹、督、抚核定举行。其本地有仕至显官，偶居乡里，愿来观礼者，依古礼坐于东北。⑨顺天府及直省会城，一品，席南向。二、三品，席西向。各府、州、县，三品以上，席南向。四、五品，席西向。无则阙之。不立一僎、二僎、三僎之名，不入举报之内。仍将所举宾、介，造具姓名、籍贯清册，送部存案。倘乡饮后，间有过犯，按所犯轻重，详报褫革，咨部除名，并将原举之官议处。

乾隆二十五年议准：嗣后，顺天府乡饮届期，应请责成该府尹，督率各州、县，实力遴访。务择年齿、品行允孚众望之人，仍照定制举行。如实在不得其人，宁阙无滥，即行停止，报部存案。其直省举报乡饮，责成布政司核实，报明督、抚，察核存案。不得其人，即详明停止，不得拘于成例，苟且塞责。

乾隆二十七年议准：嗣后，凡乡饮宾内，除贡、监生已经考职候选者，准其照应选之职，服用顶帽补褂外，其余监生用金雀顶、青袍蓝边，生员银雀顶、蓝袍青边。至于耆民，本无品级，应穿用鲜明常服，不得滥用金顶补服。

附《仪注》并图⑩

《乡饮酒礼仪注》：京府及直省府、州、县，岁以孟春望日、孟冬朔日，举行于儒学。前一日，执事者于儒学之讲堂，依图陈设坐次，司正率执事诸生习仪。至日黎明，执事者宰牲具馔，主人及僚属、司正先诣学，遣人速宾、僎以下。宾至，主人率僚属，出迎于庠门之外。揖入，主居东，宾居西，三揖三让，而后升堂。东西相向立，赞⑪两拜，宾坐。僎至，主人又率僚属出迎，揖让、升堂、拜坐，如前仪。宾、僎、介至，既就位，执事者赞司正扬觯，引司正由西阶升，诣堂中，北向立。执事者赞宾僎以下皆立，赞揖，司正揖，宾、僎以下皆揖。执事者以觯酌酒，授司正。司正举酒曰：恭惟朝廷，率由旧章，敦崇礼教。举行乡饮，非为饮食。凡我长幼，各相劝勉。为臣尽忠，为子尽孝。长幼有序，兄友弟恭。内睦宗族，外和乡里。无或废坠，以忝所生。

读毕，执事者赞司正饮酒。饮毕，以觯授执事。执事者赞揖，司正揖，宾、僎以下皆揖。司正复位，宾、僎以下皆坐。赞读律令，执事士举律令案于堂之中，引读律令者诣案前，北面立。赞宾僎以下皆立，行揖礼如前，读毕复位。执事者赞供馔案，执事者举馔案至宾前，次僎、次介、次主。三宾以下，各以次举讫。执事者赞献宾，主起席，北面立。执事者酌酒以授主，主受爵，诣宾前，置于席。稍退，赞两拜，宾答拜。讫，执事者又酌酒以授主，主受爵，诣僎前，置于席，交拜如前。仪毕，主退复位。执事者赞宾酬酒，宾起僎从，执事者酌酒授宾。宾受爵，诣主前，置于席，稍退。赞两拜，宾、僎、主交拜。讫，各就位坐。执事者分左右立，以次酌酒献三宾、众宾遍。宾主以下酒三行，供羹。执事者以次酌酒。饮酒、供馔三品毕，执事者赞徹馔。候徹馔案讫，赞宾、僎以下皆行礼，僎、主、僚属居东，宾、介、三宾、众宾居西。赞两拜。讫，赞送宾，以次下堂，分东西行。仍三揖，出庠门而退。

注释:

① 觶,音至,古代酒器。青铜制。形似尊而小,或有盖。《说文·角部》:"觶,乡饮酒角也。"

② 僎,通"遵"。《礼记·少仪》:"介爵、酢爵、僎爵,皆居右。"郑玄注:"古文《礼》'僎'作'遵',遵为乡人为卿大夫来观礼者。"孔颖达疏:"僎谓乡人来观礼副主人者也。"

③ 四命,周代分官爵为九等,称九命。"四命"即四等,为王之大夫、公之孤。

④ 速宾,"速",召,请,招致。《诗·小雅·伐木》:"既有肥羜,以速诸父。"

⑤ 献酬,献,本谓献祭。引申为进物以表敬。如:献礼。又特指主人敬酒于宾客。《诗·小雅·楚茨》:"为宾为客,献酬交错。"辞让,谦逊推让。《礼记·曲礼上》:"长者问,不辞让而对,非礼也。"

⑥ 酢,音作,以酒回敬。《诗·大雅·行苇》:"或献或酢。"郑玄笺:"进酒于客曰献,客答之曰酢。"

⑦ 因原文较长,在此据文意分段。本卷下同。

⑧ 劭,原文为邵,误,径改。劭,美也。

⑨ 按本条中引《戴记》云:"坐僎于东北"。则此句中之"显官""依古礼坐于东北",其身份即为"僎"也。

⑩ 按本《仪注》后原附《乡饮酒礼图》一幅,今附于注后。

⑪ 赞,赞礼,唱赞。此指执事者宣读乡饮礼仪,即司仪。

鄉飲酒禮圖

獻

俎

儐

爼

丮

巳 東階

西階

卷七十六　名宦乡贤

顺治元年定：名宦乡贤，风教所关。提学官遇有呈请，务须核实确据。若有受人请求妄举者，师生人等，即以行止有亏论！其从前冒滥混杂者，径自革除。

康熙七年奏准：嗣后，各直省学政，遇有乡贤，务须核实，年终造册报部，勿得徇情冒滥。如有私给衣顶奉祀者，尽行黜革。

又奉旨：据奏，乡贤自汉朝至今，共四百八十二人。从古以来，贤者诚为难得。今王钺三年内，准过乡贤六百五十八名，又私给与乡贤子孙顶带一千一百余名，有玷于真贤清行，廉耻过丧，殊为可恶。理应革职，从重治罪。但在赦前，著以现在品级致仕①，永不叙用。地方官员，亦应行查，从重处分。因系赦前宽免，著严饬行。又尔部所议限定贤数不合，著交与该抚，将果有善迹者确察开报。其无善迹者，亦确查革除。

雍正二年议准：名宦乡贤，风教攸关。相沿岁久，冒滥实多。行令各省督、抚、学臣，秉公详查。如果功绩不愧名宦，学行允协乡评者，将姓名、事实造册具结，送部核准，仍许留祀。若无实迹，报部革除②。嗣后，有呈请入祀者，督、抚、学臣照例报部核明。如私自批行入祀，事觉，将请托与受托人等治罪。出结具详地方官，一并议处。

雍正三年议准：名宦乡贤，若止造册报部，日久玩生，恐致冒滥。嗣后，凡有呈请入祀者，照旌表节义岁终汇题例，令该省督、抚、学臣秉公确查。每年俱于八月以前汇题，并将事实册结送部详核，庶免冒滥入祀之弊。

雍正六年奉上谕：各省所举名宦乡贤，该部奏请敕下九卿，会同本省部、院官员详慎核定等语。朕思既系本省之人，伊等瞻顾乡曲之情，或有难于直言之处。且同在一省，而隔越府、县，即未能深知确实，所言何可为据？著仍交与原举报之地方官，令其再行确查。倘从前所举不实，准其检举，不加处分。若所举确实，著出结保送。日后倘查出冒滥，将出结之员从重议处。

雍正九年奉上谕：名宦乡贤，关系国家崇祀大典。朕屡降谕旨，令该督、抚等秉公详慎，以彰激劝。该督、抚自当仰体朕心，不应尚有瞻徇冒滥者。江西学道高璜，昔年曾教朕读书。其在江西学政任内，亦非一尘不染，人所共知者，此乃朕所深知。今谢旻题请崇祀名宦，不知高璜之视学江西，果有教泽及人，士子实心感颂乎？抑谢旻以高璜昔曾教朕读书，是以列于名宦之内，而非出于舆论之公乎？著行文该督、抚，将高璜应否崇祀名宦之处，询问江西通省绅士，令其据实陈奏。俟奏到之日，再降谕旨。以朕所知之高璜如此，则其他可知。朕屡经教导，而督、抚等身受封疆之重，尚不能鉴别公当！返之于心，能无愧乎？（嗣经江西巡抚查据通省绅士合词保结，仍行题请，复准入祀名宦。）

乾隆十三年奉上谕：乡贤崇祀，所谓祭于瞽宗，必有功德可称，方足膺兹巨典。近来，率以仕宦通显者当之，已非核实之道。今云南巡抚图尔炳阿，题请原任侍郎许希孔崇祀乡贤，本内则更有过甚其辞者。许希孔本一硁硁自守、谨厚小心之人，在朝未有所建立。但曾为卿贰，或者居家孝友，滇省人物寥寥，节取充数，自无不可。本内乃有"文堪华国"、"品足型方"二语，朕则知实非许希孔所能当。案呈内又以汤斌、陆龙其为比，许希孔何如人，岂可方之汤斌、陆龙？其拟人既不于其伦，且本朝臣工不书其名，而称为陆当湖、汤潜庵，尤非章奏之体。此等幕宾③沿袭套语，明季已成滥觞。彼时即军国重务，人君尚概不经目，何论寻常章奏。至我朝家法，则通本部复，无不详悉披览。督、抚题奏事件，岂可剿袭陈言，任意草率？今后有似此者，必加处分。

乾隆十四年遵旨议准：名宦乡贤，名实尤难相副。地方官往往奉行不善，致滋訾议。嗣后，督、抚题报到日，该部务确核事迹。倘名实不能相副，即秉公指驳，将详报不实之地方官照例题参。

乾隆二十年奉上谕：直省建立名宦乡贤祠，即古者瞽宗④之祀，所以崇德尚贤。与斯祀者，必其人实可当之无愧，方足以光俎豆而式乡间。其典綦⑤重！昨于几暇，恭读皇考世宗宪皇帝上谕，有江西抚臣谢旻，以原任学道高璜崇祀名宦，降旨训饬。并询问江西通省绅士，应否崇祀。令其据实陈奏。皇考于崇祀一事，加意慎重如此！所以为世道人心计者，具有苦心。朕不胜钦感！即位以来，各省督、抚题请崇祀之人渐多。该部或驳或准，不过如所议行。今见此旨，因忆近时大臣中，曾有以祖父得祀乡贤，具折谢恩者。召见九卿，论及此事，则即尚书王安国、左都御史杨锡绂之父。其同时题请部驳者，曰徐景京。则其子固非身列显要者也。设亦九卿，祖父则该部亦必议准矣。可见该抚之所请，原在可驳、可准之列。而部臣之所议，亦寓高下其手之心。⑥

夫大臣身居九卿，部臣、督、抚谊属同官，彼此瞻徇，势所不免。即使采访悉为公当，而悠悠之口，难保其必无遗议，又况名实未必尽孚者乎？且入祠既多朝贵先人，则潜德韬光之正士，必且耻与为伍。崇祀大典，将不以为荣，而以为辱。至实在政迹茂著、德望俱隆者，或子孙不能自振，必转致湮没无传矣。当其具呈公举，虽托之舆论，而主持为首者，仍以姻族衿士，贡谀征贿，何所不有。风励激劝之谓何？不亦渎典章而亵名器乎？朕亦非谓大臣祖父，必不可入祀也。果使政事、人品足为矜式，自必久而益彰，何妨待之十数年！而必及其子之备位大僚，亟亟题请，以至公之举而冒至私之名乎？其人祠年岁已久者，姑免追究所有。王安国、杨锡绂之父，礼部行文各该省，即为撤出。从前具题之督、抚，及复准之该部堂官，俱着交部查明，严加议处。嗣后，子孙现任九卿者，其祖父概不得题请入祀。其身后乡评允当者，听着为令。

乾隆四十年议复护理⑦江西巡抚题请已故原任工部尚书裴曰修入祀乡贤一疏：查各省题报乡贤，向由该督、抚取具册结，送部复核。如果名实相副，照例题准入祀。俾潜德幽光，不致湮没。以昭令典。今该护抚以已故尚书裴曰修题请从祀。查裴曰修仕跻通显，久依禁近。非如乡里潜修、名位未达者可比。且其生前既深荷洪慈，身后复倍邀异数，赐恤与谥，恩施优渥。其才具品行，与服官事迹，均在圣明洞鉴之中。应否准其入祀乡贤之处，理合具奏。

奉旨：准入乡贤祠。

注释：

① 致仕，旧谓交还官职，即辞官。《公羊传·宣公元年》："退而致仕。"何休注："致仕，还禄位于君。"《新唐书·白居易传》："会昌初，以刑部尚书致仕。"

② 革除，原文为"革徐"，误，径改。

③ 幕宾，原文为"慕宾"，误，径改。《晋书·郗超传》："谢安与王坦之尝诣温（桓温）论事，温令超帐中卧听之，风动帐开，安笑曰：'郗生可谓入幕之宾矣。'"后因称幕友为"幕宾"。

④ 瞽宗，殷代乐人之宗庙和学校。

⑤ 綦，极，甚。如：言之綦详；望之綦切。

⑥ 因原文过长，本处据文意分段。

⑦ 护理，清制，省级长官出缺，未能及时派员接替，即以次级官暂代其职务，称为护理。例如总督、巡抚多由布政使护理。

卷七十七 学习序班

乾隆九年议准：鸿胪寺①序班，由直隶、河南、山东、山西四省生员充补。例先行文四省学臣咨取。择其容貌端庄、声音洪亮者，留寺学习。俟序班缺出，拟定正、陪，送吏部补用。学习生员，应以十二名为定额。现在详加甄别，按额留用。其余咨回各学肄业。

又奏准：候考序班，遵照《会典》定例，行文学政咨取。将生员自行具呈之弊，永行禁止。

乾隆九年奏准：鸿胪寺序班，设额外十二缺。于直隶、山东、河南、山西四省生员，拣选仪度端庄、声音洪亮者，暂给顶戴，在寺学习行走。与现任鸣赞序班，一体当差。俟有序班缺出，拣选补用。

乾隆十一年奏准：鸿胪寺额外序班十二缺，直隶一省定为六缺，山东、河南、山西每省各二缺。

乾隆十七年奏准：鸿胪寺额外序班，山东、河南、山西三省虽定额有六，现在学习行走者，止有一人。查山东等三省，离京遥远，该生等行走维艰，所以不数月旋即告归原籍。虽经咨取，年余尚未送到。且该生等声音各别，土语难变，学习唱赞时，虽极力教演，究难合式。惟直隶一省，近居京师，该生等行走不致拮据。其声音，演习唱赞易于合式。但山东等三省六缺，若尽行裁减，止留直隶六缺，于差派稍不敷用。应将山东等三省六缺，裁去四缺，仍留二缺，合之直隶，共设八缺，一并归于直隶学政咨取。

乾隆二十九年议准：学习序班缺出，鸿胪寺会同礼部堂官，秉公于各该学政送到诸生内，拣选充补。

乾隆四十年议复鸿胪寺卿江兰条奏学习序班，改于国子监恩、拔、岁、副、优各项肄业贡生内挑选充补一疏：查乾隆十七年裁减学习人员案内，据该寺以山东、山西、河南三省在寺行走者声韵各别，土语难变，不能合式，请将山东等三省裁去四缺，仍留二缺，一并归于直隶学政咨取等因，奏准在案。今肄业贡生，原系籍隶各省。其中近居直隶者为数无多，而声音各别，土语难变，有较之山东、山西、河南三省而更甚者。以近京之山东等省，该寺尚以其唱赞难于合式，奏停咨取。而欲于来自各省之贡生，令其变土音而习唱赞，事更有所难行。应将该寺卿所奏改用肄业贡生之处，毋庸议。至该寺卿所称咨补人员，文行本属平常，举动言语罔知慎重之处。查学习序班，以生员而膺章服②，升补有阶，原不宜滥邀拣用。应责成直隶学政，于附近府、州、县生员内，严加选择。务以端雅修谨之士，咨送该寺拣补。不得以乡僻平常生员充数，以杜滥竽，以昭详慎。

注释：

① 鸿胪寺，官署名。据《清史稿·志九十·职官二》载："顺治元年，设鸿胪寺，置满、汉卿各一人。满洲少卿一人，汉左、右少卿各一人。"其职掌为："卿掌朝会、宾飨赞相礼仪，有违式，论劾如法。少卿佐之。鸣赞掌傧导赞唱。序班掌百官班次。主簿职掌同太仆寺。"

② 章服，古代礼服，绣有日月、星辰等图案。每图为一章，天子十二章，群臣按品级以九、七、五、三章递降。明宋濂《〈岁迁集〉序》："人多裹章服而吾犹被布韦，其命也夫！"

卷七十八　充补赞礼

康熙二十五年议准：府、州、县、卫学赞礼生，不许滥用。应照国子监例，选择在学肄业、文行兼优、仪表端庄、声音洪亮者补充。大学六名，小学四名。考试时准为优等，仍行报部。

康熙三十三年议准：凡地方大小各官，惟万寿圣节、元旦、冬至、春秋二丁祭①，用生员赞礼。大、中、小学，均不得过四名。其准为优等之处，著停止。

乾隆九年议复山东学政李治运条奏曲阜执事礼生，请照乐舞生例，一体考试，另取四名充附一折：查圣庙额设乐舞生，准其另行考取。而执事礼生，向无考取之例。原以乐舞生之娴习声容，非礼生仅供执事者可比。而从前考取乐舞生之处，尚裁汰三十六名，仅准四名充附。今以礼生照例考取，未免冒滥。况此项礼生中，果有文理优长者，原得与本籍儒童一体应考入学，不因其充执事而禁其考试也。所奏应无庸议。

乾隆十六年议准：直省文庙春秋丁祭，准设礼生四名，皆以生员充设。其余先贤、先儒，有世袭五经博士，承奉家庙祭祀者。各家子弟，原可赞襄奔走，从无额设礼生给照之例，应通行禁止。嗣后五经博士，如擅给礼生执照，该督、抚据实参处。

乾隆三十一年议准：先贤、先儒家庙礼生，不准给照，原有定例。今尚有借礼生名色，滥行招摇者，应再行严禁。饬令衍圣公将从前私给礼生执照，一概销毁。

乾隆三十五年复准：阙里文庙，额设礼生六十名。雍正年间建立崇圣祠，添设二十名。俱以曲阜俊秀选充。嗣于乾隆三十年议准，从前衍圣公所给礼生执照，悉行销毁。令将曲阜四氏两学②生员内补用。又于三十四年复准，四氏两学生员，散处各州、县，未便常用③供役。应令在庙佃户子弟内挑补，不必复以俊秀选充。兹据衍圣公咨称，阙里文庙礼生，须稍知文义、熟悉礼仪者，方克胜任。庙佃各户子弟，率皆椎鲁④不文，仅可充盥洗、陈设各役。至读祝、鸣赞⑤、引礼、襄事等项，实不敷用，请将曲阜县俊秀充补等语。嗣后挑选礼生，除庙佃户子弟四十名外，其余四十名，准将曲阜县俊秀挑选补足，仍造册送部，以备查核。

乾隆三十六年复准：浙江西安圣庙，岁时祭荐与曲阜同。所有大成殿及四配⑥两庑、崇圣祠等处，需用礼生四十名，准于本氏族人中尽数选充。如有不敷，将西安附近俊秀挑补足数，仍造册送部查核。

注释：

① 丁祭，旧时每岁于仲春（阴历二月）及仲秋（阴历八月）上旬丁日祭祀孔子，称"丁祭"。

② 曲阜四氏两学，据《清史稿·志九十·职官二》"衍圣公"条下载："尼山书院学录，洙泗书院学录，世袭六品官，各一人；孔、颜、曾、孟四氏教授，学录，各一人。""学录分掌尼山、洙泗两书院祀"，"四氏教授、学录掌训课四氏生徒。"

③ 常用，原文为"常川"，误，径改。

④ 椎鲁，愚钝，鲁钝。宋苏轼《六国论》：“其力耕以奉上，皆椎鲁无能为者。”
⑤ 鸣赞，高声唱喊行礼秩序。明刘若愚《酌中志·内臣佩服纪略》：“赞礼官大声鸣赞，如鸿胪寺焉。”
⑥ 四配，指颜渊、子思、曾参、孟轲。旧时以此四人配祀孔子庙。颜渊、子思居东，曾参、孟轲居西，通称四配。

卷七十九　挑选佾舞

雍正五年议准：山东曲阜县乐舞生入学，俱于现在乐舞生中考取。该学政会同衍圣公，将现在文庙供事之乐舞生秉公查明。其不谙音律者，俱著澄汰，照数选补一百五十四名，造具年貌、籍贯清册存案。每学臣于考试之前，先将乐章音律当堂考验。果能谙练通晓，然后考其文理。优长者，酌取四名，入曲阜县充附。其从前兖州①府学充附之三十六名，俱行裁停。

雍正十三年题准：春秋祭祀，例用乐舞，应慎重拣选充补。请通行严查，令各该州、县会同教官，将现在乐舞生，详加考验。择其实系本籍俊秀子弟，通晓音律、娴熟礼仪者，仍行存留。饬令该教官勤加演习，务令熟习礼仪，虔供祀事。如有冒滥，悉行黜退。将原给执照，概行追销。其学政给照之处，永行禁止。嗣后，如有学臣滥给印照，该督、抚即行严参。其乐舞生，如有假冒朋充，把持武断等情，该地方官一面详革，即行究治。

乾隆五年奏准：各省府、州、县学乐舞生，每学遵例，舞用六佾②。即照乐舞之数，额设三十六名，外加四名，以备疾病、事故更替之用。务令各该州、县会同教官，考选本籍俊秀、通晓音律、娴习礼仪者，方准充补。遇有缺出，另行考选足数。此外不许浮充，仍造册申报学臣查核。每遇学臣按临，免其府、县两试，由教官册送府、县，叙入考案之后，申送院考，凭文录取。

又议准：曲阜文庙乐舞生，于庙、林③额设庙户、佃户，择其子弟通晓音律、熟习礼仪兼知文艺者充补。如人数不足，即以曲阜县童生挑补。

乾隆六年议准：顺天府遴选乐舞生，请照考试儒童之例，责令取具廪保甘结，由教官加结，送县审音。委系本籍之人，方准选补。至考试时，仍令教官查核确实，申送院考。如有顶冒情弊，将出结各官，照例参处。至学政给发乐舞执照之例，已通行禁革。但恐复有踵行之弊，应再通饬各学臣，将选取乐舞生，责令该管官造册申报，以备存查。毋得滥给执照，以除影射之弊。

乾隆七年议准：太常寺乐舞生有三等：乐生为上，舞生次之，执事生又次之。同系供应祀事之员，其常服帽顶，均准戴金盘光银顶。至各省文庙乐舞生，较之太常寺乐舞生，应加区别。除祭丁仍用襕衫雀顶外，其常服帽顶，但许用银盘起花银顶。如僭越者，照违制例治罪。

乾隆八年议准：乐舞生等，既已趋跄④殿庑，自应谙通文义。应将取进儒童之外，择其文理颇明者，另案备取。抄发各学，以充乐舞之用。俟新案既颁，随将旧案停止。倘其中有志上进，专攻举业，而不愿充补者，亦不得强其从事。

又议准：向来乐舞生，多属张冠李戴，父业子承，弊难枚举。若另案备取一法一行，恐不肖学臣，得以罔⑤利营私。应令州、县于与考童生内略知文义者，取具邻族甘

306

结，会同教官选补，册送学臣查核。其院试时，仍用廪保童生各结，以防顶冒。至学臣于按临之时，将该属册载之乐舞生，饬令提调官按名考验。实系应试儒童，略知文义者，方准永远充补。若系目不识丁之人，滥行选充，即详明斥革，另行选补。仍将滥选之州、县教官，查参议处。

乾隆十年议准：顺天大、宛二县乐舞生，应令教官一体审查送试。如有审音不实，滥行出结者，将申送之知县等，照例议处。

注释：

① 兖州，原文为"充州"，误，径改。

② 六佾，佾，音艺，古代乐舞之行列。《穀梁传·隐公五年》："舞夏，天子八佾，诸公六佾，诸侯四佾。"《左传·隐公五年》："天子用八，诸侯用六，大夫四，士二。"

③ 庙、林，即孔庙、孔林。孔庙，旧时纪念和祭祀孔子之祠庙，以山东曲阜孔庙为最早、最大。孔林，即曲阜孔子及其后裔墓园。

④ 趋跄，谓行步快慢有节奏。《诗·齐风·猗嗟》："巧趋跄兮。"郑玄笺："跄，巧趋貌。"孔颖达疏："礼有徐趋疾趋，为之有巧有拙，故美其巧趋跄兮。"

⑤ 罔，同"網（网）"。《易·系辞下》："（伏羲）作结绳而为罔罟，以佃以渔。"

卷八十　承袭奉祀

康熙二十五年议准：圣贤嫡裔，有充奉祀生者，仍给衣顶，确开名数报部。

雍正二年议准：先贤有祠宇处，查明嫡裔，给与印照，为奉祀生。但事久弊生，无论有无祠宇，是否贤裔，称系同姓，即给印照。各省督、抚及衍圣公，并不将奉祀生名数报部，致有假造印照，冒滥充补等弊。行令衍圣公，会同山东巡抚、学臣，核实查明。其各省奉祀生，令该督、抚、学臣通行严查。果系先贤嫡裔，建有祠宇，将本生履历造册咨部，换给礼部印照。其冒滥者革除。嗣后设立奉祀生，关涉衍圣公者，令衍圣公会同该抚、学臣照例查核，报部换照。其各省，由督、抚、学臣者，亦严查咨部。

乾隆五年议准：各省奉祀生，凡有赴衍圣公处具呈请咨者，应令衍圣公，先将其应否充补之处详加核定，再行各原籍地方，取具印甘各结。仍知会各该督、抚报部。如无印甘各结，不准换给部照。

又议准：奉祀生事故出缺，将从前原颁部照缴销，以杜假冒。

乾隆二十七年议准：直省先贤嫡裔①，有愿充奉祀生者，由教官核实加结，申送府、州、县详司。先送学臣复勘属实，仍咨督、抚会衔报部，严加查核，照例给照，封发该学政给领。其上下衙门书吏，责成该管官严行查禁。如有需索，参处治罪。

乾隆三十一年议准：山东一省，祀生缺出，关涉衍圣公者。衍圣公会同巡抚、学政，于嫡派子孙内详选充补。其江南、浙江、河南、直隶、湖南、四川六省，祀生缺出，该督、抚会同学政，详查孔氏嫡派子孙顶补。均取具地方官印甘各结，咨部给照。衍圣公不得私给执照。仍将见充之祀生，另造名册送部核对。其余先贤、先儒祀生，交该督、抚、学政详查，造册报部。

注释：
① 嫡裔，原文"嫡"字右偏旁作"商"，误，径改。

后 记

在整理《钦定学政全书》的过程中,我们深深感到,该书长达八十卷,内容繁多,体制庞杂,其中既有皇帝谕旨,也有臣工条奏、礼部议复,更有各省学额、祭祀礼仪,对于了解清代的科举制度及科举文化确有文献价值。如"学政事宜"、"考试事例"、"考试场规"、"生童试卷"、"录送科举"等,则堪可与《清会典》、《清文献通考》、《清实录》、《清史稿》等大型典籍史书相对照而参考。其中有些内容,如"寄籍入学"、"清厘籍贯"、"原名应试"等,甚至对于如今的高考制度仍不无启示。因此,此书的整理出版,在今天来说也有一定的研究价值和实用意义。

在本书的整理过程中,我们一直得到《中国科举文化通志》主编武汉大学陈文新先生的悉心指导,这给了我们极大的信心和动力,从而使得整理工作能如期完成。谨此特致谢忱。

在本书的标点校注过程中,我们还曾得到陕西师范大学历史文化学院院长贾二强先生的大力相助,热情介绍《钦定学政全书》的诸种版本情况,使我们受益匪浅。谨此一并表示谢意。

我们还要感谢武汉大学出版社诸位出版同仁的远见卓识,毅然接受这套科举文献包括本书的整理出版。这无疑会推动当前学术界对中国科举制度的深入研究,堪称盛事也!

霍有明谨记

2015 年 3 月

《中国科举文化通志》书目